Management of Innovation and Entrepreneurship

创新与创业管理

王涛 顾新 ◎ 编著

清华大学出版社
北京

内 容 简 介

本书以创新与创业基础理论为基础，将创新与创业视为一个内在统一的过程，从过程视角阐释创新与创业管理。全书旨在以系统的理论梳理结合实践案例，构建体系清晰、内容全面的创新与创业管理知识体系，使读者了解创新、创业的概念、内涵以及二者的内在关联，掌握创新与创业流程，了解各个流程中的要点，学会各要点涉及的管理技能、工具与方法。主要内容包括：创新与创业基础理论、关键要素的介绍；创新的来源与机会识别；商业计划的设计与制订；新产品和服务的开发与管理；创建新企业；创新创业过程中的价值创造和可持续发展问题等方面。

本书封面贴有清华大学出版社防伪标签，无标签者不得销售。
版权所有，侵权必究。举报：010-62782989，beiqinquan@tup.tsinghua.edu.cn。

图书在版编目（CIP）数据

创新与创业管理/王涛，顾新编著. —北京：清华大学出版社，2017（2024.12重印）
（21世纪经济管理精品教材·创新创业教育系列）
ISBN 978-7-302-45593-6

Ⅰ.①创… Ⅱ.①王… ②顾… Ⅲ.①企业管理－教材 Ⅳ.①F272

中国版本图书馆 CIP 数据核字(2016)第 283897 号

责任编辑：陆浥晨
封面设计：李召霞
责任校对：宋玉莲
责任印制：丛怀宇

出版发行：清华大学出版社
网　　址：https://www.tup.com.cn, https://www.wqxuetang.com
地　　址：北京清华大学学研大厦 A 座
邮　　编：100084
社 总 机：010-83470000
邮　　购：010-62786544
投稿与读者服务：010-62776969，c-service@tup.tsinghua.edu.cn
质 量 反 馈：010-62772015，zhiliang@tup.tsinghua.edu.cn
课 件 下 载：https://www.tup.com.cn, 010-83470332

印 装 者：三河市龙大印装有限公司
经　　销：全国新华书店
开　　本：185mm×260mm
印　张：20
字　数：457千字
版　　次：2017 年 1 月第 1 版
印　次：2024 年 12 月第 7 次印刷
定　　价：55.00 元

产品编号：071325-02

序言

知识经济时代，放眼全球，随着技术变革与进步，创新与创业正在对经济和社会的发展产生着重要且深远的影响。党和政府更是把创新放在事关国家发展全局的核心位置，围绕实施创新驱动发展战略、加快推进以科技创新为核心的全面创新，提出了系列新思想，做出了系列重大部署。党的十六大、十七大、十八大都明确把推进我国创新创业教育纳入国家发展重点战略，"大众创新 万众创业"也对创新创业人才提出更多更高的要求。面对全球经济发展环境的改变以及中国经济发展的新常态，我们需要重新审视创新创业教育，深化创新创业教育改革，加强创新创业教育的理论研究与教学探索。

长期以来，创新与创业被划分为两个学科，这导致创业关注小企业，而创新关注新产品和服务的开发，相关的大学教育也更多集中在创业教育。当前创新与创业教育尚处于分离状态，发展阶段也有较大差异，高校的创业教育发展较快，而创新教育以及创新创业融合的教育发展相对滞后。在进行创新创业管理相关课程的教学过程中，我们也发现创新类、创业类优秀教材已经较多，但将二者结合的还较少，现有教材或为译著，或偏重创业管理，缺少将创新与创业整合，并符合中国学生阅读和学习习惯的教材类书籍。经济、技术与组织变革的时代特性决定了创新与创业间的天然联系，不应仅仅局限于创业教育，而忽视创新精神、创新思维和创造力的培养。所以，应将创新与创业加以整合，通过创新与创业管理教育体系的建设与发展，培养人们的创新意识，提升创新能力，帮助人们了解创业活动的独特性和内在规律，更重要的是使他们理性认识创新方法、创业规律，掌握基本的创新创业管理技能，并通过探索与实践，提高自身创新素质和创业能力，从而为社会创造价值。正是在这样的背景下，我们产生了编写一本创新与创业结合、理论与实践结合，针对国内高等教育教学的创新与创业管理基础教材的想法，由此诞生了这本《创新与创业管理》。

《创新与创业管理》一书以创新与创业基础理论为基础，将创新与创业视为一个内在统一的过程，从过程视角阐释创新与创业管理。全书旨在以系统的理论梳理结合实践案例，构建体系清晰、内容全面的创新与创业管理知识体系，使读者了解创新、创业的概念、内涵以及二者的内在关联，掌握创新与创业流程，了解各个流程中的关键要点，学会各关键点涉及的管理技能、工具与方法。主要内容包括：创新与创业基础理论、关键要素的介绍；创新的来源与机会识别；商业计划的设计与制订；新产品和服务的开发与管理；创建新企业；创新创业过程中的价值创造和可持续发展问题等方面。在结构安排上，为了突出重点，增加可读性，我们在每一章篇首明确了各章的学习目标和关键词，在篇尾梳理了本章小结以及关键概念。此外，各主体章节以小案例作导入引起读者的阅读兴趣，并在结尾配以案例分析，以加深读者对关键内容的理解并启发其进一步思考。本书可供高校本科生、研究生创新与创业管理类课程教学使用，也可满足有兴趣学习创新与创业管理基础知识的读者所需。

本书的编写团队由数位在高校从事创新与创业管理研究与教学的教师组成，几位四川大学商学院创新与创业管理专业的研究生也参与了部分基础工作。其中：顾新和王涛负责全书总体框架设计、统稿和审校；王涛、邹驰研编写了第 1 章；王涛、顾晓雪编写了第 2 章及第 7.2、7.4 和 8.1 节；张省编写了第 3 章及第 7.5、8.3 和 8.4 节；程强编写了第 4 章；杨红燕编写了第 5 章及第 7.1 节；耿子扬和张莉编写了第 6 章和第 7.3 节；王涛和李惠编写了第 9 章及第 8.2 节。

本书的主要编写人员长期从事创新与创业管理的研究与教学，部分内容已经在课堂中使用，并根据课堂教学效果对内容和结构进行了适当调整。在编撰过程中，我们也借鉴了许多已经公开出版的研究著作，前人的研究给了我们许多启发和帮助，在此向文中列出的参考文献的作者们致以诚挚谢意。同时，我们也得到了四川大学的大力支持，在此一并感谢。本书经历了数次修订和调整，前后历时一年有余，感谢清华大学出版社陆浥晨编辑给予我们的支持和帮助，才使得本书最终能够与读者见面。

由于编写团队的水平和能力所限，书中难免有不妥不当之处，敬请读者批评指正。

编　者

2016 年 1 月

第 1 章	绪论	1
1.1	背景和意义	1
1.2	创新与创业精神	4
1.3	创新的时代特征	6
1.4	创业是容易的吗	8
1.5	创新与创业管理	10
第 2 章	创新与创业的基础理论	20
2.1	创新与创业	20
2.2	创新与创业的相关基础理论	25
2.3	创新与创业的一般过程	31
2.4	管理创新与创业	42
第 3 章	创造性思维、创意与创新型组织	49
3.1	创造性思维	49
3.2	创业者特质	59
3.3	企业创意与创意创业	66
3.4	创新型组织	74
第 4 章	创新来源与机会识别	84
4.1	创新的来源	84
4.2	创新的基本方法	89
4.3	创新机会搜索	95
4.4	创业机会识别与评价	103
第 5 章	商业计划设计与制订	126
5.1	创业风险评估	126
5.2	网络开发	133
5.3	商业计划撰写	140
第 6 章	新产品与服务的开发与管理	161
6.1	新产品和产品创新	161
6.2	新服务和服务创新	165
6.3	新产品开发战略与过程	167
6.4	新服务开发战略与过程	178

  6.5 新产品和新服务开发管理 ·· 186
第 7 章 创建新企业 ··· 199
  7.1 创建新企业的方式和阶段 ·· 199
  7.2 创业融资 ·· 204
  7.3 商业模式选择 ·· 212
  7.4 创业风险防御与危机管理 ·· 219
  7.5 新创企业的成长 ··· 224
第 8 章 价值创造与可持续发展 ·· 243
  8.1 创新中的知识创造与管理 ·· 243
  8.2 知识产权与企业发展战略 ·· 254
  8.3 创新与绩效 ··· 263
  8.4 "新常态"和创新创业 ·· 265
第 9 章 学会管理创新 ··· 278
  9.1 开启创新与创业 ··· 278
  9.2 创新能力提升 ·· 288
  9.3 管理创新与企业家 ··· 291
  9.4 创新审计 ·· 299
  9.5 学会管理创新 ·· 301

第1章 绪 论

学习目标

1. 了解背景和意义；
2. 了解创新与创业精神；
3. 熟悉创新的范围；
4. 掌握创新与创业管理的过程视角。

本章关键词

创新与创业管理（innovation and entrepreneurship management）
渐进式创新（incremental innovation）
突破式创新（radical innovation）
创新的过程（innovation process）

1.1 背景和意义

1.1.1 全球化创新

创新是一个民族进步的灵魂，也是国家兴旺发达的不竭动力。自从美国经济学家熊彼特提出"创新是指把一种从来没有过的关于'生产要素的新组合'引入生产体系"的创新概念以来，创新在国家经济发展，尤其是企业竞争中的作用越来越受到关注。

在经济全球化和信息化的时代背景下，创新的革命方兴未艾。乔布斯创造了苹果，推进了人类智能化时代，各领域各行业也不断追求着自己的创新。Incat 公司正是因为罗伯特·克利福德凭借敏锐的洞察力，通过对产品和服务创新打开航运的利基市场，成为船体穿浪设计的先驱；澳大利亚的布伦公司秉持着根植于产品和流程创新的文化，创造出令人羡慕的增长速度；Jaipur 假肢利用先进的新材料对产品设计进行不断完善与改进，至 1975 年以来，全球有大约 100 万人安装了 Jaipur 假肢；Inditex 公司旗下的服装品牌 Zara 抓住时机，创造出一套有别于传统纺织业的运营体系，使 Zara 成为全球快时尚的领军人物；阿里巴巴运用网络信息平台，改变了传统的消费形式，创造了中国的电商时代；小米通过产品的创新，打造"软件+硬件+互联网"生态圈，通过思维的创新，打造更优化的市场营销模式，通过商业运营模式的创新，创造了世界的小米；SOHO 创新的居住理念，为年青的一代打造了灵活、便捷而低消费的住房新时代……

人人谈创新

我们拥有最强大的创新项目，在宝洁 30 年的职业生涯中我一直记得这件事，我们一直投资创新以驱动业务的增长。——鲍勃·麦克唐纳，宝洁公司董事会主席、总裁兼 CEO

我们致力于与众不同。维珍意味着物有所值、高质量、创新、欢乐和一系列的挑战。我们通过授权我们的员工来提供高质量的服务，鼓励和关注消费者反馈并通过创新来持续提高消费者的体验。——维珍官网

阿迪达斯人对于运动有着清晰、简单且毫不动摇的热情。这就是历经 50 年创新我们一直站在技术前沿的原因。——阿迪达斯官网

创新是我们身体中的血液。——西门子官网

我们根据想象力评价通用电气高层领导者。富有想象力的领导者有勇气去资助新想法，领导团队发现更好的想法，领导员工承担更大的可预期风险。——杰夫·伊梅尔特，通用电气董事长兼 CEO

我们经常告诫自己，我们必须创新。我们一直致力于突破。——比尔·盖茨

创新是领导者和追随者的重要区别。——史蒂夫·乔布斯

越来越多的实例表明，创新在很大程度上为企业带来新的发展，赢得竞争优势，实现了更快的增长。创新不是某个领域或行业所特有的，全世界都可以进行创新。创新的重要性不仅仅针对企业，如今政府为了更好地管理公共事务和服务社会公众，也开始进行创新，包括对思想、制度、政策和内部管理的创新。创新已经成为国家经济持续增长的动力和源泉。美国的"硅谷"模式，欧盟的"尤里卡"计划，瑞士的 ETH Domain 研究联合体，日本的技术跨越者模式，京津冀、珠三角、长三角区域协同创新，经济合作与发展组织的国家每年在研发上投入 7000 亿美元，在美国，超过 16000 家企业拥有自己的研发实验室，而且至少有 20 家企业每年的研发预算超过 10 亿美元……全球许多国家都在建立创新体系，以推动国家综合实力的发展。不仅如此，为了促进创新，多国政府采取了一系列政策措施，如美国的《技术创新法》《国家技术转让与促进法》《小企业创新发展法》，日本的《研究交流促进法》和《科学技术基本法》，英国的《英国十年（2004—2014 年）科学与创新投入框架》，法国的《科技指导和规划法》和《创新与科研法》等都是为了推动创新的蓬勃发展。

如今，世界正发生复杂深刻的变化，国际金融危机深层次影响继续显现，世界经济缓慢复苏、发展分化，国际投资贸易格局和多边投资贸易规则酝酿调整，各国面临的发展问题依然严峻。在这样的环境下要使一国的经济和社会持续发展，就需要走集约发展和高附加值发展的道路，通过创新增强经济内生动力来促进经济和社会发展。

2010 年 10 月，我国"十二五"规划全文发布，明确了以科学发展为指引，为实现经

济结构调整和发展方式转变，提出了推动创新型国家建设的发展路径，为了贯彻这一重大战略，就要实现两方面的转变：第一个是创新要由低水平向高水准转变，第二个是创业要由低层次向高水平转换。实施创新驱动发展战略，科技创新是提高社会生产力、综合国力的战略支撑，是国家发展全局的核心战略。在"十八大"报告里"创新"这个词是出现频率最高的词语之一。《创新 2.0：知识社会环境下的创新民主化》中进一步对面向知识社会的下一代创新，即创新 2.0 模式进行了分析，将创新 2.0 总结为以用户创新、大众创新、开放创新、共同创新为特点的，强化用户参与、以人为本的创新民主化。

虽然各个国家都在强调着创新，但创新的全球化还有待进一步推进。《世界是平的：21世纪全球化的世界》一书中，托马斯·弗里德曼讨论了技术和贸易的发展，尤其是信息通信技术将全球化的优势延伸到新兴经济体，促进了它们的发展和增长。但这种说法目前看来过于乐观。技术与创新并非均匀分布于各个国家。例如，全球高新技术产业大多分布在美国、欧洲和日本。不同国家的环境影响着创新的能力和技术的引进。另外，不同企业在价值链中所处的地位也深刻地影响着他们获取创新的能力和范围。

1.1.2 创新的意义

创新与创业是新兴经济发展和增长的不竭动力。创新不仅开辟新的市场，为企业带来更多的增长点，还带来新的增长动力，开启国家和世界的下一次远航。通过不断改进产品和服务，满足人们的需求和愿望，改变了人类的生活，提升了人们的生活质量。创新带来人类社会发展的福祉，具有重要的时代意义。从宏观方面讲，国家创新体系能够通过正式的政策、制度和管理，深刻影响一个国家和地区创新与创业的程度与方向。从微观方面讲，企业家精神和创新对于企业和个人的发展尤为重要。创新具有以下意义：

第一，创新推动科技进步。科技是科学和技术的总和。科学是创造知识的研究，是发现；技术是综合利用知识于需要的研究，是发明，无论是发现还是发明，都离不开创新。因此，创新是推动科技不断进步的动力。

第二，创新实现民族腾飞。国家经济和社会进步的关键在于是否有一支具有持续创新能力的科技队伍，其中包括技术工人。日本依靠外来技术，生产出世界独一无二的系列产品，在国际市场上曾一度压倒美国，处于领先地位。有人形容日本整个技术体系是三分欧洲七分美国新技术的"综合"。为什么日本在引进消化技术、综合改进技术、形成市场优势方面能取得成功呢？就是因为日本非常重视科技人才的创新意识、创新能力的培养。

第三，创新提升认知能力。为了获得对全新事物的认识，人们会探索新的思维方式，寻求新的办法去分析认识事物，从而获得新知识。从实践中运用创造性思维，提出一个又一个新的观念，形成一种又一种新的理论，作出一次又一次新的发明和创造，都不断地增加人类的知识总量，提升人类的认知能力，使人类认识越来越多的事物，为人类实现由"必然王国"向"自由王国"的飞跃创造有利条件。

第四，创新实现人生价值。具有创造思维的能力，这是人区别于其他动物的显著特征。人类利用思维的力量，创造出无数奇迹，以致让人类自己都触目惊心。而人的思维能力是千差万别、各不相同的。一个有所作为的人，希望通过发明制造，充分展示出自己独特的个性和价值，在这个过程中也为人类发展作出了贡献，实现了人生的价值。

第五，创新有助于迎接新挑战。当今世界和平与发展成为两大主题，国家要发展，社会要进步，经济要繁荣，生活要提高，已成为各国人民的普遍要求。许多国家都集中力量增强以经济为基础的综合国力。

创新，是一个极具潜力的词，但也是一个危险的词汇。2008年，华尔街的过度创新引发了数十年未见的全球经济危机。同一年，从PPG到ITAT，从分众、百度再到蒙牛，明星公司不计后果的创新，让投资者的亿万美金蒸发，让整个产业陷入信任危机中。

创业，是一个让人兴奋又畏惧的词。纵观历史上企业的发展历程，新兴企业屡屡失败，有些百年老店也轰然倒塌，如西联汇款对贝尔电话的反应迟缓以致猝不及防，如采冰业的消融。新创企业的发展如履薄冰；个体创业者的道路也布满荆棘和陷阱。

那么，究竟什么是创新和创业？我们是否陷入了"为创新而创新，为创业而创业"的误区？创新与创业是否有规律可循？我们应该如何管理创新与创业？

1.2 创新与创业精神

"创新"和"创业"已经成为当今时代的重要议题，也是新常态下国家进一步推进产业优化、经济发展、社会进步的重要举措。创新是民族进步之魂，创业则是实现创新的重要载体之一，创新创业也是解决环境污染、新能源开发等人类社会发展问题的重要手段之一。早期，创新与创业往往被分割开来研究，尤其在教育发展的过程中，创业教育更受重视，而创业与创新间的关联被忽视。随着科技和经济的发展，人们越来越意识到创新与创业的内在关联。2015年5月，国务院颁发《关于深化高等学校创新创业教育改革的实施意见》，从实施创新驱动发展战略、促进经济提质增效升级，以及推进高等教育综合改革、促进高校毕业生更高质量创业就业的高度，明确了深化高等学校创新创业教育改革的指导思想、基本原则、总体目标。创新与创业教育伴随时代发展应运而生，它的出现也体现了人们对于创新与创业之间关系的进一步思考。

1912年，熊彼特（Schumpeter）在《经济发展理论》中提到："创新是指把一种新的生产要素和生产条件的'新结合'引入生产体系。包括引入一种新产品，引入一种新生产方法，开辟一个新市场，获得一个新的原材料或半成品的供应源以及实现任何一种新的工业组织。"德鲁克1985年在《创新与企业家精神》一书中表明："创新是创业者的特殊工具。通过创新，他们把变化作为发展不同业务和服务的机会。它可以作为一种科学，可以学习，也可以实践。"2004年，英国贸易工业部创新协会提出"创新是对新创意的成功开发"。对于创新的定义各有千秋，但它们都突出创新与发明和创造不同，它需要开发和利用新的知识和技术，并且将创意付诸实践。正如历史上著名的发明家同时也是成功的企业家爱迪生，他不仅拥有多项发明创造，同时也将大量发明创造付诸实践，不断创新，获得了商业上的成功。创业是长期存在的社会活动，企业家源于法语中的"entreprendre"，最初的含义是"承担"，最早主要指参与军事征战的人。1755年，法国经济学家坎特龙在《一般商业之性质》中将企业定义为承担风险的活动，因为企业要以确定的价格购买商品，然后以不确定的价格售出商品。这是经济学领域对创业的最早定义。18世纪后期，经济学家魁奈和鲍杜第一次将企业家与产业联系在一起，并在"承担风险"的基础上添加了"创新"。随着社会的发展，人们认识到创业是提升社会价值的重要途径。它能够提供就业机会，推动创新、促进经济发展和社会安定。创业从狭义上讲是指创业者及其团队为孕育和创建新企业或新事业而采取的行动，可以包括新企业的生存和初期的发展；从广义上讲，创业指一种精神，即企业家精神或创业精神，主要指创业者及其团队在开展创业活动中所表现出来的抱负、执着、坚韧不拔、创新等品质以及相对独特的技能，同时也代表创造新事业的过程。

熊彼特在其著作《经济发展理论》中指出，创新是经济发展最重要的驱动力，而创新则依赖于企业家的"创造性破坏"活动。熊彼特的这一"创造性破坏"思想受到了许多经济学家的关注，引发了一系列关于企业家精神（创新）和增长的理论研究。2004年，英国贸工部下属机构拨款15万英镑，由英国一流商业组织与提供创业教育、培训、指导和援助的重要组织及机构联合设立了组织机构"创业远见"，旨在通过全国性的运动鼓励14~30岁青年的创业精神，提升英国的创业文化。李宏彬等在2009年对企业家精神对中国经济发展的研究中，通过实证分析发现，企业家的创业和创新精神都对中国的经济增长产生了显著的正效应。平均而言，企业家创业精神每增长1个标准差，将提高年均增长率2.88个百分点；企业家创新精神每增长1个百分点，将提高年均增长率3个百分点[1]。创新与创业精神被许多学者证明在创新与创业活动中十分重要，创业者可以在组织中创造一种结构，利用资源并承担创新的责任，但如果缺乏创新与创业精神，有效的变革几乎不会发生。

创新和创业关乎经济和社会发展，决定着国家的综合竞争力。创新与创业不仅只有抽象概念，不仅只是头脑发热而形成的产物，而是通过计划、组织、指挥、协调及控制等管理活动来将新的想法变为现实，要落实到具体的执行中。创新和创业并非只存在于新企业的建立阶段，而是企业建立与发展过程中的一个动态过程，它贯穿于企业经营的整个阶段，贯穿于企业管理的全过程。只有通过对创新与创业的有效管理，我们才能使创新与创业发挥最大的潜力和效应。虽然创新与创业因规模、类型、行业的不同而表现出不同的形式和内容，但两个关键点应该达成共识：一、创新是一个过程，而不仅仅是一个单独的事件，这个过程可以进行管理，可以通过管理过程中的影响因素来影响结果；二、开发一套完整的惯例与成功的创新管理有很大关联度，并可形成独特的竞争力。成功的创新与创业需要系统化的全面管理，它管理的是整个过程而不是过程的某个组成部分。此外，创新与创业的真正考验不是获得一次成功，而是在商业发展的整个过程中，组织通过不断的改进获得持续成长。创新与创业管理能力的开发是一个不断学习的过程，除了拥有经验，关键还在于对经验的总结和反思，并将之运用于后续的开发和改进中，而在现实中，此类循环常被忽略。创新与创业精神影响着经济社会发展，而成功的创新与创业则与整个过程管理和持续成长的能力紧密相关。

---

[1] 张玉利，陈寒松. 创业管理（第2版）[M]. 北京：机械工业出版社，2011.

1.3 创新的时代特征

创新的挑战并非只属于这个时代,早在人类诞生的那一刻起,创新就与我们同行。为了生存和发展,人类不得不想出更好的生活方式,企业不得不不断改进或开发新的产品,以及探索新的生产和销售方式。人类社会在进步,时代在发展,外部环境发生着许多变化,创新也同样随着时代的不同发生着变化。

如今谈论的创新与20世纪六七十年代所谈论的创造力和创造性有很大的区别。21世纪的今天,创新的环境发生了巨大的改变。据经济合作与发展组织估计,每年有近1万亿美元用于创造新的知识,这使得知识生产加速;越来越多的组织加入知识生产的行列中。这使"知识工作者"的范围更加广阔;搜寻创新的活动因为全球化而不得不扩大范围,涉及世界的每个角落,例如,金字塔的底层;互联网的广泛使用对人们的生活方式带来极大改变,这既是一种机遇也是一种挑战;用户也开始加入创新的行列,成为下一个畅销品的重要创意来源。创新的时代特征主要有以下几点:

1.3.1 构成了全球化的技术创新生态链

全球化使创新在一个前所未有的宏大的舞台上展开,创新所倚重的所有要素均打破国界延伸至全球,形成了一个以全球为空间,创新要素充分流动的巨大的创新生态链体系。位于这一创新生态链高层的是以美国为首的发达国家,它们借助其强大的经济实力,笼络全球人才为其所用,其创新的重心在于全面的基础研究及其相关的技术研究。其特点是原创性强,一旦研究有所突破往往会对人类社会产生极大的影响,并带来产业变革,如信息产业、生命科学、航空航天等产业,这些国家强大的基础研究为应用研究提供了强大的动力和坚实的根基。居于创新链条中层的是蓬勃发展的新兴经济体,如东亚,其特点是仅在部分基础研究领域投入重兵,而不求在高新科技领域全面开花式的发展,强调"有所为有所不为",应用研究居多,缺乏开创性、原创性的基础理论研究。在链条底层的是相对封闭、经济上较为落后的国家和地区,其特点是观念相对封闭,不能有效利用全球性资源,反而在全球化浪潮中遭到较大冲击,高素质人才大量流失,创新的根基受到巨大损害,无论是技术创新还是管理创新都缓慢而落后。处于创新体系边缘的是广大的非洲国家以及饱受战争威胁的国家,基本上没有创新的能力。

1.3.2 企业利润率依所处创新层次排列

创新的核心动力之一来自人们对产品和服务的新需求,没有有效的需求创新就难以落地开花。而发达国家与发展中国家人们的需求差异大,造成了各国创新原动力的差异,这种差异自然而然地表现在创新的方向、速度和创新的价值取向上。当一国人均年收入跨过4000~5000美元之后,人的消费方式就日益倾向于个性化、时尚化、舒适化、智能化和轻便化,企业通过市场能有效实现的价值更多地取决于产品的科技含量,因而越是能满足市场前端需求的企业，其利润率就越高。一辆美国产的轿车与一辆中国产的轿车，重量可能完全相同，而在国际市场上的售价却可能极为悬殊，其价格的差异主要就体现在技术创新所导致的性能差异上，以及管理创新所造成的文化价值取向上，可见创新的价值已成为影响企业利润率的重要因素。低收入国家，人们对产品的追求一般仅局限于其基本功能，所以创新多体现在低成本和大规模的制造和销售上。此外，由于发达国家在重要基础研究和人类社会共同面临的难题攻克上的巨额投入，如宇宙航天、基因工程、可持续发展等，这使得发达国家的企业可能在前沿科技和人类社会生存发展的重要领域处于持续领跑的位置。

处于创新生态链条高层的企业，以美国、日本、欧盟的企业居多，其技术先进性和原创程度高，是全世界高新技术以及高新科技产品的输出方，享有极高的利润率。处于创新链条中层的企业，其应用性技术创新常常比发达国家企业慢，其产品难以满足最前端需求，其追求满足大众化的中低端需求，其利润率明显比发达国家的企业低。处于创新生态链底端的企业，由于缺乏基础研究作支撑，技术创新处于引进和吸收阶段，在高新前沿技术上基本上是仰人鼻息，受制于人。这一层次的企业，往往只能取得产品价值链条上利润最薄的一段，即组装和成品制造。而处于创新链条边缘化的国家和企业，则基本上只能靠出口原材料和初级制成品，利润率极低。处于不同创新层次的企业的利润率呈现出明显的落差，但这种落差正好成为落后的国家和企业追赶的动力。

1.3.3　人力资源利用的国际化

创新的主体是富有高度创新精神的高素质人才。经济全球化使人才的争夺在家门口展开，大大加剧了国内人才向跨国公司的流动。美国等西方发达国家的企业充分利用这一便利，使其人力资源的利用高度国际化，而发展中国家的企业则饱尝了人才流失之痛，但这一趋势难以永远维持，在一波接一波的人才流失高峰之后，越来越多发展中国家的企业开始移植发达国家企业的管理思想和管理制度，逐步尝试吸引世界范围内的人才为我所用。这类企业首先从满足低端市场需求开始逐步积累实力，到时机条件成熟则反戈一击。这在我国的彩电业发展史上表现得可谓淋漓尽致。2000年以前，国内彩电企业几乎全部生产低端产品，主要从事低水平组装，没有一家企业能掌握核心技术，而国外企业则纷纷退出低端产品的生产，专注于中高端产品的生产。到2000年，国内彩电市场严重供过于求，导致我国彩电业全行业亏损，而国外企业却依靠其提供的中高端产品享有较高的利润，尽管只占约20%的市场份额却享有80%的行业利润。2000年成为国内彩电企业发展的转折点，为了冲出重围，越来越多的国内彩电企业开始关注原创性的技术创新，注重掌握自主知识产权，许多企业（如康佳、长虹、TCL）更将研发中心设到美国、中国香港、日本，直接利用发达国家和地区的人才，逐渐使我国的彩电企业掌握了高端彩电的核心技术，走上了人力资源利用国际化的道路。全球化之初，人才利用的国际化是发达国家企业唱主角，发展中国家人才净流失，而一旦发展中国家的企业站稳了脚，随后出现的是发展中国家和发达国家的企业在国际化平台上共同竞争吸引优秀人才。人才利用的国际化是全球化导致的必然趋势。

1.3.4　创新及其扩散的速度不断加快

信息技术既是创新的产物，同时又为创新准备了良好的物质技术条件，使知识的生产和传播能以惊人的速度发展。信息产业刚兴起时著名的"摩尔定律"指出：每过 18 个月，芯片的运算速度会翻一倍，而成本则会下降一半。但实际上，目前无论是 INTEL 公司还是 AMD 公司都宣称：摩尔定律已经过时。INTEL 公司的总裁桑德斯更提出一个"扩展摩尔定律"，他认为目前的技术发展使芯片的运算速度翻一倍而成本下降一半的时间周期已大大缩短。摩尔定律已使电脑成为全世界价格下降最快的商品，而电脑价格的快速下降又给软件产业带来了日益深远的影响，软件业的创新规模、速度也日新月异。互联网的兴起，大大刺激了高新技术竞争的程度，而风险投资的介入，为高新科技的产业化提速，使高新科技产品以令人震惊的方式快速占领市场，今天，在经济较为落后的国家或地区都能找到全世界最新的高科技产品。创新及其扩散正在以人们意想不到的速度发展。

1.3.5　技术创新的集团化、市场化和制度化

20 年前，我国的创新主要局限于科研院所，对技术创新的评价主要来自政府和学术界，而较少来自市场，这导致当时的技术创新成果较难通过市场的检验。当时的技术创新主要来自科研机构的研发人员，没有风险投资家、富有开拓精神的管理人员、市场营销人员、财务专家、律师的踪影。而今天的创新却更多是团队合作的结果，仅仅有研发人员远远不够。这主要是因为以前的创新主体主要是国家，竞争的核心往往是技术的先进程度和对国家的意义（特别是国家安全的角度），而今天的创新更多来自市场的压力，特别强调创新效益，企业逐渐演变为创新的主体，从而导致高新科技产品走向市场大规模应用的时间大大缩短，这主要归功于集团化的合作与市场化的运作。高新科技的高风险日益使技术创新成为一种有组织、有目标的制度化的集团行为，而不再仅仅是少数人的灵光一现。

1.4　创业是容易的吗

全球创业观察（Global Entrepreneurship Monitor，GEM）的研究表明，GDP 增长差距的大约 30%可以归因于创业活动水平的差异。创新与创业活动水平已成为国与国之间竞争的焦点。许多国家也正经历着一场"创业革命"，鼓励创业、发展以创新为依托的创业型经济正成为世界各国竞相采取的国家战略。发展创业型经济、打造创业型经济体系被认为是"打赢 21 世纪这场全球经济战争的关键"。

然而，创业真的那么容易吗？自创业的浪潮兴起以来，新创企业存活率一直不高，个体创业者的道路也布满风险和陷阱，即使对大公司而言，创业也不比个体创业者容易，例如，中信大东宽带网络技术有限公司兴起后的没落，MSN 的大败局，等等。这些足以说明创业不是凭着热血和激情就能获得成功的，在变化迅速，全球化和信息化飞快发展的今天，创业面临着越来越多不确定的挑战。

> **街旁：不能给用户和商户提供独特价值**
>
> 风头正劲的 Foursquare 启发了刘大卫和他的朋友杨远骋。而当时刘大卫在台湾地区的首个创业公司刚刚宣告失败，他接受投资人建议，来北京和杨远骋开始了在中国大陆复制 Foursquare 的新冒险，即街旁网。街旁的投资人来自 HTC 创始人王雪红，可谓背景雄厚。
>
> 曾经的独立博客网站在博客成为门户标配之后迅速式微，街旁代表的独立 LBS 网站结局会否相同，目前尚不急于做出判断，但同类网站的迅速转型，如嘀咕网裁员重组后彻底转向模仿图片社交网站 Pinterest，盛大背景的切客网则在 2011 年年底转为 LBS+电子商务模式，似乎都预示着，简单复制 Foursquare 在中国并不是那么前景光明。
>
> 刘大卫曾设想街旁的主要营收来自品牌合作。早期快速发展阶段，街旁的确也获得了星巴克、喜达屋、耐克等合作伙伴的青睐。但知情者透露，即使在鼎盛期，这些伙伴的合作亦多为免费，最高合作金额仅为 5 万~10 万元。而且，即使身为新媒体的尝鲜者，大多数公司对于独立 LBS 网站的态度也十分暧昧和保守，通常他们更愿意同时与多家网站合作，以覆盖更多的用户群体，这也使试图与客户签订排他协议的街旁愿望落空。
>
> 虚拟签到的价值也逐渐受到质疑。单一徽章模式难以维系用户黏性，不少用户的网络签到信息一旦和微博关联起来，很容易成为"垃圾信息"。真正的摧枯拉朽之力还在于新浪、QQ 等行业大鳄的猛烈进攻，当微博、微信将 LBS 作为自由产品的"标配"，这让以街旁为代表的单纯签到类 LBS 公司更无价值。
>
> 后来，种种现实迫使街旁重新思考定位。在街旁创办不久后，他们就成立了另一家移动互联网公司——果合。虽然街旁仍然存在，但是用户已经很少使用。

1.4.1 市场的不成熟

创业是一个不断发展的过程，需要有着长远的战略。但是创业又是立足于市场的，战略的设计和制定要以市场环境为基础。市场的不成熟或许会导致某一个创业的失败。2000 年电子商务的明星企业 e 国（中国）有限公司，一度口号为"一小时配送到家"。"e 国 1 小时"在获得用户称赞的同时也获得了同样多的怀疑："e 国 1 小时"带来了巨大的配送成本，e 国还能赚钱吗？卖得越多不是亏得越多？没有新资金的介入，e 国还能够支撑多久？有的人则干脆认为"e 国 1 小时"只是"成功的市场运作而已"。有人算了一笔账，只要 e 国的订单每笔 10 元，就可以把它干掉。卖得越多，亏得越大，e 国面临着巨大的盈利压力。实际上 e 国的悲剧就在于市场成熟前过早切入市场；在 2000 年，中国无论是物流、支付、配送，甚至网购人群都极不成熟。靠一家公司来撑起整个产业链，天方夜谭。

1.4.2 管理的创新

建立新的企业就需要有效的管理，在创业的过程中如果我们不能很好地对组织和过程加以管理，同样也会走向失败。2002 年，方兴东创建博客中国，之后 3 年内网站始终保持每月超过 30%的增长，全球排名一度飙升到 60 多位，并于 2004 年获得了盛大创始人陈天桥和软银赛富合伙人羊东的50万美元天使投资。2005年,"博客中国"更名为"博客网",并宣称要做博客式门户。就在此刻,博客网拉开了持续3年的人事剧烈动荡,高层几乎整体流失,而方兴东本人的CEO职务也被一个决策小组取代。到2006年年底,博客网的员工已经缩减到融资当初的40多人。2006年年末,以新浪为代表的门户网站的博客力量已完全超越了博客网等新兴垂直网站。随后,博客几乎成为任何一个门户网站标准的配置,门户网站轻而易举地复制了方兴东们辛辛苦苦摸索和开辟出来的道路。最后方兴东回老家义乌折腾电子商务,如今已经在行业里几乎消失。

1.4.3 激烈的竞争

全球化和信息化使竞争越来越激烈,除了来自国内的竞争还有国际上的竞争,除了来自同行业的竞争还有来自其他行业的竞争。竞争成为创业的一大挑战。Instagram 和 Color 在美国诞生之后,中国市场在2011年诞生了诸如推图、图钉、拍拍、随手拍、随拍、微图、友图、乐魔库、乐么乐么等十余款照片分享类应用。一年过去之后再观察,它们的现状均不理想。推图团队是这些照片分享类应用中诞生较早的,但推图创始人陈仲军坦诚用户增长不理想,而图片分享类应用遇到的困难来自两个方面:第一是新浪微博和微信现在均添加了照片分享功能,推图的用户被两者分流了很大一部分;第二是中国的WiFi热点太少而流量费却很高,这给图片分享类应用制造了很大的"瓶颈"。此外,移动应用的推广成本也日益增高。

1.4.4 用户体验

创业过程中所提供的服务和产品的最终受体就是用户,而用户体验也成为创业所面临的挑战。创业者需要明确用户的感受和偏好以及变化,否则将会导致用户的抵触和流失。如前所提到的MSN就是因为缺乏用户体验而被冰封。

除了上述所说的挑战,建立新企业还需要考虑政策法规的限制或支持力度,有些创业类型能够获得政策的优惠,而有些却要面临政策的限制,比如,涉及大气污染行业创业则会面临更高门槛。此外还有社会创业意识薄弱、地理资源差距、配套服务不完善、产业配置不佳、创业水平过低等,这些都将影响创业的成功。虽然创业面临诸多挑战,但也不应畏难而退,感到绝望。全球创业成功的例子也比比皆是。100强俱乐部的成员,长寿秘诀很大程度上依赖其开发了持续创新的能力以及学会了如何持续进行创新和创业。

1.5 创新与创业管理

1.5.1 创新与创业有联系吗

成功的创业离不开创新。Windows操作平台,极大地方便了计算机的使用,使计算机得到普遍推广;余额宝的开发不但使得马云又一次成功,还改变了人们的储蓄方式,促进了金融创新。每一位创业者都注重创新,他们可能开发新的产品和服务,也可能找到新的商业模式,也可能探索出新的制度和管理方式,从而获得成功。熊彼特曾经把创新作为创业者和创业精神的特质，德鲁克也曾经将创新与创业精神一起探讨。可见创新与创业的关系紧密，难以分离。创新和创业又不完全等同，有些创业活动主要通过模仿来进行商业活动，只涉及了创新的一小部分。而基于创新的创业活动才更注重"新"的事物，更容易获得竞争力，但同时也面临着更大的风险和挑战，需要更多的投入。

在学术界，有学者认为，创新与创业目前正逐渐融合，创业研究中融入了创新元素，而创新研究中也逐渐出现了创业的要素。在2011创新与创业国际会议上，有学者提出创新与创业这两大课题，理论上应进行整合研究，从实践来看创新和创业也须结合在一起：第一，一些企业在创业的过程中缺乏创新，这是导致企业寿命短的主要原因之一；第二，中国企业要成功，很重要的一条就是把创业和创新结合在一起，创造全新的商业模式；第三，中国企业之所以研发效率低，是因为没有把研发过程当成寻求创造力的过程，研发的管理要改变，要变成公司创业过程；第四，企业在发展过程中要寻求新的商业模式，创新管理过程中必须把创业放进去，特别是把研发和冒险放进去，而创业更应该强调知识的创新[①]。此外，还有学者从战略管理视角提出创业与创新的融合是十分有价值的，并通过案例研究表明创新涵盖创业，必须将创新与创业融合在一起，而且创业和创新的关系从来也没有隔离过，只是研究者将二者隔离开来；同时认为有效地将战略和创业、创新三个要素整合到一起，是未来研究的方向[②]。另一些学者则从创业型经济视角研究了创新与创业，并指出二者不仅要在微观上融合，更应该从宏观层面和国家层面进行融合，这样的融合才具有更大的战略意义。2011创新与创业国际会议上学者们从管理学角度对创业的研究对象、基于学科的创业研究维度、创业过程、创业研究方法等方面做了梳理与回顾，从经济学视角系统阐述了创业型经济。吉林大学李政教授认为这种经济范式不仅响应了国家的号召，而且对中国的现实有重大的意义，因为创业型企业和新创企业对经济发展的作用越来越显著，发展创业型经济对于转变经济发展方式、提高创新能力、调整结构、解决就业等重大问题，都有很重要的作用[③]。创新与创业的结合被越来越多学者认可，在关注"创业"与"创新"差异的同时，学者们也在努力探索"创业"与"创新"之间的联系及其本质上的渗透与融合。那么，创新与创业之间的关系究竟如何？

经济学家熊彼特在创新理论中指出，创新来源于创业，创新应该成为评判创业的标准。他认为，企业家的职能就是实现创新，而创业活动则是创造竞争性经济体系的重要力量[④]。而Kanungo等学者认为，创新是创业的特殊工具，在创新和创业之间存在不可忽视的交集[⑤]。Herbig则认为，新企业的创业和创新的潜力高度相关。同时，国内学者张玉利指出，创业的本质是创新、变革，没有创新的创业不可能有很好的发展，没有创业精神也同样不可能有重大的创新产生[⑥]。创业和创新是一对既紧密联系又互不相同的概念。一方面，创业需要

---

① 葛宝山，李明芳，蔡莉，赵树宽，董保宝. 全球化背景下的创新与创业——"2011创新与创业国际会议"观点综述[J]. 中国工业经济，2011(9): 36-44.
② 龚丽敏,江诗松,魏江. 试论商业模式概念的本质、研究方法及未来研究方向[J]. 外国经济与管理，2011(3): 1-18.
③ 李政. 邓丰. 面向创业型经济的创业政策模式与结构研究[J]. 外国经济与管理，2006(6): 26-33.
④ 彼得·F.德鲁克. 创新与创业精神[M]. 张炜，译. 上海：上海人民出版社，上海社会科学院出版社，2002(9): 23.
⑤ Tapas Kanungo, GA Marton, O Bulbul.Performance Evaluation of Two Arabic OCR Products[J]. Proc Spie, 1999, 3584: 76-83.
⑥ PA Herbig, H Kramer.Innovation Inertia: THE POWER OF THE INSTALLED BASE[J].The Journal of Business & Industrial Marketing, 1993(3): 44-57.

创新。创新是创业的源泉，创业通过创新拓宽商业视野、推进企业成长。虽然创新不是创业的唯一途径，但是，创新特别是可持续创新可以不断创造竞争优势，进而推动创业的成功。另一方面，创新必须关注市场需要，且创新有创业的需要，因为创业为创新的成功创造了条件并且推动创新成果产业化，继而产生经济效益。张映红提出，公司创业就是以创新和战略变革为核心的组织行为和特征[1]；王永贵、张晓通过对129份企业高层经理人员的调查问卷进行探索因子（EFA）分析，识别出公司创业的新企业开拓、创新性、自我更新、先动性和风险承担5个关键维度[2]；任迎伟、张宁俊认为，公司创业的实质是组织主导下的创新，它在很大程度上依赖于组织对外部知识的吸收和转化[3]。

因此，创新与创业的关联主要体现在：①创新是创业的源泉，是创业的本质。②创业是创新价值实现的主要途径。③创业必然蕴含创新。很多创业者依仗创新的产品或服务而创业，并努力将创新产品（或服务）推向市场，创造财富，造福社会。④创业推动并深化创新。

1.5.2 创新的范围

创新是一项具有极大不确定性和极高风险的活动，因此需要明确方向，找准突破口。那么，我们就需要了解创新可以从哪些方面入手。

我们可以对产品进行创新，通过对原有的产品进行改进、使用新技术、产品重组和开发全新产品来实现这一类型的创新。小米手环为人们记录运动量、睡眠质量等提供了便捷，这种将智能系统嵌入可穿戴设备中的设计就属于一种产品创新。产品的创新可以给人们带来不一样的或更好的体验，同时，成功的产品创新还能给生产者带来市场上的竞争优势。有时，在产品创新的过程往往伴随着流程的创新或演变为流程的创新。例如：皮尔金顿的浮法玻璃生产流程、贝塞迈炼钢法等，都是流程的创新。流程创新能够提高生产效率、简化流程、降低成本或实现定制化等。定位也可以进行创新，云南白药牙膏最初进入市场时，定位为医药用品，却遭遇市场低迷。后来，重新定位为日用品，也因此逐渐打开市场。春秋航空公司则通过定位为廉价航空公司，获得了一席市场。定位创新有助于发现或开发出新的市场。创新还可以是改变或重建某种规则，转变思维方式，即范式创新。比如，电子商务的出现就是范式创新的例子，阿里巴巴通过改变人们的购物方式带来了一个新的时代。范式创新能够改变商业模式，为企业带来更核心的竞争力。虽然根据对象不同可以将创新划分为上述几类，但实践中创新类型的边界实质上是比较模糊的，有时候是多种创新共同发生。

上述的各种创新类型，其本身有新颖程度的差异。根据新颖程度的不同，创新还可以划分为渐进式创新和突破式创新。渐进式创新是在原来的基础上改良，是逐步的改变，是更好地做正在做的事，即"做得更好"。而突破式创新则是做的与原来截然不同，是彻底的改变，即"做得不同"。提高白炽灯泡的性能是渐进式创新，LED照明则是利用完全不同的更高效的发光原理，则属于突破式创新。根据创新的对象和创新的新颖程度我们可以构建

---

[1] 张映红. 公司创业理论的演化背景及其理论综述[J]. 经济管理，2016(14): 4-7.

[2] Y Wang, N Wang, H Zhao. Organizational memory, organizational learning and supplier innovation capability: An empirical investigation in the context of outsourcing[J]. Science Research Management, 2014.

[3] 任迎伟，张宁俊. 知识吸收能力面临的科层困境及组织创新中引入市场机制分析[J]. 四川大学学报（哲学社会科学版），2008(2): 107-112.

一个创新空间图（如图 1-1 所示）。影响创新决策的一个关键问题就是在创新空间中所处的位置。改变一个商品的外观或性能与改变轮船驱动的方式，所涉及的创新是不同程度的。这些差异是我们在创新过程中选择方法与方式的重要判断依据。比如，设计制造电动引擎，使用替代钢铁与玻璃的新型复合材料生产全新概念车，不同于仅仅升级汽车的外观设计，前者的创新范围和难度比后者要大得多。

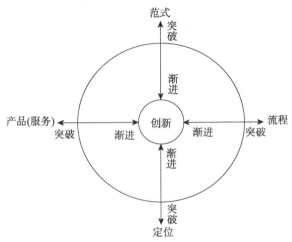

图 1-1　创新空间的四个维度

资料来源：约翰·贝赞特，乔·蒂德. 创新与创业[M]. 牛芳，池军，田新，等，译. 北京：机械工业出版社，2013.

在现实社会活动中，大部分创新实际上是渐进式创新。在不改变产品的本质基础上，遵循"做得更好"的理念来进行创新。渐进式创新的风险相对比较低，成功率相对比较高，是一种更易于实现的创新途径。而突破式创新相对较少的原因之一是其高风险和高投入的特性，需要花费更多精力和资源创造全新的事物，同时，技术的进步和市场的变化也不断驱动着突破式创新。突破式创新意味着更大的社会价值和更强的竞争能力，也是推动社会进步的重要源泉之一。

只有先进的技术是不够的

20 世纪 70 年代，施乐公司主导着复印机市场，成立之初就拥有切斯特·卡尔逊和巴特尔研究所引领的突破性技术，并以此带动了整个产业的发展。尽管拥有核心技术的实力，并且持续投入资源来保持竞争优势，但施乐公司还是发现自己受到市场新进入者所开发的新一代小型复印机的威胁，其中包括几家日本公司。虽然施乐公司在本行业积累了大量经验，对核心技术也有深刻的理解，但还是经历了 8 年的错误与挫败才引进一种有竞争力的产品。其间，施乐公司失去了将近一半的市场份额并遭遇严重的财务危机。正如亨德森和克拉克所言，"很明显，对现有技术的适度改变……会产生相当戏剧化的后果"。

类似的情况也发生在 20 世纪 50 年代，电子行业巨头 RCA 公司运用自己熟悉的技术研发了便携式晶体管收音机原型。然而，他并没有看到推广这项低端技术的前景，而是继续开发高级设备。相反，索尼公司利用这项技术进入消费市场，并推出了一代便携式电子产品。在此过程中，索尼公司积累大量经验，使它可以进入更高价值、更复杂的产品市场，并在与对手竞争过程中取得成功。

从创新层面来看,可以发现创新既可以从不同层面对系统的组成部分加以改变,也可以是对整个系统的改变(如图 1-2 所示)。创新分布于各个层面,越高层次的创新对低层次的影响越大。例如,给计算机安装一个速度更快的晶体管使图像显现出来,是组件层面的渐进式创新;而通过不同的方式来组装电路板,则是电路组装系统的改进,将获得不同的或者新的功能。又比如,用线上支付代替线下支付则意味着商店需要引入在线支付软件并和第三方交易平台进行合作,同时还需要实行线上财务管理,这就是较高层次的创新对商家支付系统、财务管理等方面带来的改变和影响。

图 1-2　创新的维度

资料来源:约翰·贝赞特,乔·蒂德. 创新与创业[M]. 牛芳,池军,田新,等,译. 北京:机械工业出版社,2013: 4.

可以看出,从创新对象、创新新颖程度以及创新层面来看,创新可以分为不同的类别和范围,不管是哪种类型的创新,我们都需要明白创新的方向即有关创新的战略极为重要,它将在很大程度上影响创新的成败。因此,管理创新就是根据战略目标,引导创新进入正确的轨道,通过资源配置和过程管理逐步减少不确定性,并将其转变为价值实现。在这一过程中,必然伴随着知识的流动,通过知识转移、共享和创造等来实施创新。这里的知识可以是显性的,也可以是隐性的。运用不同的知识进行创新的过程是高度不确定的,很难预料最后的结果。所以,对这一过程的管理就变得尤为重要。对创新范围的了解,有助于把握创新与创业的方向、本质和关键影响因素,对于管理创新和创业而言是重要的切入点。

1.5.3　创新与创业需要经历什么

当我们思考管理创新与创业是什么,为什么要管理,何时管理和怎样管理时,用到了三个核心概念:

(1)"创新"是一个可以系统化并加以管理的过程,无论是在一个新成立的企业中还是一个上百年的企业;

(2)"创业精神"是原动力,它通过有激情的个体、团队、网络的共同努力去驱动创新过程;

(3)"创造价值"是创新的目的,无论价值体现在财务方面、就业或者增长、持续性或社会福利的提高。

创业教育之父蒂蒙斯曾经提出了创业模型——蒂蒙斯模型(如图 1-3 所示),该模型包括了创业的关键要素:机会、资源、创业者及其团队,三者缺一不可。没有机会的创业活动是

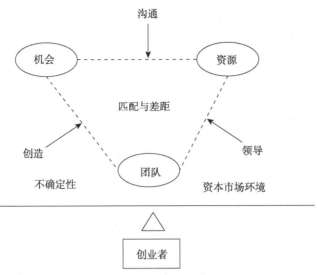

图 1-3　蒂蒙斯模型

资料来源：杰弗里·蒂蒙斯，小斯蒂芬·斯皮内利. 创业学[M]. 周伟民，吕长春，译. 北京：人民邮电出版社，2005.

盲目的，资源的投入是推动创业的动力，没有创业者识别机会投入资源，创业也是不可能的。三者之间的平衡和协调是创业成功的保证。该模型是动态的，三者相互作用，不断演进，构成创业的发展过程。创新也是如此，没有创造性思维如何获得新的想法，没有创新精神如何能够不随波逐流，没有创新者又如何发展和实现这些新的想法，而资源同样是实现创新的重要因素。

我们每个人都有很多点子或想法，但不是每一个点子都能付诸实践，将点子或想法付诸实践的过程，常常以创业的形式表现出来。那么创新到底怎么实现，如何对这个实现的过程加以管理呢？在本书中，我们采用过程视角，将创新与创业视为一个过程。约翰·贝赞特和乔·蒂德提出了一个创新过程模型（如图1-4所示），该过程模型包含了五个部分，这些部分共同构成了创新，只有管理好整个过程，控制好创新的每个阶段，创新成功的可能性才会不断增加。在贝赞特等人的创新过程模型中，有一个关键的部分就是发展新企业，这就是我们通常说的创业。这个模型将创业视为创新活动发展到一定阶段的一个步骤，符合现实世界中的客观规律，对创新与创业二者间的关系也具有解释力，同时便于理顺二者关系，寻找到管理的切入点。因此，本书借鉴该模型，也采用这样的过程视角来阐释创新与创业管理。

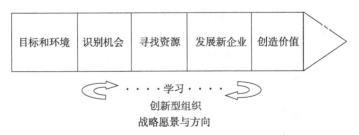

图 1-4　创新过程模型

资料来源：约翰·贝赞特，乔·蒂德.创新与创业[M]. 牛芳，池军，田新，等，译. 北京：机械工业出版社，2013：4.

首先，我们需要明白的是，好的点子是要符合时代的要求，满足人们的需求的，这是创新最基本的要求。而引发创新的因素有很多，可能是技术推动、市场拉动、竞争需求和环境变化等，也可能是组合式推动。因此，需要我们在不断变化的社会环境中，利用各种方法来识别创新潜在的机会。

识别出创新的机会后，就需要我们寻找和投入资源开启创新之旅。创新是一个高度不确定的活动，你不会知道接下来会发生什么。因此，一方面，你需要尽可能地寻找对创新有益并推动创新向前的知识和其他资源，在此过程中选择和制定与创新要实现的目标更为匹配的战略和战术；另一方面，我们还需要思考更多的方法和渠道，搭建内外部的网络来补充缺失的资源。

诺基亚——创新的失败者

在苹果推出 iPhone 七年前，诺基亚团队就曾演示了一款拥有彩色触屏、屏幕下方有一个单独按键的手机。演示中，这款手机能够定位餐馆、玩赛车游戏，还可以订购唇膏。20 世纪 90 年代晚期，诺基亚还曾秘密开发出另一款诱人的产品。那是一款平板电脑，有无线连接功能，配备了触摸屏。这些与后来的苹果 iPhone 和 iPad 何其相似！

可惜的是，消费者从未看到这两款产品。诺基亚在 90 年代引领了无线革命，并下定决心要把世界带进智能手机时代。可如今，它却结束了连续 14 年成为世界最大手机生产商的历史。市场调研机构 Gartner 的最新数据显示，在 2013 年一季度，全球出货的 2.1 亿部智能手机中，Android 手机出货超过 1.56 亿台，占比 74.4%，而诺基亚智能手机销量仅为 600 万台。一直以来，诺基亚明显已看到行业的发展方向，且对研究不吝投入，过去十几年共投资 400 亿美元，这一数额接近苹果同一时期研发投入的 4 倍。但它却浪费了把创新引入市场的机会。研发工作因为内部不和而碎片化，并且与生产销售手机的实际运营活动脱节。连诺基亚 CEO 史蒂芬·埃洛普也曾无奈地表示，要是诺基亚的创新当初落实在产品上面，诺基亚就不是现在这个样子了。

如前面所说的，我们还需要将新意付诸实践，把资源和知识进行整合加工变成更新的产品（服务）或者新的流程与工艺。从前期资源的投入资源转化为产品再到产品流通进入市场，这个过程不是一蹴而就的，中间可能经过多次重复和不断调整，整个过程也伴随着组织结构的调整和变化，以及组织自身能力的变化，以此保障创新的持续进行，使创新真正成为被市场所接受的带来价值的现实。同时，我们还要思考，在整个过程中，我们是否实现了创造价值。即便我们能够识别机会，寻找到好的资源，构建一个新的企业，但是如果整个流程没有创造价值，那这个创新就不能算成功的。这里的价值并不仅仅局限于财务指标的变化，还应包括从创新的过程中我们获得的更多知识或经验以及能力的提升，这对于组织来说同样意味着价值增值。

1.5.4 管理创新与创业

管理创新与创业，我们首先要理解我们正在管理的是什么和为什么管理，我们头脑中关于创新过程的模型越合理，支持创新的架构越可能真正发挥作用；其次，要理解成功管理创新过程的关键点以及我们如何创造相应的条件,并确定创新的目的、方向和战略;再次,要将管理思想融入创新与创业的整个过程,思考我们如何进行管理,需要采取哪些具体行动方案。最后,要认识到这是一个充满变化的过程,管理创新与创业就是建立动态能力和不断促进变革顺利进行的过程。

本章介绍了目前创新与创业的国际和国内背景,说明了创新与创业的重要性,并对创新与创业的含义进行了解释。进一步分析了创新与创业之间的关联,提出创新与创业结合的重要性。采用过程管理的视角,将创新活动看作一个核心过程,通过对创新与创业的过程进行管理,才能使创新得以实现与持续。这个过程涉及四个核心阶段:识别机会、寻找资源、发展新企业(开发新产品或服务)、创造价值。要实现创新,我们还需要与之相匹配的目标和环境,并且在整个过程,对其进行介入和干涉,来降低不确定性,提高创新成功的可能性。由此可见,我们明确了创新与创业实际上是可以被管理的,但管理创新与创业需要具备许多前提要素和条件,这个过程也需要组织不断地开发和提升学习能力,将自身建设为学习型组织来推动和保障创新的进行。

那么,具体而言我们该如何管理创新与创业呢?这些将在后面的章节中逐步详细介绍。下面我们简要地阐明本书的逻辑框架。

第2章主要对创新与创业的内涵进行了阐述,进一步对创新与创业的关系和区别作了说明;阐述了相关的基础理论;介绍了创新过程模型和创业过程模型,分析了创新与创业的一般过程;在分析创新管理和创业管理内涵和特点基础上,提出了本书的分析视角和切入点。

第3章从创新与创业的相关要素出发,使我们进一步了解创新与创业。主要介绍了创造性思维的内涵、特征、类型和活动过程;创业者特质;企业创意和创意创业;创新型组织。通过这些介绍使读者对创新与创业活动开展的情境、前提有更深入的了解。

第4章则进入创新与创业的这一活动过程,介绍了创新的来源和机会的识别。主要阐述了创新的来源有哪些方面;进一步介绍了创新的基本方法;在机会识别方面,利用创新搜索空间地图作为工具分析了创新搜索战略;最后介绍了创业机会的识别与评价。

第5章着眼于制订商业计划搜索创新创业所需资源这一阶段,以商业计划为载体,分析了创业风险的类型、内容以及对风险的识别和评估;并从网络开发的角度分析借助网络的形式搜集创新创业所需资源,以及网络的管理;最后介绍了商业计划书的要点、撰写注意事项以及各个主体板块的内容。

第6章关注创新创业的实施阶段,即新产品与服务的开发与管理。主要包括产品创新和新产品开发战略与过程;服务创新和新服务开发战略与过程;产品和服务的开发是创新的具体实施过程,对这个过程可以用一些成熟的方法加以管理,本章最后介绍了一些实用的管理工具和技术。

第7章同样针对实施阶段,介绍了创建新企业的核心知识。简要介绍了创建新企业的方式和阶段;分析了创业融资以及商业模式的选择;并对创业过程中风险防御和危机管理的问题作了阐释;最后描述了新创企业生命周期,成长过程中可能存在的问题及企业成长管理。

第8章则关注创新与创业过程中的价值创造及可持续发展问题。创新与创业过程中除了财务指标的变化，最重要的价值创造体现在知识创造上，这一章分析了企业知识、知识创造和企业中的知识管理，并分析了企业发展过程中知识产权战略问题；对创新与绩效之间的关系提出了探讨；最后结合我国经济新常态，分析了创新与创业的时代意义。

第9章是对一些关键问题的回顾。指出了创新与创业的关键影响因素；分析了企业的创新困境和提升创新能力的途径；强调了创新创业过程中，重要的个体"企业家"扮演的角色及企业家精神的重要意义；介绍了审视和评估创新过程的工具——创新审计；最后提出全面创新管理的思想，以再次强调创新与创业管理并不是某一个过程、某一次活动的成功，而是一个不断改进不断超越的循环的过程，对这个过程需要全面的管理。

本章小结

通过本章的学习，我们了解了创新与创业的背景和时代意义。创新与创业是当今时代发展的要求，是促进经济转型升级的重要途径。创新是创业的源泉，创业是创新价值实现的重要途径，创新与创业相互推动，不再将二者视为完全独立的两类活动是时代的要求和商业成功的重要条件。创新不是一拍脑袋就能实现的事情，它与内外部环境和个人特质有关。而创业的过程也充满艰辛和不确定性。在创新与创业过程中，为了确保其顺利实施，我们要对创新与创业实施有效管理。有效地管理创新与创业能降低过程中的不确定性，提高成功的可能性并驱动持续不断的创新。本书将从过程视角，逐步阐释创新与创业的管理。

关键概念

产品创新是指对产品或服务做出有价值的改变。

流程创新是指创造和改变提供产品或服务的方式。

定位创新是指改变产品或服务进入的环境或市场。

范式创新是指组织结构潜在的心智模型的改变。

渐进式创新是指从小的、逐步的改变开始，进行创新，做更好的事。

突破式创新是指使思维和使用方式发生本质性或颠覆性的变化，做不同的事。

创新精神是指一个人从事创新活动、产生创新成果、成为创新的人而所具备的综合素质。比如，敢于冒险、批判性思维、反应迅速、追求卓越、独立、适应能力强等。

创业精神是精力、愿景、热情、忠诚、见识和风险承担等的混合，为创新过程提供驱动力。

思考题

1. 我们为什么要研究创新与创业？
2. 你所理解的创新与创业是什么？在当今社会什么是创新？
3. 创新的范围包括哪些？
4. 创新与创业是否可以管理？我们又该如何管理？

5. 阅读完本章，你对创新与创业的管理有新的认识吗？

参考文献

[1] 葛宝山，李明芳，蔡莉，赵树宽，董保宝. 全球化背景下的创新与创业——"2011 创新与创业国际会议"观点综述[J]. 中国工业经济，2011(9): 36-44.

[2] 龚丽敏，江诗松，魏江. 试论商业模式构念的本质、研究方法及未来研究方向[J]. 外国经济与管理，2011(3): 1-18.

[3] 李政，邓丰. 面向创业型经济的创业政策模式与结构研究[J]. 外国经济与管理，2006(6): 26-33.

[4] 彼得. F. 德鲁克. 创新与创业精神[M]. 张炜，译. 上海：上海人民出版社，上海社会科学院出版社，2002(9): 23.

[5] Tapas Kanungo, GA Marton, O Bulbul. Performance Evaluation of Two Arabic OCR Products[J]. Proc Spie, 1999, 3584: 76-83.

[6] PA Herbig, H Kramer. Innovation Inertia: THE POWER OF THE INSTALLED BASE[J]. The Journal of Business & Industrial Marketing, 1993(3): 44-57.

[7] 张映红. 公司创业理论的演化背景及其理论综述[J]. 经济管理，2016(14): 4-7.

[8] Y Wang, N Wang, H Zhao. Organizational memory, organizational learning and supplier innovation capability: An empirical investigation in the context of outsourcing[J]. Science Research Management, 2014.

[9] 任迎伟，张宁俊. 知识吸收能力面临的科层困境及组织创新中引入市场机制分析[J]. 四川大学学报（哲学社会科学版），2008(2): 107-112.

[10] 张玉利，陈寒松. 创业管理（第 2 版）[M]. 北京：机械工业出版社，2011.

[11] 杰弗里·蒂蒙斯，小斯蒂芬·斯皮内利. 创业学[M]. 周伟民，吕长春，译. 北京：人民邮电出版社，2005.

[12] 约翰·贝赞特，乔·蒂德. 创新与创业[M]. 牛芳，池军，田新，等，译. 北京：机械工业出版社，2013.

第2章 创新与创业的基础理论

学习目标

1. 掌握创新与创业的内涵；
2. 理解创新与创业的关系；
3. 熟悉创新与创业的相关基础理论；
4. 了解创新与创业的一般过程；
5. 理解创新与创业管理。

本章关键词

创新（innovation）
创业（entrepreneurship）
创新管理（innovation management）
创业管理（entrepreneurship management）

2.1 创新与创业

2.1.1 创新的内涵

创新是人类活力的源泉。人类发展的历史就是一部创新史，随着人类创新实践的不断发展，人们对创新的认识也在不断丰富和完善。英语里"创新"起源于拉丁语的"Innovare"，意思是更新、制造新事物或者改变。我国早在《南史·列传第一·后妃上》殷淑仪一节中就曾提到"创新"一词。根据《辞海》《汉语大字典》和《现代汉语词典》的解释，创新就是"抛开旧的，创造新的"。创新的哲学认识，是人的实践行为，是人类对于发现的再创造，是对于物质世界的矛盾再创造。从认识的角度来说，就是更有广度、更有深度地观察和思考这个世界。从实践的角度来说，就是能将这种认识作为一种日常习惯贯穿于生活、工作与学习的每一个细节中，所以创新是无限的。

创新的社会学概念，是指人们为了发展的需要，运用已知的信息，不断突破常规，发现或产生某种新颖、独特的有社会价值或个人价值的新事物、新思想的活动。

创新的经济学概念，最初由熊彼特在其成名经典《经济发展理论》中提出，是指"建立一种新的生产函数"，把经济生活中生产要素和生产条件的"新组合"投入生产体系中，是企业家通过新组合而产生新利润的活动，包括新产品、新生产工艺和方法、新市场、新材料供给、新管理五种形式。熊彼特主要是从技术与经济相结合的角度，探讨技术创新在经济发展过程中的作用，提出创新是经济增长的内生动力。熊彼特的创新理论对后世产生了较大影响。随着经济社会的发展和创新研究的深入，"创新"一词也被赋予更多的含义。"竞争战略"之父迈克尔·波特在《国家竞争优势》中认为，"创新"一词应该做广义的解释，它不仅是新技术，而且也是新方法或新态度。"现代管理学之父"彼得·德鲁克在《创新与企业家精神》中提出，创新不是一个技术概念，而是一个经济社会概念。广义的创新包括体制、机制、法治等方面的制度创新。英国科技政策研究专家克里斯托夫·弗里曼教授认为，创新是指在一次引进某项新的产品、工艺过程中，所包含的技术、设计、生产、财政、管理和市场活动的诸多步骤。经济合作与发展组织的报告《在学习型经济中的城市和地区》中将创新理解为"被组织采用产生了经济意义的新的创造"。著名管理学家成思危教授认为，创新是引入或者产生某种新事物而造成的变化，大体有三种主要类型，即技术创新、管理创新和制度创新。创新是多层次的，高端创新具有革命性、颠覆性、破坏性，而中端、低端创新则具有渐进性。可见，创新具有丰富的内涵，目前，关于"创新"的内涵界定认可度较高的主要有：① 2000 年联合国经济合作与发展组织提出的，"创新的含义比发明、创造更为深刻，它必须考虑经济上的运用，实现其潜在的经济价值。只有当发明创造引入经济领域，它才成为创新"。② 2004 年美国国家竞争力委员会在《创新美国》计划中提到"创新是把感悟和技术转化为能够创造新的市值、驱动经济增长和提高生活标准的新产品、新过程与方法和新服务"。本书认为创新（innovation）就是将新意和想法付诸实践，变成有价值的新产品、新服务或核心流程。

2.1.2 创业的内涵

从一定意义上说，人类社会也是一部创业史，随着人类创业实践的不断发展，越来越多的人将创业视为极具吸引力的职业生涯之路。

根据《辞海》和《现代汉语词典》的解释，创业就是"创立基业"。英文中"创业"有两种表达方式，"venture" 和 "entrepreneurship"。但这两个词的最初字面意思都不是"创业"之意。"venture" 的本意是冒险，但在创业领域中，它不仅赋予了冒险的意思，还有"冒险创建新企业"。"entrepreneurship" 常用来表示静态的"创业状态"或"创业活动"，它是从"企业家""创业者"角度来解释"创业"的。随着创业领域越来越被重视，"entrepreneurship" 也逐渐被赋予了"企业家精神"这一新的概念。1956 年，科尔（Cole）首次提出创业的概念，他把创业定义为：发起、维持和发展以利润为导向的企业的有目的性的行为。

随着创业领域的不断发展，不同学者对创业的内涵有着不同的理解。

（1）罗伯特·C. 荣斯戴特（Robert Ronstadt）认为："创业是一个创造增长的财富的动态过程。财富是这样一些人创造的，他们承担资产价值的时间风险，承诺或提供产品或服务。他们的产品或服务未必是新的或唯一的，但其价值是由企业家通过获得必要的技能与资源并进行配置来注入的。"

（2）霍华德·H. 斯蒂文森等（Howard H. Stevenson）指出："创业是一种管理方式，即对机会的追逐，与当时控制的资源有关。"他认为："创业可由以下六个方面的企业经营活动来解释：发现机会、战略导向、致力于机会、资源配置过程、资源控制的概念和回报政策。"

（3）杰弗里·A. 蒂蒙斯（Jeffry A. Timmons）说："创业是一种思考推理和行为方式，这种行为方式是机会驱动，注重方法与领导相平衡。创业导致价值的产生、增加、实现和更新，不只是为所有者，也为所有的参与者和利益相关者。"

（4）沙恩（Shane）和文卡塔拉曼（Venkataraman）对创业下的定义是：作为一个商业领域，创业致力于理解创造新事物（新产品或服务、新市场、新生产过程或原材料、组织现有技术的新方法）的机会是如何出现并被特定个体发现或创造的，这些人如何运用各种方法去利用或开发它们，然后产生各种结果。

除学术界外，各行各业也都结合实践经验对创业有着不同的定义。考察创业定义中出现的关键词频数，得出结果见表 2-1。

表 2-1 创业定义关键词频数统计

序号	对创业定义的不同理解	出现频数	序号	对创业定义的不同理解	出现频数
1	开始、创建、创造	41	10	创造价值	13
2	新事物、新企业	40	11	追求成长	12
3	创新、新产品、新市场	39	12	活动过程	12
4	追逐机会	31	13	已有企业	12
5	风险承担、风险管理、不确定性	25	14	首创活动、做事情、超前认知与行为	12
6	追逐利益、个人获得	24	15	创造变革	9
7	资源或是生产方式的新组合	22	16	所有权	9
8	管理	22	17	责任、权威之源	8
9	资料	18	18	战略形成	6

注：表中只列示了超过 5 个以上频数定义的分析。

资料来源：Morris M, Lewis P, and Sexton D. Reconceptualizing Entrepreneurship: An Input-output Perspective [J]. SAM Advanced Management Journal, 1994, 59(1): 21-31.

如前文所述，创业（entrepreneurship）有广义和狭义之分。广义上的创业是指一种精神和"创造新的事业的过程"。换句话说，所有创造新的事业的过程都是创业。而从狭义的角度来看，创业是必须承担风险的创业者通过对市场的调研分析，及时捕获商业机会，并通过投入已有的技能知识，创建新企业或在企业内部创业，努力筹集并配置相关资源，将新颖的产品或服务推向市场，为个人和社会创造价值的一系列活动和过程。

2.1.3 创新与创业的关系

瑞典管理学家 Kaj Mickos（2004）认为"创业不是创新，创新也不是创业。创业可能涉及创新，或者也并不涉及；创新可能涉及创业，或者也并不涉及"。"创新"学派的观点则强调创新和创业的内在联系，主张"创业是实现创新的过程，而创新是创业的本质和手段"。可见，创新与创业二者间的关系充满辩证色彩，二者是两个不同的概念，属于不同的范畴，不能相互混淆，但二者又存在本质上的契合，内涵上的相互包容和实践过程中的互动发展。

1. 创新与创业的联系

创新与创业都是赋予资源以新的创造财富能力的行为，以实现价值创造为归宿，成功的创业离不开创新。"创新型创业"是"创新"和"创业"的交集部分，会更容易形成独特的竞争优势，也更有可能为顾客创造并带来新的价值。

（1）创新是创业的本质和灵魂

创新是创业的源泉，是创业的本质和灵魂，是创业者的重要特征。创业往往在创新中产生，创新因创业而实现其价值。创业通过创新拓宽商业视野、获取市场机遇、整合独特资源、推进企业成长。没有创新的企业是很难长期生存的。熊彼特曾提出"创业包括创新和未曾尝试过的技术"。创业者只有在创业的过程中具有持续不断的创新思维和创新意识，才可能产生新的富有创意的想法和方案，才可能不断寻求新的模式、新的思路，最终获得创业的成功。可以说，创新思维和创新意识是最重要的创业资本。

（2）创新的价值在于创业

创新的前提是创意，创新的延续是创业。创意和创新本质上都属于思维、观念、方法、模式等，还不能从根本上解决经济基础问题，唯有通过创业才能将创意和创新落到实践中。从一定程度上讲，创新的价值就在于将潜在的知识、技术和市场机会转变为现实生产力，实现社会财富的增长，造福于人类社会，而实现这种转化的根本途径就是创业。创业者可能不是创新者或发明家，但必须具有能发现潜在商机的能力和敢于冒险的精神；创新者也不一定是创业者或是企业家，但是创新的成果则是经由创业者推向市场，使潜在的价值市场化，创新成果也才能转化为现实生产力。这也从侧面体现了创新与创业的相互关联。

（3）创业推动并深化创新

创业行为可以推动新发明、新产品或是新服务的不断涌现，创造出新的市场需求，从而进一步推动和深化各方面的创新，就这个角度而言，也就提高了企业、区域乃至整个国家的创新能力，推动经济的增长。

2. 创新与创业的区别

知识经济的核心就在于社会经济由许许多多的创新活动构成，这些创新活动可能经历由创意、发明创造到创业的过程。如 Kaj Mickos 所说，创新与创业亦不能完全等同，在很多情况下，两者甚至处于有着明显界限的不同领域。创新与创业的主要区别在于以下几个方面：

（1）起点不同

创业不一定非得有创新，创业并不拘泥于当前的资源约束，甚至可以白手起家，创业者更加注重的是寻求机会和创造性地整合资源，关注的是机会、市场和顾客；创新则往往通过对现有资源——生产要素实施新组合，或是以某项发明创造为起点，通过开发利用并将其推向市场，以实现价值创造。

（2）手段不同

创业重"业"，往往通过创建新的企业，通过组织变革和创新来实现财富创造；而创新则不一定通过组织变革的手段来实现价值创造，因而创新可能并不涉及创业。

（3）主体和客体不同

创业的主体通常是创业者个人，或由个人主导的创业团队；而创新的主体除了个人外，还有企业、政府、高校或者科研院所等多种形式。创新的客体可以是技术、产品、工艺、组织、流程、管理、模式、观念、方式等，而创业的客体通常就是一个企业或组织。

3. 从创新到创业的过程

创业者可以不是发明家，但必须是能够发现潜在利润、敢于冒风险并具备组织能力的企业家。创新之初，创新者可能不是创业者或企业家，但创新的成果若需要进一步转化为生产力，则发明者必须转变为创业者，或者由其他的创业者将发明者的创新成果商业化。如果发明者不能将创新升级为创业，创新就成为了发明，这是技术领域里的研究活动，而不是我们所关注的创业活动。我们所说的创业活动联结了技术与经济，是将技术创新转化为生产力的过程。创业之后的创新是一个综合化的系统工程，需要企业中多个部门的参与合作，此时的创新又多了一些技术研究和管理的因素，创新必须与管理相结合，从而生产持续的创新、持续的转化。回顾历史，每次划时代的创新成果都催生一个或几个超级大企业，都为社会、企业和创业者个人带来了巨额财富。比如，电话在 1876 年被发明，成就了美国贝尔公司；汽车发明于 1885 年，造就了福特、通用等一批汽车企业巨头崛起；1930 年发明飞机，波音公司、空中客车公司等几乎垄断了全球的飞机制造；1946 年第一台计算机制造出来，IBM 和英特尔才成为 IT 界的霸主；个人 PC 机诞生于 1981 年，微软、DELL 公司成了后起之秀，比尔·盖茨连续多年被列为世界首富；INTERNET 在 1992 年出现，YAHOO 公司创建了网上虚拟世界；1995 年前后，电子商务投入具体实践，亚马逊网络书店应运而生。以上例子可见，创业往往在创新之后产生，但创业的先机确实稍纵即逝，机不可失。发明、创新、创业的关系如图 2-1 所示。

在创业环境良好、创业资源具备的条件下，创新者向创业者转化，创新最终落实为创业的过程就是创新到创业的过程。这个过程往往经由设计创新构思到研究开发，再到技术管理与组织，然后到工程设计与制造，最后直至客户参与以及市场营销等一系列活动。在

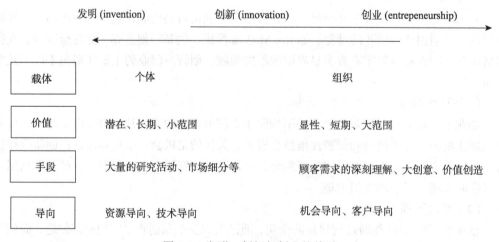

图 2-1　发明、创新与创业的关系

创新过程中这些活动互相联系、互相连接，有时又形成循环交叉或并行的操作。这些活动以不同的方式连接起来，就形成了创新到创业的过程。

2.2 创新与创业的相关基础理论

2.2.1 创新理论

1. 创新理论介绍

创新成为一种理论是 20 世纪初期的事情。熊彼特（Joesph Alois Schumpeter，1883—1950）第一个从经济学角度系统提出了创新理论，他在其 1912 年出版的《经济发展理论》一书中，系统地定义了创新的概念。随后，到 20 世纪 50 年代，科学技术在经济发展中日益呈现出独立和突出的价值，技术创新的理论研究开始成为一个十分活跃的领域。从 20 世纪 80 年代开始，技术创新的理论研究开始走向深入，被用于解释经济发展中的许多现实问题，其重要地位逐渐得到确认。

华为的创新实践

在过去的 30 年时间里，大多数中国民营科技企业总是逃脱不了"各领风骚三五年"的宿命，我们也听到和看到太多关于中国民营企业崛起、衰落、倒闭的悲伤故事。但是华为技术有限公司却成功了！华为从 2 万元起家，用 25 年时间，从名不见经传的民营科技企业，发展成为世界 500 强和全球最大的通信设备制造商，创造了中国乃至世界企业发展史上的奇迹！

华为成功的秘密就是创新。创新无疑是提升企业竞争力的法宝，同时它也是一条充满了风险和挑战的成长之路。"不创新才是华为最大的风险"，华为总裁任正非的这句话道出了华为骨子里的创新精神。"回顾华为 20 多年的发展历程，我们体会到，没有创新，要在高科技行业中生存下去几乎是不可能的。在这个领域，没有喘气的机会，哪怕只落后一点点，就意味着逐渐死亡。"正是这种强烈的紧迫感驱使着华为持续创新。

华为到 2012 年年底拥有 7 万多人的研发队伍，占员工人数的 48%，是全球各类组织中研发人数最多的公司；从 1992 年开始，华为就坚持将每年销售额的至少 10%投入研发。2013 年华为研发投入 12.8%，达到 53 亿美元，过去 10 年的研发投入累计超过 200 亿美元；华为在全球有 16 个研发中心，2011 年又成立了面向基础科学研究为主的 2012 实验室，这可以说是华为的秘密武器。

华为在全球的成功得益于两大架构式的颠覆性产品创新，一个叫分布式基站，一个叫 SingleRAN，后者被沃达丰的技术专家称作"很性感的技术发明"。这一颠覆性产品的设计原理，是指在一个机柜内实现 2G、3G、4G 三种无线通信制式的融合功能，理论上可以为客户节约 50%的建设成本，也很环保。华为的竞争对手们也企图对此进行模仿创新，但至今未有实质性突破，因为这种多制式的技术融合，背后有着复杂无比的数学运算，并非简单的积木拼装。此外，华为的创新体现在企业的方方面面，在各个细节之中，但是华为不是为创新而创新，它打造的是一种相机而动、有的放矢的创新力，

> 是以客户需求、市场趋势为导向，紧紧沿着技术市场化路线行进的创新，这是一种可以不断自我完善与超越的创新力，这样的创新能力才是企业可持续发展的基石。
>
> 　　现在，华为的产品和解决方案已经应用于150多个国家，服务全球1/3的人口。在全球50强电信运营商中，有45家使用华为的产品和服务，其海外市场销售额占公司销售总额的近70%。
>
> 资料来源：C114中国通信网，http://www.c114.net/news/126/a763931.html.

2. 熊彼特的创新理论

　　熊彼特，美籍奥地利经济学家，当代资产阶级经济学代表人物之一。熊彼特是创新管理的鼻祖。他在《经济发展理论》一书中最先提出了"创新理论"，并以"创新理论"理解资本主义的本质特征。按照熊彼特的定义，"创新"就是"建立一种新的生产函数"，即实现生产要素和生产条件的新组合，包括五种情况：

① 引入一种新的产品或提供产品的新质量；
② 采用一种新的生产方式；
③ 开辟一个新的市场；
④ 获得一种原料或半成品的新的供应来源；
⑤ 实行一种新的企业组织形式。

　　在熊彼特看来，作为资本主义"灵魂"的企业家，其职能就是实现"创新"，引进"新组合"，创新无处不在。他认为，"创新"是一个内在的因素，经济发展也不是外部强加的，而是来自内部自身创造性的关于经济生活的一种变动。企业家之所以进行"创新"活动，是因为他看到了"创新"给他带来了盈利的机会。

　　但是，创新者同时也为其他企业开辟了道路，一旦其他企业纷纷跟随模仿，形成"创新"浪潮之后，意味着盈利机会也就趋于消失。"创新"浪潮的出现，造成了对银行信用和生产资料的需求扩大，引起经济高潮。而当"创新"已经扩展到较多企业，盈利机会趋于消失之后，对银行信用和生产资料的需求便减少，于是经济就收缩。这样就形成了经济的繁荣与萧条的交替，经济的发展就是在创新活动的推动下周期性进行的。

　　熊彼特认为，资本主义本质上是经济变动的一种形式或方法，它绝不是静止的。"创新"、"生产要素的新组合"、"经济发展"是资本主义的本质特征，离开了这些，资本主义就不存在。在熊彼特看来，所谓资本，就是企业家为了实现"新组合"，用以"把生产指向新方向"，"把各项生产要素和资源引向新用途"的一种"杠杆"和"控制手段"。资本不是具体商品的综合，而是可供企业家随时使用的支付手段，是企业家和商品世界之间的"桥梁"，其职能在于为企业家进行"创新"提供必要条件。只有在实现了"创新"和"发展"的情况下，才存在企业家，才产生利润，才有资本和利息。这样，企业总收入超过其总支出，这种"余额"或剩余就是"企业家利润"，这是企业家由于实现了"创新"或生产要素的"新组合"而"得到的合理报酬"。

3. 彼得·德鲁克的创新理论

　　彼得·德鲁克是现代管理学之父，被称为"大师中的大师"。彼得·德鲁克认为，创新是通过有目的的专注的变革努力，提升一家企业的竞价潜力或社会潜力。在彼得·德鲁克的管理学体系中，"创新""企业家精神"素来占有举足轻重的显要地位。他将创新与企业家精神视为每一位高管的工作的一部分，它是有意识的寻找机会。这些机会可以分门别类，但无法事先预知。要找到这些机会并加以利用，需要人们严格有序地工作。

德鲁克认为，创新是一项系统性的、有目的性的工程。他还提出，创新是企业家特有的工具，他们通过创新将变化看作开创另一个企业或服务的机遇。而创新是一门学科，是可以学习并实践的。企业家应有目的的寻求创新来源，应了解成功创新的原理，并且能够加以应用。企业家精神则是创新实践的精神，而新企业则是创新的主要载体。

德鲁克继承并发展了熊彼特的创新理论，他剖析了创新的来源、特点、原则，并且对不同类型的组织面对变革，如何去实现创新，运用创新战略等问题展开研究。在其经典之作《创新与企业家精神》一书中，德鲁克首次将实践创新与企业家精神视为所有企业和机构有组织、有目的、系统化的工作。如果你懂得在哪里以及如何寻找创新机遇，你就能系统化地管理创新；如果你懂得运用创新的原则，你就能使创新发展为可行的事业。这是德鲁克在《创新与企业家精神》中为我们解释的重点。他提出创新机遇的七个来源，包括意外事件、不协调事件、程序需要、产业和市场结构、人口统计数据、认知的变化和新知识。而创新所需遵循的原则包括：任何创新都不可脱离社会实践原则、主导未来发展原则和创新主体理性原则。德鲁克创新思想的核心回答了两个问题，一是什么是创新的问题，他从创新的内涵和特征方面对此进行了分析；二是应该怎样创新，他对创新来源和原则的分析则是解决如何创新的问题。如果说熊彼特系统地论述了创新的经济意义，那么德鲁克则系统地论述了创新的管理意义。

4. 破坏性创新理论

破坏性创新理论作为一个新兴的理论，自提出以来就引起了众多研究者和管理者的兴趣。Christensen 在《创新者的困境》一书中首次正式提出破坏性创新（disruptive innovation）的概念。他认为创新有不同的路径，首先是维持性创新，在现有市场上使现有产品或服务更好、更快或更便宜，虽然这些提升可能是困难的或者是昂贵的，但属于在已知的路径中应用现有的一系列能力和流程。第二种创新路径是通过不连续的变化，可能是通过技术上某种能力的突破或现有能力的破坏。比如以计算机为基础的文字处理的发展排除了机械打字技术创新的需要。后一类创新路径称为破坏性创新，与现有维持性创新相比，这类创新起初立足的市场不是现有的主流市场，而是一些低端市场或者新市场。随着技术的进步，产品性能的提高，新产品逐渐侵蚀现有的市场，甚至取代现有产品或产业。

一般而言，破坏性创新是指通过推出一种新型的产品或者服务而创造了一个全新的市场。其产品往往比主流市场已定型产品的性能要差，一般比较便宜、更加简单、功能新颖、便于使用，这些都是新用户喜欢的特性，所以全新的市场能够开拓出来，此类创新对已经形成市场份额的在位企业具有破坏性。

破坏性创新具有相对性。从技术、市场和组织方面来看，破坏是相对于现有的主流技术、主流客户和已定型公司而言的，一旦破坏性创新产品的性能超越了现有延续性创新产品性能，破坏性创新就可以形成明确的性能改进轨道，进而也就演变为延续性创新，其后又会出现下一轮新的破坏性创新。在技术创新不断演进过程中，随着已定型公司和新加入公司的更替，破坏性创新与延续性创新也不断更替。对一家公司具有破坏性的创新可能对另一家公司具有延续性的影响。如互联网销售对戴尔的电话直销模式而言是延续性创新，而对康柏、惠普和IBM的销售渠道来说则是破坏性的。

破坏性创新与突破性创新（radical innovation）是最易混淆的两个重要概念，它们之间存在相互联系、渗透和重叠的关系，在技术层面上也具有一定的相似性。在早期的研究中，很多学者没有区分突破性创新（rad-ical innovation）和破坏性创新（disruptive innovation）。其实，通过进一步的比较和分析，不难发现，破坏性创新与突破性创新依然存在重要的区别：

突破性创新主要用于分析整个经济系统的演进规律，而破坏性创新则主要用于分析单个企业失败或成功的原因，以实现企业的持续增长。突破性创新的核心视角和维度是技术，主要是指基于科学发现原理具有重大经济意义（如引起经济长波的技术性突破）而言的；而破坏性创新的核心视角是市场细分和价值体系，并不一定伴随技术突破（breakthrough），主要是指将破坏性商业模式与现有技术进行组合，它以经济效益作为评价尺度，能引起新企业成长和已定型企业衰败。很显然破坏性技术的发动者是市场中的小企业，而大企业对破坏性技术通常采取不惜代价地扼杀其发展，因为居于主导技术和市场的大企业绝对不会心甘情愿地放弃其支配地位而任随小企业对破坏性技术的培育。

2.2.2 创业理论

1. 创业理论介绍

创业是经济和商业活动中的重要现象，如今的创业变成了一个非常宽泛的名词，对创业现象和创业理论进行研究的学者来自各个领域，如经济学、管理学、金融学、社会学、心理学、教育学、法学、商业伦理学、公共政策学，以及城市规划学，等等。综观这些不同角度的创业理论，我们大致可以把它们分成八大学派[①]，可见表2-2。

表2-2 八大学派特点

学派	特点
风险学派	创业者要承担以固定价格买入商品并以不确定的价格将其卖出的风险
领导学派	创业者是生产过程的协调者和领导者
创新学派	创业是实现创新的过程，而创新就是创业的本质和手段
认知学派	从创业者的认知特性、人品特征、成就感动机、冒险倾向等角度来研究创业
社会学派	强调宏观的社会环境和社会网络对企业创业的影响
管理学派	认为创业是一种管理方法，包括战略导向、把握机会、获取资源、控制资源、管理结构、报酬政策6个方面
战略学派	把创业过程视为初创业企业或者现有创业成长过程的战略管理过程
机会学派	强调从"存在有利可图的机会"和"存在有进取心的个人"这两者相结合的角度去研究创业

---

① 林强，姜彦福，张健. 创业理论及其架构分析[J]. 经济研究，2001(9): 85-96.

2. 风险学派理论

早在 1755 年，法国经济学家 Cantillon 就把 entrepreneur 一词作为术语引入经济学。他认为创业者要承担以固定价格买入商品并以不确定的价格将其卖出的风险。创业者的报酬就是卖出价与买入价之差。如果创业者准确地洞察、把握了市场机会，则赚取利润，反之则承担了风险（黄群慧，2000）。奈特（1921）赋予了创业者（企业家）不确定性决策者的角色，他认为"有更好管理才能（远见力和统治他人的能力）的人具有控制权，而其他人在他们的指挥下工作"。对自己的判断有自信心和在行动中能"坚持这一判断"的人专业于承担风险。在企业中存在一个特殊的创业者（企业家）阶层负责指导企业的经济活动，创业者向那些提供生产服务的人保证一份固定的收入。"自信和敢于冒险的人通过保证多疑和胆小的人有一确定的收入，以换取对实际结果的拥有而承担风险或对后者保险。"

3. 领导学派理论

领导学派从创业者在企业组织中的领导职能来研究创业活动和创业者的行为。法国经济学家 Jean Baptiste Say 认为，创业就是要把生产要素组合起来，把它们带到一起，创业者就是生产过程的协调者和领导者。他指出，一个成功的创业者必须要有判断力、毅力和包括商贸在内的有关这个世界的广博的知识以及非凡的管理艺术，把所有的生产资料组织起来，将其所利用的全部资本、支付的工资价值、租金和利息以及属于他自己的利润的重新组合都体现在产品的价值中。英国经济学大师马歇尔赋予创业者（企业家）在企业中担任多重领导职能，如管理协调、中间商、创新者和承担不确定性等。他认为一个真正的创业者必须具备两方面的能力：一方面他必须对自己经营的事业了如指掌，有预测生产和消费趋势的能力；另一方面他必须有领导他人、驾驭局势的能力，善于选择自己的助手并信赖他们。

4. 创新学派理论

熊彼特赋予创业者以"创新者"的形象，认为创业者的职能就是实现生产要素新的组合（熊彼特，1934）。创业是实现创新的过程，而创新是创业的本质和手段。熊彼特把创新比喻成为"革命"，创业者是"通过利用一种新发明，或者更一般地利用一种未经试验的技术可能性，来生产新商品或者用新方法来生产老商品；通过开辟原料供应的新来源或开辟产品的新销路；和通过改组工业结构等手段来改良或彻底改革生产模式"。熊彼特强调创业和发明不是一个概念，创业最终需要创新成果在市场上实现。创业者的职能"主要不在于发明某种东西或创造供企业利用的条件，而是在于有办法促使人们去完成这些事情"（熊彼特，1942）。他进一步认为，经济体系发展的根源在于创业活动。"创业是经济过程本身的主要推动力"，"这类活动就是能使经济肌体革命化的多次发生的'繁荣'和由于新产品和新方法造成干扰平衡的冲击而经常出现的'衰退'（指暂时性的失业等现象）的主要原因"。

5. 认知学派理论

认知学派强调从创业者的心理特性，特别是认知特性角度来研究创业，并强调创业者的认知、想象力等主观因素。Casson（1982）认为"创业者是擅长于对稀缺资源的协调利用作出明智决断的人"。Shackle 认为创业者在作出决策时具有非凡的想象力。Kirzner 的理论试图将经济学与心理学连接起来，他提出了一个描述创业者心理认知特征的术语——"敏感"（alertness）。Kirzner（1973）认为，创业者具有一般人所不具有的能够敏锐地发现市场获得机会的"敏感"。也只有具备这种敏感的人才能被称为创业者。这种敏感使创业者能够以高于进价的售价销售商品，"他所需要的就是发现哪里的购买者的买价高，哪里的销售者的售价低，然后以比其售价略高的价格买进，以比其买价略低的价格卖出。发现未被利用的机会需要敏感，计算能力无济于事，节俭和追求最大产出也不是创业者所需具备的知识"（黄群慧，2000）。Kirzner 的理论引发了很多心理学学者对于创业问题的研究，特别是创业者的心理特性的研究。除了认知特性以外，还有对创业者的人品特征、成就感动机、冒险倾向等方面的研究。

6. 社会学派理论

社会学派不认为创业是个性或个人背景的产物，相反，它强调从外部社会来研究创业现象和创业问题。有些学者探讨了宏观的社会环境和社会网络对于企业创业的影响。Saxenian（1999）认为硅谷有一个以地区网络为基础的工业体系，能促进各个专业制造商集体学习和灵活地调整一系列相关的技术。该地区密集的社会网络和开放的人才市场弘扬了不断试验探索和开拓进取的创业精神。此外，地区的社会文化氛围也对当地的创业活动有巨大的影响，"硅谷地区的文化鼓励冒险，也接受失败"，创业精神和创业活动最终"会带动整个硅谷繁荣起来"。另一些学者从微观角度研究了创业者个人的社会网络问题。Woodward（1988）认为社会网络在帮助创业者建立和发展企业时扮演了积极的角色，例如个人的社会网络特性可以提高他去实际开办一家企业的概率。而成功的创业者往往会花费大量的时间去建立个人的社会网络以帮助新创企业的成长。当创业者能够通过社会网络得到充足而及时的资源时，就容易取得成功。

7. 管理学派理论

管理学派反对从主观主义角度研究创业的方法，反对给创业蒙上一层神秘的色彩，不认为创业是一种天赋、灵感或智慧的闪现。当代管理大师德鲁克（1985）认为，"任何敢于面对决策的人，都可能通过学习成为一个创业者并具有创业精神。创业是一种行为，而不是个人性格特征"。创业是一种"可以组织，并且是需要组织的系统性的工作"，甚至可以成为"日常管理工作的一部分"。"成功的创业者不是去坐等灵感的降临，而是要实际工作。"德鲁克也十分强调创新在创业中的重要作用，他认为只有那些能够创造出一些新的、与众不同的事情，并能创造价值的活动才是创业。而且进一步来说，将创业看成管理的一个重要理由就是因为许多发明家虽然是创新者，但恰恰是因为不善于管理才成不了将创新成果产业化的创业者。Stevenson，Roberts 和 Grousbeck(1994)认为创业是一种管理方法，是"在不拘泥于当前资源条件限制下的对于机会的捕捉和利用"，可以从6个方面对这种管理手段进行描述，即战略导向、把握机会、获取资源、控制资源、管理结构、报酬政策。

8. 战略学派理论

战略管理是企业管理的一个重要领域，因此，严格来说创业理论的战略学派应属于管理学派的一个分支。最近几年来一些战略管理方面的学者广泛采用战略管理的方法研究创业活动，把创业过程视为初创企业或者现有企业成长过程中的战略管理过程。这使战略学派十分引人注目。Bhide（1994）认为每家企业都有自己的制度和战略发展经历，并据此提出了以企业战略为线索的研究框架，分为三个步骤：第一，澄清创业者当前的目标；第二，评估目标实施战略；第三，评估自己实施战略的能力。Sexton（2001）认为创造企业财富是创业和战略管理共同的核心问题。创业和战略管理可以在以下 6 种手段上进行融合：创新、网络、国际化、组织学习、高层管理团队及其治理、企业增长。Zahra 和 Dess（2001）认为不应该严格区分创业研究与战略管理，相反，却存在很多整合战略管理研究和创业研究的机会。

9. 机会学派

机会学派强调从"存在有利可图的机会"和"存在有进取心的个人"这两者相结合的角度去研究创业。Shane 和 Venkataraman（2000）认为不能将"机会"与"个人"对于创业的影响混淆起来，并指出"不同人所识别的创业机会在质量上是有变化的"，"不能忽视对于创业机会的测量"。他们进一步提出了创业研究应该以"机会"为线索展开，包括三类问题：一是为什么会存在可以创造商品和服务的机会，在什么时间存在，是如何存在的；二是为什么有的人能够发现和利用这些机会，什么时间发现和利用，如何发现和利用；三是为什么会采用不同的行动模式来利用创业机会，什么时间采用，如何采用。此外，他们还探讨了利用机会的两种模式，即创建新的企业（或科层），和把这些机会销售给现存的企业（或市场）。Singh（2001）认为以往的创业研究缺乏清晰的边界和独特的变量。对于创业机会的识别和利用可以是支撑创业这一独特领域的概念，而且应该成为该领域研究的核心问题。以往创业研究中的经典问题——"谁是创业者"现在可能被替换成"什么是创业机会"。

2.3 创新与创业的一般过程

2.3.1 创新的过程

1. 创新过程模型

随着时代的变化，科学技术的革命，商业化过程及工业创新过程随之变化，第二次世界大战以后，许多学者在创新过程模型的研究方面进行了不懈的努力，形成了五代具有代表性的创新过程模型。罗思韦尔将前人提出的创新过程模型总结为第一升至第四代创新过程模型，统称为传统创新模型。它们分别是：20 世纪 50~70 年代早期，简单的线性"技术推动"和"市场（或需求）拉动"模型；20 世纪 70 年代后期~80 年代中期，创新的链式"交互作用"模型；20 世纪 80 年代早期~90 年代早期，一体化的创新模型。在前四代基础上发展出第五代，系统集成与网络化模型（SIN）。第四代创新模型标志着从将创新过程看成是严格的序列过程，转变到将创新主要看成一种并行发展过程。第五代模型是第四代模型的理想化发展，按照第五代创新过程模型，创新正变得越来越快，同时越来越多的涉企业联结网以及采用新的信息工具（专家系统和仿真模型设计）。

创新过程背后的基本哲学是将技术能力和市场需求联系在一起。换言之，即一项创新技术的成功，就必须确认某种市场需求和满足这种需求的技术手段。五代创新过程模型逐步解释了技术能力和市场需求是如何在创新过程中实现的。

（1）第一代：线性技术推动型的创新过程模型（technology push model）（20 世纪 50~60 年代中期）

该模型假设从来自应用研究的科学发现到技术发展和企业中的生产行为,并最终导致新产品进入市场都是一步步推进的。它的另一个基本假设就是更多的研究与开发就等于更多的创新。早期对创新过程的理解模型基于这样一种假设,即研究开发是创新构思的主要来源。这种观点被称为创新的技术推动或发现推动。它认为,一项新的发明会引发一系列实践活动的产生,最终是发明得到应用。具体地说,就是认为技术创新或多或少地是一种线性过程,这一过程始于工业研究开发,经历工程和制造活动,最后是推向市场进行销售的产品或工艺。之所以会产生这样的假设,是由于当时生产能力的增长往往跟不上需求的增长,市场的地位在创新过程中还没有引起足够重视,人们认为市场只是被动性的接受研究开发成果。图2-2展示了技术推动的创新过程模型。

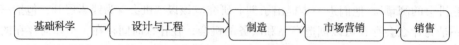

图2-2 第一代(技术推动)创新过程模型

资料来源:卢显文,郑刚. 企业技术创新过程模式的发展演进及启示[J]. 大连理工大学学报(社会科学版),2004,25(3):37-41.

技术推动的创新过程模型代表了一种极端的情形。对于计算机这类根本性的创新,技术推动模型具有很好的解释力。然而,对于大多数创新来说并非如此。国内外很多关于研究开发与创新关系的研究成果表明,研究开发投入越多,不一定产生的创新就越多。这就提醒我们,在我国创新能力建设中,如果只强调科技研发投入,而不重视创新过程的组织方式或市场需求的准确把握,就很可能导致大量科技成果未被转化,或者导致科技成果一开始就无法满足市场需求从而无法转化的情形。缺乏对市场需求的了解或是产业化、商品化困难往往使许多研发出来的科技成果没有商业价值。

(2)第二代:线性市场拉动型的创新过程模型(demand/market pull model)(20世纪60~70年代)

20世纪60年代后期是一个竞争逐渐增强的时期,这时生产率得到显著提高,尽管新产品仍在不断开发,但企业更多关注的是如何通过现有技术变革,扩大规模,并通过多样化实现规模经济,获得更多的市场份额。许多产品已经基本供求平衡,创新过程研究开始重视市场的作用,因而导致了市场(需求)拉动模型的出现。该模型中市场或需求被视为引导研发的思想源泉,而研发是被动的满足市场需求,如图2-3所示。按照这种模型,创新是被企业感受到的且常常是能够清楚地表达出来的市场需求所引发的。

图2-3 第二代(市场拉动)创新过程模型

资料来源:卢显文,郑刚. 企业技术创新过程模式的发展演进及启示[J]. 大连理工大学学报(社会科学版),2004,25(3):37-41.

在需求拉动的模型中,市场需求为产品创新创造了机会,这刺激研究开发为之寻找可行的技术方案。从理论上讲,这种方式能让创新适用于某一特定的市场需求,但它仍然只考虑了市场需求这一种因素。将企业所有资源全部投向单纯依靠来自市场需求的项目而未考虑潜在技术机会,这是不明智的。测度消费者需求,对不经常发生的根本性创新几乎没有什么用处。根本性创新要求消费者行为与态度有重大的变化,而这些变化不会立即发生。因此,市场测试和其他市场研究试验无法对消费者欲望做出精确的预测,传统的市场测试对预测未来的消费态度和行为变化作用并不明显。

市场需求虽然可能会导致大量的创新,但不见得能像重大技术机会或重大技术进步那样产生有较大影响力的创新。渐进性的创新往往来自市场拉动,而根本性的创新往往起源于技术的推动。

(3) 第三代:链式创新过程模型(interactive and coupling model)(20世纪70年代后期~80年代中期)

20世纪70至80年代初期,对科学、技术和市场三者相互联结的一般过程而言,线性的技术推动和市场拉动模式都过于简单和极端化,不具有典型代表性。前一个模型中,研究开发投入越多不一定产生的创新越多。仅之,如果过分强调市场需求,会产生技术渐进主义,从而使带来重大突破或变革的根本性创新变少。实证研究表明,技术推动和需求拉动的相对重要性在产业及产品生命周期的不同阶段可能有着显著的不同。弗里曼领导的著名的Shappo计划(对技术创新关键因素的调查),也十分强调营销与技术因素对创新成功的重要性,这正是第三代创新过程模型的核心,如图2-4所示。

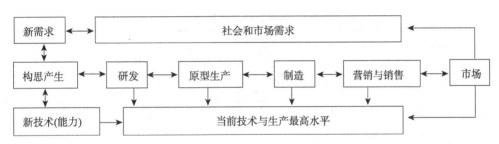

图2-4 第三代:链式创新过程模型

资料来源:卢显文,郑刚. 企业技术创新过程模式的发展演进及启示[J]. 大连理工大学学报(社会科学版),2004,25(3):37-41.

链式创新过程模型虽然简单,但却是一个更具代表性的创新过程模型。按照国际著名创新经济学家罗斯韦尔(Roy Rothwell)的观点,这一模型把创新过程分成一系列职能各不相同,既相互作用又相互独立的阶段,这些阶段虽然在过程上不一定连续,但逻辑上相继而起。

(4) 第四代:一体化(并行)创新模型(integration/parallel model)(20世纪80年代早期~90年代早期)

进入20世纪80年代,企业开始关注核心业务和战略问题。当时处于领先地位的日本企业两个最主要特征就是一体化(integration)与并行开发(parallel development),这对于当时基于时间的竞争(time-based competition)而言是至关重要的。虽然第三代创新过程模式包含了反馈环,有些职能间也有交互和协同,但它仍是逻辑上连续的过程。Graves在对日本汽车工业的研究中总结提出了并行模型,其主要特点是各职能间的并行性和同步,活动期间较高的职能集成,如图2-5所示。

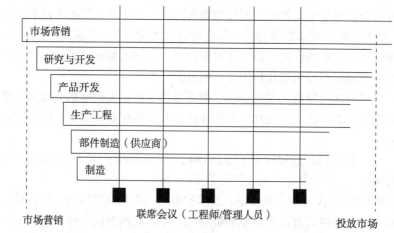

图 2-5　第四代：集成（并行）创新模型的典型例子
资料来源：卢显文，郑刚. 企业技术创新过程模式的发展演进及启示[J].
大连理工大学学报（社会科学版），2004，25（3）：37-41.

前四代技术创新过程模型（传统技术创新模式）历经 50 多年，至今仍具有生命力和实用价值。表 2-3、表 2-4 分别为传统创新过程模型的小结和传统创新模型的背景环境分析。

表 2-3　传统创新过程模型小结

第一代	第二代	第三代	第四代
模型名称			
线性技术推动型	线性市场拉动型	链式创新过程模型	一体化（并行）创新模型
主导时期			
20 世纪 50 年代~60 年代中	60 年代~70 年代	70 年代后~80 年代中	80 年代初~90 年代初
过程特点			
线性过程：科学发现开始，经设计、工程和加工制造，到营销和产品销售	线性过程：从市场需求开始，经过新产品开发和加工制造，最后销售产品	具有交流和反馈的序列过程：技术和市场双重因素为创新的出发点	1. 在过程中联合供应商及公司内部各部门的横向合作 2. 广泛的交流与沟通
过程中的企业战略			
1. 研发新产品 2. 新产品投入和扩散 3. 更多的研发活动导致开发更多的新产品	1. 强调市场调查和营销 2. 企业发展和多样化 3. 规模经济成为主要考虑因素，通过采购和兼并形成企业集团	1. 企业合并 2. 侧重控制生产成本 3. 强调规模及经验效益 4. 平衡研发部门和营销部门的投入	1. 全球战略 2. 联合供应商及用户 3. 整合及协调不同部门在项目中的工作
过程中的投资侧重点			
新产品及相关的扩张性技术变革	使技术变革带来经济效益	会计学和金融（成本）问题	核心业务和核心技术
模式的缺陷			
1. 对于技术转化和市场的作用重视不够 2. 对于技术水平较低的企业创新门槛太高	1. 忽视长期研发项目 2. 局限于技术的自然变革 3. 具有失去技术突变能力的风险	只涉及社会和市场需求，没有考虑其他重要环境因素	1. 未注意信息系统的作用 2. 基于大批量生产产品，不能用于复杂产品系统

表 2-4 传统创新过程模型的环境

第一代	第二代	第三代	第四代
经济			
1. 战后经济复苏 2. 经济增长主要依赖于工业的快速扩张 3. 创造了大量就业机会	1. 经济总体繁荣 2. 经济规模增长趋于缓慢 3. 新增工业就业机会静止	1. 两次石油危机及能源短缺 2. 滞胀 3. 不断增加的结构性失业	1. 经济复苏 2. 企业开始关注核心业务和核心技术
技术			
1. 新产业的出现主要基于新的技术机遇 2. 技术是创新的主要来源,以技术为导向对已有工业门类进行重建	1. 新产品主要基于已有技术 2. 技术变革合理化	科学技术与市场相结合	1. 新型加工生产设备引起对于制造战略新的关注 2. 新型产品开发系统
市场供给及需求			
1. 消费旺盛 2. 有时出现供不应求	1. 产出和生产力继续提高 2. 供给和需求逐渐达到平衡 3. 市场是创新的主要来源	1. 需求饱和 2. 供给能力超过需求	1. 密切与供应商的关系 2. 高效、质量导向的生产和服务
政府政策			
支持扩大生产政策(财政支持、培训等)	1. 强调需求的重要性 2. 政府采购刺激创新	强调提高生产力	支持和鼓励企业间的战略联盟

资料来源:张炜. 技术创新过程模式的发展演变及战略集成[J]. 科学学研究,2004.

(5)第五代:系统集成与网络化模型(system integration and network model,SIN)(20世纪80年代末~90年代以来)

前四代技术创新过程模型主要基于低成本生产、大批量、标准件组成的产品创新和工艺创新,描述了简单产品的技术创新过程。在新经济时代,创新过程变得更加复杂,企业原有的封闭结构已经被打破,技术创新已不再是单个企业的独立创新活动,而是在创新网络环境中进行,创新项目已经穿越公司固有的边界,用户、供应商、高校、研究院所、政府、其他公司甚至竞争对手都有可能成为创新网络的重要成员,涉足创新过程中的研发、试验、生产、验证、安装、调试、维护、更新换代和再创新等创新活动。传统创新过程模型已无力解析这些创新现象并指导创新实践。第五代技术创新过程模型即系统集成及网络模型应运而生。与前四代相比,第五代模型突出的变化在于,一是创新网络中的各创新成员都具有自身的重要性;二是信息化技术和手段在创新中的作用愈加重要;三是强调了人力资源管理因素在技术创新过程中的作用。另外,第五代模式突出了企业战略管理中的诸多要素,而对于过程的各个阶段并未过多地强调。

2. 创新的一般过程

创新过程模型的演变体现了创新管理者关注焦点和视野的变化,也可看出创新的集成化和网络化趋势。但抛开创新的驱动来源和外在因素的影响来看,创新活动本身存在一个常见的一般过程。从企业管理的角度看,创新过程通常经历六个环节:一是新思想的形成,二是研究阶段,三是开发阶段,四是试制阶段,五是生产制造阶段,六是进入市场。具体地说,创新就是从一种新思想的产生,到研究、开发、试制、生产制造的首次进入市场实现商业化的全过程。创新过程的六个环节是缺一不可的,任何一个环节的缺失可能导致创新成果不能进入市场形成最终的市场价值,任何一个环节的低效链接,都会导致创新的滞后。通常来说,这些环节并不是一蹴而就,不同环节间可能有交叉或循环,直至创新产品成功被市场接受。创新的一般过程如图 2-6 所示。

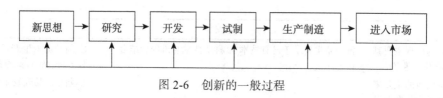

图 2-6 创新的一般过程

2.3.2 创业的过程

随着创业领域的发展,创业过程逐渐成为创业研究的焦点,不同学科都从其特有的研究视角,运用本领域的概念和相关术语对创业过程进行观察和研究。根据学者观点,本书认为创业过程有广义和狭义之分,广义的创业过程通常包括一项有市场价值的商业机会从最初的构想到形成新创企业,以及新创企业的成长管理过程。狭义的创业过程往往只是指新企业的创建。在大多数研究中,创业过程常指广义上的含义,虽然新企业的创建确实是创业的一般过程中最为核心的一个部分,但是毋庸多言,研究人员对于新企业的创建这种实务操作较多的商业过程并无太大兴趣,而新企业的成长过程由于创业活动的特殊性,与一般的企业管理有较大的差异,因此,学者们往往更注重于从新创企业的成长角度分析创业过程。

1. 创业过程模型

(1) 蒂蒙斯(Timmons)创业模型

杰弗里·蒂蒙斯是创业教育的先驱,有"创业教育之父"的美誉。他认为,成功的创业活动,创业者必须能将商业机会、创业团队和创业资源三者做出最适当的搭配,并且要能随着事业发展而做出动态的调整。1999 年在其著名的 *New Venture Creation* 一书中系统地提出了一个创业过程模型,被称为蒂蒙斯模型,2005 年该书第六版中他又进一步完善了这个模型,见图 2-7。此模型认为创业是一个高度动态的过程,其中机会、资源、创业团队是创业过程最重要的驱动因素:商业机会是创业过程的核心要素,创业的核心是发现和开发机会,并利用机会实施创业,因此,识别与评估市场机会是创业过程的起点,也是创业过程中一个具有关键意义的阶段;资源是创业过程的必要支持,为了合理利用和控制资源,创业者往往要竭力设计精巧、用资谨慎的战略,这种战略往往对新创企业极为重要;创业团队是新创企业的关键组织要素。蒂蒙斯认为,创业领导人和创业团队必备的基本素质有:较强的学习能力,能够自如地对付逆境,有正直、可靠、诚实的品质,富有决心、恒心和创造力、领导能力、沟通能力,但最为重要的是团队要具有柔性,能够适应市场环境的变化。机会、资源、团队三者的不断调整,最终实现了动态均衡,这就是新创企

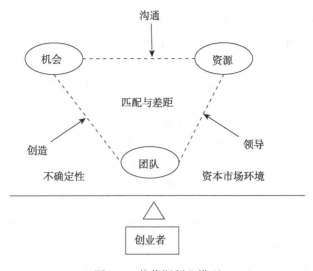

图 2-7 蒂蒙斯创业模型

资料来源：杰弗里·蒂蒙斯，小斯蒂芬·斯皮内利. 创业学[M]. 周伟民，吕长春，译. 北京：人民邮电出版社，2005.

业发展的实际过程。蒂蒙斯模型始终坚持三要素间的动态性、连续性和互动性。

（2）加纳(Gartner)创业模型

加纳（William. B. Gartner）于 1985 年在其名篇 *A Conceptual Framework for Describing the Phenomenon of New Venture Creation* 中提出了新企业创建的概念框架，进而提出了独特的创业模型。

加纳认为创业就是新组织的创建过程（organizing of new organizations），也就是将各个相互独立的行为要素组成合理的序列并产生理想的结果。他认为创业过程的理论模型应该是多维度的，需要分析多个关键变量及其变动关系，在此基础上提出了新企业创业过程主要由四个要素构成——个人、环境、组织和创立过程，见图 2-8。加纳模型的特点是，这一模型不仅描述了新企业的创建，也适用于单个创业者的创业行为，此模型并不是专门回答"新企业是如何创建的"这一问题，而是为新企业的创业提出了可供参考的发展模型，因此这一模型也是动态的。

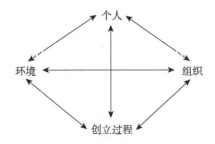

图 2-8 加纳创业模型

资料来源：Gartner, W.B., A Conceptual Framework for Describing the Phenomenon of New Venture Creation, Academy of Management Review, 1985, 4(10).

第 2 章 创新与创业的基础理论

（3）威克姆(Wickham)创业模型

威克姆（Wickham）在其 *Strategic Entrepreneurship* 一文中提出了基于学习过程的创业模型（如图 2-9）。该模型的含义如下：一是创业活动包括创业者、机会、组织和资源四个要素，这四要素互相联系；二是创业者任务的本质就是有效处理机会、资源和组织之间的关系，实现要素间的动态协调和匹配；三是创业过程是一个不断学习的过程，而创业型组织是一个学习型组织。通过学习，不断变换要素间的关系，实现动态性平衡，成功完成创业。此创业过程模型告诉我们，创业者处于创业活动的中心。创业者在创业中的职能体现在与其他三个要素的关系上，即识别和确认创业机会；管理创业资源；领导创业组织。该模型还揭示了资源、机会、组织三要素之间的相互关系。另外，该模型还揭示了组织是一个学习型的组织。也就是说，组织不仅需要对机会和挑战做出反应，而且还要根据这种反映的结果来调整和修改未来的行为，即组织的资产、结构、程序、文化等要随着组织的发展而不断改进，组织在不断的成功与失败中得到学习与锻炼，从而得以发展。威克姆创业模型的特点主要是将创业者作为调节各个要素关系的中心，经过对机会的确认，管理资源并带领团队实施创业活动，在这个过程中组织不断加强学习，使创业者能够根据机会来集中所需资源，使组织适应机会的变化，进而实现创业成功。

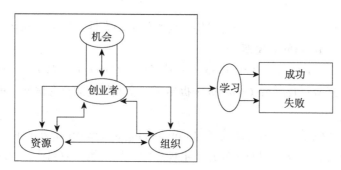

图 2-9　威克姆创业模型

（4）克里斯蒂安(Christian)创业模型

克里斯蒂安（Christian）提出了基于创业者和新企业互动的创业过程理论模型，见图 2-10。他认为，创业者与新企业是创业过程的关键构成要素，创业过程实质上是在外部环

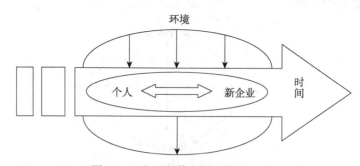

图 2-10　克里斯蒂安创业模型

资料来源：Christian Bruyat, Pierren Andre Julien, Defining the Field of Research in Entrepreneurship, Journal of Business Venturing, 2000, 16.

境作用下的创业者与新企业的紧密互动过程,将新企业创立、随着时间变化的创业流程管理,以及影响创业活动的外部环境网络之间的衔接协调与平衡等视为创业者在创业过程中的主要活动内容,是创业过程研究的核心问题。从该模型中我们可以看到创业的过程性以及推动过程中要素的作用。正是创业的各要素在各阶段过程中的互动作用推进了创业的进展。

(5) 萨尔曼(Sahlman)创业模型

萨尔曼(Sahlman)在 *Some Thoughts on Business Plan, The Entrepreneurial Venture* 一文中提出了其创业模型(如图 2-11 所示)。萨尔曼认为,关键创业要素包括:人和资源、机会、交易行为和环境。创业过程是这四个关键要素相互协调,相互促进的过程。在该创业模型中强调了环境的重要性,认为其他三个创业因素来源于环境并反过来影响环境。另外,该模型考虑了交易行为因素,交易行为指的是创业者与资源供应者之间的直接或间接的关系,即创业者与利益相关者之间的关系。萨尔曼创业模型强调了要素之间的适应性,并扩展了要素的外延,为创业实践提供了理论基础,同时为创业过程的研究开拓了新的视野。

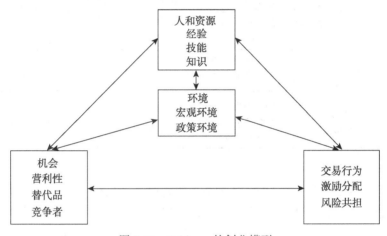

图 2-11 Sahlman 的创业模型

要深入探讨各个创业模型的深层次内涵及其相互之间的异同,需要根据某种维度来对比分析。表 2-5 从资源、机会和环境三个维度来比较上述五大创业模型间的异同点,以期能够对模型的内涵和关联有较深入的把握[①]。

表 2-5 基于资源、机会、环境三维度的经典创业模型比较

维度创业模型	资源	机会	环境	综合比较
蒂蒙斯模型	资源的整合源于团队的形成和团队对机会的把握。经由团队实现了机会和资源之间的互动。	创业源于对机会的识别,机会是创业过程中的关键因素。	强调环境的不确定性。	蒂蒙斯模型强调弹性与动态平衡,它认为创业活动随着时空变迁,机会、团队、资源三项因素会因比重发生变化而产生失调的现象,三要素随时空的变迁而实现动态平衡是此模型的核心。

---

① 葛宝山. 经典创业模型比较研究[J]. 管理现代化,2008(1): 10-12.

续表

维度创业模型	资源	机会	环境	综合比较
加纳模型	此模型中的资源主要是人力资源。创业者在创业过程中整合了外部资源。	机会开发过程就是创业过程。	这里的环境主要是指商务环境，而并非环境特性。	创业者要协调模型中的两个因素，各个因素相互影响，构成了网状结构，阐释了企业创建的基本过程。
威克姆模型	资源是核心三角中的一角，源于对机会的识别和把握，创业者通过管理资源、领导组织来实施创业。	此模型和蒂蒙斯模型一样强调机会的关键作用。机会既能够集中资源，又能够协调组织，是创业的直接诱因。	通过对外部环境的适应，组织不断学习。此模型强调对环境的适应并能从环境中获取知识，加以吸收和利用，强调了组织的不断学习能力。	以创业者为核心来带领团队发现机会、组织资源，同时为适应外部环境而不断学习。动态学习过程成为创业能否成功的关键。
克里斯蒂安模型	创业者个人是创业资源整合的基础。	机会开发包括在新事业的开发过程中。	强调环境随时间的变迁而变化，环境影响着创业的整个流程。	强调个人能力随着环境的变化和创业过程的进行而不断地动态调整，新企业的创建是创业者创业能力的变化结果。
萨尔曼模型	将人力资本和其他资源分离开来，探究资源与机会和交易行为之间的互动关系。	从产品营利性、替代性和竞争者三方面阐释机会的内涵，根据市场机会整合资源，决定实施何种交易行为。	此模型强调了环境的核心作用，其他三要素均以环境为中心而相互协调，同时对环境又有反作用。	模型强调了要素之间的适应性和匹配性，并扩展了要素的外延，从组织行为学的角度来研究创业活动。

2. 创业的一般过程

从上节分析可见，在早期研究中，创业过程通常是与组织这一要素紧密相连，如加纳（Gartner）就认为创业过程实际上就是新组织的创建过程。随着研究深入，学者们实际上已经意识到创业过程不应当局限于单纯的组织创建，他们从不同的角度对创业过程加以理解和阐述。Bhave 认为创业过程是一个理性的、非线性的、反复修正的实际过程，包括了最初的机会识别、产品生产线的建设、组织的创建、市场上的交易以及顾客的反馈等。shane 和 Venkataraman 则认为，机会才是创业研究的中心问题，创业过程是围绕着机会的识别、开发、利用的一系列过程[①]。综合上述各模型观点，本书认为创业的一般过程包括五个阶段：产生创业动机、识别与评估市场机会、整合资源、创建新企业、管理新企业。

（1）产生创业动机

产生创业动机是创业的起点。创业活动的主体是创业者，拥有强烈创业动机的人会投入较大的精力去探索创业机会，寻求潜在收益。拥有创业动机的人面临两个选择，一是继续为现有的公司工作，二是自己创办新企业。当一个人拥有新概念时，这种新概念可以是一种产品，一种新工艺或是新的组织形态，他就会考虑是在公司内部实现这种新概念，还是独立创业。在信息完全的情况下，在原有企业采用这种新概念所带来的价值会大于个人新创办企业所带来的价值。但是，由于现实社会的信息不对称性，导致个人常常得不到在

---

① 林篙等. 创业过程的研究评述及发展动向[J]. 南开管理评论，2004(3): 47-50.

公司内部实行这种新概念所带来的最低报酬。因此，拥有新概念的人就面临着继续为原公司服务，还是自己独立创办新企业的选择。一个人的创业选择，往往受以下三个方面因素的影响。

① 个人特质

事实上，每个人都具有创业精神，但其强度不同，强度大小有遗传的成分，更受到外界环境的影响。例如，温州人的创业动机表现得很强烈，其中环境起到了很大作用，成功的创业者会受到大家的尊重和欣赏。在温州，人们可以随时随地地和创业者接触，自然很容易激发其创业动机。

② 创业机会

随着社会的经济发展、科技进步带给人们越来越多的创业机会。创业机会的增多会形成巨大的利益驱动，促使更多的人创业，进而形成创业浪潮。

③ 创业的机会成本

机会成本越高，创业动机就越容易受到抑制。当机会成本在一个合理水平时，更容易产生创业动机。例如，科研人员一般很少独立创业，这是因为，科研人员可以获得一份不错的收入，他就不会冒险去选择创业。随着我国鼓励科技人员创业政策的实施，逐渐激发了科研人员的创业热情，降低了科技人员创业的机会成本，更好地激发了科技人员创业的动机和活力。

（2）识别与评估市场机会

识别与评估市场机会是创业过程的核心，也是创业过程中一个具有关键意义的阶段。创业者是由创业动机驱动来进行创业的，而创业机会来自现存的市场环境中存在的某种不足。以更好的方式提供更好的产品或服务，来弥补这种不足并获得利润的可能性，这就是创业机会。创业者通过发现创业机会，与现有的企业甚至是已经确定市场地位且实力雄厚的企业展开有效竞争。但在这些过程中有许多问题值得研究。第一，机会到底从哪里来或者说创业者应该从何处识别创业机会？第二，为什么某些人能够发现创业机会而有些人却不能？或者说哪些因素影响甚至决定了创业者识别机会？第三，机会是通过什么形式和途径被识别到的？第四，是不是所有的机会都有助于创业者开展创业活动并创造创业价值？围绕这些问题，可以观察创业者在识别与评估市场机会阶段常常要采取的活动。为了识别到机会，创业者可能需要多交朋友并经常与有经验的朋友交流沟通，这样做有助于创业者更广泛地获取信息。创业者可能还需要细心观察，从以往的工作和周围的事物中发现问题，看到机会。对于自认为发现的机会，创业者需要对机会进行评估，判断机会的价值。

（3）整合资源

拥有创业动机、识别到创业机会只是创业过程的初始阶段。这时，需要做出继续向前的初步决定，针对创意和机会积极采取行动。整合资源是创业者开发机会的重要手段。强调整合资源，是因为创业者可以直接控制的资源比较少，大部分创业者都是白手起家的，整合资源往往更意味着整合外部的资源、别人控制的资源，来实现自己的创业理想。未来的创业者会发现他们必须整合一系列必要资源：基本信息（有关市场、环境和法律问题）、人力资源（合作者、最初的雇员）和财务资源。整合这些资源是创业过程最为关键的阶段之一，除非成功地完成这一阶段，否则无论多么有吸引力的机会，或者有多好的新产品和服务，创意都等于零。创业者不能仅依靠自己所识别的机会整合资源，更需要围绕创业机会设计出清晰的商业模式。潜在的资源提供者也希望自己拥有的资源被充分利用,他们也急于寻找到资源升值的途径。

(4)创建新企业

创业者在产生动机、识别机会、获取所需资源后,就会开始着手创建新企业。创办新企业是衡量创业者创业行为的直接标志。新企业的创建需要大量的准备工作,包括创业设计(计划)、创业融资、创业注册登记、经营地址的选择、确定进入市场的途径,等等。

创业设计(计划)不仅是创业者对创业理念及其具体事宜的归纳和整理,而且能够成为风险投资人选择项目的依据,直接影响新办企业的融资,尽管可供选择的融资渠道和融资方式很多,但获得资金的支持绝不是一件容易的事情,资金问题往往会成为企业的"瓶颈"。因此,创业融资在企业的创建过程中至关重要。

当创业者完成创业设计并获得融资以后,就可以按照法定程序进行注册登记等相关内容,创建出一个新的企业。

(5)管理新企业

创业者制订了创业计划,获得融资并完成新企业选址、注册、登记等事项后,就需要考虑企业的运营问题。例如,通过什么样的管理方式才能保证企业的收益,实现企业社会价值等。

① 新创企业的战略管理

企业战略作为企业行为的指导性纲领,为企业发展提供了方向性的定位。因此,在落实企业管理中,新办企业的战略选择具有重要意义。

② 新创企业的危机管理

新办企业在每个阶段都会遇到企业存亡的危机,这些危机以不同程度的威胁伴随着企业成长的全过程。因此,新办企业的管理者要具备危机管理意识。管理者需要时刻关注企业发展中出现的技术和市场危机、财务危机、人力资源危机等。危机不一定是坏的,采用恰当的手段,可以使企业危机转变为企业的机遇,为企业的更好发展奠定基础。

2.4 管理创新与创业

2.4.1 创新管理

创新是企业获取竞争优势的最主要来源,先进的创新管理是企业永续发展的关键。伴随着知识经济的到来,创新已成为经济社会发展的主角。创新管理也成为管理理论界和实业界关注的焦点。

1. 创新管理的内涵

创新管理是一种新型组织的建立和治理,是一种文化氛围。理解这一概念必须注意以下几个问题:第一,对于创新而言,是较难以实现传统意义上诸如计划、组织、领导、协调、控制等职能式的管理的,我们无法准确计划和控制创新的发生,更无法准确预期创新活动所能取得的成果;第二,对创新虽然无法实现传统意义上的管理,但组织可以创建平台来支持创新的发生(形成创新的协调机制),这个平台包括企业家、制度、资金、组织、文化、人员等诸多方面；第三，创新管理的目的就是培育创新的支撑系统，并且形成创新协同机制，创新协同不仅表现在创新支撑系统内部各要素之间的协调发展，更重要的是表现在伴随着创新的进行，创新的支撑要素自觉地发生变化，使其时刻处于支持创新的状态；第四，创新的目标体现在实现人的价值和增加社会福利两个方面，社会福利增加既可以表现为经济价值增加，也可以表现为社会公平与公正的实现；第五，创新需要协同，即创新的实现过程是一个协同过程，具有协同效应，是企业（组织）的新生；第六，创新管理与一般管理的维持功能不同，创新是创造性地破坏，是打破旧的平衡，建立新的结构，是一项变革，是一种进步。创新是人类存在的必然选择和结果，是通向自由与繁荣的必由之路，人类社会不断进步的历史就是一部不断创新的历史。

展色丽公司的创新管理

展色丽公司（X-Rite）主要生产工业用的色素配对设备。汽车制造商可以用此来检测每台车子外壳的颜色是否一致。这项创新起源于公司为油漆的色差比较和牙医诊所将个人牙齿做颜色比较的概念相同。在展色丽公司发现这样的概念之前，牙医配对牙齿颜色仍然是用各种不同深浅的白色色卡，以比对哪一个比较接近病人牙齿的颜色。展色丽公司发现这项用在牙齿上的新应用后，需要解决的问题是：原本的产品必须变得较工业用途版本更容易使用，并对使用者更友善；此外，有关产品的卫生议题也变成在设计产品时所必须考量到的因素。然而，技术的本质其实仍是不变的。

这项创新的应用，将展色丽公司带进另一个新的可获利市场，而且在该领域成为主要的竞争者，在牙医业的颜色校准方面，展色丽公司已经变成领导者。该案例说明，创新管理不一定需要在产品上有很剧烈的转变；相反地，它可能只是一些像可以如何使用产品这么简单的新观点。

资料来源：Garry D. Bruton, Margaret A. White. 科技与创新管理：策略应用（第二版）[M]. 袁建中，朱国明，译. 圣智学习，2011.

---

2. 创新管理的特征

创新具有独特性、风险性、灵活性、主体性、社会效用等特征，那么创新管理具有哪些特征呢？创新管理并不仅仅是对创新本身的管理，而是以创新为中心的管理，其特征主要表现在动态适应性、持续性、全面性、结构性、社会性和创新性等方面。

（1）动态适应性

世界唯一不变的便是变化本身，大鱼吃小鱼成为现代企业竞争的一大特点。企业在激烈的市场竞争中能否尽快适应环境的变化获得竞争优势，关键就要看企业是否能够不断创新，不断打破常规推陈出新。而这一切的实现就要依靠创新管理，使企业以创新为中心，在组织、制度、文化、资金、人员等方面创建支持创新的氛围。创新的实现必须以外部条件为前提，组织管理的目标之一是适应外部的变化，而适应外部的变化就是要促进组织内部的变革或创新。因此，创新管理应具有动态适应性。

（2）持续性

创新是可以持续的，持续性本身是创新的一个特征，同时也是创新管理的一个特征。

创新管理的目标之一便是促进形成支持不断创新的氛围，使创新成为组织运作的常态。"常态"说明组织不断地推进创新是一件自然而然的事情，并不需要考虑太多的问题。创新管理的持续性综合表现为目标的持续性、时间的持续性、过程的持续性和创新动力的持续性。

（3）全面性

组织（社会、国家）的创新管理需要搭建一个支持创新的平台，这一平台的建立需要考虑诸多方面的因素，包括制度、组织、资金、文化、人员等方面，涉及的内容是全面性的。需要指出的是，创新管理的全面性特征并不是说组织在各个方面都需要创新，都需要变革，而是说组织的每个方面、每个角落都应该是支持创新的。当一些方面如组织或者文化已经处于适合当前创新要求的状态了，那么就可以视为已经符合创新管理的标准。只有那些不支持创新的因素才需要变革。

（4）结构性

人类社会的存在和发展在某种意义上是一种结构性的存在和发展，创新打破平衡，造成对称破缺，必将产生新的危机与压力。而当旧的结构无法容忍和承受这种压力，即当压力达到一定阈值时，新的结构必将出现。新的结构要求组织拥有新的平台，在新的平台上进行再创新，创新管理必须满足这种要求。创新管理的结构性意味着创新管理应该具有柔性的管理结构，能够对创新的这种变化进行自适应和自调整，甚至是主动进行"破坏性的改进"。创新管理的结构性特征，还表明了创新管理就应该是一种新的管理范式，是管理发展的新阶段。

（5）社会性

无论是经济价值还是人的价值的实现，创新管理都是发生在一定的社会环境中的，以社会的存在为前提。创新管理目标的成功实现必须以社会需要为前提，以社会组织为依托，在组织内部形成人人创新、时时创新、处处创新的良好氛围。没有组织共享平台的建立，没有组织成员的支持，创新目标是不可能实现的。

（6）创新性

创新管理的最大特点在于对管理本身的创新（创新管理就是具有创新性的管理），形成新的管理机制，同时也需要管理理论、方法、组织和结构的创新。从以创新为中心形成协同的创新机制，到创新协同的实现，即管理范式的创新——创新管理是一种新的管理范式。

2.4.2 创业管理

创业管理是促使人们像企业家那样思考和行为的管理系统，是把握机会并创造新价值的行为过程。创业企业并不局限于某一单独类型企业，它适用于一切组织。

1. 创业管理的内涵

从科学内涵来看，创业管理就是一门多学科交叉融合的边缘性科学。创业管理是在创业实践的基础上建立起来的，同时也是以其他多种学科的理论成果为基础，多学科渗透融合为创业管理的发展提供了丰富的理论基础。创业的首要工作就是谋划，因此，创新学、创造学、预测学、决策学等是创业学的理论基础；创业的重要工作就是管理，因此，管理学、领导学、组织行为学、公共关系学等也构成创业管理的理论基础；创业的核心工作就是开拓市场、提升价值，因此，市场学、消费心理学、广告学、营销学等也是创业管理的理论基础。创业管理吸收和借鉴了大量相关学科的理论营养，通过创业实践进一步深化和发展，成为一门具有自身特色的独立学科。

从创业管理的过程性内涵来讲，可以大致划分出三个方面：第一，企业创建方面，这涉及创业团队的管理、商业计划书、商业模式选择等问题；第二，企业成长方面，新企业创建之后，如何在市场经济环境下存活，这里面涉及战略、营销、运营等方面的内容；第三，创建的新企业经过市场生存以后，就转向一个靠组织制度化的措施促其健康成长的阶段，这时，企业就面临一个制度化建设的问题。

创业管理是以环境的动态性与不确定性以及环境要素的复杂性与异质性为假设，以发现和识别机会为起点，以创新、超前行为、勇于承担风险和团队合作等为主要特征，以创造新事业的活动为研究对象，以研究不同层次事业的成功为主要内容，以心理学、经济学、管理学和社会学方法为工具研究创业活动内在规律的学说体系。创业管理的核心问题是机会导向、动态性等。所谓机会导向，即指创业是在不局限于所拥有资源的前提下，识别机会、利用机会、开发机会并产生经济成果的行为，或者将好的创意迅速变成现实。而创业的动态性，一方面即创业精神是连续的，创业行为会随着企业的成长而延续，并得以强化；另一方面即机会发现和利用是动态过程。

2. 创业管理的特征

（1）创业管理是"以生存为目标"的管理

新事业的首要任务是从无到有，把自己的产品或服务卖出去，赚到第一桶金，从而在市场上找到立足点，使自己生存下来。在创业阶段，生存是第一位的，一切围绕生存运作，一切危及生存的做法都应避免。最忌讳的是在创业阶段提出不切实际的扩张目标，结果只能是"企而不立，跨而不行"。那么什么是生存的来源呢？

赚钱是企业生存的唯一来源，所以赚钱是创业管理的首要目标。在创业阶段，亏损，赚钱，又亏损，又赚钱，可能要经历多次反复，直到最终持续稳定地赚钱，才算是度过了创业的生存阶段。把赚钱作为唯一指标，还因为只有开始持续地赚钱，才能证明新事业探索到了可靠的商业模式（business model），因此才有了追加投资的价值。从投资回报的角度来看，新事业新在哪里？不是新在技术上，不是新在产品上，而是新在商业模式上，也就是新在满足顾客需求、创造价值和赚钱的不同方式上。新事业要超越已有的竞争对手，一定要探索到新的成功的商业模式，这是创业管理的核心所在。在没有找到可靠的商业模式之前就大量投资，是风险投资在许多.com类公司上损失惨重的原因。

（2）创业管理是"主要依靠自有资金创造自由现金流"的管理

现金对企业来说就像是人的血液，企业可以承受暂时的亏损，但不能承受现金流的中断，这也是创业为什么强调"赚钱"而不是"盈利"的原因。什么是企业的自由现金流呢？就是不包含融资，不包含资本支出，以及不包含纳税和利息支出的经营活动现金流。自由现金流一旦出现赤字，企业将发生偿债危机，可能导致破产。自由现金流的大小直接反映企业的赚钱能力，它不仅是创业阶段也是成长阶段管理的重点，区别在于对创业管理来说，由于融资条件苛刻，只能主要依靠自有资金运作来创造自由现金流，从而管理难度更大。

创业管理要求创业者必须锱铢必较,花企业的钱就是花自己的钱,千方百计增收节支、加速周转、控制发展节奏。

(3)创业管理是充分调动"所有的人做所有的事"的团队管理

新企业在初创阶段,尽管建立了正式的部门结构,但很少有按正式组织方式运作的。常见的情况是,虽然有名义上的分工,但运作起来是哪急、哪紧、哪需要,就都往哪里去。这种看似"混乱",实际是一种高度"有序"的状态。每个人都清楚组织的目标和自己应当如何为组织目标做贡献,没有人计较得失,没有人计较越权或越级,相互之间只有角色的划分,没有职位的区别,这才叫作团队。这种运作方式培养出团队精神、奉献精神和忠诚。即使将来事业发展了,组织规范化了,这种精神仍然存在,成为企业的文化。在创业阶段,创业者必须尽力使新事业部门成为真正的团队,否则是很难成功的。这种在创业时期锻炼出来的团队凝聚力,是经理人将来领导大企业高层管理班子的基础。

(4)创业管理是一种"经理人亲自深入运作细节"的管理

经历了创业的经理人大都有过这样的经验:曾经直接向顾客推销过产品,亲自与供应商谈判过扣点,亲自到车间里追踪过顾客急要的订单,在库房里卸过货、装过车,跑过银行,催过账,策划过新产品方案,制订过工资计划,被经销商骗过,让顾客当面训斥过等。这就是真真实实的创业,要不一切怎么会从无到有?由于对经营全过程的细节了如指掌,才使生意越做越精。以至于有些创业者和经理人,在企业做大后,仍然对关键细节事必躬亲,不能有效地授权,反而成了一种缺点。"细节是关键",生意不赚钱,就是在细节上下的功夫不够。Wal-Mart 的老板萨姆·沃尔顿的管理作风就是注重细节。他立下规矩,每次总部高层季度例会,都要仔细分析一家问题企业,找到解决办法。如果曾经叱咤美国零售业多年的 Kmart 公司也照此管理,就不至于落到申请破产保护的地步。在 Kmart 申请破产保护后,一次就关掉了 283 家亏损分店。管理不深入细节,不正视问题和解决问题,即使购买再多的 IT 设备和管理软件也没有价值。

(5)创业管理是彻底奉行"顾客至上,诚信为本"的管理

创业的第一步,就是把企业的产品或服务卖给顾客,这是一种惊险的跨越,如果不是顾客花钱购买,企业就不可能获得所期待的利润。企业把顾客当作衣食父母是源自生存的需要。经历过创业艰辛的企业家,会坚持把顾客放在第一位。而对于新成立的企业来说,谁会借钱给没听说过的企业?谁会买没听说过的企业的东西?谁会加入没听说过的企业?企业靠什么迈出这三步?对于成功的创业企业来说,靠的是企业逐步积累起来的信誉,靠的是诚信。所以,一个企业的核心价值观不是后人杜撰的,而是创业阶段自然形成的。创业管理的过程,也可以看作塑造一个诚信的企业的过程。

2.4.3 创新与创业管理

在前面的分析中,我们回顾了对创新过程和创业过程的研究成果,并且分别阐释了创新管理与创业管理。可以看出,关于创新与创业的研究主流仍是将二者区隔开来的分析,但本书开篇就提出创新与创业间的关联应逐渐受到重视,尤其在知识经济时代,更应该将关注点放在二者内涵上的相互包容和实践过程中的互动发展。所以,第 1 章即阐明了本书的视角和观点：将创新与创业活动视为一个过程，在考虑环境因素影响下，从过程视角分析创新与创业活动，这个过程包括识别机会、寻找并配置资源、建立并发展新企业或开发新产品以及评估价值创造等几个环节。其中，创业活动被视为创新活动中的一个关键步骤。创新与创业管理，则指的是对这个过程的全面管理。

创新与创业的过程并不是简单地按照上述步骤划分依次进行，其中充满了不确定性和风险，这个过程可能在某几个环节重复多次才能继续进行到下一步，也有可能在某个环节就戛然而止，以失败告终。在整个过程中，需要保持敏锐的洞察力、灵敏的反应速度、有责任心、有担当、能够充分协调资源和知识以及能够对发生的问题充分认识并有效地解决。因此，我们认识到创新与创业的过程需要加以管理，而且是可以被管理好的，但这需要目标以及战略的指引，也需要组织不断学习提升自身能力。成功的创新与创业不是一次创新活动的成功，而应该是意味着组织对整个过程具备有效管理的能力，同时具有促进持续成长的能力。

本章小结

创新是将新意和想法付诸实践，变成有价值的新产品、新服务或核心流程。创业有广义和狭义之分，从广义上来看，所有创造新的事业的过程都是创业，而从狭义角度讲，创业是创业者通过对市场的调研分析，及时捕获商机，投入技能和知识，创建新企业，并搜寻资源将新产品或服务推向市场，创造价值的过程。创新与创业之间既有联系又有区别。前人对创新和创业展开了许多理论和实践的研究，并构建了许多模型描述创新过程和创业过程。本书在前人研究基础上，将创新与创业活动视为一个过程，从过程视角对创新与创业管理进行分析。

关键概念

创新是指将新意和想法付诸实践，变成有价值的新产品、新服务或核心流程。

创业有广义、狭义之分。广义上的创业是指一种精神和"创造新的事业的过程"。换句话说，所有创造新的事业的过程都是创业。而从狭义的角度来看，创业是必须承担风险的创业者通过对市场的调研分析，及时捕获商业机会，并通过投入已有的技能知识，创建新企业或在企业内部创业，努力筹集并配置相关资源，将新颖的产品或服务推向市场，为个人和社会创造价值的一系列活动和过程。

思考题

1. 什么是创新？
2. 什么是创业？
3. 分析创新与创业之间的区别与联系？
4. 是否应将创新与创业结合起来看待？如何理解创新与创业管理？

5. 是否一次创新实践的成功就意味创新的成功？创新的成功更应该从哪些维度来衡量？

参考文献

[1] 林强，姜彦福，张健.创业理论及其架构分析[J]. 经济研究，2001(9): 85-96.
[2] 葛宝山. 经典创业模型比较研究[J]. 管理现代化，2008(1): 10-12.
[3] 宁钟. 创新管理：获取持续竞争优势[M]. 北京：机械工程出版社，2012.
[4] 陈劲，郑刚.创新管理：赢得持续竞争优势（第二版）[M]. 北京：北京大学出版社，2013.
[5] 李时椿，常建坤. 创新与创业管理：理论·实践·技能（第四版）[M]. 南京：南京大学出版社，2014.
[6] 李时椿，常建坤. 创新与创业管理[M]. 南京：南京大学出版社，2006.
[7] 约翰·贝赞特（John Bessant），乔·蒂德（Joe Tidd）著. 创业与创新管理（原书第 2 版）[M]. 牛芳，池军，田新，等，译. 北京：机械工业出版社，2013.
[8] 李时椿. 创业管理（第 2 版）[M]. 北京：清华大学出版，2010.
[9] 布鲁斯·R. 巴林格（Bruce R.Barringer），R. 杜安. 爱尔兰（R. Duane lreland）. 创业管理：成功构建新企业[M]. 张玉利，王伟毅，杨俊，等，译. 北京：机械工业出版社，2010.
[10] 张玉利，陈寒松等. 创业管理（第 3 版）[M]. 北京：机械工业出版社，2013.
[11] 李良智，查伟晨，钟运动. 创业管理学[M]. 北京：中国社会科学出版社，2007.
[12] 李时椿. 创业管理[M]. 北京：清华大学出版社，2008.
[13] 梁巧转. 创业管理[M]. 北京：北京大学出版社，2007.
[14] 夏清华. 创业管理[M]. 武汉：武汉大学出版社，2007.
[15] 林篙等. 创业过程的研究评述及发展动向[J]. 南开管理评论，2004(3): 47-50.

第3章 创造性思维、创意与创新型组织

 学习目标

1. 了解创造性思维，理解其内涵和活动过程；
2. 理解创业者的素质及其开发策略；
3. 了解企业创意的来源以及创意创业的特征和驱动因素；
4. 掌握创新型组织的内涵，理解创新型组织构建的基本方法。

 本章关键词

创造性思维（creative thinking）
创业者特质（the characteristics of entrepreneurs）
企业创意（originality of enterprises）
创新型组织（the innovative organization）

3.1 创造性思维

案例导入："丑陋"招财

美国艾士隆公司董事长布希耐一次在郊外散步，偶然看到几个小孩在玩一只肮脏且异常丑陋的昆虫，爱不释手。布希耐顿时联想到：市面上销售的玩具一般都是形象优美的，假若生产一些丑陋玩具，又将如何？于是，他布置自己的公司研制一套"丑陋玩具"，迅速向市场推出。

这一炮果然打响，"丑陋玩具"给艾士隆公司带来了收益，使同行羡慕不已。于是"丑陋玩具"接踵而来，如"疯球"就是在一串小球上面，印上许多丑陋不堪的面孔；橡皮做的"粗鲁陋夫"，长着枯黄的头发、绿色的皮肤和一双鼓胀而带血丝的眼睛，眨眼时又会发出非常难听的声音。这些丑陋玩具的售价超过正常玩具，且一直畅销不衰，在美国掀起了行销"丑陋玩具"的热潮。

这"丑陋"的灵感获得商业成功，为艾士隆公司广开财源，其根本原因就是抓住了两种消费心理：追求新鲜和逆反心理。

创造价值，虽然是一件很不容易的事情，但只要创新思维，经营得法，就算处于"绝境"，也可以求得"生机"。创造性思维是从事创新活动者应该具备的基本特质。

3.1.1 创造性思维的内涵与特征[①]

所谓创造性思维（或称创新思维），就是以创新的意识、开放的心态和突破各种思维定式的束缚进行思考，并产生创新成果的思维。简明地说，就是不受现成的、常规的思路约束，寻求对问题全新的、独特的解决方法的思维过程。这里所说的创新成果，主要是指对事物的新认识、新判断和解决问题的新方案、新途径等"思维的创新产物"。创新思维不是一般性思维，它不是单纯依靠现有的知识和经验进行抽象和概括，而是在现有知识和经验的基础上进行想象、推理和再创造，对前人尚未解决的问题进行探索、寻究、找出新答案的思维活动，是一种具有开创意义的思维活动，即开拓人类认识新领域、开创人类认识新成果的思维活动。创新思维不是天生就有的，它是通过人们的学习和实践而不断培养和发展起来的。一项创造性思维成果往往要经过长期的探索、刻苦的钻研，甚至多次的挫折方能取得，而创造性思维能力也要经过长期的知识积累、素质磨砺才能具备，至于创造性思维的过程，则离不开繁多的推理、想象、联想、直觉等思维活动。

通过创造性思维，不仅可以提示客观事物的本质和规律性，而且能在此基础上产生新颖的、独特的、有社会意义的思维成果，开拓人类知识的新领域。广义的创造性思维是指思维主体有创见，有意义的思维活动，每个正常人都有这种创造性思维。狭义的创造性思维是指思维主体发明创造、提出新的假说、创见新的理论、形成新的概念等探索未知领域的思维活动，这种创造性思维是少数人才有的。创造性思维是创造成果产生的必要前提和条件，而创造则是历史进步的动力，它具有如下一些主要特征：

1. 求实性

创造源于发展的需求，社会发展的需求是创造的第一动力。创造性思维的求实性就体现在善于发现社会的需求，发现人们在理想与现实之间的差距。从满足社会的需求出发，拓展思维的空间。而社会的需求是多方面的，有显性的和隐性的。显性的需求已被世人关注，但难以创新。而隐性的需求则需要创造性的发现。在商战中常常出现"跟风"现象，很多商家一旦发现什么商品利润大，便紧随其后组织货源进行销售。结果常常是使市场上这类商品供大于求，不但不能盈利而且还造成亏损。具有创造性思维的商家将预测学的原理应用于经营之中，通过对信息的收集筛选与分析判断，得出符合事物发展规律的结论，进而制定相应的策略。沃尔玛是世界上第一家试用条形码即通用产品码（UPC）技术的折扣零售商。1980年试用，结果收银员效率提高50%，故所有沃尔玛分店都改用条形码系统。在案例教学里，西方很多大学都把沃尔玛视为新技术持续引进的典范。

2. 批判性

我们原有的知识是有限的，其真理性是相对的，而世界上的事物是无限的，其发展又是无止境的。无论认识原有的事物还是未来的事物，原有的知识都是远远不够的。因此，

---

① [日] 多湖辉. 创造性思维[M]. 王彤译. 北京：中国青年出版社，2002.

创造性思维的批判性首先体现在敢于用科学的怀疑精神，对待自己和他人的原有知识，包括权威的论断，敢于独立地发现问题、分析问题、解决问题。法国作家巴尔扎克说："打开一切科学的钥匙都毫无异议的是问号"，"而生活的智慧大概就在于逢事都问个为什么"。创造性思维的批判性还体现在敢于冲破习惯思维的束缚，敢于打破常规去思维，敢于另辟蹊径、独立思考，运用丰富的知识和经验，充分展开想象的翅膀，这样才能迸射出创造性的火花，发现前所未有的东西。在世界科学史上具有非凡影响和重大意义的控制论的诞生，就体现了美国科学家维纳的思维的批判性。古典概念认为世界由物质和能量组成，维纳则认为世界是由能量、物质和信息这三部分组成。尽管一开始他的理论受到了保守者的反对，但他勇敢地坚持自己的观点和理论，最终创立了具有非凡生命力的"控制论"。

3. 连贯性

一个勤于思考的人，越进入创造思维的状态，就越容易激活潜意识，从而产生灵感。托马斯·爱迪生一生拥有1039项专利，这个纪录迄今仍无人打破。他就是给自己和助手确立了创新的定额，每10天有一项小发明，每半年有一项大发明。有一次他无意将一根绳子在手上绕来绕去，便由此想起可否用这种方法缠绕碳丝。如果没有思维的连贯性，没有良好的思维态势，是不会有如此灵敏的反应的。可见，只有勤于思维才能善于思维，才能及时捕捉住具有突破性思维的灵感。创新者在平时就要善于从小事做起，进行思维训练，不断提出新的构想，使思维具有连贯性，保持活跃的态势。目前对创新的理解还存在一些误区，比如认为创新具有偶然性。实际上，每一次的创新看似偶然而绝非偶然，偶然是必然的结果。

4. 灵活性

创造性思维思路开阔，善于从全方位思考，若遇难题受阻，不拘泥于一种模式，能灵活变换某种因素，从新角度去思考，调整思路，善于巧妙地转变思维方向，随机应变，产生适合时宜的办法。创造性思维的灵活性可以体现为多种思维方式：

（1）辐射思维：以一个问题为中心，思维路线向四面八方扩散，形成辐射状，找出尽可能多的答案，扩大优化选择的余地。

（2）多向思维：从不同的方向对一个事物进行思考，更注意从他人没有注意到的角度去思考。爱因斯坦创立的相对论，就是在对事物用不同视角进行观察后，对其相互之间的关系做出了自己的解释。

（3）换元思维：根据事物多种构成因素的特点，变换其中某一要素，以打开新思路与新途径。一项科学实验，常常变换不同的材料和数据反复进行。

（4）转向思维：思维在一个方向停滞时，及时转换到另一个方向。大画家达·芬奇在绘画创作过程中观察人物、景物时，就善于从一个角度不停地转向另一个角度，对创作对象、题材的理解随着视角的每一次转换而逐渐加深。

（5）对立思维：从对立的方向去思维，从而将二者有机地统一起来。邓小平同志"一国两制"的构想就是将社会主义制度和资本主义制度两种不同的社会制度结合起来进行思考。

（6）反向思维：从相反的方向去思维，寻找突破的新途径。吸尘器的发明者，就是从

"吹"灰尘的反向角度"吸"灰尘去思考,从而运用真空负压原理,制成了电动吸尘器。

(7)原点思维:从事物的原点出发,从而找出问题的答案。我国的古语"解铃还须系铃人",讲的也是这个道理。

(8)连动思维:由此思彼的思维。连动方向有三:一是纵向,看到一种现象就向纵深思考,探究其产生的原因;二是逆向,发现一种现象,则想到它的反面;三是横向,发现一种现象,能联想到与其相似或相关的事物。如"一叶落知天下秋","窥一斑而知全豹","运筹帷幄之中,决胜千里之外"。

5. 跨越性

创造性思维的思维步骤、思维跨度较大,具有明显的跳跃性。例如,苏联十月革命时,有一名敌军军官发生了动摇,但还没有下定决心投诚。列宁没有再按部就班地去做那位军官的动员工作,而是让电台向全国广播这名军官已经起义。迫使这名军官下定了最后的决心,旋即宣布武装起义。创造性思维的跨越性表现为跨越事物"可见度"的限制,能迅速完成"虚体"与"实体"之间的转化,加大思维前进的"转化跨度"。

6. 综合性

任何事物都是作为系统而存在的,都是由相互联系、相互依存、相互制约的多层次、多方面的因素,按照一定结构组成的有机整体。这就要求创新者将事物放在系统中进行思考,进行全方位多层次多方面的分析与综合,而不是孤立地观察事物,也不只是利用某一方法思维,应是多种思维方式的综合运用。这种"由综合而创造"的思维方式,体现了对已有智慧、知识的杂交和升华,不是简单的相加、拼凑。阿波罗登月计划总指挥韦伯说过:"当今世界,没有什么东西不是通过综合而创造的。"阿波罗庞大计划中就没有一项是新发现的自然科学理论和技术,都是现有技术的运用。磁半导体的研制者菊池诚博士说:"我以为搞发明有两条路:第一是全新的发明;第二是把已知其原理的事实进行综合。"摩托车的诞生也是如此,它是将自行车的灵活性、轻便性和汽车的机动性、高速度合二为一的结果。可见,能将众多的优点集中起来,这绝非简单的凑合、堆积,而是协调、兼容和创造。

上面的阐述仅是为了研究才提炼出若干思维特性,在实际运用中思维状态的灵活与丰富,是多少特性都无法概括的。

3.1.2 创造性思维的类型

简言之,创造性思维就是脱离窠臼、开辟新路的思维方式,它是在逻辑思维和形象思维的基础上和相互作用中发展起来的,逻辑思维和形象思维是创造性思维的基本形式。大体而言,创造性思维可以包括如下几类。

1. 逻辑思维与形象思维

形象思维是用直观形象和表象解决问题的思维。形象思维的原理是神经结构与外部事物建立起一一映射关系,只要激活了这群细胞,我们就会产生与看到、听到外部对象一样或类似的心理感受。人脑具有自组织学习能力,通过这种学习能力,逐渐建立起世界图景,这个世界图景是在多次反馈中形成、修正、发展起来的,经过实践的检验,这个图景逐渐符合外部世界的真实面貌而且具有预测能力,然而这个图像并不是有形的,而只是一种一一对应关系。在人类还没有产生语言文字之前,动物或人类只有通过形象思维去认识世界,但是人们依然具有想象能力、理解能力、观察能力、学习能力、记忆能力、情感运用能力，依然能够进行大部分生活，能够活得很好。

逻辑思维也称为抽象思维，与抽象思维的定义密切相关的是分析、综合、归纳、演绎的定义。逻辑思维是如何产生的呢？逻辑思维源于语言，由于语言的产生，人们对感性的概念有了指代的对应关系，好处是人们可以通过语言表达和交流思想，传达指令，描述事件。由于概念与概念之间客观固有的逻辑关系，人们在概念之间建立了分类、范畴等逻辑关系，并且运用语言来描述这种关系。更进一步的推理是形式逻辑产生之后才清晰下来的。推理能力大大提升了人们运用知识的能力，能够举一反三、融会贯通，"尝一脔肉而知一镬之味一鼎之调，见瓶水之冰而知天下之寒鱼鳖之藏也"。就是逻辑思维所产生的作用。逻辑思维是客观存在在主观中的表达，是必然产生的，也是人类智能发展的结果。

形象思维是原生的，逻辑思维主要是依靠后天培养的。从重要性上来说，形象思维的重要性远远大于逻辑思维，人的逻辑思维是建立在形象思维的基础上的，这就好比土壤和植物，没有形象思维的土壤，植物只能是枯木。形象思维不像抽象（逻辑）思维那样，对信息的加工一步一步、首尾相接地、线性地进行，而是可以调用许多形象性材料，一下子合在一起形成新的形象，或由一个形象跳跃到另一个形象。它对信息的加工过程不是系列加工，而是平行加工，是面性的或立体性的。它可以使思维主体迅速从整体上把握住问题。逻辑思维与形象思维不同，它不是以人们感觉到或想象到的事物为起点，而是以概念为起点去进行思维，进而再由抽象概念上升到具体概念——只有到了这时，丰富多样、生动具体的事物才得到了再现，"温暖"取代了"冷冰冰"。形象思维是或然性或似真性的思维，对问题的反映是粗线条的反映，对问题的把握是大体上的把握，对问题的分析是定性的或半定量的，思维的结果有待于逻辑的证明或实践的检验。所以，形象思维通常用于问题的定性分析。抽象思维可以给出精确的数量关系，在感觉所看不到的地方去抽取事物的本质和共性，形成概念，这样才具备了进一步推理、判断的条件，没有抽象思维，就没有科学理论和科学研究。所以，在实际的思维活动中，往往需要将抽象思维与形象思维巧妙结合，协同使用。

案例1：蝙蝠屎可治眼疾

这是李时珍的一个典型的采用形象思维创造一个药方的例子，这个药方没有经过逻辑思维的方法确定它的真伪。我们都知道，蝙蝠是白天休息夜晚觅食飞蛾、蚊子等动物。李时珍发现它在晚上没有光线时也能捕捉到虫子，不会撞到树、墙壁等物体，就直观判断它的视力很好。于是李时珍采用想象、移植法认为蝙蝠的屎可以用来治疗人的眼疾。可是我们通过物理学、生物学的方法，发现蝙蝠的视力极差，基本上看不见东西，但是它可以发出超声波，接受它发出的超声波的反射波来探测、定位。逻辑思维的方法发现了蝙蝠的这个功能，帮助科学家发明制造出了超声波探测仪，成功运用于医学等领域。

案例2：红外跟踪技术的发明

生物学家都知道，响尾蛇的视力很差，几十厘米近的东西都看不清，但是在黑夜里却能准确地捕获十多米远的田鼠，其秘密在于它的眼睛和鼻子之间的颊窝。这个部位

> 是一个生物的红外感受器，能感受到远处动物活动时由于有热量产生而发出的微量红外线，从而实现"热定位"。美国导弹专家由此产生联想：若用电子器件制造出和响尾蛇的生物红外感受器类似的"电子红外感受器"，用于接受飞行中的飞机因发动机运转发热而辐射的红外线，岂不可以通过这种"热定位"来实现对目标的自动跟踪。所谓红外跟踪响尾蛇导弹就是在这种"联想"的基础上设计出来的。

2. 发散性思维与收敛性思维①

发散性思维，指在解决问题的过程中，不拘泥于一点或一条线索，不受已经确定的方式、方法、规则或范围等约束，而是从仅有的信息中尽可能扩散开去，并从这种扩散或者辐射式的思考中，求得多种不同的解决办法，衍生出不同的结果。发散思维包括联想、想象、侧向思维等非逻辑思维形式，一般认为"发散思维的过程并不是在定好的轨道中产生，而是依据所获得的最低限度的信息，因此是具有创造性的"。发散性思维是产生式思维，运用发散性思维产生观念、问题、行动、方法、规则、图画、概念、文字。

收敛性思维是在解题过程中，尽可能利用已有的知识和经验，把众多的信息逐步引导到条理化的逻辑程序中去，以便最终得到一个合乎逻辑规范的结论。收敛性思维包括分析、综合、归纳、演绎、科学抽象等逻辑思维和理论思维形式。收敛思维常用的思考方法有糅合显同法即把所有感知到的对象依据一定的标准"聚合"起来，显示它们的共性和本质；层层剥笋法（分析综合法）即从问题的表层（表面）层层分析，向问题的核心一步一步地逼近，揭示出隐蔽在事物表面现象内的深层本质；目标确定法即确定搜寻目标（注意目标），进行认真的观察，作出判断，找出其中的关键，围绕目标定向思维，目标的确定越具体越有效；聚焦法即思考问题时，有意识、有目的地将思维过程停顿下来，并将前后思维领域浓缩和聚拢起来，更有效地审视和判断某一事件、某一问题、某一片段信息。

发散性思维是整个创造性思维的基础和核心。收敛性思维是人们在生活中最经常使用的一种思维。思维发散过程需要张扬知识和想象力，而收敛性思维则是选择性的，在收敛时需要运用知识和逻辑。发散性思维与收敛性思维具有互补性，不仅在思维方向上互补，而且在思维操作的性质上也互补。美国创造学学者M.J.科顿，形象地阐述了发散性思维与收敛性思维必须在时间上分开，即分阶段的道理。如果它们混在一起，将会大大降低思维的效率。发散性思维与收敛性思维在思维方向上的互补，以及在思维过程上的互补，是创造性解决问题所必需的。发散性思维向四面八方发散，收敛性思维向一个方向聚集，在解决问题的早期，发散性思维起到更主要的作用；在解决问题后期，收敛性思维则扮演着越来越重要的角色。收敛思维与发散思维各有优缺点，在创新思维中相辅相成，互为补充。只有发散，没有收敛，必然导致混乱；只有收敛，没有发散，必然导致呆板僵化，抑制思维的创新。因此，创新思维一般是先发散而后集中。

3. 求同思维和求异思维

求同思维是指根据一定的知识或事实以求得某一问题的最佳或最正确的答案的思维。

---

① 许光明. 创新思维简明读本[M]. 广州：广东教育出版社，2006.

求同思维又称聚合思维（convergent thinking），也叫辐合思维、集中思维，是一种有方向、有范围、有条理的收敛性思维方式，与发散思维相对应。求同思维的特点是闭合性，方向同一，结果确定。这种思维使人思维条理化、逻辑化、严密化。数学中的多种证明方法，如综合法、归纳法、反证法等，均属于求同思维的范畴。但求同思维训练过度在一定程度上也会阻碍创造能力的发展。

求异思维是指思维主体对某一研究问题求解时，不受已有信息或以往思路的限制，从不同方向、不同角度去寻求解决问题的不同答案的一种思维方式。求异思维通常包括发散求异和转换求异等思维方式。求异思维方法的内核是：积极求异，灵活生异，多元创异，最后形成异彩纷呈的新思路、新见解。可以说求异思维方法是孕育一切创新的源头。科学技术史上许多发现或发明就是运用这种思维方式的结果。在科学研究过程中，求异思维的主要任务或关键是为解决问题而积极运用特殊的方法，建立起灵活的研究之道。

毫无疑问，创新主要依靠发散思维来寻找超越事物一般意义的内涵，从平淡无奇之处发现不平凡的见解，在看似传统的理念中找到可以嫁接的增长点，从而推陈出新。然而在人们判断什么是旧有的、什么是创新的之前，必须做的一件工作是找寻新与旧的本质差异，也就是要从众多的个案中找到一般性特征，这就是我们常说的求同存异。求同思维是提炼规律的基础，是发散思维的原点。例如，遇到红灯，人们都应自觉停下等候，这是普遍的价值观；可是能不能在一定条件下让闯红灯变成正确的呢？比如说一个年幼的孩子跑向马路追他的小球，我们是不是还要墨守交通规则？这样的引导，可以让人从规则至上的常规性判断上升为人性至上的创新式判断。不过，如果没有对一般规则的认同，也就没有超越性的理解。所以，求同思维有助于提高归类和总结规律的能力。而求异思维在思维认识过程中，往往凝注于客观事物的差异性和特殊性，旨在发现与解决已知与未知之间的矛盾。求异思维的本质包含有广博的开拓创新功能，有助于科学创新。求异思维的灵活性有利于自主性的创造，而多元性和试错性则有利于创新成果的选择，所以求异思维贯穿于整个创新活动过程。

4. 正向思维与逆向思维

正向思维就是人们在创造性思维活动中，沿袭某些常规去分析问题，按事物发展的进程进行思考、推测，是一种从已知进到未知，通过已知来揭示事物本质的思维方法。这种方法一般只限于对一种事物的思考。正向思维，应充分估计自己现有的工作、生活条件及自身所具备的能力，应了解事物发展的内在逻辑、环境条件、性能等。这是自己获得预见能力和保证预测正确的条件，也是正向思维法的基本要求。

逆向思维法是指从事物的反面去思考问题的思维方法。它包括的类型有：①反转型逆向思维法，指从已知事物的相反方向进行思考，产生发明构思的途径。"事物的相反方向"常常从事物的功能、结构、因果关系三个方面作反向思维。比如，市场上出售的无烟煎鱼锅就是把原有煎鱼锅的热源由锅的下面安装到锅的上面。②转换型逆向思维法，指由于解决问题的手段受阻，而转换成另一种手段，或转换思考角度，以使问题顺利解决的思维方法。历史上著名的司马光砸缸的故事就是一个典型的例子。③缺点逆向思维法，指利用事物的缺点，将缺点变为可利用的东西，化被动为主动，化不利为有利的思维方法。人们利用金属腐蚀原理进行金属粉末的生产，或进行电镀等其它用途，无疑是缺点逆用思维法的一种应用。

正向思维是依据事物是一个过程这一客观事实而建立的。任何事物都有产生、发展和灭亡的过程，都从过去走到现在，由现在进向未来。正向思维是在对事物的过去、现在作了充分分析，对事物的发展规律作了充分了解的基础上，推知事物的未知部分，提出解决方案，因而它是一种较深刻的方法。例如，汽车已成为发达国家的灾祸，大量的汽车阻塞、交通事故、环境污染等问题日益困惑着发达国家，尤其是1994年法国农民罢工，不再以传统的示威游行方式进行，而是开车游行，并把车停放在交通要道，让车"静坐"。要解决此问题，可以增加警力，进行疏通；也可以增修高速公路、立交桥，以保畅流；还可以限制车辆上路时间等。但这终究是治标不治本，要想真正解决，就得思考从汽车引入家庭至今，它给人民生活、环境、社会发展、安全等带来了哪些方便与不便，还将继续向何方向发展等，即从家庭拥有汽车这件事情本身的产生、发展过程入手，寻求解决办法。目前，在发达国家已基本达成共识：发展公交事业，提倡公民出入乘公共交通工具。这是根本的解决办法。这就是利用正向思维解决问题。逆向思维则常常使问题获得创造性的解决。美国有一种番茄酱，跟同类产品比起来，浓度太高，特别稠，很多家庭主妇在使用时，总觉得不方便，市场前景不被看好。起初，经销公司想重新研制配方，降低浓度，重新生产，但又觉得十分困难，风险又大。于是，他们认为，产品的缺点，其实正是它的优点。因为浓度高，说明番茄酱的成分多，水分少，营养更加丰富，味道更加纯正。于是，他们加大宣传力度，使这种观点家喻户晓。很快，其市场占有率跃居同类产品榜首。

5. 直觉思维与灵感思维

直觉思维是人脑对客观世界及其关系的一种非常迅速的识别和猜想。它不是分析性的、按部就班的逻辑推理，而是从整体上作出的直接把握。所谓顿悟，这两个字很好地概括了它的特点。在直觉思维的情况下，人们不仅利用概念，而且利用模型和形象。大脑中长期储存的各种"潜知"都被调动出来，它们不一定按逻辑的通道进行组合，而用一种出乎意料的形式造成新的联系，用以补充事实和逻辑链条中的不足。由于提供了缺环，往往导致创造性的结论。爱因斯坦对直觉一直给予极高的评价，他认为科学发现的道路首先是直觉的而不是逻辑的。"要通向这些定律，并没有逻辑的道路；只有通过那种以对经验的共鸣的理解为依据的直觉，才能得到这些定律。"在科学发现中，下意识活动的主要形式是直觉，创造过程达到高潮时产生的特殊体验是灵感。直觉这种思维形式和灵感这种情绪体验常常相伴随而出现。与直觉思维相适应，灵感的产生常常是不期然的。

虽然直觉是难以预期的，正如伴随直觉的心理状态——灵感难以预期一样。但直觉思维需要一定的主客观条件。这些条件是：有一个能解决的问题，问题的解决已经具备了相当的客观条件，研究者顽强地探求问题的答案，并且经历了一段紧张的思考。机遇常常在此基础上起着触媒的作用，使人们在探索中产生新的联想，打开新的思路，从而实现某种顿悟。由于直觉以凝缩的形式包含了以往社会的和个体的认识发展成果，因此，它归根结底是实践的产物，是持久探索的结果。以凯库勒发现苯环结构为例，产生灵感，实现顿悟，并不像表面显示的那样，完全是不可理解的梦境。我们可以约略分析当时的主客观条件。那时有机化学理论已经兴起，正处于大发展的阶段，凯库勒本人思考苯的结构已有12年之久。

还有两件事值得注意：一是他在大学学习过建筑，建筑艺术中空间结构美的熏陶，给他对分子结构的研究带来影响；二是他年轻时当过法庭陪审员，曾经对某一刑事案件中出现的首尾相接的蛇形手镯有深刻印象。当时，这些蛇形手镯是作为有关炼金术案件的物证提出来的。可见多年来积淀下来的所有这些"潜知"，最终统统被调动出来，才形成梦中那个环形的蛇，与苯的结构联系起来，达到顿悟式的突破。

尽管直觉思维不同于逻辑思维，但在科学理论的创造和发展中，它们两者之间存在着一种互为补充的关系。在直觉的创造以前，人们总是在前人铺就的逻辑大道上行走。一旦逻辑通道阻塞了，产生了已有知识难以解释的矛盾，在逻辑的中断中才会出现直觉的识别和猜测。由直觉得到的知识，还要进行逻辑的加工和整理。直觉的结果本身，只是某种揣测，它们的正确性应当通过随后的研究来验证。验证包含两个方面，首先是从揣测引至逻辑结果，进一步还要把这些逻辑结果跟科学事实相对照，并把它纳入一个完整的理论体系。如果不进行逻辑处理，原封不动地把直觉思维产生的思想火花呈现于世，即使这是可能的，也不会有说服力。严密的科学要求人们把他的成果用准确的语言、文字、公式、图形表示出来，构成系统知识，直觉的毛坯不能作为科学成品。如前例，凯库勒在他梦醒后的那天晚上，余下的时间全用在逻辑的加工和整理上了。他报告于世的是苯的结构式，而不是梦中飞舞的咬住自己尾巴的蛇。

由于直觉的非逻辑性，人们常常分析直觉的孪生兄弟——灵感，通过了解灵感，在科学活动中自觉地激发灵感，产生直觉，获取创造性科学成果。但对于灵感是怎样产生的，有不同的看法。说灵感纯粹产自天才，这是不正确的。长期的艰苦劳动和执着探索，是产生灵感、获得成功的基础。伟大的美国发明家爱迪生说，发明是百分之一的灵感加上百分之九十九的血汗。甚至可以进一步说，若没有百分之九十九的血汗，就根本不可能产生百分之一的灵感。应当强调，灵感产生的前提条件，就是科学家执着于创造性地解决问题。作出科学发现，不能不对问题的解决怀抱强烈的愿望。他要翻来覆去地考虑问题的各个方面，掌握与该问题有关的各种资料。所以，灵感是长期艰巨劳动的结果，正如俗话所说：积之于平日，得之于顷刻。唯其如此，才可能不失时机地抓住那些富有启发的东西，产生灵感，成为匠心独具的发现者。

心理学的研究表明，灵感属于无意识活动范畴，它的进行和转化为意识活动，需借助一定的心理条件。如果长期循着一条单调的思路，精神特别容易疲劳，大脑这部机器就会运转失灵，难以找到问题的症结。拉普拉斯曾经介绍下述屡试不爽的经验：对于非常复杂的问题，搁置几天不去想它，一旦重新捡起来，你就会发现它突然变容易了。灵感是突发的、飞跃式的。对于瞬息即逝的灵感，必须设法及时抓住，牢记于心，不要让思想的火花白白浪费了。许多科学家都养成了随时携带纸笔的好习惯，记下闪过脑际的每一个有独到见解的念头。科学发现有赖于灵感，是无意识活动参与进行的。那么，非常重要的，就是对无意识形成的结果作出选择，抛弃不合适的方案，从而得到真正的科学发现。究竟是什么支配无意识的选择呢？许多科学家认为，导致科学发现的选择乃是科学美感。传统上认为，在真、善、美这几个人类向往的目标中，科学追求真，宗教追求善，艺术追求美。这种划分尽管在概念上抓住了一定的本质特征，但非常笼统、粗糙，严格说来是不完备的。居里夫人认为，科学的探讨和研究，其本身就含着至美。即使不能说美的感受决定科学发现，也可以肯定真的东西和美的东西是一致的。

3.1.3 创造性思维的活动过程

创造性思维在解决问题的活动中，需要一定的过程。心理学家对这个过程也做过大量的研究。比较有代表性的是英国心理学家华莱士（G.Wallas）所提出的四阶段论和美国心理学家艾曼贝尔（T.Amabile）所提出的五阶段论。华莱士认为任何创造过程都包括准备阶段、酝酿阶段、明朗阶段和验证阶段四个阶段；而艾曼贝尔从信息论的角度出发，认为创造活动过程由提出问题或任务、准备、产生反应、验证反应、结果五个阶段组成，并且可以循环运转。这里，以华莱士的四阶段论来看创造性思维的活动过程（如图 3-1 所示）。

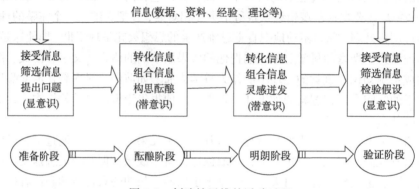

图 3-1　创造性思维的活动过程

1. 准备阶段

准备阶段是创造性思维活动过程的第一个阶段。这个阶段是搜集信息，整理资料，作前期准备的阶段。由于对要解决的问题存在许多未知数，所以要搜集前人的知识经验，来对问题形成新的认识，从而为创造活动的下一个阶段做准备。例如，爱迪生为了发明电灯，据说，光收集资料整理成的笔记就 200 多本，总计达四万多页。可见，任何发明创造都不是凭空杜撰的，而是在日积月累、大量观察研究的基础上进行的。

2. 酝酿阶段

酝酿阶段主要对前一阶段所搜集的信息、资料进行消化和吸收，在此基础上，找出问题的关键点，以便考虑解决这个问题的各种策略。在这个过程中，有些问题由于一时难以找到有效的答案，通常会把它们暂时搁置。但思维活动并没有因此而停止，这些问题会无时无刻萦绕在头脑中，甚至转化为一种潜意识。在这个过程中，容易让人产生狂热的状态，如"牛顿把手表当成鸡蛋煮"就是典型的钻研问题狂热者。所以，在这个阶段，要注意有机结合思维的紧张与松弛，使其向更有利于问题解决的方向发展。

3. 明朗阶段

明朗阶段，也叫顿悟阶段。经过前两个阶段的准备和酝酿，思维已达到一个相当成熟的阶段，在解决问题的过程中，常常会进入一种豁然开朗的状态，这就是前面所讲的灵感。例如，耐克公司的创始人比尔·鲍尔曼，一天正在吃妻子做的威化饼，感觉特别舒服。于是，他被触动了，如果把跑鞋制成威化饼的样式，会有怎样的效果呢？于是，他就拿着妻子做威化饼的特制铁锅到办公室研究起来，之后，制成了第一双鞋样。这就是有名的耐克鞋的发明。

4. 验证阶段

验证阶段又叫实施阶段，主要是把通过前面三个阶段形成的方法、策略，进行检验，以寻求得到更合理的方案。这是一个否定—肯定—否定的循环过程。通过不断的实践检验，从而得出最恰当的解决方案。

这样几个阶段的循序推进简明扼要地描述了创造性思维的活动过程。

3.2 创业者特质

> **案例导入：史玉柱的故事**
>
> 史玉柱是具有传奇色彩的创业者之一。他曾经是莘莘学子万分敬仰的创业天才，5年时间跻身财富榜第 8 位；也曾是无数企业家引以为戒的失败典型，一夜之间负债 2.5 亿元；而如今他又是一个著名的东山再起者，再次创业成为一个保健巨鳄、网游新锐，身家数十亿元的资本家。史玉柱再次崛起的故事，突显出"执着与毅力"的魅力与价值。事业的跌宕起伏、世间的是非议论，唯有敢与苦难做伴的人，才能从跌倒的阴影中爬起来，迈向成功。

3.2.1 创业者创业的动机[①]

成为创业者的原因很多。一些人被独立和自由所吸引，能"做属于自己的事"，"能做自己的决定"，并能使你最大限度地掌控工作环境，这比在大公司遵规守纪的日子——不管是想象的还是现实中的——要更有吸引力。有些人的职业生涯可能到达了顶峰——发现晋升之路上有不可逾越的障碍，或者认识到不能如其所愿平步青云——因此就产生了创业的想法。另一部分人相信建立一家公司能带来不断涌现的机遇。还有一部分人认为创业是为了拥有柔性多变的生活。当然，创业还可能带来大量的资金回报。迄今为止，很多人都在不同性质的工作实践中审视着这个世界。不少人不但打工也自己创业。当雇员与作创业者的区别曾经很清晰，他们也有共同点——都在组织中工作并共同创造着一个创业的环境。

近 20 年来，经济的迅速发展令传统雇佣制与创业的界限变得模糊。当今社会最有价值的东西包括：信手拈来的知识和技能、有意义的工作、在职学习机会，以及建立无论在虚拟世界还是在现实团队中都有效的沟通网络和沟通渠道。很多人都在沿着缥缈甚至是曲折的职业道路前行。管理自己的企业与为他人工作的差别已愈加模糊。拥有你自己的企业也许是你一生的追求或仅仅是你职业生涯中的一小段。有一些人——被叫作系列创业者——

[①] 刘宇璟，陈正悦，焦曼. 基于胜任力理论的创业者素质及开发研究[J]. 中国人力资源管理，2013(11)：95-98.

在自己的职业生涯过程中创立、发展并出售多个公司。无论在什么情况下，为了成功，你都必须修炼出一套适应生存的技能、制订出合适的战略计划和拥有自己的经营团队，以增加你的生存概率。

创业的途径有许多。"不同类型的创业途径在广阔的范围交叉变化"，雷·斯迈勒——企业发展基金会的前任主任这样说。他写了本书叫《大胆的梦想》，总结了三种类型的创业者：热情驱动型创业者、生活型创业者和成长型创业者。

（1）热情驱动型创业者，梦想有机会成为自己的老板，但他们还没有从自己当前的职业转换到无常变化的创业中来。创业研究协会是一个由保罗·雷诺兹博士和波士顿百森大学领导的，且由私人赞助的公共机构，创业研究会的一项研究成果显示，在美国，任何时候都有 700 万成人正在尝试着创业。

（2）生活型创业者，指创建了一个适合个人境况和生活方式的企业的人。他们创业的基本目的是养家糊口。常以"小生意"或"小零售铺"为业的生活类型创业者对社会的安定是具有实质性意义的。此类基于家庭的企业大约有一半从事从咨询到平面设计的服务行业；剩下的主要从事销售行业（17%）；技术及管理支持（15%）；修理行业（11%）；艺术工作（5%）。

（3）成长型创业者，有着将企业做大做强的能力和愿望。在美国，他们的公司是美国经济体系中动力十足的工作岗位发生器。位于马萨诸塞州剑桥市 Cognetics 公司的戴维·伯奇管这些企业叫创业圈中的"瞪羚"，目前它们正在逐渐增多。据统计，在美国约有 30 万创业型公司有 50 多名雇员并以每年超过 20%的速度增长。Entrepreneur of the Year Institure 的 2100 个会员企业总收入达到 1550 亿美元，创造的就业岗位有 130 万个。此外，这些企业还能每年新增约 15 万个就业岗位。

热情驱动型创业者有个通病——当他们创业时都没有考虑企业将来要干什么。生活型创业者须充分考虑创业的优劣势。如果你的目标是雇佣 20~30 个员工，为自己和家庭创造一个舒适的生活状态并保持公司的控制权，那么追求生活型创业道路就最适合你了。但这样会使公司的筹资方式受到限制。这种企业经营方式排除了当流动资金紧张时出售部分企业以缓解经营压力的可能。生活型企业使投资者不能通过卖出企业所有权收回其资金。如果在早起阶段创业者没有诚实阐述自己生活型的创业目标，那么当投资人意识到没有"退出"游戏的可能时，创业者将会与他们产生一系列不愉快的冲突。

另外，成长型创业者不太容易受到控制欲和生活方式的左右，他们意识到为了快速发展，必须卖掉公司的一部分来提高资金的流动率。这些企业的投资者会踊跃投资，并得到相应程度的企业控制权。创业者与投资者充满热情，他们都有意成就一家有价值的企业，然后，要么卖给另一家企业，要么上市以赚取收益。创业者为了企业成长与创造财富也愿意出售对企业的控制权。

还有另一种创业。当一家生活型企业并未接受外部投资却成长得相当迅速时，这种企业是生活型企业与高速增长权益融资型企业的混合体。我们叫它们"自助成长型"公司。在大部分情况下，创业者并没有这种创业方式的计划。他们也许只想开办一家生活型企业，在经营中获得乐趣，并利用销售收入维持企业的发展。或者他们可能处在一个没有或很少能获得融资的行业，或他们的业务与产业知识和投资者利益不匹配。

如果产生了创业动机，创业者在决策时应仔细考虑到底是生活方式和控制欲在左右他的决定，还是企业的成长带来的未来的预期、财富或者可能带来的名誉激起了他的斗志。明确创业动机对创业者而言是很重要的，因为在这两个截然不同的方式之间前行是件很难的事。

3.2.2 创业者的素质[①]

1. 战略眼光

对于创业者来说掌握资讯非常重要，但是掌握趋势比掌握资讯更重要。这就需要创业者在具备敏锐触觉的同时，要有远见卓识，即战略眼光。收集和积累信息只是一个准备过程，有些东西也许你从来都不会用上它，而且有些信息的出现绝对是一次性的，以后出现的信息也不会和以前的完全一样，我们之所以收集和整理信息，其实就是一个思维训练的过程，只有当你经过无数事实的检验之后，你才会获得一种特别的经验，那时你就会"该出手时就出手"，牢牢抓住那一点点提供成功机会的信息。但是，在你走向创业的路上，你还要注意你所处的环境和社会的变化趋势，及时观察市场动向，并把所有这些都记在你的头脑里，进行系统的整理，然后发挥你的想象力和思考力，要有远见，从全局思考问题。如苹果牌电脑的创始人史蒂夫·乔布斯掌握了个人电脑的趋势，但是比尔·盖茨了解控制电脑硬体的是它的软件，软件应该是一个更大的趋势，所以今天微软的操作系统仍然在个人电脑操作系统领域中占据着霸主的地位。

2. 积极心态

这是指勇于超越、独立自主，而不是依赖别人、消极等待的积极心理。这种心理素质对创业者至关重要，无数的创业者都将"积极的心态"作为成功的关键。据对 300 位已创业者的问卷调查显示，关于进取心对创业的影响程度，回答"强"的占 57.0%、"较强"的占 40.0%，两项合计达到了 97.0%（如表 3-1 所示）。

表 3-1 进取心对创业者的影响程度

选项	人数(位)	百分比(%)	累计百分比(%)
强	171	57.0	57.0
较强	120	40.0	97.0
较弱	8	2.7	99.7
弱	1	0.3	100.0
总计	300	100.0	100.0

3. 合作意识

培养良好的团结协作精神是创业者应具备的基本要求。创业者创建新企业过程中，需要面对多种关系，对外的关系有业务往来者、政府主管部门等，对内也需要处理内部人员

[①] 刘凤红. 上海创业者素质及其开发研究[D]. 华东师范大学，2004.

之间甚至部门之间的关系。政府对整个经济实行宏观管理，对企业进行间接管理。政府的经济政策可以影响企业的发展方向，也可以为企业提供信息和决策上的指导。创业者作为企业成长的推动者和领路人，应该要有与政府合作的意识。企业之间的相互合作，形成联盟，有利于增强企业的竞争能力。企业在选好合作伙伴之后，要保持平等的联合协作关系以及民主协商的管理方式，朝着共同发展的方向努力，努力实现合作伙伴之间的互惠互利。企业内部和谐也对企业成长很重要。企业中的人员大体可分为两类：主管人员和员工。企业内部存在的三种关系：主管人员之间的关系、员工之间的关系、主管人员和员工之间的关系。企业主管人员的和睦相处，既可以提高办事效率，也可以为员工树立良好的榜样，有助于企业形成团结融洽的气氛，若员工同心协力为企业发展而奋斗，则这个群体的智慧与功能都会增强，当只有主管人员和员工真正的心意相向，团结一致，才能促进企业的发展，维持企业秩序，实现企业目标。此外，在知识经济主导的创新时代，企业与科学教育界的合作也很有必要。这主要表现为企业同科研单位、高等院校的联合，建立稳定的科研、设计、生产联合体，共同负责人才培养、科研以及产品与技术的开发工作。这种合作是现代市场竞争的客观要求。

4. 风险意识

创业者的一个显著特征是不怕冒风险，甚至乐于冒风险。大量调查研究表明，创业者多半是不轻言失败和放弃。创业者要有点敢输敢赢的冒险胆量，如果没有冒险精神与竞争的冲动，那么是很难迈出创业第一步的。所谓风险，是由于投资者或经营者在决策过程中，对信息把握不准确或者受到不确定因素的影响，而做出影响投资和生产经营收益的决策，最终，导致其投资和生产经营收益的不确定。我们通常把风险分为下列几类：①经济风险和非经济风险：前者是指涉及经济损失后果的风险，如由于经营不善或决策不当引起的亏损；后者是未涉及经济损失后果的风险，如人事变动、舆论导向。②静态风险和动态风险：前者是指在经济条件不发生变化时，由于自然行为和人的失当行为而造成的损失可能性，具有可预测性；动态风险是指在经济条件发生变化的情况下造成的经济损失，与静态风险相比，动态风险缺乏规律性而难以预测。③重大风险和特定风险：其不同在于损失的起因和后果不同。重大风险的起因和后果属于团体风险，大部分由经济、巨大自然灾害、影响到很多人，如失业、战争、地震等都属于此类；特定风险所涉及的损失和后果都是由个人所引起的，如厂房火灾、被盗等。

5. 知识创业的意识

知识创业可以理解为知识本身不能吸收财富，但将知识加以组织和智慧地运用，并通过实际的行动计划，就可以达到积累财富的目的。当今社会是一个知识爆炸的社会，知识更新越来越快，所以，作为创业者必须随着创业需要不断地学习，树立终身学习的观念。创业者应该把个人、团队和整个组织拥有的知识看作财富创造的重要资源，并注重从外部获取自身所缺少的知识，加以吸收利用。将知识看作重要的驱动因素和实践工具，开展有效的知识管理，将知识转化为资源和财富。

6. 忠诚守信的品质

现代企业竞争不光是商品、服务的竞争，更是信誉的竞争。一个企业如果有了良好的信誉，可以在消费者心中形成强大的吸引力，给经营者带来直接的经济效益。信誉，得之不易，失去容易。为了树立良好的信誉，应努力做到诚实守信、以诚为本。"信"有两种含义，第一是强调"信用"，第二则是强调"信心"。做生意讲究信誉，生意伙伴、银行、供应商及消费者的信任，是商业机构很有价值的资产之一。信用是靠一点一滴建立起来的财产，有长线发展打算的创业者，在这一点上应该一以贯之，这是最古老的商业道德。忠诚正直包括若干方面，体现为：①正直，即企业家不走歪门邪道，要真诚。②可信，即企业家在各种交易行为中是可以信赖的。③守法，即企业家信守商业规则和契约精神，遵纪守法。④公平，即企业家奉行公平交易准则。根据对302位已创业者问卷调查显示：关于诚信对创业的影响程度，回答"强"的占71.2%、"较强"的占26.2%，两项合计占97.4%（如表3-2所示）。可见，诚信的重要性已越来越被创业者所认可。

表3-2 诚信对创业的影响程度

选项	人数(位)	百分比(%)	累计百分比(%)
强	215	71.2	71.2
较强	79	26.2	97.4
较弱	7	2.3	99.7
弱	11	0.3	100.0
总计	302	100.0	100.0

7. 敬业精神

敬业是事业取得成功的关键。敬业精神是一种严肃认真、全心全意、专心致志地对待工作的精神。具体说来，对于创业者而言，敬业精神除了意味着将专业做到极致，同时也需要付出更多的艰苦劳动，要求创业者具有以下的一些基本素质：勤奋、艰苦奋斗和节俭守业的创业精神。其中，勤奋执着的态度尤其重要。尽管辛勤工作不见得能保证事业一定成功，但却是事业成功的先决条件。所有成功的创业者，无不是踏踏实实地投入工作中、熬夜加班在创业初期是常有的事情。许多在起步阶段的创业者，常常每天均马不停蹄地连续工作十几个小时，日复一日，根本没有假日和周末的区别。他们不仅自己全身心投入工作，也把这样的观念灌输给公司所有员工，因此公司上上下下为了共同的奋斗目标常常集体加班加点开展工作。在服务业，对于一个创立不久的公司，倘若创始人不怕吃苦受累，能常常亲赴顾客处了解市场需求，发现探索更好的顾客消费体验，对公司来说就是很大的优势。"勤"这是最古老的创业格言之一。勤俭可以兴家，我们回顾一代代创业成功的企业家，几乎都是勤勉上进，严于律己者，如李嘉诚、邵逸夫等都是很勤勉的企业家。毋庸置疑，勤勉是创业者必具的条件，特别在创业初期，如果不勤勉，成功根本无望。但勤勉不是创业成功的全部原因。所谓勤，不单身体要勤勉，脑袋也要勤勉，只有多动脑筋，有头脑和擅于掌握机会的人，才更容易成功。

8. 创新能力

创业的机会来自人们的需要，尤其是没有被满足的需要，但每个人的需要都是不一样的、千差万别的。创业者一定要善于独辟蹊径，无论是在产品生产上还是包装设计上，甚至营销方式、售后服务等方面，都要求异创新。一般来说，创业者在创业之初，一切都处于全新状态，创业者会花费大量的心力去研究甚至仿效成功创业者经营公司的运作模式。这对于公司能够稳健地成长是非常有必要的。但是，在求稳的同时，创业者还应该去求异。企业竞争中，如果处处按照别人成功的方式，会将自己置于被动的地位，更多的是成绩平平，甚至是失败。一个人要想成功，最重要的一点是走别人没有走过的路。这需要树立创新意识。作为创业者应该明确：①企业具有新观念、新发现才能有前途；②善于竞争的成功之道是出奇制胜和不断的创新。企业家具有创新能力很重要，这在熊彼特、德鲁克等大师的创新理论中早有体现。但创新能力并不仅仅只局限于其最初的范畴，而是被赋予了更广泛的含义，如遇到一个意外事件，是否能创造性地解决问题，是否有敏锐的眼光发现新的机遇或新的挑战，是否能够应对不断变化的环境，做出恰当的决策，等等。

9. 领导素质

领导素质的研究几乎扩展到经营管理学说的各个领域，但很少从创业者领导素质角度进行研究。对创业者来说，领导素质的衡量常常包括以下这些方面：是否具有在企业初创阶段集结多种力量的能力，是否有勇气承担整个公司的责任，当走在前人未走过的路且身处逆境时，是否有勇气承担并冲破阻力。此外，人们通常认为，领导素质也包括自信、自强和一定程度的以自我为核心的能力，比如是否善于处理日常问题，是否敢于攀登前人未曾攀登过的高峰；如果为获取最大利润，是否敢于修改计划；是否拒绝公仆式的工作，是否只热心于解决仅仅有利于自己的问题。总而言之，领导能力既表现为独立处理问题的能力，更表现为组织他人共同解决问题的能力。

3.2.3 创业者素质开发策略

创业者素质是决定创业成败的关键，对创业者素质结构进行系统化研究，有助于探索创业者素质的培养、开发、利用路径。创业成败虽然存在极大的不确定性，但是一个高素质创业者创业成功的概率往往更高。虽然成功创业者身上具有其独特的个人特质，但一些素养是可以后天培养或强化的，对于创业者素质的开发，可以从以下三个层面着手。

1. 加强政府创业政策，优化创新创业环境

加强政府创业政策的支持力度，优化企业的创业环境，减少企业的创业障碍，可以为创业者素质的萌发提供良好的契机。政府出台的创业扶持政策，既包括创业产业园、科技产业园等创业平台的硬件建设，也包括高科技人才、急需人才和项目的引进等软件建设。政府一方面要综合社会、企业和政府的需求，制定促进创业型企业成长的长远规划，为创业型企业发展提供制度保障，包括技术研究支持、吸引风险投资、引进国内外研发机构、提供创业资金、改善税收环境等。另一方面政府在创业人才的引进、培育、开发和使用上，要采取灵活的人才管理机制，鼓励高科技人才、知识型人才、专家型人才开展创业活动。对于绩效突出的创业人才，政府应从物质上和精神上进行鼓励和表彰，树立创业榜样人物，以此来推动创业型企业的发展。对政府创业政策实施和环境优化的效果，还应建立起相应的评价机制，定期对创业服务质量进行满意度调查等，督促政府将创业政策贯彻落实。

2. 深化学校创业教育，构建产学研协同体系

系统的创业教育可以激发创业者的创业动机，提高把握创业机会的能力。创业教育是

高等教育发展的必然趋势，也是深化教育教学改革、推动高校毕业生充分就业的重要途径。创业教育课程属于交叉性学科，涉及心理学、社会学、管理学、教育学等多学科理论，实践性非常强。与国外发达国家相比，我国的创业教育还处于相对较低的发展阶段，应及时吸收国内外在这方面成绩突出的教育机构先进经验，在师资培养、课程开发设计、培训模式上进行改革。在创业意识培养上，既要注重学生创新思维和意识的开发，又要注重培养学生坚忍不拔、勇于开拓的精神。在创业实践能力开发上，要注意培养创业机会识别能力、创新能力、风险承受力、内控能力和知识运用转化能力。在创业培养模式上，可以采取产、学、研相结合的教育体系，建立产、学、研的协同体系，不仅给学生提供了创业实践的平台，使其能在一定程度上积累创业经验，还可以将一些技术创新、专利发明等成果转化为产品或服务，实现产学研一体化。这对于激发大学生的创业动机，提升大学生的创业能力无疑是有着积极作用的。

3. 依托产业集聚优势，推动发展创业联盟

研究表明，创业人才集聚往往伴随着产业集群的发展。例如，我国的服装产业大多集聚在浙江地区；低压电器产业集中在乐清；家具制造业集聚在东北、京津、长三角和珠三角四个工业区。依据 Krugman、Saxenian、Feldman、Audretsch 等学者的研究结果，产业集聚区域内的知识溢出和技术扩散可以激发创业人才的创业意向，增强创业活跃程度。同时，区域内不同的基础设施、文化氛围、经济发达程度等能够引导创业人才的从业选择，区域内成功企业的示范效应还会带动其它个体走向创新创业的方向。因此，依托区域经济的产业集聚优势，可以促进创业型企业的发展，形成以市场需求为导向、以技术创新为重点，人才合理流动的创业联盟体系，将分散的创业资源协同起来。产业集聚区域内的文化环境、创业氛围对创业者的创新精神、风险倾向和成就需要都会产生重要影响。

阅读材料：我国对创业者的分类

1. 按照创业者的创业动机分为生存型创业和机会型创业。因为没有适合自己的工作，为生活和发展而不得不进行创业的属于生存型创业；为提升自己，选择更有利于自己发展的创业，属于机会型创业。2003 年与 2002 年相比，中国的创业活动依然是以生存型为主导的创业类型。生存型创业活动占整个创业活动的 53%，机会型创业占 47%。2003 年有更多的机会型创业发生。GEM（Global Entrepreneurship Monitor，全球创业观察）的总体创业性质仍然是以机会型创业为主。机会型创业占 70%以上，生存型创业不到 30%。

2. 按照创业者的性别分为男性创业者和女性创业者。GEM 的男性全员创业活动指数为 11.84%，女性的该指数仅为 6.90%。中国男性创业活动指数为 12%，女性创业活动指数为 11.16%。同时，中国的男性全员创业活动指数位居 11 位，女性的全员创业活动指数则在排在第 6 位。中国属于女性创业很活跃的国家。

3. 按照创业者的年龄分，2003 年我国参与创业活动的人员年龄集中于 25～44 岁。中国香港地区创业者第一次创业的年龄主要是 21～35 岁，其中 27～29 岁的最多。一半以上的调查对象在 27～29 岁都经历了自己的第一次创业。60%的创业者在第一次创业的时候已经结婚。40%的人生于香港，60%的人是外地人。外地人创业的比例很高。创业者的教育水平比香港平均教育水平高。70%的创业者经营的项目与打工所学的技术、产品有直接的关系，其中60%的人从事过经理级别的管理工作，40%是技术人员或者技师（熟练的工人）。

4. 按照创业者的学历分类。我国参与创业活动的创业者绝大多数受到过初等以上的教育。从创业能力来看，受教育程度越高，创业能力越强，参与创业的人数应该越多。但是，我国随着受教育程度的提高，参与创业活动的人数减少，具有较高素质的大学生创业比例较低，不到毕业生总数的1%，而发达国家一般为20%~30%。这说明我国在创业教育、创业服务方面还存在许多问题和较大的工作空间。

资料来源：全球创业观察2002中国报告．清华大学出版社，2003．全球创业观察2003中国及全球报告．北京：清华大学出版社，2004．

3.3 企业创意与创意创业

案例导入：疯狂之举——丧葬服装展(欧洲的"创意疯子"—皮尔·卡丹)

皮尔·卡丹第一次举办设计展时，就让人们大跌眼镜，他展出的各种成衣竟然全部是各种各样的丧葬服，把整个展出搞得像一场宏大的葬礼一样，使参观者感觉像是在参加一次国王的葬礼。皮尔·卡丹的这一大胆的"出格行为"在他的时代里被视为"大逆不道"之举。

结果，他被雇主联合会开除了。但他也因此而一举成名，成了欧洲服装设计界著名的"创意疯子"。

3.3.1 创意

创意是创造意识或创新意识的简称，是创意人从事创造性社会实践的过程，是一个与自然、社会环境不断交换信息的过程。创意是逻辑思维、形象思维、逆向思维、发散思维、系统思维、模糊思维和直觉、灵感等多种认知方式综合运用的结果。随着社会的飞速发展，科学技术水平日益提高，为了提高创意的效率，创意学作为一门新兴学科应运而生，并得以迅速发展，呈现出生机勃勃的活力。如今，创意在社会生活，尤其是市场经济中的地位显得愈加突出，遍布经济领域里的每一个角落，成为一个人取得成功的重要因素。

1. 创意的词意

"创意"在汉语里既是一个静止的名词概念，又是一个动词的动态过程，还是一个形容词上的赞誉概念（如表3-3所示）。

表3-3 "创意"概念的三种词性含义

名词	名词概念上的"创意"是指创见性的意念、巧妙的构思、好点子、好主意等
动词	动词意义上的"创意"指的是创见性的思维活动
形容词	在形容词上有"创新性"的赞誉，例如，他是很有创意的人；这是一个很有创意的方案

2. 创意的内容

美国广告大师李奥·贝纳提出,创意的内容包括两个方面:

① 创意是能够产生创造性社会后果或成果的思维过程。

② 创意思维就是思维本身和思维结果均具有创造特点的思维。

创意的关键在于创造,创造既是一个过程也是一种成果,创造可分为三种,即发现、发明、发展(如图3-2所示)。

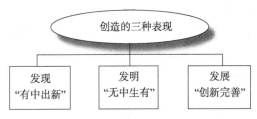

图3-2 创造的三种表现

3. 创意的特性

创意思维成果有赖于思维方式、方法、过程本身的创新,思维成果的创新性与思维活动的创新性,是创意思维内涵的不可分割的两个方面。创意思维除了具有前文所述的创造性思维的一般特性外,还具有下述特性(如表3-4所示)。

表3-4 创意的特性

独立性	指创意思维在展开过程中,具有不依赖现成的答案和方法,不易受他人暗示的品格,在逻辑上属于超出原有论域的思维
敏捷性	指创意思维具有面对问题时能迅速作出反应、思维进程的速度较快的品格
灵活性	指创意思维所具有的能根据具体情况的需要,随时调整、改进原有思路及其假说、假设、方案等的品性
伸展性	指创意思维所具有的向前、向后、向左、向右延伸的品质
深刻性	指创意思维所具有的善于透过现象而深入事物本质的品性

3.3.2 创意人①

创意人即是从事创意活动的人,只要有思维能力的人都可以进行创意。创意人的概念可以从广义和狭义两个层面来定义,见表3-5。根据创意人广义和狭义的定义,还可以将创意人分为社会创意人和职业创意人两类。

表3-5 创意人的广义概念和狭义概念

广义概念	创意人的广义概念(generalized concept)具有普遍属性,简单地讲,就是指那些能够提出富有创见性设想的人。从这点上讲,人人都可成为某件事情的创意人。例如,人们日常生活、学习、工作中的新想法、新主意、新思想、好点子等
狭义概念	创意人的狭义概念(narrow sense concept)具有专业属性,是指专门从事创意活动、以创意为职业的人。例如,在咨询公司、策划工作室、广告公司等公司单位中进行策划研究、策划工作的策划者们

---

① 王达林. 创意天下[M]. 北京:清华大学出版社,2009.

社会创意人普遍存在于社会的各个行业之中，甚至包括做饭烧菜的家庭主妇，泛指一切具有创意头脑和能力的社会人。并不是每一个人都必须去做一个职业创意人，也不需要人人都成为职业创意人。更多的人则把创意思维、创意思想、创意能力以及创意实践带进自己的生活与工作之中，来提升自己的生活质量、丰富自己的生活情趣，实现自己更大的工作成就。

随着市场经济的不断发展和行业分工的不断细化，创意工作已逐步从某些行业中独立出来，形成一种专门行业，职业创意人也相应出现。不过，创意是无法垄断的，也不是少数人的专利，每个人只要学习和练习，都可以成为一名合格的创意人，甚至成为卓越的职业创意人。

按照创意产物或创意成果的新颖性和价值大小，科学家把创意能力区分为三种水平，即社会水平创意能力、群体水平创意能力和个人水平创意能力。社会创意人是全民普及的创意能力，更能体现出创新型社会的全民创新素质。

创意是人的创意，是人的思维产物和活动过程，作为创意主体的创意人尤其是职业创意人具有与职业特点相适应的特性，归纳起来有以下 15 种。

图 3-3　创意人的特征

3.3.3　企业创意的来源[①]

企业作为一种组织形态，是由具备创意能力的个体组成的。个体在工作中发挥创意，就推动了企业创意的产生。企业创意的产生或者获取方法有如下几种：

1. 模仿跟进

对一个企业来说，如果竞争对手有什么产品推出市场取得了好的效果，或者说竞争对手有什么新产品经过判断将有很好的市场前景，那么这个企业就研发什么产品推出市场。这就是典型的模仿跟进。

这是一类常见的获取企业创意的方法，也是市场上许多企业实际采用的竞争策略。可能有很多做产品策划的人员，看不起这种方法，认为这种方法太简单，体现不了策划人员的价值。其实不然，对于企业来说，利润是其重要的生存指标，判断一个创意有多大价值，关键在于它为企业创造了多大的价值，创意价值判断并不是以产品策划人员的意志为转移的。

---

① 喻华琳. 企业产品营销策划中创意的来源[J]. 国外建材科技，2008(3)：123-125.

从许多行业来看，模仿跟进常常是最经济高效的方法，市场中常见的成功许多也源于此，比如互联网中 5460 之于 chinaren，baidu 之于 google，超级女声之于美国偶像，以及传统行业中采乐之于海飞丝，而在近几年兴起的 SP 行业，源于这种模式的成功案例更是比比皆是。

2. 空白区域

这个方法跟模仿跟进有点类似，指的是在竞争对手没有开拓的空白市场区域，推出与竞争对手相同或相似的产品，从而抢占市场空白区域，另外空白区域这一方式还包括企业内部分公司运用这样的思路在区域市场上运作企业样板市场被证明过的产品或模式。

空白区域这一方法的运用需要企业具备敏锐的市场触角（洞悉市场趋势）、宽广的视野（发现有潜力的产品或市场的空白区域）、快速行动的能力（把握空白市场机会）。

为什么这样说呢？一般来说，可能运用空白区域这一方法的一般有两种情形，一是区域性企业发现全国性企业其中的一个有价值的产品，然后发现本区域对于该产品是空白区域，从而快速行动推出类似产品占领市场；二是全国性企业发现区域性企业其中的一个有价值的产品，然后在其他区域市场推出类似的产品快速占领市场。机会需要一双善于发现的眼睛，而市场上的机会往往稍纵即逝，所以运用这一方式实施创意活动需要企业保持敏锐、开放和快速行动力。

3. 新建品类

文章《市场推广：概念制胜的 3 个方法》中提到了这个方法，认为这是产品营销的最高境界，产品策划人员如果能成功地新建一个有市场价值的品类，那么他对于企业的贡献将几乎是最大的。既然如此，怎样才可能成功地构建新品类呢？目前主要有以下三个方法：

（1）品类嫁接

品类嫁接就是把市场上两个常见的产品品类融合进一个产品，从而诞生了一个新的品类，这个新品类既是此又是彼。比如，前几年卖得很火的脑白金，以及曾经如日中天的旭日升冰茶等就是运用这个方法的典型案例，目前也有很多企业正在运用这种方法，比如农夫山泉股份有限公司之前推出的"农夫果园"以及杭州娃哈哈集团推出的"营养快线"。

（2）品类借接

品类借接就是把市场上比较受欢迎或者比较常见的一个品类冠名到另一个品类上，从而产生的一个新品类。它不同于品类嫁接，不会既是此又是彼。这个方面，在新兴的行业比如互联网和 SP 等广泛地运用了这类方法开展产品策划，并且已经取得了一定的效果，比如手机电视、手机电影以及 MP3 铃声等。

（3）市场细分

市场细分就是基于消费者的市场细分而产生的一个新品类。这方面的例子就比较多，比如早餐奶、儿童钙片等，都是对已经成熟的产品，通过产品功能或者目标客户定位等差异重新区分出不同的细分市场，面向新的细分市场推出新品类。

4. 替代转换

迈克尔·波特的五力模型是企业制定战略前常常用到的一个分析工具，其中一个竞争力量就是来自于"替代品"。"替代品"的出现其实给了创意或者策划人员一个很好的思路，即在做产品策划的时候,可以从"替代"的方向来寻找好的创意。

替代转换的方法,可以是从相似行业中寻找替代转换,也可以是从相异行业中寻找替代转换。比如,在相似增值服务行业中,既然 IVR 可以提供聊天业务,那么 SMS 同样也可以提供聊天业务;在相异的行业中,既然电台可以提供点歌服务,那么短信同样也可以提供点歌服务。目前,这种替代转换的创意方法比较常见,而且也确实证明具有旺盛的生命力。与新建品类的方法相比,替代转换是在分流原有的市场需求,而新建品类则是构建全新的市场需求。

5. 增值挖掘

增值挖掘的方法类似于波特的专一化战略思想,即主攻某个特殊的顾客群。波特认为,在与五种竞争力量(现有行业中的竞争者、供应商、客户、替代品、潜在的新进入者)的抗争中,蕴含着三类企业发展的战略思想,这三种思路是:①总成本领先战略;②差异化战略;③专一化战略。

具体做法是,企业基于之前销售的一个主要产品相似或相关的需求,通过提供更多的其它产品来提高企业对平均单个消费者的销售额。比如之前海尔主要向消费者提供冰箱这个产品,然后又继续向消费者提供海尔空调等;又如 SP 行业,如果用户之前用了你的铃声业务,同样你可以推荐用户用你的彩铃业务,针对电台的交友留言用户你可以推出查询交友留言的业务。增值挖掘的方法可以很好地运用到互联网和 SP 增值服务行业中。大数据挖掘技术有助于推动增值挖掘方法的深入运用。

6. 空白需求

这是很多企业的产品策划人员最想采用的方法,这个方法不同于以上五个常用方法,且目前这个方法也是成功率最低的一个,成功案例并不多。

为什么会这样呢?主要原因在于发现一个前所未有的空白需求,一般需要企业对市场以及消费者进行长期的跟踪研究,耗时耗力。另一方面,对于潜在需求或者新出现的需求,消费者自身也并不一定能够清晰表达出来他们的真正需求所在。如前所述,此时,依靠逻辑思维也许不能产生有效的解决方案,这就需要市场调研者或产品策划者具备敏锐的洞察力、直觉,有时还依赖于特别的灵感迸发,比如爱迪生的许多发明和发现大概就属于此类。

3.3.4 创意创业[①]

1. 创意创业的内涵

创意创业是一个发现和捕捉创意机会并由此创造出新颖的产品或服务,实现其潜在价值的过程。如果说创意产业是当代以创意理念为核心的总体经济活动,那么,创意创业是指源自个人创造力、技巧及才华,从创意中寻求效益的创业思路,属于个体经济活动。创业的本质是创新,是变革,因此,首先意味着"创造性破坏",即建立一种新的生产函数以取代旧的生产函数;其次意味着探寻机会和承担风险,比如探寻和发现未被满足的或者新出现的顾客需求,承担经营风险并创造性地整合资源为社会创造某种有价值的新事物等。创意是一个单独的行为,并不是产品,创意产业是创意和商品生产的结合。因此,仅仅发

---

① 倪峰. 创意创业:内涵、特征和驱动因为[J]. 企业经济, 2006(12):119-121.

挥创新思维还不够，任何奇思异想都可以接受，只有能转化成切合市场需求的产品（或服务），才是创意创业的根本。

创意资源的开发和利用在一定程度上改变了企业的生存法则。创意企业的运作与传统的企业运作有很大差别：产品性质、投资方式不同、交易方式等都不同。创意企业所提供的产品是具有文化价值、艺术价值或是单纯的娱乐价值，各种不同的创意商品的经济行为模式会根据商品本身的差异，以及习俗、观念与经济发展程度等因素的不同而具有独特性，在一定程度上不可复制。创意企业是通过创造供给来培育和创造消费需求的。在创意产品被生产出来之前，市场对它的需求是难以判断的，因此，投资创意产品是要承担市场高风险的。创造创意产品，创意人员或是靠涌动的创作激情，或是靠对市场需求的理性预期，事先没有明确的消费对象。而传统的物质生产企业，则可以有明确的消费对象、消费数量、消费质量的要求，完全可以按订单进行生产。基于创意产业中各种产业自身的特点，以及其与经济发展程度和文化观念差异程度的相关性的程度不同，其市场结构与组织结构也会呈现很大的不同。

2. 创意创业的特征

（1）机会导向

创意创业与传统创业的关键差别就在于前者强调创意可以衍生出市场机会，强调文化艺术对创业机会的支持与推动。创意能够点石成金，往往创造一个故事或者一个形象就能够成就一个企业，并获得巨大经济效益。如迪士尼动画人物米老鼠，通过形象授权使用，一年的产品销售额达47亿美元。《达·芬奇密码》所衍生出的相关产业，至今已创造出约10亿美元的营业额。电影、腕表、游戏、旅游……越来越多的产品和行业在沾《达·芬奇密码》的光。"创意理念"给创业者提供了可加以识别利用的创意资源机会。我国拥有几千年的文化储备，文化资源是精神财富，是创意产业的内涵。精神财富与物质财富不同，对创意产业来讲，文化资源这种精神财富将用之不竭、取之不尽，是我国发展创意产业的优势所在。

在消费市场上，由于创意理念在社会生活中的扩散，人们的消费偏好变得时尚化、个性化、娱乐化、开放化，产生了求知、求美、求乐、渴求自我完善、全面发展的欲望，这种消费偏好的变化为创业者创造了产品差异化的机会。如国内越来越热门的休闲农场、新型主题餐厅、新型式咖啡廊、瘦身堂、健身廊、创意区域、旅游点、观光点等。在产业市场上，由于"创意理念"挑战带来的压力，企业管理和经营模式不得不创意化，这种转变给那些具有创造力和相关知识技术的创业者创造了提供创意产品、咨询、服务的机会。创意的产业化发展给创意的消费增加了投资、流通、传播的环节，近年来各种创意产业的投资机构、中介机构不断涌现；与之相应，"新媒介人"阶层（比如艺术策划人、投资人、经纪人、传媒中介人、制作人、销售商、文化公司经理等）顺势崛起，他们就是日益重要的"创意阶层"。他们对艺术家熟悉，又有很强的操作能力，能用经济和传媒运作的方式把艺术推向大众。"创意理念"挑战还给那些以转变产业经营模式为理想的创业者提供了创新性的创意商业模式和企业经营战略的机会。因此，传统产业企业在创新上表现出"被动"立场，而创意创业企业则因其机会导向而表现出"主动"立场。

（2）创新导向

创业意味着创新和变革，创新性的创意商业实践可以在转变经济增长方式的同时增强竞争力，创意创业正是通过创意创新在梦想和现实之间搭起一座桥梁。当一种创意性的想法被发现后，它可以被转换开发成为创新产品。"创意"越来越被作为创新的主流含义突出起来：从创新的内容来看，创意更强调创新的人文内涵，创新不光是针对中间生产手段和工具的技术创意，而且是对人的意义和价值的创造性响应；从创新的方式来看，一方面，更加强调创意是原生态的创新；另一方面，则更加强调创意是"活"的创新。以拖把这种日常清洁用品为例：过去人们习惯于用拖把和清水拖地，但为宝洁公司设计家居清洁产品的 De-sign Continuum 公司研究发现，拖把上的水实际更容易使脏污四处散落，而干抹布却能把尘土都吸附起来，这是静电吸引的原理。这一发现帮助了宝洁开发了拳头产品——速易洁静电除尘拖把。从创新经济的设计角度来说，这就是一个典范转换。现在这种拖把已成为宝洁价值超过10亿美元的品牌。

（3）价值导向

作为一种可控资源匮乏前提下的机会驱动行为，创业活动很大程度上受到创业者个体特征的影响。创意创业的显著特征是创意创业企业受到创业者个体创意的价值观念的影响。创意创业活动是以价值为中心，创意产品承载着文化价值、艺术价值或者单纯的娱乐价值。主要由创意决定的产品异质性价值，对创造高附加值的贡献，远远超过产品质量的贡献。文化创意和科技创新是我们提升产品附加值和竞争力的两大引擎，因为任何产品和服务有两种价值，一个是由它的科技成分决定的，也就是功能价值，还有一个是由文化因素决定的，我们称为观念价值。正如星巴克的创业者舒尔茨所说：我们所创造的公司是一家既具有和谐环境，又能够让我的顾客享受咖啡和体验的，同时又能够为家人、朋友提供交流的平台。我们将其称为在家和公司之外的第三空间。由于这个是全世界所有顾客都需要的，因此我们所开的店将是不断地重复这一价值理念。星巴克卖的已经不仅仅是产品了，甚至也不是服务，它可能卖的是一种思想，是一种文化。他们能够带来一些更创新的、前所未有的东西。这正是星巴克的独特之处。

3. 创意创业的驱动因素

创意创业者的出现和创意企业的创建，不仅能促进经济的持续快速发展，为人们创造更多的就业的机会和财富创造机会，还能在丰富物质生活的同时，让人们享受创造性的思维带给自己的精神满足。创意创业活动在促进社会文化多元化的同时，增进了社会的和谐。

（1）政府引导扶持和知识产权的保护

政府行为可以影响市场机制，它通过改善导致市场机制不完善和管理刚性的条件使市场机制更有效率地发挥作用。我国目前创意产业发展亟待解决的问题有：一是创意产业庞杂，行政管理缺乏协调机制，造成政出多门；二是盗版问题严重，极大地打击了企业创新的积极性；三是创意产业的发展缺乏政策引导和扶持。英国创意产业的发展模式为：政府制定创意产业发展政策和创意产业规划，建立创意产业发展基金，但政府本身不参与创意产业的管理，而是通过非政府性的 CIDA（creative industry development agency，创意产业发展局）来推动、协调创意产业的发展；政府也有能力创造一种使企业承担风险、探寻获利机会的"创业文化"。从创意产业发展环境来看，目前，主要发达国家和一些发展中国家的政府都制定了鼓励创意产业发展的政策体系，这些政策有利于创造公平竞争的市场环境，刺激企业的创新和创新扩散。对我国的创意产业发展而言，不断完善的创意产业发展政策和完善的知识产权保护体系将有利于促进创意产业发展，调动创意创业的积极性。

（2）构建创意产业平台

构建创意产业平台，能对创意创业活动产生显著作用。通常，创意产业平台集聚了一系列创意中介服务机构，包括金融、法律、建筑、产业等各方面的资深专家，他们能帮助创业者发展其创业意愿和创业能力，为创意企业物色风险资金，争取政府基金支持，进行项目策划和评价，进行人才培训等，从而可为创意类企业提供成长所需要的有效服务。此外，创意产业平台可以打破行业条块分割，更好地整合社会资源，发挥集聚效应，打造并完善创意产业链，形成创意创业企业发展群落。据调查，创意企业99%以上是中小企业，普遍缺乏资金、信息、管理经验和业务渠道，独立生存能力不强，加上创意产业具有较高的市场风险性，这些特点决定了创意创业十分需要公共服务平台的支撑。产业平台对于创业阶段的企业来说，发挥着孵化器、助力器的重要作用。

（3）提供融资支持

对于初创期和成长期的企业而言，金融支持环境很重要，对于创意产业而言，提供金融支持至关重要。金融支持意义就在于，它可以分散创业风险、积累启动资本，支持成长和扩张。目前，我国许多创意企业研发创意产品和创意技术往往缺乏资金支持，由于外部融资困难导致创意产业尤其是一些创意创业企业发展后劲不足。从发展趋势来看，创意创业和创意企业能否持续发展并在结构升级方面有所突破，从而跨入一个新的阶段，越来越明显地受到金融"瓶颈"的约束。由于新企业和小企业往往缺乏经验和信用记录，成长面临较高风险等原因，它们很难得到风险投资公司和商业银行的支持，融资成了当前我国创意创业活动开展遇到的最大难题。相关研究表明，针对小企业融资的计划，比如创建投资企业、提供低息贷款和信用担保有助于新企业的创建。针对创意产业而言，发展科技金融、知识产权质押等多种金融配套支持将更有利于促进创意创业类企业的生存和发展。

（4）培育创意人才和经营管理技能

作为高度推崇个体创造性的创意创业来说，创意人才具有举足轻重的意义，创意企业的发展依靠的正是创意人力资本的投入以及创意阶层的崛起。创意企业的核心竞争力在于人才，而这恰恰是国内创意产业发展的瓶颈。所以，我们需要大力培养和引进创意人才。根据佛罗里达的研究，创意人所共有的精神气质使他们同周围人判然相别。此外，这种气质也影响并决定了他们对居住地、工作方式等的选择。因此，就城市而言，能否为创意人提供适合的富于创造活力的自然与人文环境，是决定一个城市的创意产业的活力大小的重要标志。由此观之，国内许多城市中创意产业园区建设的滞后，无疑将严重制约本土创意人的成长。目前，中国创意产业发展的首要问题是全社会必须加强和提高对创意产业发展重要性的认识，建立新一代创意产业的人才培训教育机制，而大力发展创意人才教育是中国未来创意产业获得良好发展的前提。

3.4 创新型组织

> **案例导入：谷歌（Google）——互联网时代的创新型组织新标杆**
>
> 谷歌（Google）是一个从创办开始血液里就流淌着创新基因的公司。自 1998 年成立以来，到 2007 年，仅仅九年的时间，在变化迅速、需要不断创新的互联网产业，它从斯坦福大学两位没有毕业的博士生创办的小公司，发展成了市值超过 1000 亿美元、拥有 7000 名员工的企业。如今，谷歌的业务范围已超越互联网行业，在可穿戴设备、电动汽车等领域开展了大量研发和创新。
>
> 谷歌成功的元素：具备战略耐心、营造轻松愉快的创新环境、形成灵活高效的工作方式、架构新颖实用的创新工具、将创新任务写进岗位职责、善于利用失败和混乱、平等、授权、自下而上。

3.4.1 创新型组织的内涵[①]

所谓创新型组织，是指组织的创新能力和创新意识较强，能够源源不断进行技术创新、组织创新、管理创新等一系列创新活动。德鲁克在谈到创新型组织时说：创新型组织就是把创新精神制度化而创造出一种创新的习惯。这些创新型组织作为一个组织来创新，即把一大群人组织起来从事持续而有生产性的创新。他们组织起来使"变革"成为"规范"。

创新型组织可以区分为盈利性和非营利性。由于不同的组织有不同的任务和目标，因此必须区别对待，其判断准则也应该有所不同。对盈利性创新型组织来说，组织文化是否支持创新、组织结构是否简单灵活匹配创新要求、对创新的投入（通常用 R&D 经费投入占企业销售收入比例、R&D 人员占企业员工比例来衡量）、新产品数量、新产品销售额占总销售额的比例、新产品销售收入占总销售收入的比例都可以作为判断的准则。对非营利性组织，比如高校研究小组、科研结构或政府组织来说，以发表论文数及被三大索引收录和引用次数和篇幅、承担的各类科研项目数以及对政策的影响和提出新政策的数量和质量为判断准则。同时，R&D 人员投入占全体成员的比例也应该作为其中一条判断准则。

3.4.2 创新型组织的特征

1. 创新型组织首先是一个学习型组织

学习型组织是指善于获取、创造、转移知识，并以新知识、新见解为指导，勇于修正自己行为的一种组织形式。在学习型组织中，组织成员有条件不断突破自己能力的上限，有积极性去创造期望的结果，逐渐培养全新、前瞻而开阔的思考方式，全力实现组织共同的抱负，组织成员不断一起学习和掌握如何共同学习的能力。系统地看，学习型组织是有能力进行集体学习，能够不断改善自身收集、管理与运用知识的能力，以获得成功的一种

[①] 官建成，王军霞. 创新型组织的界定[J]. 科学学研究，2002，20(3)：319-322.

组织。在该组织中，学习已成为一项基本职能，学习是组织生存和发展的前提和基础。学习型组织通过整合学习、工作与知识，将学习与工作融为一体，努力形成一种弥漫在群体与组织中的学习氛围，以学习为工具，充分发挥每个成员的创造性能力，使个体价值得到体现，组织绩效得以大幅度提高。创新既需要灵感也需要知识积累，学习则是获取知识的途径。可见，学习既是创新的前提，同时在学习的过程中，也不断有新知识新灵感的迸发，推动着创新。可见，创新型组织首先是一个学习型组织。

2. 创新成为企业文化的核心特征

对企业而言，创新能力的形成必须通过企业与个人的共同努力。提高企业创新能力的一条重要渠道是企业可通过营造创造性氛围来激励企业内部的创新活动。企业文化正是激励企业内创新活动的主要因素。在创新型组织中，企业文化不仅激励和支持创新活动，而且将创新作为其核心内容，形成了一种崭新的创新文化。创新文化是一个鼓励创新，有利于创新活动的价值观念、行为准则和社会环境的综合体，是激发创新活动的精神家园。简言之，创新文化是有利于催生创新灵感、激发创新潜能、保持创新活力的良好的组织生态环境。在这种生态环境中，创新主体有共同的愿景，创新意识强、敢于冒险与探索、敢于标新立异，创新主体之间乐于合作，共享成功的经验与失败的教训，共担失败的风险，组织能够容忍失败，能够给创新者适度的创新空间，能够给创新者恰当的评价和鼓励，使其能够大胆实践，勇于创新。

3. 创新是组织的一项基本职能

相对于掌握新知识新技术而言，创新型组织更强调整合组织内资源，使创新成为组织的一种基本职能。在大多数组织内，创新只是一种活动，只是在组织中的重要程度有差异。而在创新型组织中，创新不仅是一种活动，更是流程的一部分。换句话说，这意味着组织有一套自己的结构可以发现问题，产生与评估想法，并针对新想法设计具体的行动方案，从而不但使组织的问题获得具体且实际的解决，而且常常是创造性的解决。创新型组织的一个重要特征是全员参与创新，人人有创新意识，都会在工作中主动发现问题，创造性地解决问题。在这里，创新成为组织的一种例行性流程。

4. 创新是组织的核心竞争力

摩尔定律早已揭示了技术更迭速度的加快。一个组织掌握的科技知识即使再先进，如果不持续开展研发和创新，那么技术优势也只能带来短暂的竞争优势，而且这种优势的消失速度会一天比一天快，因为竞争对手只要花很短的时间就可以学会。而创新文化却很难复制抄袭，创新能力也不是通过技术引进或模仿就能简单嫁接的。在知识经济时代，创新能力已经是企业应对竞争的基础要求，创新已成为获得和发展构成企业核心能力的技术与技能的基本手段，是改变企业"基因密码"、实现基因多元化的必由之路。纵观历史上有着百余年历史的成功企业，无一不经历过多次转型和生死攸关的时刻，正是创新使他们屹立不倒，创新正成为成功组织的重要特征，而不仅仅是管理上的潮流。可见，知识经济时代，创新才是创新型组织的核心竞争力。具有创新能力的组织，才能迈向永续创新，才能持续创造价值。

5. 创新是一种全员参与的活动

前面提到过，创新型组织中，创新活动不是某一部分成员的专利，而是全员参与的创新，是整个组织各个层面成员的共同活动。从最高管理者到最底层员工，围绕组织愿景和目标，都在有意识地创新。组织结构也与创新需求相匹配，并且能够为了创新需要适时调整组织结构。"勇于创新"行为是由组织最高管理者开始的，组织最高管理者是"创新"信号的强有力制造者，同时也是创新运动的参与者；组织的全体成员都是创新运动的积极响应者和参与者。团队是创新型组织的基本工作单位和创新单位，团队创新是创新型组织的基本创新方式。组织内的不同工作群体按不同的方式相结合组成一个个团队，团队内部围绕着某个目标开展创新活动，团队与团队之间也形成友好合作的氛围。从另一个角度来看，创新型组织是团队创新思想的一种引申，或者说它是以团队运行为基石的。

3.4.3 创新型组织的构成要素

企业家的创新精神是创新型组织存在的前提，鼓励创新的企业文化氛围、恰当的领导风格、有效的沟通机制、合理的激励机制及适合的组织结构则是创新型组织存在的必要条件，这些要素的协同作用共同构成了创新型组织。

1. 企业家创新精神

企业家创新精神对于创新型组织的建立具有决定性作用。熊彼特认为，企业家进行创新的动力来源于四个方面：一是看到创新可以给企业家本人及其企业带来获利的机会；二是实现私人商业王国的愿望；三是征服困难并表明自己出类拔萃的意志力；四是创造并发挥自己才能所带来的欢乐。在这上述四力量的联合推动下，企业家时刻有战斗的冲动，存在非物质力量的鼓励，这就是企业家创新精神。

就其内涵而言，企业家创新精神包括风险偏好、机会识别、企业家网络和动态创新四个要素。从我国的实际情况来看，当前我国企业家创新不足，针对国有企业来说原因在于企业选任机制、激励机制和决策机制的不健全，理性的经营者难以通过创新活动实现自身效用的最大化，处于一种不激励、不创新的非效率均衡状态。而民营企业的主体是大量中小型企业，市场机制不健全和资源不足则导致他们的创新动力不足。因而，企业家创新精神的培育和激励可以从完善市场机制和现代企业管理制度入手，有效地激励企业家主动创新、大胆创新。

2. 鼓励创新的企业文化氛围

目前，大部分学者的研究都将组织创新气氛作为组织创新重要的前因变量。Amabile指出，创新气氛是组织成员描述组织是否具有创新环境的主观体验。创新工作本身具有高度的复杂性和不确定性，创新的产生从某种意义上讲是随机事件，难以计划和控制，更多地表现为一个自组织过程。因此，组织的所有活动应"以创新为中心"，形成鼓励和支持创新的环境和氛围，要让员工认识到，创新不仅是研发、工程或设计部门的职责，而且是企业每个员工的工作内容之一，使创新成为组织运作的一种"常态"。创新本质上是学习和变化，因此创新型组织要制定鼓励学习的机制以及提倡个人学习和共同学习的组织氛围。例如，世界著名的 3M 公司积极搭建支持创新的平台，其 15%法则、人人创新、宽容失败、共享机制、柔性组织、团队精神等文化氛围，为企业的持续创新铺平了道路。根据《财富》杂志对美国企业的调查结果，3M公司在"创新能力""组织学习能力""积极主动地研究开发计划""最有能力适应未来竞争"等方面多年名列第一。

3. 恰当的领导风格

领导权变理论认为，某种领导风格并非在任何情境下都有效，领导者在管理过程中必须根据具体情境来选择最好的领导行为。当前领导理论的研究热点是交易型领导与变革型领导的差异。交易型领导风格是领导者通过明确的角色和任务要求指导或激励下属向着既定的目标活动；变革型领导则是关怀下属的日常生活和发展需要，培养下属的能力，帮助下属用新观念看待老问题，激励下属为达到群体目标而超越自身利益付出更大的努力。

变革型领导风格被看成是影响组织创新绩效的重要变量，但Bass收集的数据证明交易型领导和变革型领导并非处于对立的两极，而是领导的彼此独立的不同方面，二者关系类似"任务导向"和"关系导向"两个独立但不对立的领导行为维度。因此，领导者在激发下属创新时要注意两种领导风格的不同组合。

4. 有效的沟通机制

企业的创新是一个复杂的系统工程，牵涉到各部门之间的协调与合作，因此做好各部门之间的沟通对于创新活动的展开是一项比较重要的工作。沟通机制可根据组织文化和组织结构设计，一般来说有效的沟通机制包括建立创新（技术）决策委员会、联合研究规划制度、员工建议制度和建立高效电子信息平台等。

（1）创新（技术）决策委员会。该委员会由公司高层管理人员、技术专家、相关部门负责人及与企业无利益关系的第三方专家组成，负责创新项目的选择、实施步骤和期限、确定预算、资源投入和分配以及创新绩效评估等方面的决策。例如，德国的西门子公司就是由技术决策委员会来决策、指导和检查公司的创新项目的。

（2）联合研究规划制度。该制度要求在研发部门制定未来几年研发计划的同时，业务部门也要对产品发展进行规划，拟订未来几年内特定产品产销计划所需要的技术，画出"技术树"，并找出这样做所需要的核心技术关键部件和系统支持等。然后，将业务部门的规划和研发部门的研究计划放在一起进行有建设性的争论，使规划得以改进。

（3）员工建议制度。该制度鼓励员工为公司提出合理化建议，为改善公司业务与管理出谋划策，被采纳的建议将迅速在公司中实施与推广，而提出建议被公司采纳的员工，将得到金额不等的奖励。

（4）建立高效电子信息平台。公司内部网站的建设可以形成一个高效的沟通平台。如研发部门可以将最新的研发成果信息、与业务部门合作的意向等公布于网上，方便有关人员查询。创新人员也可以通过内部电子邮件系统，加快信息沟通的速度。但需要强调的是，电子信息平台的目的是促进沟通，所以管理重心不是平台的硬件和技术建设，而应该是如何使其沟通和组织知识管理发挥积极作用。

5. 合理的激励机制

针对激励机制的设计，应建立以创新为导向的绩效考核体系，绩效考核体系应注意其激励导向。企业应分析其激励机制是否真正起到了鼓励创新的作用。例如，首位晋升制和末位淘汰制是两种广泛应用的激励制度，但是在两种激励制度下员工受到的创新激励程度存在较大差异。在首位晋升制中，高水平产出会得到晋升奖励，而低水平产出不会受到惩罚，员工为了获得尽可能高的产出，偏好于选择高风险行为，因而会积极进行创新；而在末位淘汰制中，一旦出现低水平产出就会被降级或解雇，而高水平产出不会得到奖励，员工为了避免低水平产出，偏好于选择低风险行为，因而会回避高风险的创新。比较而言，首位晋升制是一种较好的激励员工积极创新的激励制度。

6. 适合的组织结构

常见的组织结构有扁平化和科层化两类，网络组织即为扁平化组织结构，而传统的层级制组织则属于科层化。创新主要是结合各种不同的观点来解决问题，所以创新型组织应构造适合自己的组织结构，可以采用不同的团队合作方式，如项目组、交叉职能的解决问题小组等。一般认为网络组织比层级制组织更容易产生创新。网络组织的元素和结构单元能够基于掌握的信息，根据自身的规则和目标决定行动策略，节点间可以方便地重组，信息可以共享，通过分布式控制完成组织的运作，具有良好的适应性，因此有利于创新。但是组织结构会受到多种因素的影响，如环境的不确定性、行业结构、公司的规模与战略，因而纯粹的网络型组织并不适合大型组织，主要原因有两点：一是纯粹的网络组织稳定性差；二是网络组织经过自发性的试错后形成有序模式的过程耗用了较多的时间和资源，降低了组织效率。因此，大型组织选择的组织模式应该是基于智能体（Agent）的复杂适应组织，这种组织内部包括许多的 Agent，Agent 有两类：业务 Agent 和集成 Agent。每一个业务 Agent 内部是层级制，有自己的目标，负责一个完整的功能。集成 Agent 主要负责引领协调其他业务 Agent，负责设定目标，提供支持。企业间的网络组织以及企业内部单位之间引入的"市场关系"都是其具体表现形式。

3.4.4 创新型组织的监督机制

1. 尽量降低监控成本，提高监督效率和创新能力

为了使监督效率最优，组织要尽量降低监控成本，当然可以通过降低监督检查的力度来控制成本，但是最有效的办法是选择合理的监控方式。在创新型组织中应该尽量减少"警察"式的监督方式，不要对员工的行为进行密切的监督和控制，这种监督方式不仅成本较高，而且还不利于知识型员工积极性和创造性的发挥，阻碍创新能力的提高。应该多采用基于结果的考核方式或其它间接监控的方式，这样既可以降低监督成本，也符合知识型员工的人性特点，有利于提高创新能力。

2. 加大违规损失赔偿、增大违规风险、提高奖励力度，奖惩并用提高监督效率

知识型员工的理性人，如果得知一旦违规会遭受很大的损失，而且被发现的概率比较大，会主动地减少违规行为。同时应该对有利于组织(可能还会损害员工利益)的行为予以奖励，使之对个人的负效用变为正效用。这样不仅有利于违规者放弃投机心理，在事前就预防了违规事件的发生，又有利于创新活动的进行。

3. 谨防出现内部人控制情况

所谓"内部人控制"指的是由于客观上监控主体缺位，或由于监控人无法、很难，甚至不积极获取、拥有被监控人的较完备信息等因素所导致的监控主体缺位（即监控主体形同虚设），从而出现被监控人自己考核自己、自己监督自己、自己评价自己的状况。内部人控制一旦发生，就相当于社会治安缺少了警察，而罪犯可以为所欲为，说明组织的监督机制是完全失效的，形同虚设，所以在监督机制设计中必须要做到监控主体到位。

4. 以契约关系代替等级控制关系

组织内部的契约关系不像市场上的契约关系那样明确的受法律保护，其实质是组织内部责、权、利分割的约定和备忘录。它使签约双方在原有等级关系的前提下，暂时在一种程度上终止等级契约。使上下级之间主要通过经济手段而非行政手段来监督制约，使管理组织内部形成一种"契约屏蔽"效应，放弃目标实施和行为控制过程中的基本决策权，给知识型员工以更大的自由度，使组织高层的注意力从以工作的实施为中心转变为绩效为中心，与下层的直接联系变为间接联系，根据契约来实施对执行层的约束和奖惩。这不仅适合知识型员工的行为特征，有利于创新效率的提高，还能够降低监督成本。

本章小结

创新创业的成功，离不开创新者或创业者的创造性思维。创造性思维（或称创新思维），就是以创新的意识、开放的心态和突破各种思维定式的束缚进行思考，并产生创新成果的思维，它具有自己的特征，也有许多类别，创造性思维的活动过程有一定的规律性。可以根据创业者的创业动机对这个群体进行分类，他们身上独特的素质有助于创业的成功。创意是创意人从事创造性社会实践的过程，是一个与自然、社会环境不断交换信息的过程。企业创意的来源有模仿跟进、空白区域、新建品类、增值挖掘、替代转换、空白需求等几类。创意创业是指源自个人创造力、技巧及才华，从创意中寻求效益的创业思路，属于个体经济活动。创意创业者的出现和创意企业的创建，能够促进经济的持续快速发展，并且能够促进社会文化多元化。创新与创业活动的进行需要构建创新型组织，创新型组织指组织的创新能力和创新意识较强，能够源源不断地进行技术创新、组织创新、管理创新等一系列创新活动，它具有自身的特征和要素。

关键概念

创造性思维是以创新的意识、开放的心态和突破各种思维定式的束缚进行思考，并产生创新成果的思维。

创意创业是指源自个人创造力、技巧及才华，从创意中寻求效益的创业思路，属于个体经济活动。

创新型组织指此类组织的创新能力和创新意识较强，能够源源不断地进行技术创新、组织创新、管理创新等一系列创新活动。

思考题

1. 创造性思维的特征是什么？请举例说明创造性思维的一种形式。
2. 创业者需要具备的素质有哪些？请用中国一位创业者来论证。
3. 请描述从创意到创业的一般路径。
4. 创新型组织的构成要素是什么？请举例论证。

案例分析

华特·迪士尼公司的创意之道

一、公司简介

1923年，迪士尼公司于美国洛杉矶成立。90年后，曾经的那家动画电影公司已经成为世界上第二大传媒娱乐企业，其主要业务包括娱乐节目制作、主题公园、消费产品、电子游戏和传媒网络。皮克斯动画工作室（PIX ARAnimation Studio）、好莱坞电影公司（Hollywood Pictures）、ESPN体育、美国广播公司（ABC）都是迪士尼旗下的公司（品牌）。

2008年，迪士尼在《商业周刊》的世界100强品牌（按照品牌价值）排名为第9位。看迪士尼动画、去迪士尼乐园、买迪士尼产品早已成为美国人的生活习惯。在全世界范围内，米老鼠、唐老鸭之类经典的迪士尼动画形象亦是无人不知、无人不晓。迪士尼的发展模式及运营模式已然成为经典，始终被模仿，但从未被超越。

二、迪士尼的经验

（一）品牌构建

迪士尼的品牌核心何以归纳为 6 个词语：创新（innovation）、品质（quality）、共享（community）、故事（storytelling）、乐观（optimism）和尊重（decency）。这些自1923年迪士尼公司成立以来就不曾改变。然而我们更关心迪士尼如何使顾客体验到品牌的价值。迪士尼公司最初仅仅是一个动画工作室，其品牌的最初构建是由塑造卡通形象来完成的，在1928年的动画片《蒸汽船威利》中，米奇老鼠这一著名动画人物粉墨登场，并一发不可收拾。然而人们往往忽略了《蒸汽船威利》是世界上首部有声动画片这一事实。在迪士尼公司前期的作品中，几乎每一个经典形象的推出背后都有一次动画产业的创新。迪士尼将动画片层出不穷的技术革新与不断出现卡通人物相互结合，在给予观众全新体验的同时亦加强了对人物形象的认知。在观众看来，是米奇赋予了那个时代的美国人第一次不同的感受。迪士尼动画主题创意定位于快乐与美好，他们给顾客创造快乐。在那个时代，米老鼠等形象的价值还在于它帮助美国和世界人民度过了经济大萧条和第二次世界大战后的艰难岁月。通过动画这一传媒方式，他们成为医治那一代人心灵创伤的安慰剂，感染世人，帮助人们看到美好，重树生活和工作的信心。可见迪士尼紧紧地抓住了时代的需求，成为迪士尼品牌构建过程中重要的一步。然而之后，迪士尼的品牌价值并没有衰退，因为其品牌定位是一种普适价值。迪士尼制作的影片没有色情暴力成分，而是一直着力制作健康、温馨、幽默的家庭影片。相对于个人收益来说，公司更注重社会效益，梦想以一种健康向上的文化影响社会。它教会孩子们乐观、尊重、分享的意义，其动画形象和节目传达的价值观得到全世界父母的认可和信赖。

（二）创意研发，博采众长

迪士尼公司从动漫创意的研发开始构建其品牌价值链。公司的许多动漫作品都是利用了世界各地广为人知的童话故事、民间故事和传说，然后对这些素材进行美国式的加工。如《狮子王》取材于莎士比亚的名著《哈姆雷特》，《花木兰》取材于中国古诗《木兰辞》。迪士尼创意取得成功的关键还在于其细致而又丰富的市场调研。每年迪士尼会在世界各地组织非常多的市场调研活动以及焦点小组活动，目的就是了解现在的小朋友最关心最流行什么。迪士尼开发一个动画片，通常要做三到五年时间的筹备，这大大长于我们国内电视节目的研发时间，原因就在于他们要对节目主题进行全球化处理。他们根据剧本做一个样片，再作进一步的市场营销与调查。进行调整之后，第二、三、四集的剧本才会陆续出来。每一集出来，美国总部都会听取世界各地节目部的意见，逐渐掌握了每个国家所要的东西之后，才能真正提炼出世界性的主题，做出符合各地观众口味的好节目来。

（三）产品衍生，体验营销

迪士尼集团价值链主要由五个部分构成：影视娱乐、媒体网络、主题公园与景区、消费产品和交互式媒体。2011年度迪士尼公司的收入主要来源于媒体网络、主题公园与景区两个部分；而迪士尼发家的本行仅仅占营业收入的18%。影视与动画仍然是迪士尼价值链的源头，有源头引发的衍生产品价值却是迪士尼收入的主要来源。20世纪30年代，华特·迪士尼就开始将动画片衍生至消费者产品来扩大迪士尼的品牌价值。在1955年，世界上第一座迪士尼乐园在美国加州建成，标志着迪士尼价值链第二部分衍生的开始。迪士尼在1996年收购了美国四大电视系统之一的ABC，正式涉足广播电视事业。如今，它还拥有体育专业频道ESPN的80%的股票和儿童有线电视"迪士尼频道"。而价值链中的最后一块——交互式媒体是迪士尼近几年刚刚兴起的，目前仍处于亏损阶段。

事实上，迪士尼的上述各类业务，已通过产业链的延伸，构成一个环环相扣的庞大生产链。整个迪士尼产业链的核心是动画品牌的形象。每一部影片推出后的票房收入是第一轮收入，解决了影片的制作成本回收问题；发行录像带是第二轮；然后是主题公园，每放一部卡通片就在主题公园中增加一个新的人物，在电影和公园共同营造的氛围中，迪士尼轻轻松松地赚进第三轮；接着是特许经营和品牌产品，通过迪士尼在美国本土和全球各地建立的大量迪士尼商店和数不清的特许经营伙伴，来销售品牌产品，实现第四轮"榨取"。然而在迪士尼大范围的衍生产品中，存在一个明显的共性，即品牌上的统一与体验上的差异。无论是动画、书籍还是主题公园，迪士尼追求品质与创新的原则不曾改变，其给予人们快乐的初衷不曾改变。那么主题公园、游艇、书籍等衍生产品的本质，只是为了让大家以不同的方式，体验迪士尼带来的相同的感觉。这一点是品牌价值在生产环节上的衍生，通过体验营销完成了价值的实现过程。

三、对我国企业的启示

（一）为企业寻根

企业品牌与企业文化是企业的根基，界定他们并不是一件轻松的事。品牌与文化决定了企业对自我的认知，外界对企业的认知，进而影响企业的行为与企业的价值。迪士尼在选择品牌的时候做到了两点：其一顺应了时代的需要；其二尊重了普适价值。进而，迪士尼将自己的品牌价值灌输到自己生产活动的每一环节，通过每一件产品，每一次服务将这份价值传达给消费者。

（二）企业品牌的构造方法

迪士尼的品牌形象是通过一系列动漫人物塑造起来的，这一点国内企业可以学习借鉴。一个给人留下深刻影响的形象究其根本是因为它赋予了观众不同的体验。迪士尼通过技术、性格、故事多重手段塑造了米奇。然而动漫人物形象的塑造也不得不受时代背景的影响。如今，我们看到许多影视娱乐领域塑造较为成功的形象：喜羊羊、灰太狼、杜拉拉、王小贱等都有其丰富的现实意义。只有抓住这一点，形象的塑造才是成功的。

（三）文化创意挖掘

中国拥有5000年悠久辉煌的文明，其中的历史故事理论上应该成为中国文化创意产业的重要宝藏。然而现在毫不客气地说，从《中华小当家》《花木兰》《功夫熊猫》等国外动漫作品来看，外国人在动漫上对中国文化的开发已经狠狠地扇了中国人一个耳光。迪士尼在创意方面能给予中国文化创意企业三点宝贵的建议：一是重新定位动漫的目标客户。迪士尼的动画片原本就不仅仅是为儿童准备的。二是将市场调研做精做细，把握住流行的元素，赋予文化创意产品生命力。三是博采众长。中国文化博大精深并不意味着我们只关注自己的就可以了，相反，我们有许多需要向国外学习的：如美国式的幽默，日本式的严谨逻辑。在尊重历史的前提下，汲取国外故事的相关情节来丰富中国的故事也并非不可取。

（四）慎用衍生产品

迪士尼让我们见到了衍生产品的巨大价值，同时也为我们提供了一条可供参考的衍生路径。迪士尼公司的收入主要来源于媒体网络、主题公园与景区两个部分。但是从衍生的难度来讲，这两方面都需要巨大的投资；而相对投资较小的消费品衍生并不能产生太多的利润，而国内文化创意企业衍生能力往往停留在这一阶段。在中国盗版横行的市场环境下，这个利润将有可能进一步缩减。同时衍生能力还进一步取决于企业品牌的价值与卡通或影视人物的形象，当顾客对其没有兴趣的时候，再多形式的体验也不能产生价值。价值来源的核心并不能产生太多的价值，而衍生虽然可以产生巨大的价值，但却很大程度上取决于上一环节的成败。衍生具有较大的风险，国内企业在此方面仍需努力。

（五）全球化战略

中国的文化创意企业正在全球化的道路上不断前行，迪士尼在全球化道路上的经验，对我们现在的企业来说具有十分重要的指导意义。对于迪士尼来说，它的经验主要体现在文化和管理上，即统一的文化和本土化的战略。统一的文化是迪士尼构建世界品牌的必要保证，但为了使动画为世界所接受，除了放低姿态之外，迪士尼还通过详细的市场调查规避各民族的文化、宗教禁忌，并通过快速反馈、积极调整保证产品为全世界各族人民所接受。本土化战略有两方面的含义：一是营销策略的本土化。迪士尼始终坚持在各地市场加入当地的文化元素，并结合当地实际适当改变价格。二是人力资源的本土化。此举不仅降低了企业的成本，也能催生出更适合本土的经营策略。这些都是我国文化创意企业需要学习的地方。

资料来源：李俊侃. 文化创意企业的发展与运营模式探究———基于华特迪士尼公司的案例分析[J]. 中国集体经济，2012(19). 127-128.

请思考： 华特迪士尼公司品牌价值链构建背后的推动力是什么？你认为文中总结的它的创意之道给中国企业尤其是创意行业的企业带来的启示是可取的吗？就其给我国企业的启示，谈谈你的观点。

参考文献

[1] 多湖辉. 创造性思维[M]. 王彤译. 北京：中国青年出版社，2002.

[2] 曾华. 突破自我：成功人士的思维诀窍[M]. 北京：中华工商联合出版社，2004.

[3] 许光明. 创新思维简明读本[M]. 广州：广东教育出版社，2006.

[4] 刘宇璟，陈正悦，焦曼. 基于胜任力理论的创业者素质及开发研究[J]. 中国人力资源管理，2013(11)：95-98.

[5] 刘凤红. 创业者素质及其开发研究[D]. 华东师范大学，2004.

[6] 杰克·卡普兰，安东尼·沃伦. 创业学[M]. 冯建民译. 北京：中国人民大学出版社，2009.

[7] 倪锋. 创意创业：内涵、特征和驱动因素[J]. 企业经济，2006(12).

[8] 王达林. 创意天下[M]. 北京：清华大学出版社，2008.

[9] [美]理查德·弗罗里达. 创意经济[M]. 方海平，等，译. 北京：中国人民大学出版社，2006.

[10] 官建成，王军霞. 创新型组织的界定[J]. 科学学研究，2002(6): 319-322.

[11] 杨英，肖丽梅. 论创新型组织的构成要素[J]. 商业时代，2012(1): 84-85.

[12] 刘大椿. 科学哲学[M]. 北京：人民出版社，1998.

第4章 创新来源与机会识别

 学习目标

1. 熟悉创新的来源；
2. 掌握创新的基本方法；
3. 了解创新机会搜索，利用创新搜索空间地图搜索创新机会；
4. 能够识别创业机会，并掌握创业机会的评价方法。

 本章关键词

创新来源（sources of innovation）

创新方法（innovation method）

创新搜索（search for innovation）

创业机会（entrepreneurial opportunity）

机会识别（opportunity recognition）

机会评价（opportunity evaluation）

4.1 创新的来源

> **案例导入： 创新来自生活**
>
> 詹姆斯·戴森是一个小有成绩的发明家，他的产品之一就是用一个球来代替前轮的独轮车。但是，真正促使戴森开始自己事业的是他用工业气旋技术的创新方式来解决吸尘器的问题。一天，戴森正在用一个胡佛吸尘器打扫房间，在打扫的过程中，吸尘器的袋子被尘土堵塞，导致系统吸尘能力的降低。于是，戴森尝试了各种方式以改进吸尘器的性能，比如用一个更好的网状渗透袋，但是结果并没有取得良好的改善。最后，戴森想到工业上人们通过安装一个气旋来解决灰尘堵塞的问题，即在一个壳内创造一个小旋风，空气在旋风中快速旋转，被迫压到了边缘，这是灰尘能够被收集到中心。戴森将这一技术应用于真空吸尘器中，取得了突破性进展。
>
> 由于利用单一气旋提高吸尘器的性能只是对现有和已证技术的改进，因而不能申请专利。于是，他又花了四年时间开发了一个双重气旋系统，这个系统的第一重气旋能

够区分家庭废物——烟头、狗毛和玉米片等；第二重气旋能够吸更细的灰尘颗粒。但是，他发明的这项技术并没有受到像胡佛、飞利浦和伊莱克斯这样的公司的重视。戴森决定努力攒钱开始他自己的事业。

1993年，戴森开始了设计驱动的创业，市值规模5.3亿英镑并且在吸尘器领域开发了大量的新产品。其他产品的发展目标是重新检查像洗衣机和洗碗机这样的家用设备，看是否能将这种相似的新想法加以应用。这种基本的双气旋清洁器被英国设计院称为"黄金产品"之一。戴森通过自己的个人发明创造了一种新的产品，并取得了成效。

"现代管理大师"彼得·德鲁克说过："凡是能使现有资源的财富生产潜力发生改变的事物都足以构成创新。"[①]明确创新的来源是发现创新机会的前提。Vesper（1989）认为创新有两种来源：一种是意外发现的；一种是经过深思熟虑才发现的[②]。如牛顿受到砸落在他头上的苹果的启发，发现万有引力定律；瓦特在水壶的沸腾声启迪下发明了蒸汽机，等等。但是，创新是一个提出前卫思想，修订和重新定义它们，向着一个有用的产品、过程或服务编制不同的"知识面条"的过程[③]。启发这一过程不仅仅是偶然的灵感或顿悟，还可以通过变化（changes）。变化为创新的产生提供了机会，系统的创新存在于有目的、有组织地寻找变化，存在于对这些变化本身可能提供的经济或创新机遇的系统分析中，绝大多数的创新都是利用变化来达到的[①]。可见，创新不仅靠砸落在头顶的苹果，还可以通过有意识的搜寻获得。对创新来源的搜寻可以从以下几方面入手：

1. 科学知识

科学研究成果是一种明显的创新来源。科学技术的进步给人类社会和生活带来的变化有目共睹。20世纪，随着现代大公司的出现，研究实验室作为一种关键的创新工具而兴起，如贝尔实验室、拜耳、飞利浦、福特、西部电气、杜邦等，这些研究实验室不仅仅围绕产品的创新而努力，更多地是围绕正在成长的自动化和通信领域的关键技术而进行。到如今，科学技术研发和关键技术的突破也仍然是这些研究实验室的核心使命。针对关键技术的问题或挑战，有组织的研发是对专业职员、设备、工厂和资源的一种系统承诺。知识推动的创新遵循这样的轨迹：大多数时候是缓慢且系统地随着知识推动而前行，更多是在现有基础上的改进，属于一种增值的创新活动，但经常会有一个主要的突破性进展，这个突破性进展带动了知识和技术的跃进，为下一波系统而缓慢的增值创新活动指明方向。

2. 需求拉动

需求拉动是知识推动的补充，是创新之母。创新经常是一个对希望改变现实或者预期的需求的回应。需求拉动的创新以顾客为中心，建立在顾客需求的基础上。例如宝洁公司，其最开始是通过满足本土照明的需求而诞生的，随着人们对各种生活用品需求的增加，逐渐开始进入日用品市场。行业或者产品生命周期不同阶段的需求对创新的拉动也是不同的，成熟阶段需求拉动创新尤为重要。当有超过一个可供选择的供应者的时候，行业

---

① P. Drucker. Innovation and Entrepreneurship [M]. NY: Harper&Row，1985.
② Karl H. Vesper. New Venture Strategies[M].NJ: Prentice-Hall，1989.
③ [英]约翰·贝赞特，乔·蒂德. 创新与创业管理：第2版[M]. 牛芳，池军，田新，等，译. 北京：机械工业出版社，2013.

竞争便依赖基本需求和属性差异。需求的激增和扩展对创新也具有强大的影响。例如，工业革命时期对铁和铁制品的需求催生了酸性转炉技术的发展。而现在，面临能源危机，促进了人类对替代能源的开发，同时也出现了对新能源投资的繁荣。此外，除了商业市场或顾客需求，社会需求也会拉动新产品、流程和服务。如欠发达地区的医疗、教育、健康护理等都拉动了创新活动。

3. 意外事件[①]

意外事件分为意外的成功、意外的失败和意外的外部事件。意外的成功为企业带来意外的收获，推动企业发展；意外的失败为企业带来挑战，迫使企业做出改变，对意外做出反应。意外事件带来的机遇和挑战都是企业创新的来源。意外的成功提供更多成功创新的机遇，而且，它所提供的创新机遇风险最小，整个过程最不艰辛，回报也是最高的。意外的失败无法避免，但是可以作为创新的征兆。面对意外的失败要认真留意这样的信号，做好分析和设计，变失败为成功。事件的成功和失败均发生在行业内部，是意外的内部事件。那些没有反映在管理者所采用的信息和数字资料上的事件，往往称为意外的外部事件。对于创新来讲，意外的外部事件往往比意外的内部事件更重要。如1977年，当全球个人电脑销售额不到2亿美元时，IBM公司就成立了个人电脑开发小组。1980年推出了自己的个人电脑，三年后夺得了个人电脑的世界领导权。

4. 不协调的事件

不协调（incongruity），是指现实与事实之间，或者客观现实与主观理想之间的差异。不协调事件与意外的成功或失败一样，也是创新的征兆，其往往发生在某个产业（或公共服务领域）的经济现状之间、现实与假设之间、付出的努力与客户的价值期望之间，以及程序的节奏或逻辑的不协调。不协调事件在带来不稳定性的同时也带来创新的机遇。例如，一个成长中的行业销售额增加但是利润却不同步增加，这就是经济现状的不协调。第一次世界大战时，发达国家的大型综合性钢铁厂辉煌一时，但战争结束时，尽管钢铁的需求量持续上涨，但是这些工厂的表现却一直差强人意，当这样的不协调出现时，"迷你钢铁厂"便在这种不协调中寻求创新而获得成功。

5. 程序需要

企业在程序上的低效和挫折，为创新提供了丰富的信号。在企业中常常体现为流程创新。流程创新以任务为中心，使一个现存的程序更加完善，替换程序中薄弱或低效的环节。流程创新由最先经历这些需求的员工创造出来，后来的员工在前人的基础上不断地进行持久的、高度参与的、渐进式的流程创新。如丰田公司的员工不断地进行生产流程的改造，提出那些在流程中浪费和高成本的部分，这一举动为后来的"全面质量管理"运动、"业务流程重组"以及目前的"精益思想"奠定了基础。

6. 边缘市场[②]

创新的一个来源就是现有市场的边缘，那些未被满足或者很少被满足的需求，有时也

---

① P. Drucker. Innovation and Entrepreneurship [M]. NY: Harper&Row，1985.
② [英]约翰·贝赞特，乔·蒂德. 创新与创业管理：第2版[M]. 牛芳，池军，田新，等，译. 北京：机械工业出版社，2013.

包括那些过载的市场，如现在功能日益繁多复杂的智能终端设备市场。对于多数创新来说，他们的创新活动仍然是围绕市场进行的，培养与现有顾客的亲密关系，稳定提供市场所需求的产品，会出现许多渐进式创新。创业者和开发团队常常关注的是主流市场，边缘市场或者边缘需求常常被忽略。美国教授克里斯藤森在他著名的"破坏性创新"理论中提出，有些和边缘相关的新概念会逐渐发展成为主流观念，如低成本航空。廉价航空公司在边缘寻找到了新市场，为了得到基本安全的飞行，顾客愿意支付低价，并且接受没有食物、没有机舱娱乐等。于是，一些边缘航空公司开始提供这样的低价服务，廉价飞行逐渐被大多数有需求的人接受，也给航空公司带来极大收益。更有趣的是，提供高质高价服务的主流航空公司很难对廉价航空做出应对反应。可见，这种低价的市场破坏对主流市场带来伤害，但也带来了新的商业机会，挖掘出更多的潜在市场。这类创新的关键在于创业者通过界定现有的竞争者来发现他们没有关注到的地方。

7. 新兴市场和金字塔底层市场

新兴市场的成长引起的全球经济增长，尤其是一些发展中国家大量年轻和日益富裕的人群正在刺激着对产品和服务的需求，这些需求快速地推动着创新的发生。新兴市场以快速的经济增长不断地刺激着人们的消费，拉动着市场需求的增长，带来了更多创新的机会。为了抢占新兴市场，只有创造出符合这类群体需求的产品才会获得良好的效益。新兴市场可能代表了一种形成基本创新源泉的"边缘"群体。此外，处于贫困线以下群体的市场即金字塔底层市场也存在巨大的创新潜力。这类市场容量大，但是创新挑战也大，因为这类市场不代表传统意义上市场的概念。很多公司已经开始运用金字塔底层市场作为一个点去寻找潜在的新开发的微弱信号。例如，诺基亚已经开始研究在非洲和印度农村的人们是如何运用移动电话的，并在寻找他们所能提供的潜在的新业务。

8. 个性化定制

个性化定制也是创新的一个重要来源，并且日益上升为主要的趋势。人们对市场的需求是多种多样的，更多的差异化、个性化、定制化的需求不断地增加，对市场和产品的开发是一种潜在的挑战，并驱动市场开发出更多个性化、差异化的产品，以满足不同人的需求。但是，个性定制的创新产品或服务一旦受到大多数用户的追捧，便会驱使同行企业纷纷进行效仿，使这项产品或服务的竞争优势在短时间内消失。如只要某一家航空公司提供了平板床而备受青睐，那么其他航空公司就会纷纷效仿。定制化服务的对象不同，定制化的水平和类型也不同，贝赞特和蒂德给出了如下的概括（如表4-1所示）。

表4-1 定制化的类型

定制化的类型	特征	例子
分销定制化	顾客可以定制产品和服务的包装、递送日程和地点。	当当网、卓越亚马逊和京东等网站提供个性化的送货日期、地点和个性化的留言。而这些商品也是在他们的分销仓库中完成。
装备定制化	为顾客提供大量的预设选项。用预定的标准组合来生产或提供产品和服务。	从戴尔网上购物平台购买电脑，顾客可以自由选择由戴尔公司提供给顾客的众多电脑配置组合，戴尔会根据顾客的选择来组装一台属于顾客定制的电脑。

续表

定制化的类型	特征	例子
制造定制化	为顾客提供大量的预定设计方案。产品和服务根据顾客的预定方案进行设计和制造。	购买一辆宝马汽车时，顾客可以根据自己的喜好选择（设计）方案，如引擎、内饰、颜色、固定装置和附加设备等。宝马公司根据顾客个人的需求方案进行生产和组装，并且顾客可以参观车间和监督正在生产的汽车。
设计定制化	顾客一开始就参与到产品和服务的生产过程中，只有当顾客命令启动的时候，生产才开始。	顾客和设计师坐在一起共同讨论定制产品和服务的方案，包括概念、材料、生产过程等。

资料来源：[英]约翰·贝赞特，乔·蒂德. 创新与创业管理：第 2 版[M]. 牛芳，池军，田新，等，译. 北京：机械工业出版社，2013.

9. 认知和规则的变化

一个人的认知会影响一个人的态度和行为，认识的改变自然会引起态度和行为的改变。不同的人对同样的事物有不同的认识，这些区别影响到他们所需的产品和服务以及他们的物质精神追求上。例如，在经济条件有限的情况下，人们更多的是追求物质和生理的需求，一旦经济条件优越，对生活的认知便有所变化，就会追求更高水平的物质和精神需求。认知的变化孕育着重大的创新机遇，把握住这样的机遇便可以在创新中受益。如 20 年前普通人只求"吃饱"，富人则追求"美食"。20 年间这样的认知发生了变化，相同的一个人既追求"吃饱"，又追求"美食"。因此，大量的美食节目、美食杂志、美食连锁店和各式各样的食物被创造出来，并深受人们欢迎。此外，商业和社会规则的变化也会推动创新，如目前全球对环保问题的关注，推动了新能源低碳环保概念汽车的发展。

10. 用户创新

人们很容易陷入一种创新过程的思维模式，即认为创新是在确定了用户需求后进行的，其目的是创造出满足用户需求的东西。在这种创新过程的思维模式中，用户被假定为被动的接受者。但我们发现，在现实生活中，常常出现用户超前于创新过程的情况，即用户的想法是在创新活动开始之前就产生了。如康乐保（Coloplast）医疗器械公司的成功便源于最初护士艾莉丝·索伦森为患有胃癌的妹妹开发的自粘造瘘袋。有时，用户主导的创新涉及整个社会，如我们熟知的"众包"模式，Linux 软件，苹果 App Stor 的应用开发等都是集聚了用户的力量寻找创新的解决方案，这类方法越来越受到重视。这种创新来源是集众人之力，通过众人来获取强大的新资源，形成"大众创新、万众创业"的生态圈。

11. 模仿、重组和预测未来

除了上述创新来源外，从模仿他人中学习也是一种创新战略，韩国制造业的发展就是采取了复制和发展的创新战略。此外，将一些早已有的想法在新的领域进行转移或者组合也是一个重要的创新来源，如网络视频类节目。另一种能够引发创新的来源就是通过想象和开发主流日常用品的替代物。那些可以用于预测和想象不同未来前景的工具和技术有助于激发出新的创新成果。例如，虚拟现实（VR）技术的发展或许会对未来医疗、航空等方面带来更多创新。

4.2 创新的基本方法

> **案例导入：叩诊法诞生的故事**
>
> 叩诊法诞生于18世纪。一位奥地利医生在给病人看病时，尚未确诊，患者突然死去。经过解剖发现，死者胸腔化脓并积满了脓水。这位奥地利医生就想，能否在解剖前就诊断出胸腔是否积有脓水。
>
> 一天，在一个酒店里，他看见伙计们正在搬运酒桶，只见他们敲敲这只桶，敲敲那只桶，边敲边用耳朵听。他忽然领悟到，伙计们是根据叩击酒桶发出的声音来判断桶内还有多少酒，那么人体胸腔的脓水的多少是否也可以利用叩击的方法来判断呢？他大胆地做了试验，结果获得了成功。于是，新的诊断法——"叩诊法"从此诞生了。

创新的来源诱发创新的点子，创新的基本方法是形成创新成果的手段。掌握一些基本的探索创新的方法是减少创新不确定性的重要环节，也是创新管理的对象。

4.2.1 组合创新法

正如熊彼特所言，创新是要素的组合函数。在许多情况下，创新并不是创造出一种全新的，以前没有的东西，也并非独出心裁。只要在已有知识平台基础上，把不同的知识或要素结合起来，或者把不同功能的产品巧妙组合在一起，往往就可以成为科学技术的发明和创新。像这样将原有的某些事物联结组合在一起而产生出新事物的创新方法叫作组合创新法[①]。

1. 优点组合创新法[②]

优点组合创新法就是将各种优点集为一身而创造出来的新产品的方法。产品的优点和特色就是一个产品的卖点，往往一个整合了现有产品优点进行开发的新产品都备受消费者欢迎。例如，每一款iPhone都是在继承前一款iPhone的优点基础上，融合新的科技和优点，一推出便能立马引发全球"果粉"的抢购热潮。

2. 多功能组合创新法

功能组合创新是将多种功能要素，如材料、颜色、体积、作用等组合到一起的创新。追求多功能是一条重要的创新捷径，从组合创新的思路可以激发出许许多多的创新设想。例如，瑞士军刀将小刀、指甲钳、启瓶器和螺丝刀等融合为一体，形成一种小巧而多功能的新型军刀。不仅如此，瑞士军刀还将军刀与小型固态硬盘创新性地组合在一起，同时带有可以显示时间、存储容量等信息的小型黑白显示屏，开启了e时代军刀的电子时代之门。

3. 主体附加创新法

主体附加创新技术是以某一种特定的对象为主体，然后置换或插入其他附加事物，从

[①] 王永杰.创新：方法与技能实务[M].成都：西南交通大学出版社，2007.
[②] 李时椿，常建坤.创业与创新管理：过程·实战·技能[M].南京：南京大学出版社，2008.

而导致创新的一种组合技巧。这种创新仅仅是对原有事物的完善或改进，并不能对原有事物产生重大突破性的创造。主体附加创新法常常采用两种方式：一种是不改变主体的要素与结构，仅仅是在主体结构基础上附加功能。例如，老年拐杖的主体结构上增加板凳、按摩、照明、防卫等功能。另一种是对原有事物的主体结构进行适当的改变，以便使主体和附加物之间结构协调紧凑。例如，在台灯上增加时钟、温度计、提示板、笔筒等附加物件。

4. 同类组合创新法

同类组合是把具有同样属性、功能、结构等事物组合在一起而构成的新事物。同类组合不需要对原有事物或技术进行较大的改动便可以取得较好的收获。如针对普通订书机而发明的双排订书机，大大提高了订书机的工作效率；为了博得热恋中少男少女们的欢心，市场上纷纷出现情侣装、情侣手套、情侣对戒、情侣手表等；为了迎合家庭之间的和谐与幸福，又出现了亲子装、家庭套餐、合家欢旅行等。

5. 异类组合创新法

异类组合创新法是将不同属性、功能、结构或成分的物质组合在一起而构成的新事物。如铁容易生锈腐蚀，不仅影响美观也影响质量，然而，把铁和镍、铬等一起熔化，得到不锈钢，不仅美观而且也不容易被腐蚀。美国画家海曼由于自己的粗心大意，经常找不到橡皮擦，于是将橡皮擦绑到铅笔上，他的朋友威廉看见了，觉得这样很方便，于是发明了带有橡皮擦的铅笔，深受市场欢迎。

4.2.2 移植创新法

所谓移植，就是将成熟的技术或工艺应用到其他行业或生产流程中，或者将一事物的工作原理应用到另一事物中，创造出新的产品，这属于重组创新。例如，在面包制作过程中，品质松软的面包口感比品质较硬的面包更受欢迎，那是因为通过将面粉发酵，使面团变得松软多孔。这一过程被一家橡胶厂老板发现后，他将面包发泡技术移植应用到橡胶制造上，生产出松软多孔的海绵橡胶，深受消费者欢迎。海绵橡胶问世后，另一家水泥厂的老板又从中得到启发，将这一技术移植应用到水泥生产中，如法炮制出质坚而轻的"发泡水泥"，创造出一种理想的隔热、隔音新材料，广泛应用于房屋建造。

1. 原理移植创新法

这种移植方法是将某种事物的工作原理移植应用到其他事物上，只要赋予新的结构或新的材料，新的工艺就会创造出新的事物。例如，根据香水喷雾器的雾化原理，对构造、材料和加工制造条件的不同要求进行技术创造，研制出油漆喷枪、喷射注油壶、汽化器等原理相同，使用功能不同的产品[①]。又如，对汽车内部磨损程度进行诊断的"验油"技术便来源于医学上的抽血化验，对血液中各成分进行分析来判断病情并作出诊断结论的原理，这种新技术使不必将汽车全部拆开，只需要从油箱中取出少量润滑油，然后经过光谱分析，即可从油的各种成分变化来判断设备的磨损程度。

---

① 王永杰. 创新：方法与技能实务[M]. 成都：西南交通大学出版社，2007.

2. 方法移植创新法

这种移植方法是将某种工作方法或技术移植到其他事物的生产和开发上，从而创造出新产品或新事物的方法。他山之石，可以攻玉，某领域、某行业或某类产品的加工制造工艺，常常也是解决其他领域、行业或别类产品制造难题的潜在妙法或绝招。例如，利用金属材料淬火方法，研制出了一种既有韧性又耐高温的弹性玻璃。又如，科学家通过蝙蝠利用发出一种频率极高的声波来分辨障碍物的距离远近，从而避开障碍向适宜方向飞去的原理，创造出了雷达。

3. 结构移植法

这种移植方法是将某一事物的结构或外形移植到另一个物体上，从而创造出一种新的结构。一般来讲，结构移植对事物的结构不做实质性的改进，直接用于其他事物的设计、改造、革新和发明上。例如，将西方建筑结构应用于东方建筑设计中，创造出中西合璧的建筑风格；将欧式家居理念移植到中国古典实木家具中，创造出具有欧式风格的中国古典家具，等等。

4. 材料移植法

这种移植方法是将物质材料不加改变，或者在原有材质上添加某种物质，或者进行处理后移植到其他的领域或事物上，创造出新的使用价值和新的功能。例如，在国内家喻户晓的上海硫黄皂和药皂，就是在原有的香皂基础上添加硫黄和中药成分而推出的产品。材料移植创新都是对物质材料的创新性应用。

5. 综合移植法

这种移植方法是将融合了众多事物的技术方法、原理、结构外形、物质材料和功能元素等，移植到一个新的创造对象上，进行综合考察，形成新的创新性成果。这种创新方法往往能创造出一种全新的事物来，或者技术上的重大突破。如工业机器人、宇航工程、克隆技术、海洋技术等，都是综合移植的产物[①]。

4.2.3 联想创新法

联想来源于现实，又高于现实，它是对现实事物的抽象化过程，是以现实事物为基础，幻想出与其有联系的新事物。联想思维是思路由此及彼的连接，即由所感知或所思考的事物、概念和现象的刺激而想到其他的事物、概念和现象的过程。人的联想不是凭空产生的，而是需要具有丰富的知识与经验积累为基础。但是，具备了丰富的知识经验，也不一定能够产生联想创新，还必须具备将一事物与其他事物联系起来的思维能力和创新意识。例如，伟大的发明家爱迪生从小勤奋好学，11岁就阅读了科学百科全书、牛顿著作以及其他各类书籍，储备了大量的科学知识，为以后1000多项科学发明的创造打下了坚实的基础，当然，这一过程也离不开爱迪生发现问题和思考问题的能力。

1. 类比联想创新法

类比联想创新法是将具有一定相似性的事物进行比较，找到它们之间的相同或相似点，

---

① 王永杰. 创新：方法与技能实务[M]. 成都：西南交通大学出版社，2007.

再将相同或相似点联系起来，创造出具有该相同或相似点的新事物。触类旁通、举一反三的类比联想，是人们运用联想创新的主要技法。主要有：①直接类比法。在自然界或者已有的成果中寻找与创造对象相类似的东西。如效仿鲨鱼皮肤而研发的高效鲨鱼皮运动泳衣等。②象征类比法。用具体事物表示某种抽象概念或思想感情。这种方法多用于建筑、雕像和服装等方面的设计。③拟人类比法。从人体结构和器官功能中，创造出类似的东西。如挖掘机就是模拟人体手臂的功能和动作而设计的。④因果类比法。两个事物的各个属性之间可能存在某种因果关系，因而可以根据一事物的因果关系，推出另一个事物的因果关系。如麻省理工学院谢皮罗教授通过对洗澡水漩涡的流向，推出台风旋转的方向。⑤对称类比法。通过对称关系进行类比，创造出全新的东西。如从女士护肤品中创造出男士护肤品。⑥综合类比法。各种事物属性之间的关系虽然很复杂，但可以综合它们相似的特征进行类比。如将一个模拟飞机在风洞中进行模拟飞行试验。

2. 变异联想创新法

现代创新设计过程中的变异联想创新法，就是发散思维，奇思妙想，对现有产品和服务的功能、外形、结构等进行变异性联想，并根据实际情况和具体需要加以灵活地调整、改造和完善，从而构成一种有别于以往设计的创造性联想。主要有：①功能变异联想法。即对事物的功能进行变异性联想，创造出来新的事物。②放大变异联想法。将原有事物放大，创造新的感官效应，以大而醒目令人惊喜，吸引眼球。放大并不是简单地将尺寸或体积扩大，而是在放大的同时要技术与智慧并进。如电视机从黑白电视机到彩色电视机，从十几英寸到现在的超大屏幕，除了屏幕尺寸的放大，相应的显像技术、屏幕、分辨率等都要有所提高。③缩小变异联想法。在保持原有事物性质和功能不变的情况下，缩小其体积或外形的一种创新方式。很多缩小变异创新的产品都是为了方便携带和收藏，如小功率电吹风、笔记本电脑、迷你影响、袖珍电扇等。

3. 奥斯本检核表法

奥斯本检核表法由美国"创新技法和创新过程之父"亚历克斯·奥斯本创造，是一种简便易行的联想创新方法，是针对某种特定要求制定的检核表，主要用于新产品的研制开发。1941年奥斯本出版了世界上第一部创新学专著《创造性想象》，提出奥斯本检核表法。该法引导创新主体在创造过程中对照九个方面的问题进行思考，以便启迪思路，开拓想象空间，促进人们产生新设想、新方案。九个问题是：有无其他用途、能否借用、能否改变、能否扩大、能否缩小、能否替代、能否调整、能否颠倒、能否组合。奥斯本检核表设计的特点之一就是多向思维，用多条提示引导发散思考，突破旧的思维框架，开拓创新思路，提高了发明创新的成功率。由于它突出的效果，被誉为创造之母。当然，运用此法还要注意与具体的知识经验相结合，还要结合改进对象（方案或产品）来进行思考，还可以自行设计大量的问题，提出的问题越新颖，得到的结果往往就越有创意。

4.2.4 模仿创新法

模仿创新是比较简单和常见的创新方法，是从其他事物身上受到启发而创造出来的与之有相同点或相似点的新事物的一种创新方法。如人们从蜘蛛网的启发中发明了渔网，从飞鸟的启发中发明了飞机等。

1. 形状模仿创新法

这种方法是以模仿其他事物的形状而创造出来的与之形态类似的新事物。比如通过仔细观察生物的外形和形状，然后适当地改造形成具有模仿对象外形和形状的事物。直升机的原型来源于蜻蜓，防毒面具的原型来源于猪嘴，军事上的迷彩伪装术来源于蝴蝶群的启发等。

2. 结构模仿创新法

这种方法以模仿其他事物的构造而创造出来的与其有相似构造的新事物。结构模仿要求对模仿对象的结构进行剖析，了解其原理，然后联系实际生活再得以运用。如商陆草籽表面长满了小钩钩能够牢牢地粘在狗的毛皮上，梅斯特拉从中受到启发，反复试验发明了"维可牢"魔术贴纽扣，代替了拉链和扣子，深受服饰箱包和扣带类制造商的欢迎。

3. 功能模仿创新法

这种方法以模仿其他事物奇特的功能而创造出来的新事物。通过了解拟模仿功能，熟悉功能的作用与工作原理，以此为突破口，创造出具有相同或类似功能的事物。如超声波探测仪的诞生，来自于对蝙蝠利用超声波来辨别物体方位的功能的模仿。

4.2.5 虚拟创新法[①]

虚拟创新即通过借助外力进行创新。如诸葛亮妙借东风，草船借箭获得成功就是一个很好的例子。

1. 借力造势法

（1）闻风而动法。通过敏锐地捕捉有利的市场信息和情报，借力造势，顺势而为。如当中国台湾地区机械制造业听闻美国食品研究机构把黄豆食品列为健康食品后，迅速展开分析研究，并对豆制品市场进行预测和评估，在增加产量的同时尽全力将豆制品加工机械打进美国市场，当年创汇就增加了1000万美元。

（2）跟踪追击法。捕捉到市场信息和情报后，对信息和情报展开后续跟踪，挖掘信息和情报中的有利因素与发展趋势，顺势而为。如上海市百货公司小商品批发部得知上海市劳动局拟发文改变夏令清凉饮料发放办法后，马上成立专门小组跟踪调查。进一步了解到工厂供应清凉饮料将采用"集体供应"的办法，塑料汽水桶的需要量为此将会大幅度增加。塑料厂得此信息后立即扩大生产规模，拿到了大批塑料桶的订单。

（3）合二为一法。将外来的事物与现有的事物进行组合形成新的事物。一般这样的组合方式是基于两者之间的共同点和相似点之上，或者两者具有一定的属性或联系等。如西方快餐店进入中国市场后，为了迎合当地人的口味和抢占更多的消费市场，纷纷将当地人的口味与西方快餐进行融合，推出既具有西方特色又具有当地风味的快餐。如肯德基在四川推出的香辣鸡腿堡，在北京推出的老北京鸡肉卷等，深受当地人喜爱。

（4）未雨绸缪法。在对事物未来发展趋势有一定判断的基础上，顺势而发获取成功。如美国的弗里德曼在对未来石油行业做出分析和判断后，果断买下一家仅有15名职工的小

[①] 李时椿，常建坤. 创业与创新管理：过程·实战·技能[M]. 南京：南京大学出版社，2008.

厂从事石油机械设备配件生产。不久，世界石油价格猛涨，全球刮起了"采油风"，该厂年成交额达 7 千万美元。

（5）一石二鸟法。向用户提供某一产品或服务的同时，获得产品或服务以外的收益，既赢得了市场，又收获了额外的收益，一举两得。如家用电器在向顾客出售产品的同时，为每一件提供了保修单和意见反馈表，然后，对顾客的售后维修和意见进行统计，及时把这些重要信息传递给生产工厂，供技术人员改进设计，提高产品质量。与此同时，他们把一些有用的信息传给零售商，提高质量，促进了销售额的大幅上涨。

2. 虚拟经营

虚拟经营的主体是虚拟组织，是一种为了抓住稍纵即逝的市场机会而快速组合起来的临时性的企业网络，是迅速聚集一系列核心能力以利用市场机会的独立企业的动态联盟[①]。虚拟组织不是一个企业，而是一个由独立企业组成的企业群体[②]。这一群体虽然从事着生产、销售、运营等经营活动，但是却没有执行这些经营活动的组织。例如，世界名牌皮尔·卡丹曾两度被授予意大利共和国"特等功勋章"、联合国"名誉大使"荣誉称号，意大利市场表演领域的"奥斯卡"大奖等。然而，像这样知名的品牌却没有属于自己的工厂，他只将自己的设计方案提供给质量上乘的企业加工生产，打上"皮尔·卡丹"的品牌，再运往世界各地进行销售。目前全球有 800 家以上的企业为"皮尔·卡丹"生产服装，每年获利不少于 30 亿美元。在资源有限的情况下，虚拟经营模式可以迅速扩大规模，短时间内适应环境的变化，提高品牌的知名度，并快速占领更广阔的市场。耐克、戴尔等企业都是采用这种虚拟经营的方式获得成功。

3. 借助口碑

具有良好"口碑"的商品更容易获得用户的信赖，并借助消费者的"口碑"，让用户为商品做宣传，从而获得更多的用户。为了获得良好的"口碑"，日本松下电器公司董事长邀请有兴趣的消费者到公司参观生产设备、工艺流程、管理制度和质量标准等。参观者尤其是批发商或代销商看到松下精密的机器设备、先进的工艺流程、严格的质量管理标准、科学的管理制度后，对松下产品赞不绝口，松下电器的销售量也随之扶摇直上。通过邀请消费者到公司参观还可以沟通双方的感情，直接听取用户的意见和建议，并以此不断地改进和创新产品与服务，使之越来越符合消费者的需求，产品因而就越来越受顾客的欢迎。中国伊利为了取得更多消费者的信赖，也不定期向消费者开放参观伊利牧场和工厂。

4.2.6 逆向思维创新法

逆向思维法，即思考问题不遵循常规思路，而是反其道而行之，从常规思路的反方向探求寻找解决问题的思路。前面讲过，逆向思维常常使问题获得创造性解决。这种创新方法在于打破习惯性的思维方式，变单向思维为多向思维，看问题持怀疑的态度或批判的思维，从另一个角度来思考问题，以获得不一样的创造性的成果。

[①] 李波，王志坚. 虚拟组织的生命周期[J]. 外国经济与管理，2001，23：7-10.
[②] 赵春明.虚拟企业[M]. 杭州:浙江人民出版社，1999.

1. 结构性反转法

这种创新方法是基于事物本身的结构出发,从已有事物的相反结构形式去思考,探索解决问题的新思路。日本夏普公司就是突破了"烤东西,火在下方,食物在上方"的传统思维,把电热铬镍合金丝安装在食物的上方,这样的结构不仅同样达到烤熟的目的,而且在烧烤过程中滴下的油脂不会燃烧冒烟,也解决了油脂滴到电热丝上可能导致的安全问题,以及电热丝的寿命问题。

2. 功能性反转法

这种创新方法是基于事物的使用价值和功能出发,从已有事物的相反功能去思考,企图另辟蹊径找到一种全新的、独特的解决问题的途径。日本索尼公司名誉董事长井深大在理发时发现从镜子里看到电视画面是反像的,由此,他设想制造反画面电视机,不仅可以供理发者观看,也可以供病人躺在病床上从天花板镜子中看,还可以提供给乒乓球训练用,等等。

3. 角度性反转法

这种创新方法基于思考的角度出发,即当某种技术目标或技术研究按常规思路屡攻不下时,可以变换角度,从另一个方向思考,探索技术目标或技术研究的解决办法。古时候人们一般采用堵塞来治水,而大禹却突破性地采用疏导方式来治水,获得成功;田忌赛马的故事也告诉我们,面对强大的对手,如果采用上对上、中对中、下对下的应战方式,必输无疑,田忌通过调整应战马匹的顺利,最后战胜了强大的对手。

4. 缺点逆用法

这种创新方法是巧妙地利用事物的缺点,化弊为利,变劣势为优势,创造出具有独特个性的事物。任何事物都是矛盾的统一体,但是矛盾并不是只有对立,也可以相互转化。只要全面地研究事物的各种属性及其相互关系,就可以巧妙地利用其缺点,创造出新的技术、新的事物。如我们提过的美国艾士隆公司的"丑陋玩具"的设计发明,就是基于这样一种思维。

4.3 创新机会搜索[①]

案例导入:Cerulean 公司的创新搜索机制

Cerulean 公司从不同角度、不同人群、不同项目团队进行产品的创意搜索,这些创意有可能来自供应商,也有可能来自员工、项目团队里最不起眼的人。如服务或维修部门的员工,他们长期和潜在市场接触,了解市场的变化和客户的需求,能够从市场分析和客户需求中发现创新的动向,是非常规性的创新渠道。他们基于个人的知识和经验,在接触客户的过程中发现产品的问题和实际需求,这有利于完善和开发新的产品。

Cerulean 公司为了鼓励员工发现问题,引入了一个评价系统,这个系统关注的是员

---

① [英]约翰·贝赞特,乔·蒂德. 创新与创业管理:第 2 版[M]. 牛芳,池军,田新,等,译. 北京:机械工业出版社,2013.

> 工的能力而不仅仅是业绩。并建立了一种机制，即鼓励员工带着想法参加社交活动，与来自各方面的人交流，提供给他们可能会用到的所有资源，辅助产生新的产品创意。通过运用这样的方法，Cerulean 公司找到了很多新产品的创意。

创新的来源种类丰富，创新的方法多种多样。创新管理的问题不在于缺乏创新机会，而是创新机会太多，关键挑战在于如何组织创新搜索过程，并在资源有限的情况下开展工作。搜索创新机会需要一套有效的搜索方法，约翰·贝赞特和乔·蒂德建立了坐标系，描绘了创新资源的搜索空间布局，他们将其称为创新搜索空间的地图。这个方法及其相应的战略和工具能有效指导创新机会的搜索过程。因此，本部分主要借鉴他们的观点分析创新机会搜索。

4.3.1 创新搜索空间地图

1. 渐进式创新与突破式创新

前面我们提到，创新包括产品（我们提供什么）创新、流程（我们如何创造和交付产品）创新、定位（产品目标定位及表达）创新和范式（我们做事的框架）创新。根据新颖程度的不同，这些创新可以分为渐进式创新和突破式创新，即从"做得更好"到"做得不同"。

渐进式创新风险较小，因此带来的收益也有限，但这种影响是累进的，可以利用现成的工具，沿着系统的方向，去搜索和发现相关的机会。而突破式创新可能是一项全新的，以前没有的事物，可能带来更大的收获，当然同时也伴随着较高的风险。对于所有的新创企业，尤其是小微型企业，都试图在"做得更好"和"做得不同"这个组合中寻找一个平衡点，其中大部分的创新是渐进式，有一些则具有突破性。这样的好处在于可以从自己比较熟悉、风险较低的一端开始逐渐推进。

突破式创新意味着高收益，同时也意味着高风险，这类创新往往基于对陌生领域或崭新事物的思考，是对原有技术的突破，成败难以预测，前进的道路充满不确定性。在这个过程中，我们不能确定我们是否清楚自己的位置，也不能确定方向是否正确。

2. 旧框架与新框架

框架类似于人脑在信息筛选反馈时形成的一套心智模式，帮助聚焦，简化繁杂的外部刺激。对组织而言，所谓框架通常被看作一种结构，人们在其规则约束下开展创新。无论是个体创业者还是组织都需要一种简化框架，以观察外部环境并注意到组织认为相关的信息，如机会、威胁以及组织内部价值网络中的相关者，如竞争对手、客户、合作者和供应商等。

一个组织的框架是随着时间推移逐渐形成的，像一个匣子，未来的创新往往在匣子内发生。通常，某个行业的大部分公司会采用类似的框架。框架能给组织带来一定的稳定性，但同时也限制了创新可能性的搜索范围，影响了搜索机会的方向和搜索方法。因为，组织每天工作需要的结构、流程和工具都受到匣子的约束，而且这种工作方式与组织内部价值网络成员联系在一起，匣子的强大使得突破惯性思维、突破匣子去思考和工作变成一件困难的事情。

但突破式创新最初的微弱信号常常发生在组织的框架考虑不到的地方。因此，我们必须知道在不熟悉的领域中搜索创新的方法，应该学会从不同的角度观察事物，试图用另一种框架描述世界的运行，这些常常正是创业者寻找机会时做的事情。而当新的可能性出现时，现有公司往往缺乏发现并响应的能力，"漠视本组织之外的创新"在许多组织中都有发生，很多以创新能力著称的企业拒绝的新机会往往后来被证实是很重要的。对现有公司来说，做好充分的准备，尝试构建新的框架是需要学习的能力。

3. 创新搜索空间的地图

约翰·贝赞特和乔·蒂德将创新模式（渐进式和突破式）与框架（旧框架和新框架）两个维度结合形成了一个坐标系，得到一张创新搜索空间的地图，如图4-1所示。其中，纵轴表示创新的新颖程度，横轴表示不同的框架。两个维度将创新搜索空间划分为四种区域，每一个区域代表个体和组织在不同情况下可以采取的战略。

此时，无论是对于创业者个体还是组织，都面临一个选择：开发还是探索？创新研究者所称的开发战略是指从已知事物开始的创新路径，个体或组织利用知识资源或其他资产，通过将事情做得更好来保证可能的收益以及一条相对安全的路径。开发战略的关键在于利用已知事物作为基础进行渐进式创新，但这个过程会形成"路径依赖"，即过去的经历会对未来的行为产生重要的影响。而在不确定环境下，一个企业要取得竞争优势，更应该"做得不同"，即不是对现有产品的改进或模仿，而是进行革命性的创新，这就是探索战略。探索战略

图4-1 创新搜索空间地图[①]

的关键在于通过跨越式发展到新的知识领域，充满了风险，但是能保证组织在做新的、不同的事。探索好还是开发好？对组织或创业者而言，需要学习一些机会搜寻的方法来解决这个问题。

4.3.2 创新搜索战略

创新搜索空间地图四个区域的四种战略分别为：开发战略、边界探索战略、重构战略和共同演进战略。根据权变理论的思想，外界环境不断发展变化，不断地影响着组织的生存发展，因此，组织的创新搜索战略也需要顺应外界环境的变化而不断调整。此外，这四个区域之间的界限也并不是那么清晰，这样划分是为了阐明这样的思想：在不同的情境下，会面临不同的挑战，寻找合适的机会需要不同的战略。

1. 开发战略

在稳定和共享的现有框架下，进行渐进式的改善。这类创新搜索对现有公司有利，因为它们拥有组织和管理这类系统性搜索的资源，而新创企业不具备这样覆盖所有领域的能力。"开发"战略，受"路径依赖"影响，是在旧框架下的渐进式创新。在区域1的情境下，创新机会通常在于开发他人尚未发现的缝隙市场。

---

① [英]约翰·贝赞特，乔·蒂德. 创新与创业管理：第2版[M]. 牛芳，池军，田新，等，译. 北京：机械工业出版社，2013.

在区域 1，搜索创新通常借助于技术和市场研究方面公认的搜索工具和方法，还需要拓宽与现有关键参与者的关系。执行这样的搜索行为需要组织确定责权明晰的相关执行部门，如市场研究部门、产品开发部门等。由于此类创新搜索的问题定义清晰而且被广泛接受，此时全员参与创新也是有可能的。此外，加强与外部网络的联系，从顾客、供应商及所处环境中其他相关者处也会获得有价值的搜索信息。

2. 边界探索战略

在已有的框架内，搜索新的领域，将已知前沿继续向未知领域推进或者采用不同的搜索技术。虽然是在"做不同的事"，但仍然是在一种被参与者普遍接受，并约束所有参与者的规则和模式下进行的，即是在现有框架监控下的突破式创新。就创业者角度而言，这个区域可能存在重大机会。现有公司在进行此类搜索时，可能会关注到那些拥有高度专业化知识资产的个体和新创企业，他们之间可能会形成一种相互依赖的"共生模式"。

在区域 2，搜索创新的主要途径在于研发投入，相应地，知识产权战略的目标在于沿着现有关键技术路线拓展和保卫新的领域，市场研究的目标在于通过潜在需求分析、贴近用户的设计等方式靠近用户。这要求高度专业化的组织架构，正式的研发部门通常执行独自的功能，有时也有外部专业研究人员参与，他们可能来自大学、科研机构以及围绕特定领域深度探索结成联盟的成员公司。市场研究工作也因高度专业化需要外部专业性机构介入。由于此时的创新探索高度专业化，其他成员很难参与。

3. 重构战略

搜索可能产生新架构的空间，环境中各种要素的新排列组合。这通常是和环境中现有商业模式以外的元素一起工作的结果，如与金字塔底层市场合作。这个区域往往对现有组织以外的创业者有利，因为现有组织受惯性思维影响常会犯漠视本组织之外的创新这类错误，而创业者则能用一个新的视角看待并构建世界。

在区域 3，搜索创新机会关键在于懂得在关键环节改变视角，改变做事的方式，以便应对不同条件下的竞争，谋求生存和发展。此时的创新不一定是在核心产品或者流程方面有多么革命性的变化，更多的可能是改变组合要素的方式。为此，需要从一个新的视角去搜寻创新的机会，重新构建并创造新的框架。例如廉价航空，对于航空市场来讲，并没有采用新的产品和流程，而是通过识别市场中的新要素——学生、老人等，即那些现在还没有采用飞行交通工具，但一旦价格下降则有可能购买航空服务的人群，由此对商业模式进行了重新思考，其结果是重新构建并创造了新的市场空间。但商业模式的重新思考有赖于深入的产品和流程创新，例如在线预订、机场的高周转率、多种技能的员工等，将机舱服务分等级等。

4. 共同演进战略

"混沌边缘"的复杂环境，创新在产品或流程的共同演进中逐步浮现。在这个区域，组织与外界环境，组织内部各要素之间相互影响，这是一个相互影响的复杂系统，很难预测可能的结果。

在区域 4，复杂系统容易让我们误以为自己什么也做不了。但实际情况是，了解一些简单规则有助于我们在这个领域开展创新搜寻工作。复杂系统中有一类"共同演进"模式，即不同要素相互作用形成特定的解决方案。这种模式开始出现后，通过反馈、发出比背景噪声更清晰的信号而放大，最终系统转到一个特定的方向，主导模式出现。因此，在这样的复杂系统中，创业者需要明白：①越早越好，因为主导设计的信号在最初也非常微弱，局外人很难发觉。②活跃参与，积极试验。因为结果难以预测，意味着可能性很多。③为失败做好准备。④留意系统中别人有可能发现微弱的信号，并放大那些有效的信号。组织架构则需要灵活应对环境所需。在这样的环境下，确定没有既定的现有模式很重要，这将有利于创业者调整心态，准备好采用不同的方式观察事物，并充分利用新机会。

5. 创新搜索的挑战

贝赞特和蒂德还总结了探索创新空间时可能遇到的挑战以及可以使用的措施（如表4-2所示）[①]。

表4-2 探索搜索空间可能面临的挑战与对策

区域	搜索挑战与对策
"业务不变"：在固定条件下的创新，对核心业务模式很少干扰。	开发：现有技术和市场边界的增量扩展和改进。 和关键参与者建立紧密和强有力的联系。从资源的角度来讲，对现有参与者有利，初创企业需要在主流框架内寻找市场缝隙。
"业务模式不变"：在现有框架下搜索。	探索：通过尖端技术推动技术和市场前沿前移。 同内部，尤其是同外部关键战略知识资源保持联系。拥有核心知识资产的创业者，例如，从大学实验室中拆分的新创企业，能够从这种探索过程中获益，并且和主要资源提供者建立联系。
另一种框架：采用环境中的新要素或其他要素；多样匹配，其他架构。	重构：探索其他可能，引入新的要素。 试验和开放式搜索，边界和外围很重要。此时创业者有很强优势，因为他们带来了全新思维和视角以建立新规则。已有组织可采用内部创业小组、公司创业等方式探索。
突破式：全新的时间和可能性。在未知和已有要素基础上建立的新架构。	突现：需要和利益相关者共同营造。 • 参与创新过程， • 越早越好， • 越活跃越好。 创业者此时拥有优势，因为此时创新生命周期是开放的，需要灵活的思维方式并且容忍失败、承担风险。此时高失败率是个大问题，现有组织有能力承担失败，但对于新创企业而言却是灭顶之灾。

资料来源：[英]约翰·贝赞特，乔·蒂德. 创新与创业管理：第2版[M]. 牛芳，池军，田新，等，译. 北京：机械工业出版社，2013.

4.3.3 创新搜索战略实施

搜索战略如何去实施？如何应对这其中的挑战？欧盟创新调查会对27个欧盟国家中企业创新行为的观察加强了这样一个观点：成功的创新来自全面撒网，关注更多的可能性，

---

① [英]约翰·贝赞特，乔·蒂德. 创新与创业管理：第2版[M]. 牛芳，池军，田新，等，译. 北京：机械工业出版社，2013.

动员多个信息渠道。

1. 构建广泛的创新网络

在创新的搜索空间中,我们需要不同的知识结构和思考角度,鼓励具有不同知识储备、业务素养和技术能力的人合作。亨利·切斯布鲁(Henry Chesbrough)提出"开放式创新"来描述组织追踪并获取外部知识,不仅仅只依赖内部产生新创意的现象。不论是在科学技术的研发还是市场信息的获取,都体现出开放式创新的痕迹。和创新的潜在资源建立丰富且深入的联系很重要,很多领域内的开放创新搜索过程在显著加速,如图4-2所示。

(1)开放式搜索。此时搜索战略需要实现:获得更广泛、更多样化的创意,并且和组织内部联系起来以便更有效地利用这些创意。开放式搜索应跨越组织的边界,从组织外部引入知识流,通过网络广泛地开展创新机会搜索。网络节点数量、关系强度、搜索渠道畅通性等都将影响搜索的效果。

图4-2 "开放式创新"集合

资料来源:[英]约翰·贝赞特,乔·蒂德. 创新与创业管理:第2版[M]. 牟芳,池军,田新,等,译. 北京:机械工业出版社,2013.

(2)开放式参与。大量研究表明,高参与创新(即在组织范围内鼓励员工加入有组织的创新活动)为渐进式创新带来有效的创意来源。但最近的研究表明,由于公司内部网络和社交网络的兴起,如果将内部创业引入创新竞赛,也可能带来突破性创新。

(3)开放式利益相关者。用户驱动创新表明用户的积极行为带来变化。信息技术的高速发展使得用户参与创新活动趋势加速。创新的传统模式是在设计和选择分离背景下展开,但现在以用户为中心进行设计的情形正在增加,活跃用户作为创新合作者将更多出现。

构建广泛的创新网络模型时,需要考虑知识产权问题,即如何保护知识,如何获得他人的知识、如何进行产权分配,如何方便地在全球范围内寻找所需知识。这就要求企业的创新管理从侧重知识创造转向知识贸易和管理知识流。

2. 搜索工具和技术

创新管理是为创造一种新的或更有效的资源整合范式,这种范式可以是新的有效整合资源以达到企业目标的全过程管理,也可以是某方面的细节管理,至少可以包括以下五个方面情况:①提出一种新的经营思路并加以有效实施;②设计一个新的组织机构并使之有效运作;③提出一个新的管理方式或方法,它能提高生产效率,协调人际关系或能更好地激励员工;④设计一种新的管理模式;⑤进行一项制度创新[①]。创新的方式也不是一成不变的,随着时间推移和环境的变化,选择与变化相适应的创新方式。另外,创新除了可以借助经验来搜索创新机会,也可以借助已开发的工具。但我们需要明确的是:创新管理是一项动态能力,需要不断更新和提升,使之能够处理不断边界外溢的问题。环境不断变化,我们需要学习新方法,并且放弃不再适用的老方法。

(1)内部搜索

内部搜索对象是组织内部的知识。渐进式创新过程中,知识是一种有价值的资源,普

[①] 芮明杰. 管理创新[M]. 上海:上海译文出版社,1997.

通员工参与低层次问题解决过程能显著提升生产效率。如生产一线员工结合产品和生产设备的特性，提出产品或设备的改进建议；售后服务员工通过对产品使用情况的了解和客户对产品的建议而形成的系统的产品改进建议等。大部分知识掌握在普通员工手中，而不是仅仅像研发或市场调研这样的专注创新的专家手中，员工的创意是组织内部创新的一个重要来源。越来越多的公司试图采用这样一种通过不同形式的"高度参与创新"系统将知识作为创新的资源。鼓励"内部创业"也越来越流行。像 3M 和 Google 这样的公司试图用一种半正式的方式管理鼓励员工的创新，并且为员工分配一定的时间和空间用以探索他们自己的创意。公司在管理这样的内部员工创新活动时，需要提供相关资源和政策支持，同时也意味着面临投入资源一无所获的风险。

对于组织内部知识的获取，需要加强组织之间员工的交流，搭建员工间正式和非正式网络，如开展研讨会、技术交流会，实行岗位轮换制度，设置跨部门的咖啡区、休息区等。同时也充分利用信息技术，搭建员工内部社交网络，利用虚拟团队合作等。3M 公司负责研发的副总裁 Larry Wending 谈及公司创新的秘密武器时提到，公司连接了数千研发及市场人才的正式和非正式网络。3M 的一些突破性创新，如从粘胶带到便利贴及其他大量的衍生产品，大部分来源于人际联系。

（2）外部搜索

建立广泛的创新网络和与关键利益相关者建立强有力的关系是创新成功的关键要素。IBM 公司对全球 750 个 CEO 的调查显示，76%的人认为创新的最要来源是与商业伙伴和客户之间的合作，而内部研发则仅排名第八。构建和管理外部网络对于新创企业来说，有更重要的作用。贝赞特和蒂德总结了在外部搜索创新机会时可以使用的一些方法，如表 4-3 所示：

表 4-3　建立搜索新方法

搜索战略	操作模式
派出侦察员	派遣创意猎手去寻找新的创新引擎
探索多重未来	采用未来科技开发多种可能性，并在此基础上开发创新选择
利用网络	利用网络力量，如利用在线社区和虚拟世界，发现新趋势
和活跃用户合作	同产品和服务的使用者一起建立小组，寻找现有产品可供改进之处
深入挖掘	研究人们究竟在做什么，而不仅仅是听他们说些什么
探索和学习	采用原型作为探索现象的工具，将关键利益相关者引入创新流程
调动主流	让主流参与者进入产品和服务开发过程
公司创业	刺激和培养组织内部的创业潜力
利用中介和桥梁	更广泛地获取创意，并且和其他行业建立联系
多样化	成立多样化小组和多元化员工队伍
创意生成器	使用创造性工具

资料来源：[英]约翰·贝赞特，乔·蒂德. 创新与创业管理：第 2 版[M]. 牛芳，池军，田新，等，译. 北京：机械工业出版社，2013.

① 派出侦察员。派遣内部员工或外包人员执行搜索活动以寻找启动创新过程的新创意（在德国他们被称为创意猎头——一个捕捉好创意的团队）。他们围绕创新的目的，在意料

之外寻找可能的信号，他们关注技术前沿，也关注市场趋势和竞争者行为，但他们的搜索范围并不仅限于所在行业。

② 探索多重未来。众多对未来的设想和研究为此类创新提供了资源库。可以通过采用"科幻小说"式的思维换一个全新的视角构想未来来拓宽思维，并识别未来的可能性，有时可以借助提供专业服务的公司构建关于未来的模型。还可以通过建立"概念"模型或原型，探索后续反应，并聚焦可能合作创新的一些信息。汽车工业常用的概念车就是一种用于理解和修正未来可能产品的原型。类似地，航空业的公司也建立了概念飞机。

③ 利用网络。通信技术的快速发展，互联网的广泛运用，使得利用网络搜索成为一种广泛使用的方法。互联网就像一个巨大的、开放的数据库。网页是一种等待被搜索的信息资源，日渐有许多专业公司提供搜索工具帮助人们猎取信号。通信技术帮助组织搭建内外部网络联系的桥梁，加速了信号传递，这个桥梁逐渐发展为一个信息交流场所，蕴藏着丰富的信息资源。如 Ely Lilly 公司通过建立 Innocentive.com，将科学问题和可能提供答案的人群联系起来，在全球范围内雇用了大量的天才科学家为其服务。现在有许多网站也开始为公司提供建立内外联系的中介服务，无形中创造了一个全球范围的创意市场。此外，网页还可以成为一个实验室，在虚拟环境下预测未来的需求和变化。如 Facebook 和 MySpace 这样的社交网站，已经成为发现和开发音乐和其他类型的娱乐创意的有力渠道，大大扩大了搜索的范围。

④ 和活跃用户合作。传统观点是将用户视作被动的消费者，实际上很多创新来源于用户的建议和要求，将用户看作创新过程中的活跃参与者已经成为创新搜索的重要战略。用户是产品的体验者和使用者，可以提出产品改进的建议，并帮助企业打开新的方向，创造新的市场、产品和服务。这里的关键在于如何识别出活跃用户并和他们一起工作。通常活跃用户往往处于主流的前端，是一群乐意积极参与企业创新活动的人群，他们有浓厚的兴趣参加"Beta 测试"、开发软件和其他的在线产品。并不仅仅因为产品或服务有问题这些用户才参与创新，而是他们愿意提供改善，甚至期望自己的提议得到采纳。

⑤ 深入挖掘。目前的市场调查采用比较多的有问卷调查、访谈、座谈和顾问小组等方式，重在"倾听顾客的声音"。但有时人们说的和做的并不一致。在人类学的领域，研究者通过观察、融入研究对象的日常生活等方式获得洞察力，而不是仅仅通过询问的方式。为此，一些人类学方法被大量采用以获得执行情境下顾客更真实的需求。"深入挖掘"是描述此类方法的一种术语。"深入挖掘"最近几年已经成为一种有效的创新工具。

⑥ 探索和学习。未来的发展是不可预见的，探索道路充满不确定性和不可预测性。一般而言，探索的一个有效的方法就是试点，即先弄出一个东西试验，边试验边学习，不断地修正实验方案，总结经验教训，一些新兴的趋势和设计都可以在一个连续性的学习过程中被探索出来。在探索过程中，需要事前做到对未来机遇和威胁的评估，然后制定假设、试验、修正、总结与学习。假设和学习是探索的两个重要的元素。假设即提出"概念"模型，将"概念"模型设计成产品原型，进行试点。学习贯穿于整个探索过程之中，即"干中学"。

⑦ 公司创业。对大公司来说，搜索战略的一个关键难点在于找到一条"跳出匣子"的路径。公司创业（鼓励公司内部的创业者）是一个有效的方法。公司创业是个宽泛的定义，

从简单的公司内外部创意的风险投资到积极搜索和实施,再到并购和分拆。公司创业常用的方式是建立特别团队,给予宽松的环境和预算,以探索多种可能。公司创业的目标是为企业的新方向提供启动资金,对公司创业的管理既可以是严格控制也可以是自由放任。诺基亚公司创业即聚焦于识别可开发的新业务,投资于移动互联网相关的新创公司,也通过一个名为"Innovent"的第三方团队支持和孵化有希望成长为未来希望的新生创业者。

⑧ 利用中介和桥梁。中介和桥梁是搭建联系的纽带,尤其是组织对外搜索创新机会,需要借助一定的中介和桥梁来建立组织与外界之间的联系。网页和侦查员可以带来大量信息,但不一定能建立有效连接。中介和桥梁则可以帮助我们建立和培育连接。因此,组织可以利用中介和桥梁来实现创新机会的搜索。

贝赞特和蒂德利用表 4-4 对上述内容进行了总结,即跨越不同的区域时,搜索面临的挑战意味着需要采取不同的方法。

表 4-4 搜索创新空间

区域	挑战	工具和方法	结构
"业务不变":在固定条件下的创新,对核心业务模式很少干扰	开发:扩展和改进现有技术和市场边界增量,和关键参与者建立紧密和强有力的联系	• 新产品/服务开发的"最佳实践" • 靠近顾客 • 技术平台和系统开发工具	• 正式和主流结构 • 组织内高度参与 • 现有角色和功能(包括生产和采购等)
"业务模式不变":在现有框架下探索	探索:通过尖端技术推动技术和市场边界前移,和关键战略知识资源保持联系	• 研发和市场研究的领先工具 • 放大战略知识搜索资源的开放式创新方法	• 专业领域的正式投资,如研发和市场调查等
框架:采用环境中新的或其他要素;大量匹配、替代架构	• 重构:探索其他可能,引入新的要素 • 试验和开放式搜索 • 边界和外围很重要	• 可能的未来,微弱信号检测 • 用户引导的创新 • 极端的和边缘用户 • 原型:探究和学习 • 创造性技术私下开发	• 外围和即兴的 • 挑战:授权工具 • 创投小组 • 内部创业,侦察员 • 未来小组、中介、边界扩展和咨询代理
突破式:全新的领域和可能性。在未知和已有要素基础上建立的新架构	产生:需要和利益相关者共同营造,参与创新过程越早越好,越活跃越好	• 复杂理论:反馈和放大,探究和学习,原型机制造和利用边界对象	• 远离主流 • 领有执照的梦想家 • 外部代理和支持者

来源:[英]约翰·贝赞特,乔·蒂德. 创新与创业管理(第 2 版)[M]. 牛芳,池军,田新等译. 北京:机械工业出版社,2013.

4.4 创业机会识别与评价

案例导入:时机是创业成败的关键

两个青年一同开山,一个把石块儿砸成碎石子卖给建房人,另一个直接把石块运到码头卖给杭州的花鸟商人。因为这里的石头总是奇形怪状,他认为卖重量不如卖造型。三年后,卖怪石的青年成了村里第一个盖瓦房的人。

> 后来，不许开山，只许种树，于是这里成了果园。每到秋天，漫山遍野的鸭梨招来八方商客。他们成筐成筐地将鸭梨运往全国各地，甚至远销海外。当村里的人为鸭梨带来的小康日子欢呼雀跃的时候，那个曾卖怪石的青年卖掉果树，开始种柳树。因为他发现来这里的客商不愁挑不上好梨，而是愁没有足够多盛梨的筐。五年后，他成了当地第一个在城里买房的人。
>
> 再后来，一条铁路从这儿经过。小村开始实施对外开放，果农也开始由单一的卖果发展成水果加工及市场开发。就在一些人开始集资办厂的时候，那个青年开始在他的地里修砌一道三米高百米长的墙。这道墙面向铁路，背依翠柳，两旁是一望无际的万亩梨园。坐火车经过这里的人，在欣赏盛开的梨花时，会醒目地看到四个大字：可口可乐。据说这是五百里山川中唯一的一个广告，那道墙的主人仅凭这座墙，每年又有四万元的额外收入。
>
> 20世纪90年代末，日本一著名企业的人士来华考察，当他坐火车经过这里时，听到了这个青年的故事，马上被此人惊人的商业化头脑所震惊，当即决定下车寻找此人。当日本人找到这个人时，他正在自己的店门口与对面的店主吵架。原来他店里的西装标价800一套，对面的就把同样的西装标到750元；他标750元，对面就标700元。一个月下来，他仅批发出8套，而对面的客户却越来越多，一下子发出了800套。
>
> 日本人一看这情形，对此人失望不已。当他弄清真相后，又惊喜万分，当即决定百万年薪聘请他。原来对面的那家店也是他的。
>
> 资料来源：穆林.创业，先要练就一双好眼睛[EB/OL].阿里巴巴创业资讯. http://blog.china.alibab.com, 2008-04-18.

1979年，纽约大学教授Kirzner首次提出，商业是一个机会发现活动，创业者往往对机会保持高度的警觉性，机会发现是创业中重要一个环节[1]。Singh、Hills和Lumpkin（1999）认为，创意是通向机会的垫脚石[2]。商业机会识别作为创业活动的初始阶段和核心环节，对于新创企业起步与发展方向至关重要。

4.4.1 创业机会

1. 创业机会的内涵

蒂蒙斯（Timmons）教授认为，创业过程始于创业机会。创业者只有在发现创业机会后，才能进一步考虑能否配置到必要的资源以及如何利用这个机会去最终盈利，进而着手开始创业。对于创业者而言，真正的创业机会比资金、团队的智慧、才能或可获得的资源更重要[3]。英国雷丁大学经济学教授Casson（1982）认为，创业机会是一种新的"目的—手段（means-end）关系"，它是为经济活动引入新产品、新服务、新原材料和新组织方式，并能以高于成本价出售的市场情况。Scott Shane和Eckharat（2003）提出，创业机会本质上是一种能带来新价值创造的"目的—手段关系"，所谓"目的"指的是创业者计划服务的

---

[1] Kirzner I M. Perception, Opportunity and Profit: Studies in the Theory of Entrepreneurship[J]. University of Chicago Press, 1979.

[2] Singh R P, Hills G E, Lumpkin G T. New venture ideas and entrepreneurial opportunities: Understanding the process of opportunity recognition[J]. Chicago: Institute for entrepreneurial Studies. University of Illinois at Chicago, 1999.

[3] 李时椿，常建坤.创新与创业管理：理论·实践·技能（第四版）[M].南京：南京大学出版社，2014.

市场或要满足的需求，表现为最终产品或服务；所谓"手段"指的是服务市场或满足需求的方式，表现为用于供给市场最终产品或服务的价值创造活动要素、流程和系统。李时椿（2014）提出，创业机会是指具有商业价值的创意，变现为特定的组合关系。

Timmons（2005）认为，创业机会"具有吸引力强、持久、适时的特性，它根植于可以为客户或最终用户创造或增加价值的产品或服务中"。一般来说，有价值的创业机会具有价值性、可行性、时效性等基本特征。

（1）价值性。创业机会是否具有价值，体现在该机会是否能吸引顾客。只有能为消费者创造新价值或增加原有价值，才能对顾客和创业者双方产生吸引力，才可能有创造超额经济利润的潜力。

（2）可行性。创业机会是否可行，体现在该机会是否在"商业环境中行得通"，即创业机会必须适合创业者所处的市场环境，这样创业者才有可能开发和利用这种机会。否则，机会再好，创业者却因条件缺乏（包括必要的资源——人、财、物、信息、时间和技能）而无法加以利用，这样的市场机会对于特定的创业者不能称为创业机会。

（3）时效性。创业机会的时效性体现在创业机会是否在机会窗口存续的期间被实施。创业机会窗口存续的期间是创业的时间期限，即时机，所谓"机不可失，时不再来"。一旦新产品市场建立起来，机会窗口就被打开了，机会窗口一般会持续一段时间，不会转瞬即逝，但也不会长久存在。随着市场的成长，企业进入市场并设法建立有利可图的定位，当达到某个时点，市场成熟，机会窗口即被关闭。因此，特定的创业机会仅存在于特定的时段内，创业者务必要把握好这个"黄金时间段"。

2. 创业机会的类型

（1）从创业机会的来源角度，可分为技术机会、市场机会、产业链机会和政策机会。

① 技术机会。由科学技术或生产技术进步带来的创业机会。通常，技术上的任何变化，或既有技术的新组合，都可能给创业者带来某种创业机会，前提条件是创业者能够把握并了解这些新的技术，并能够将技术应用于某个领域，产生新的价值。历史上每次划时代的创新成果往往都是通过创业进入市场，进而催生出一个或若干庞大的产业部门为社会带来巨额财富。如1946年制造出来的第一台计算机使IBM和英特尔成了IT业的霸主；个人PC机诞生于1981年，催生了微软、苹果等世界领先企业。

② 市场机会。由市场变化产生的创业机会。一般而论，主要有以下五类情况：市场上出现了与经济发展阶段有关的新需求；当期市场供给缺陷产生的新的创业机会；先进国家（或地区）产业转移带来的市场机会；国外市场出现的新动向为国内新兴市场带来较大的创业机会；从中外比较中寻找差距，差距中往往隐含着某种商机。

③ 产业链机会。与企业息息相关的各个环节的变化带来的创业机会。这些环节包括上游的供应商、下游的分销商和终端的用户。供应商如果在原材上有所变化或为企业提供更加新型的替代材料，这不失为企业产品开发的一种创业机会。分销商知道用户和市场的需求和新的变化，所以他们对产品的看法可以帮助创业者研发出新的受市场欢迎的产品。用户是产业链的终端，一切生产经营活动都是以用户为导向进行的。因此，用户那些未被满足的需求便是创业机会的一种重要来源。

④ 政策机会。政府政策的变化所赐予创业者的创业机会。政府的政策不仅包括政府管制，同样也包括政府政策支持，这两方面都包含着巨大的创业机会。随着经济发展、社会变革、科技进步等，政府必然也要不断调整自己的政策。政府是一双有形的手，不断地引导创业活动的方向。在政府政策的推动和引导下，创业机会便应运而生。如我国政府对养老政策的支持，使民间资本纷纷进入养老产业，推动养老产业的不断发展。

（2）从目的—手段关系的明确程度，可分为识别型机会、发现型机会和创造型机会三类。

① 识别型机会。当市场中的目的—手段关系十分明显，比如市场明显供不应求，或根本无法满足需求时，创业者可通过目的—手段关系的有效连接来辨识机会。目标市场明确，且具备满足目标市场的能力（方法、资源、设备、技术等），扩大生产或进入已有行业，填补市场需求即可。

② 发现型机会。当目的或手段任意一方的状况未知，需要创业者去进行机会发掘。比如，美国人切斯特·卡尔逊1938年就成功地试制出了第一个静电复印图像，当他向包括IBM和通用电气在内的20多家公司推荐复印技术时，被婉言拒绝，这些大企业根本不相信在已经拥有碳素复写纸的市场上，笨重复杂的复印机能创造更多的价值，直到1948年，哈罗德公司（今天的施乐公司）才正式向市场推出复印机产品。

③ 创造型机会。当目的和手段皆不明朗，因此需要创业者要比他人更具先见之明，才能创造出有价值的市场机会。这种机会开发难度大，对创业者的各方面能力要求较高，但往往能为创业者带来巨额利润。

（3）从创业机会的表现上，可分为隐性机会、显性机会和突发机会。

① 隐性机会。现有的产品种类未能满足人们的需求，在产品开发上尚存在一些不是很明显的、实际又存在的、尚未被人们意识到的潜在市场需求，这种潜在的市场需求就是隐性机会。隐性机会不容易被人们发现和识别，搜索和识别难度较大，因此，需要创业者具有敏锐的观察力和丰富的行业经验。另外，隐性机会是通过识别信号而来的，创业者要能在变化的因素中捕捉信号，将信号抽象为创意再转变为机会。一般而言，能识别、抓住、并利用这种机会的创业者较少，因而机会效益高。

② 显性机会。市场上存在明显而又没有被满足的现实需求，就是显性机会。显性机会很容易被识别和发现，但这种机会如果很快消失的话，它也有可能是一种陷阱[①]。判断这种机会，要看这种显性机会是否具有持续性、长久性和排他性。显性机会由于显而易见、容易识别，抓住并利用这种机会的创业者比较多，因而难以取得机会效益，即先于他人进入市场而取得的竞争优势和超额利润。如果实现显性机会的资源、能力和环境等各项条件都具备的话，那就是天赐良机。

③ 突发机会。由市场上的突发变化带来的机会，就是突发机会。这种机会往往是意外发生的，出现之前没有任何征兆，但是这种机会往往也是转瞬即逝的，也比较难以把握。淘宝的成功便来源于马云2003年在"非典"时期对突发机会的把握，一跃成为中国第一大C2C购物网站。真正能把握突发机会的人较少，它需要创业者具备敏锐的洞察力，能当机立断，一旦把握这种机会便可以化"危"为"机"，逆转形势，获得极大的超额利润。

[①] 张耀辉，张树义，朱锋. 创业学导论：原理、训练与应用[M]. 北京：机械工业出版社，2011.

(4)根据经营领域的不同,可以分为行业性机会与边缘性机会。

① 行业性机会。在企业所处的现有行业或经营领域中出现的机会,称为行业机会。一般来讲,很多企业会将行业机会作为寻找和利用的重点,因为它能充分利用行业已有的经验和资源,识别的难度较低,但往往也会带来行业内的激烈竞争,从而失去或减弱机会效益。行业性机会由于其易发现、易识别和易利用,因此,带来的收益也较小,如果做得不够好,还容易招致在位厂商的排挤。

② 边缘性机会。在不同行业之间的交叉与结合部出现的机会,称为边缘性机会。行业间的边缘地带一般是现有企业容易忽略的地方,在这些区域消费者的需求难以得到充分的满足,甚至还会产生一些新的消费需求。这类商业机会大都比较隐蔽,进入壁垒也比较小,因此带来机会效益的可能性也大[①]。但寻找和识别边缘性市场机会的难度较大,需要创业者具有广博的知识面、丰富的想象力和旺盛持久的创新精神。

(5)根据机会出现的时间,划分为当前机会与未来机会[②]。

① 当前机会。在当前的市场环境中出现的未被满足的需求,称为当前市场机会。当前机会在市场中已经存在,因此创业者只需直接在市场中进行搜索即可获得。但是当前机会由于可识别度较高,很容易被搜索和利用,可进入的人较多,带来的机会收益较少。

② 未来机会。随着环境的变化和时间的转移,在未来的市场上可能出现的需求称为未来机会。未来机会是在当前机会基础之上发展起来的,这类机会在当前的市场上仅仅表现为一部分人消费意向或少数人的需求,但是随着时间的推移,其有可能成为大多数的需求。由于未来变化的不确定性,因此未来机会本身也隐含了一定的风险,然而,风险越大所带来的收益越丰厚。对于创业者来讲,如果能够寻求到并正确评价未来市场机会,提前开发产品/服务,并在机会到来时迅速将其推向市场,最易于取得行业领先地位和竞争优势。

4.4.2 影响机会识别的关键因素

创业机会的识别实质是创业者对创业信息进行搜集、处理和利用的过程[③]。因此,创业机会识别的两大核心要素就是创业者自身因素和创业信息。

1. 创业者自身因素

创业者自身的因素包括警觉性、经验、认知能力和社会网络资源等。

(1)警觉性

警觉性对机会发现具有关键性影响[④]。作为创业者,总是自发地关注他人忽略的市场环境变化,对机会存在的潜在性保持着敏感、警惕以及洞察力,一旦发现创业机会就会采取相应行动并努力获取利润。由于认知上的偏差和价值观的差异,不同的创业者对于机会可能带来的初始价值判断不同,所以要求创业者在机会识别的过程中要有高度的警觉性和洞察力。可以说,正是管理者对机会的警觉发现使得非均衡的市场过程逐渐趋向于均衡,管理者在由非均衡的市场向均衡市场转变过程中能够发现利于自己发展的机会。

---

① 葛建新. 创业学[M]. 北京:清华大学出版社,2004.
② 李时椿,常建坤. 创新与创业管理:理论·实践·技能(第四版)[M]. 南京:南京大学出版社,2014.
③ 聂元昆,王建中. 创业管理——新创企业管理理论与实务[M]. 北京:高等教育出版社,2011.
④ Kirzner I M. Perception, Opportunity and Profit: Studies in the Theory of Entrepreneurship[J]. University of Chicago Press, 1979.

（2）先前经验

先前经验是创业者通过先前的工作经历、受教育情况和创业经历，对市场、技术、产品的认识和经验积累。先前经验是识别机会的认知基础，在机会识别过程中起很重要的作用。个体先前工作经验中所积累的顾客问题知识、市场服务方式知识、市场知识造就了创业者的"知识走廊"，导致管理者在面对同样的机会信息时，解读出的往往是与其先前知识密切关联的机会（Shane，2000）。创业者所掌握的有关市场、产品、资源等有价值信息，强化了其发现商业机会的能力；有创业经历的创业者则因体验过机会发现过程，积累了洞察信息、发现机会的隐性知识，有助于强化其对机会信息的警觉性，从而更容易识别到新的创业机会。

（3）认知能力

机会识别是一个动态的过程，而机会认知是机会识别的首个步骤，机会认知就是感知和认识到机会[①]。认知过程是产生创意、激发创造力、识别机会的基础。Shane（2000）认为商业机会的发现取决于两个必要条件：第一，个体获取承载创业机会的信息；第二，个体合理解读这些信息并识别其中蕴含的价值。机会认知就是感知和认识到机会，就是合理解读信息并识别出其中蕴含价值的过程。创业认知能力结构通常是由商机、资源、组织、管理、风险和利益等一系列相关因素的结构化知识所组成。创业者的创业认知能力结构一旦建立，又成为其学习新创业知识和感知市场信息的极为重要的能量或基础，从而促进创业者的创业警觉性，使其更能敏锐感知到市场的变化，并迅速洞察这种变化所带来的商业价值[②]。

（4）社会关系网络

社会关系网络不仅提供了孕育创意的土壤，其深度广度也影响着机会的识别。社会关系网络是人们在长期的社会交往中积累的"人脉"，"人脉"会提供许多重要的机会信息和资源，这些信息和资源有助于创业者发现更多的创业机会（Hills 等，1997；Aldrich，2003）。张玉利等（2008）认为，社会交往面广、交往对象趋于多样化与高社会地位个体之间关系密切的创业者更容易发现创新性更强的机会。而创业者先前经验调节着上述影响机制，相对于经验匮乏的创业者而言，经验丰富的创业者更容易从高密度的网络结构中发现创新性更强的机会[③]。创业者社会网络的多样性、强度和密度都会对机会识别产生重要的影响。尤其是社会关系网络中的弱关系，是创业机会信息的主要来源之一，也是影响机会识别的关键因素。

2. 创业信息

信息是创业机会识别的重要因素，包括市场信息、技术信息、行业信息和政策法规信息。

（1）市场信息

市场信息是一种重要的经济信息，其隐藏着大量的创业机会。市场信息包括有关市场商品营销的各类信息，如商品的销售情况、商品的市场规模、商品的增长速度、产品的开发状况、消费者购买情况、企业的口碑等，也包括一些与生产和服务相关的各种信息、情

[①] 聂元昆，王建中. 创业管理——新创企业管理理论与实务[M]. 北京：高等教育出版社，2011.
[②] 李时椿，常建坤. 创新与创业管理：理论·实践·技能（第四版）[M]. 南京：南京大学出版社，2014.
[③] 张玉利，杨俊，任兵. 社会资本、先前经验与创业机会——一个交互效应模型及其启示[J]. 管理世界，2008（7）：91-102.

报、数据、资料等。创业者必须要善于搜集、分析和挖掘有效的市场信息，识别出市场信息中所隐藏的创业机会。

（2）技术信息

技术的进步或关键技术的突破可以带来重大的创业机会。技术的进步可以影响企业的产品、服务、生产技术、生产原料、生产的设备、制造工艺、营销手段、产品开发技术等。较高科技含量的产品具有较大的吸引力，能带来丰厚的机会收益，也可以为创业者带来有利的竞争优势。因此，创业者应该对所涉及行业的技术变化趋势有所了解和把握，搜集有关信息，并进行实时跟踪，将新技术用于改进生产，或开发一种全新的产品，或应用于一个全新的领域，从而创造出较高的市场价值。

（3）行业信息

行业信息是对创业者所在行业的现在与未来发展趋势的反映。创业者应该搜索和把握所在行业的全部信息，包括供应商的信息、竞争对手的信息、潜在进入者的信息、替代品的信息，等等。创业者应该综合考虑行业各方面的信息，结合自身的资源、能力、专业等条件发挥优势，尽量扬长避短，把握机会，抢占市场先机，博取市场竞争优势，取得机会收益。

（4）政策法规信息

政策法规信息是创业的外部支撑条件，创业者应该密切关注国家或地方政府的政策和相关法规变化。政策法规可以为创业者提供一个良好的创业环境和条件，如果国家大力支持某一行业或产业的发展，那么对于创业者来讲就是一个良好的创业机会。

4.4.3 创业机会识别

1. 创业机会识别的方法

（1）趋势观察法

趋势观察即通过对环境的分析把握机会产生的规律，识别并抓住机会。环境的分析最能反映趋势的变化，包括政治环境、经济环境、技术环境、社会环境以及创业者所在进入的行业环境和市场环境等。通过环境的观察，尤其是对环境变化的观察，并分析这些变化，把握环境发展的规律，从规律中发现趋势的征兆。

趋势征兆的发现需要一定的判断能力。有些创业者比另一些创业者更擅长对趋势征兆做出判断，因为他们具有丰富的先前经验、高度的警觉性、良好的社会关系网络资源、较好的认知能力，他们更善于发现趋势的征兆并解释他们。还有一个途径是从独立调查公司购买定制化的预测和市场分析。这可以使创业者有更多的参考，在一些复杂环境中，这种方法更有参考价值。

（2）问题发现法

问题发现法即从问题中识别机会的存在，并找到解决方法。现实中，我们会遇到许多问题，如何注意问题以及评论问题，可以看出我们有没有商业意识和商业创意。所以有人说"每个问题都是一个被精巧掩饰的机会"。大多数真正推动创业成功的问题都是创业者亲身经历中遇到的具体问题，感同身受才会有一种创造性的解决问题的冲动。而具有创业意识的人解决这个问题的同时会将其商业化，让更多的人享受解决方案得到的好处，同时也可以为创业者自己带来更多的利益。当年莱纳和博萨克希望能通过邮件互通感情,保持联络,但是他们所在的学院属于不同的网络,所以他们发明了路由器,由此建立思科公司。

创业者如果缺乏先前经验,可以从别人存在的问题以及对问题的解决受到启发。这样可以节约成本,缩短机会识别时间。新事物的出现往往是问题最多的阶段,那么,创业者便可以找出新兴趋势中存在的问题,并将问题转化为机会。如随着互联网的发展,网络病毒开始泛滥,特别是恶意插件无孔不入,所以奇虎360公司发现了这一问题,并积极开发出360安全卫士以解决这些问题,获得市场认可。

(3)市场研究法

市场是创业者进行创新创业的目的地,包含了各种创业机会和资源。对市场的研究即对市场信息的搜集、分析,研究现有市场的规模、行业发展情况和产品的定价策略等,找出市场发展的规律和趋势,挖掘潜在的市场需求,搜索创业机会,识别并利用机会,顺利进入市场。

在创业初期,信息对创业者是非常重要的,创业者对信息的拥有数量和质量,决定了创业者对创业机会识别的准确程度,进而影响创业者的创业成功概率。但是,市场规模是巨大的,市场环境是复杂的,市场的变化是莫测的,其充斥着各种信息和不确定因素,因此对可获得的市场信息要进行评估、甄别和筛选。

2. 创业机会识别的技巧与策略

创新创业来源众多,机会众多,但并非所有的创业机会都适合创业。因为创业者的个人特质、专业背景、创业经历,以及市场规模、成熟度、行业发展前景、技术等因素,都会影响创业者对创业机会的选择。提高创业者识别有潜在价值的创业机会的能力,有助于提升创业者的创业成功率。

(1)持续学习

知识是创业机会识别的基础。创业机会的识别很大程度上依赖于创业者所拥有的知识,创业者所拥有的创业知识或机会识别知识越丰富,就越有可能先于别人识别出具有潜在价值的创业机会。因此,不断学习、干中学习的持续学习精神有助于创业者的积累,提高其创业机会的识别能力。

(2)创造知识间的联系

知识是孤立、分散、静态的存在,它不会主动告诉你创业机会在哪里,何时会出现,未来的结果是什么。因此,当创业者获得知识后,应该积极地将这些孤立、分散的知识联系起来,形成一个相互联系的知识系统。知识结构的内在联系越多,其中的信息就越容易结合起来并发展成新模式,系统的知识比孤立、分散的知识更有利于创业机会的识别。

(3)拓宽信息渠道

信息是创业者创业机会识别的基础,创业者所拥有的信息越多,就越有可能在机会刚刚出现时就发现它们。创业者的信息来源多种多样,如书本、互联网、社交网络等。信息渠道越宽阔,信息搜集越便利,信息获取越容易。但是,创业者需要注意的是有关创业机会的信息应该适度,避免信息过量或者信息过少。信息过量会增加创业者创业机会识别的成本,信息过少又不利于创业者对创业机会的识别。

（4）训练实践智能

一个优秀的创业者还需要具有解决日常生活中各种问题的能力，这些能力可以帮助创业者识别创业机会，我们称为实践智能。实践智能并不是生来就有的，也不是固定不变的，创业者可以通过后天的训练培养得到。提高实践智能最好的办法就是，不要接受按思维定式想出来的问题解决方案，而是用创造性思维意识和创新的方法技巧，从多种角度看待问题思考解决方案。这样可以提高创业者的实践智能，进而提高创业者识别创业机会的能力。

4.4.4 创业机会评价

1. 创业机会的评估准则

Stevenson（1998）指出了充分评价创业机会所需要考虑的几个重要问题[①]：①机会空间的大小，存在的时间跨度和随时间成长的速度；②潜在的利润是否足够弥补资本、时间和机会成本的投资，能否带来满意的收益；③机会是否开辟了额外的扩张、多样化或综合的创业机会选择；④在有可能的障碍面前，收益是否会持久；⑤产品或服务是否真正满足了真实的需求。可见，创业机会的评估应该是全方位考量，一般来说，包含以下六个方面。

（1）创业机会的市场评估

市场基础评估。可由市场定位是否明确、顾客需求分析是否清晰、顾客接触途径是否流畅、产品线是否可以持续衍生等判断创业机会可能创造的市场价值。

市场结构评估。可以从进入障碍、上游厂商、顾客、渠道商的谈判力量、替代性竞争产品的威胁以及市场内部竞争的激烈程度等方面评估。市场结构评估可以判断创业企业未来的市场地位以及可能的竞争方向。

市场规模评估。一般而言，市场规模越大，进入障碍越低，市场竞争激烈程度也会越低。此外还要评估市场成熟度。成熟市场纵然市场规模很大，但由于利润缺乏上升空间，因此通常不值得投入。反之，成长中的市场通常充满商机，只要进入时机正确，必然会有获利的空间。

市场时机评估。对于一个具有市场潜力的创业机会，应尽量在市场需求即将大幅成长之际进入市场。

市场占有率评估。一般而言，要成为市场领导者需要拥有 20% 以上的市场占有率。当评估的市场占有率低于 5% 时，说明产品市场竞争力不高，削弱创业活动的价值。尤其在高科技产业内，创业产品只有拥有能够成为市场前几名的能力，才比较具有被投资的价值。

产品成本结构评估。成本结构可以反映创业前景的好坏。由物料与人工成本所占比重、变动成本与固定成本的比例、达到规模经济的产量大小等，可以判断创业机会能够创造附加价值的幅度以及未来可能的获利空间。

（2）创业机会的效益评估

净利润评估。一般而言，具有吸引力的创业机会至少应能够创造 15% 以上的税后净利润。如果税后净利润在 5% 以下，通常不是一个好的创业机会。

损益平衡时间评估。合理的损益平衡时间应该在两年以内。如果三年还达不到损益平衡，通常不是一个值得投入的创业机会。不过有的创业机会确实需要经过比较长的耕耘时

---

① Stevenson H H. New business ventures and the entrepreneur[M]. McGraw-Hill/Irwin, 1998.

间,并经由这些前期投入创造进入障碍,保证后期的持续获利。在这种情况下,可以将前期投入视为一种投资,从而容忍较长的损益平衡时间。

投资回报率评估。考虑到创业活动可能面临的各项风险,合理的投资回报率应该在25%以上。一般而言,投资回报率15%以下的创业机会应慎重选择。

资本需求评估。资金需求量较低的创业机会一般会受到投资者欢迎。资本需求过高往往不利于创业成功,有时还会带来稀释投资回报率的负面效果。通常,越是知识密集的创业机会对资金的需求量越低,投资回报率会越高。

毛利率评估。毛利率高的创业机会相对风险较低,也比较容易达成损益平衡。反之,毛利率低的创业机会风险较高,遇到决策失误或市场产生较大变化的时候,企业很容易遭受损失。一般而言,理想的毛利率是40%。当毛利率低于20%的时候,创业机会的价值将被大大削弱。

策略性价值评估。一般而言,策略性价值与产业网络规模、利益机制、竞争程度密切相关,而创业机会对于产业价值链所能创造的增值效果也与所采用的经营策略和经营模式密切相关。

筹资评估。资本市场的变化幅度极大,在资本市场活跃的高点时筹资相对容易,而在资本市场低点时,资本投资创业活动的诱因较低,筹资相对困难。不过对投资者而言,资本市场低点时资金成本较低,可能提高投资回报率。

投资退出机制评估。企业价值一般要由具有客观鉴价能力的交易市场来决定,而这种交易机制的完善程度会影响投资退出机制的弹性。由于退出的困难度普遍高于进入,所以一个具有吸引力的创业机会应该要为投资者考虑退出机制以及退出的策略规划。

(3) 创业团队评估

团队组合评估。由专业和能力互补成员组成的创业团队,并且有紧密的组织内聚力和共同价值观,是创业成功的重要保证。因此不可忽视创业团队组合情况以及团队整体能力发挥方面的评估。

经验与专业背景评估。创业者与他的团队成员对于所要投入产业的相关经验与了解程度会影响创业活动的成功概率。一般可以由产业内专家对于创业团队成员的背景经验与专业能力进行评价来获得这项信息。

人格评估。创业机会与具有良好声誉,重视诚信、正直、无私、公平等基本处事原则的创业者的结合对创业活动的成败具有重要影响。许多很好的创业机会往往因为内部争权夺利而功败垂成,这也突显领导者人格特质对于创业成功的重要性。

合作机制评估。一个好的合作机制要求创业者与他的团队成员在各项经营管理与技术专业工作上,能够以理性客观的态度,坦诚面对各项问题,不刻意欺骗客户与投资者,不逃避事实,不否认自己的不足,并且创业团队成员也知道应该如何做才能克服自己的缺失。

(4) 创业者评估

与个人目标契合度评估。创业过程中遭遇的困难与风险极大,因此创业者的创业动机与他愿意为创业活动付出的代价程度相关。创业机会与个人目标的契合程度越高,创业者投入意愿与风险承受意愿也越大,创业目标最后获得实现的概率也相对较高。因此,一个具有吸引力的创业机会应能充分与创业者个人目标相契合。

机会成本评估。创业者为了实现创业机会需要放弃什么？可以从中获得什么？得失的评价如何？经由机会成本的客观判断，才可得知创业机会是否对于个人生涯发展具有吸引力。

失败承受力评估。理性的创业者必须设定承认失败的底线，以便保留东山再起的机会。通常铤而走险与成王败寇的创业机会不是好的创业机会。

个人偏好评估。考虑创业内容与进行方式是否符合创业者对工作地点、生活习惯、个人嗜好等的需求。每个人的风险承受度不一样，还要评估创业者的风险承受度。一般而言，风险承受度太高或太低均不利于创业活动开展。风险承受度太低会使决策过于保守，而风险承受度太高也会做出孤注一掷的举动。还要评估创业团队的耐压性与负荷承受度。负荷承受度与创业团队成员愿意为创业投入工作量多寡以及愿意忍受的辛苦程度密切相关。一般来说，负荷承受度较低的创业团队成功概率也较低。

（5）竞争评估

成本竞争力评估。一个好的创业机会具有能够从物料成本、制造成本、营销成本等多方面持续降低成本来创造竞争优势的空间。

市场控制力评估。对于市场的产品价格、客户、渠道、零件价格的控制力，攸关企业的竞争优势。如果创业活动对于关键零件来源与价格缺乏控制力，对于经销渠道与经销商也缺乏控制力，同时订单几乎完全依赖少数客户，那么创业面临的经营风险一定很高，持续获利也会非常困难。

进入壁垒评估。进入壁垒高的市场，创业机会实现难度较高。同样的，实施创业机会也可能通过专利、核心能力、规模经济、商誉、高品质低成本、掌握稀有资源、掌握渠道、快速创新缩短生命周期等方式制造进入壁垒。具有吸引力的创业机会进入的应该是一个壁垒还不太高的新市场，但进去以后就需要具备制造进入壁垒的能力，用来保护自身的市场利益。

（6）特色评估

一个具有吸引力的创业机会通常都具有某些特色，而这些特色往往能够成为创业未来成功的重要原因。可以从以下方面评估创业机会的特色。

整合效率特色。创业者、创业团队、创业机会、创业资源四者间是否能够形成良好的搭配组合，使人、资源与机会之间的整合效率达到最佳。

团队运作特色。创业团队的专业能力、产业经验、道德意识、管理能力、决策能力等能否成为成功实施创业机会的有力保障。

差异化特色。包括向顾客提供差异化服务、合理但有差异的定价策略等。

柔性特色。成熟企业决策缓慢，而新创企业的内部决策速度与弹性相对较快，能够迅速适应市场变化，具备良好的柔性。此外，在实现创业机会时，当实际情况与设想不同时，需要调整创业活动计划。如果创业活动计划对较大幅度调整有较高承受力，则可视为与创业机会相关的创业活动具有较强柔性。

技术特色。创业机会相关的技术领先程度、技术专利、技术授权、技术联盟关系等都可能成为创造优势的特色。

市场运营特色。包括选择恰当市场时机实现创业机会、密切注意市场变化对实现创业机会的影响、开拓恰当的销售渠道保证创业机会最终实现商业化利益等。

2. 创业机会的评价指标

一般来讲，投资者或创业者评估创业机会时，往往会使用一些评价指标，试图尽可能准确地对创业机会做出判断。我们介绍几个研究者提出的评价指标。

（1）Timmons 的创业机会评价指标

Timmons（1999）提出了包含 8 项一级指标、53 项二级指标的评价指标体系，几乎涵盖了其他一些理论所涉及的全面内容，包括行业和市场、经济因素、收获条件、竞争优势、管理团队、致命缺陷、个人标准、理想与现实的战略差异等方面，被认为是目前最为全面的创业机会评价指标体系（表 4-5）[①]。

表 4-5 Timmons 的创业机会评价指标体系

一级指标	二级指标
行业和市场	市场容易识别，可以带来持续收入
	顾客可以接受产品或服务，并愿意为此付费
	产品的附加价值高
	产品对市场的影响力高
	将要开发的产品生命长久
	项目所在的行业是新兴行业，竞争不完善
	市场规模大，销售潜力达到 1 千万~10 亿美元
	市场成长率在 30%~50% 甚至更高
	现有厂商的生产能力几乎完全饱和
	在五年内能占据市场的领导地位，达到 20% 以上
	拥有低成本的供货商，具有成本优势
经济因素	达到盈亏平衡点所需要的时间在 1.5~2 年
	盈亏平衡点不会逐渐提高
	投资回报率在 25% 以上
	项目对资金的要求不是很大，能够获得融资
	销售额的年增长率高于 15%
	有良好的现金流量，能占到销售额的 20%~30%
	能获得持久的毛利，毛利率要达到 40% 以上
	能获得持久的税后利润，税后利润率要超过 10%
	资产集中程度低
	运营资金不多，需求量是逐渐增加的
	研究开发工作对资金的要求不高
收获条件	项目带来的附加价值具有较高的战略意义
	存在现有的或可预料的退出方式
	资本市场环境有利，可以实现资本的流动
竞争优势	固定成本和可变成本低
	对成本、价格和销售的控制程度较高
	已经获得或可以获得对专利所有权的保护
	竞争对手尚未觉醒，竞争较弱
	拥有专利或具有某种独占性

---

① Timmons J A. New venture creation: entrepreneurship for the 21st Century[M]. 5th edition. McGraw-Hill, 1999.

续表

一级指标	二级指标
竞争优势	拥有发展良好的网络关系，容易获得合同
	拥有杰出的关键人员和管理团队
管理团队	创业者团队是优秀管理者的组合
	行业和技术经验达到了本行业内的最高水平
	管理团队的正直廉洁程度能达到最高水准
	管理团队知道自己缺乏哪方面的知识
致命缺陷问题	不存在任何致命缺陷问题
个人标准	个人目标与创业活动相符合
	创业家可以做到在有限的风险下实现成功
	创业家能接受薪水减少等损失
	创业家渴望进行创业这种生活方式，而不只为了赚大钱
	创业家可以承受适度的风险
	创业家在压力下状态依然良好
理想与现实的战略差距	理想与现实情况相吻合
	管理团队已经是最好的
	在客户服务管理方面有很好的服务理念
	所创办的事业顺应时代潮流
	所采取的技术具有突破性，不存在许多替代品或竞争对手
	具备灵活的适应能力，能快速地进行取舍
	始终在寻找新的机会
	定价与市场领先者几乎持平
	能够获得销售渠道，或已经拥有现成的网络
	能够允许失败

Timmons这个指标体系的缺点也比较明显[1]。第一，指标多而全，导致主次不够清晰，实践中对创业机会进评价时，很难做到对各个方面的指标进行量化设置权重、实现综合评分的效果；第二，各维度划分不尽合理，存在交叉重叠，这也在一定程度上影响了机会评价指标的有效性；第三，主要是基于风险投资商的风险投资标准建立的，这与创业者的标准存在一定的差异性，风险投资商的标准更具主观性，而创业者的标准更具客观性。

（2）刘常勇的创业机会评价指标

刘常勇（2002）以市场和回报两个层面为一级指标，构建了创业机会评价的指标体系（表4-6）[2]。

表4-6 刘常勇的创业机会评价指标体系

一级指标	二级指标
市场评价	是否具有市场定位，专注于具体顾客需求，能为顾客带来新的价值
	依据波特的五力竞争模型进行创业机会的市场结构评价
	分析创业机会所面临的市场规模大小
	评价创业机会的市场渗透力
	预测可能取得的市场占有率
	分析产品成本结构

---

[1] 林嵩. 创业战略：概念、模式与绩效提升[M]. 北京：中国财政经济出版社，2007.
[2] 刘常勇. 创业管理的12堂课[M]. 北京：中信出版社，2002.

续表

一级指标	二级指标
回报评价	税后利润至少高于5% 达到盈亏平衡的时间应该在两年以内，如果超过三年还不能实现盈亏平衡则这样的创业机会是没有价值的 投资回报率应高于25% 资本需求量较低 毛利率应该高于40% 能否创造新企业在市场上的战略价值 资本市场的活跃程度 退出和收获回报的难易程度

（3）李良智的创业机会评价指标

李良智（2007）从产业与市场、资本与获利能力、竞争优势和管理团队问题四个方面为一级指标，构建了创业机会评价指标体系（表4-7）[1]。

表4-7 李良智的创业机会评价指标体系

一级指标	二级指标	三级指标
产业与市场	市场	需求 消费者 对用户回报 增加或创造的价值 产品生命周期
	市场结构 市场规模 市场增长率 可达到的市场份额 （5年）成本结构	
资本与获利能力	毛利 税后利润 所需时间	损益平衡点 正现金流
	投资回报潜力 价值 资本需求 退出机制	
竞争优势	固定资本和可变成本	生产 营销 分配
	控制程度	价格

---

[1] 李良智，查伟晨，钟运动.创业管理学[M]. 北京：中国社会科学出版社，2007.

续表

一级指标	二级指标	三级指标
	进入市场的障碍	成本 供应渠道 分配渠道 财产保障或法律中的有利因素 对策/领先期 技术、产品、市场创新 人员、位置、资源或生产能力的优势 法律、合同优势 合同关系与网络、管理团队、问题团队 竞争者的倾向和战略
管理团队问题	企业管理队伍 致命缺陷	

3. 创业机会的评估方法

参考上述指标体系，创业者可以借用创业机会评价的方法评价商业机会的价值。Burch（1986）提出了四种机会评价方法[①]。

（1）标准打分矩阵

首先列举出影响创业机会成功的重要影响因素，并由专家对每一个影响因素进行极好（3分）、好（2分）、一般（1分）三个等级的打分，最后求出每一个因素在创业机会下的加权平均分，从而可以对不同创业机会进行比较。表 4-8 列出了 10 项主要的影响因素，在实际使用时，可以根据具体情况选择相关因素来进行评估。

表 4-8 创业机会标准打分矩阵

标准	因素权重	专家评分			
		极好（3分）	好（2分）	一般（1分）	加权平均分
易操作					
质量和易维护					
市场接受度					
增加资本的能力					
投资回报					
专利情况					
市场大小					
制造的可靠性					
广告潜力					
成长潜力					

---

① Burch J G. Entrepreneurship[M]. New York: John Wiley & Sons Inc., 1986.

（2）Westinghouse 法

Westinghouse 法是由美国西屋电气公司制定的，用来给一系列可供选择的投资机会进行评分，并为最后决策提供依据。Westinghouse 法是计算和比较各个机会优先级的方法。其计算公式为：

机会优先级=[技术成功概率×商业成功概率×平均年销售数×（价格−成本）×投资生命周期]/总成本

其中，技术和商业成功的概率是以百分比表示；平均年销售数是以销售的产品数量计算；成本是以单位产品成本计算；投资生命周期是指可以预期的年均销售数保持不变的年限；总成本是指预期的所有投入，包括研究、设计、制造和营销费用。特定机会的优先级越高，该机会越有可能成功。

例如，假设一个创业机会的技术成功概率为80%，预计商业成功概率为60%，在9年的投资生命周期中年均销售数量预计为20000个，净销售价格为120元，对于每个产品来说的单位成本为87元。研发费用50万元，设计费用14万元，制造费用23万元，营销费用5万元，可得该创业机会的优先级为6。

（3）Hamnan Potentionmeter 法

Hamnan Potentionmeter 法是创业者针对不同的因素填写不同的情况，预先设定好权限值的选项式问卷方法，以快捷地得到特定创业机会的成功潜力。对于每个因素来说，不同的选项得分可以从−2分到+2分，通过对所有因素得分的加总得到最后的得分，总分越高说明特定创业机会成功的潜力越高，只有那些最后得分高于15分的创业机会才值得创业者进行下一步的策划，低于15分的都应被淘汰。如表4-9所示。

表4-9 Hamnan Potentionmeter 法

因素	分值（−2~+2）
对于税前投资回报水平的贡献	
预期的年销售额	
生命周期中预期的成长阶段	
从创业到销售额高速增长的预期时间	
投资回收期	
占有领先者地位的潜力	
商业周期的影响	
为产品制定高价的潜力	
进入市场的容易程度	
市场试验的时间范围	
销售人员的要求	

（4）Baty 的选择因素法

Baty 的选择因素法是通过11个选择因素的设定对创业机会进行判断（表4-10）。如果某个创业机会只符合其中的6个或者更少的因素，这个创业机会就很可能不可取；相反，如果某个创业机会符合其中的7个或者7个以上的因素，那么这个创业机会将大有希望。

表 4-10　Baty 的选择因素法

选择因素	是否符合
这个创业机会在现阶段是否只有你一个人发现？	
初始产品生产成本是否可以承受？	
初始的市场开发成本是否可以承受？	
产品是否具有高利润回报的潜力？	
是否可以预期产品投放市场和达到盈亏平衡点的时间？	
潜在的市场是否巨大？	
你的产品是否是一个高速成长的产品家族中的第一个成员？	
你是否拥有一些现成的初始用户？	
是否可以预期产品的开发成本和开发周期？	
是否处于一个成长中的行业？	
金融界是否能够理解你的产品和顾客对它的需求？	

4. 创业机会评价的相关因素

除了参照具体的指标，利用一些科学方法评价创业机会，还要考虑其他一些方面的因素。Longenecker 提出了评价创业机会的五项基本标准[1]：①对产品有明确界定的市场需求，推出的时机也是恰当的；②投资的项目必须能够维持持久的竞争优势；③投资必须具有一定程度的高回报，从而允许投资中的失误；④创业者和机会之间必须互相适应；⑤机会中不存在致命的缺陷。

（1）创业者个人特质与创业机会匹配度评价

创业者职业兴趣、专业背景、能力特长等个性特质，影响着创业者对创业机会的选择与决策。正如人职匹配理论指出，个体差异是普遍存在的，每一个个体都有自己的个性特征，而每一种职业由于其工作性质、环境条件方式的不同，对工作者的能力、知识、技能、性格、气质、心理素质等有不同的要求。进行职业决策时，应当根据个人的个性特质来选择与之对应的职业种类，即进行人职匹配。如果匹配得好，则个人特质与职业环境协调一致，工作效率和职业成功的可能性就大为提高；反之则工作效率和成功的可能性就很低。进而言之，如果创业者个人特质与创业机会相匹配，创业成功的可能性较高，反之则创业成功的可能性较低。

1973 年，美国职业心理学家霍兰德描述了六种人格类型所对应的职业。

① 实际型（realistic）。其基本的人格倾向是，喜欢有规则的具体劳动和需要基本操作技能的工作，缺乏社交能力，不适应社会性质的职业。具有这类人格的适宜的职业类型：维修工程技术工作、农业工作；通常需要一定体力，需要运用工具或操作机械。

② 研究型（investigative）。该类型人具有聪明、理性好奇、精确、批评等人格特征，喜欢智力的、抽象的、分析的、独立的定向任务这类研究性质的职业，但缺乏领导才能。其典型的职业包括：自然科学和社会科学方面的研究人员、专家、教师；化学、冶金、电子、无线电、电视、飞机等方面的工程师、技术人员；飞行驾驶员、计算机操作人员等。

---

[1] Longenecker J, Petty J, Palich L, et al. Small business management[M]. Cengage Learning, 2013.

③ 艺术型（artistic）其基本的人格倾向是，具有想象丰富、冲动、直觉、无秩序、情绪化、理想化、有创意、不重实际等人格特征。喜欢艺术性质的职业和环境，不善于事务工作。其典型的职业类型包括各种艺术创造工作：音乐、舞蹈、戏剧等方面的演员、歌唱家等；诗人、小说家、剧作家、文学艺术方面的评论员；广播节目的主持人、编辑作者；绘画书法摄影家、雕刻家；艺术、家具、珠宝、房屋装饰等行业的设计师等。

④ 社会型（social）。该类型的人具有合作、友善、助人、负责、圆滑、善社交、善言谈、洞察力强等人格特征。喜欢社会交往、关心社会问题、有教导别人的能力，其典型的职业类型包括：医疗服务、教育服务、生活服务等。其主要职业：医护人员、教育工作者，如教师、教育行政人员；社会工作者，如咨询人员、公关人员；衣食住行服务行业的经理、管理人员和服务人员；福利事业工作人员等。

⑤ 创业型（enterprising）。创业型的人喜欢冒险、竞争，通常精力充沛、生活紧凑、个性积极、有冲劲；社交能力强，是协调沟通的高手；工作上表现出强烈的野心，希望拥有权力、受人注意并成为团体中的领导者；做事有组织有计划，喜欢立即采取行动，领导他人达成工作目标，赚取利益。这种人格类型喜欢销售、管理、法律、政治等方面的活动，重视政治与经济上的成就，缺乏科研能力，不喜欢花太多的时间做科学研究，具备精力充沛、冒险、武断、外向、善于表达、野心、冲动、自信、引人注目、乐观、社交、热情和追求享受等人格特征。

⑥ 传统型（conventional）该类型的人具有顺从、谨慎、保守、实际、稳重、有效率等人格特征，喜欢有系统有条理的工作。其典型的职业类型包括各类文件档案、图书资料、统计报表等相关的科室工作，包括办公室人员、秘书文书、人事、统计、审计、会计、出纳、行政助理、打字员；图书管理员、保管员；交通、旅游、外贸、税务职员；邮递员等。

霍兰德的人格类型理论表明，一个人在与其人格类型相一致的环境中工作，容易得到乐趣和内在满足，最有可能充分发挥自己的才能。评价创业机会时，创业者也应当考虑人职匹配问题，通过人职匹配理论，客观分析创业者的职业兴趣、能力特长等个人特质与创业机会的匹配度，尽量选择自己感兴趣、熟悉或者能力相当的领域和职业。此外，根据个人特质与机会特征匹配的理论，创业者还应当分析个人特质、社会资本、资源等情况与创业机会本身特征是否匹配。

（2）对创业者的评价

姜彦福等（2004）认为，对创业机会进行评价的人主要是创业者及创业团队和投资人（包括天使投资人、风险投资家和股东），提出了10项资深创业者认为的重要指标[①]（如表4-11所示）。事实上，创业团队、优秀的员工是构成未来企业人力资本的最重要基础，人力资本对于机会的识别与开发利用有着正相关关系。从资深创业者的重要指标序列可以看出，进行创业机会评价时，人的因素是极为重要的方面，总结起来可以从五个方面去综合分析：创业者团队是否是一个优秀管理者的结合；是否拥有优秀的员工和管理团队；创业家在承担压力的状态下心态是否良好；行业和技术经验是否达到本行业内的最高水平；个人目标与创业活动是否相符合。

---

① 姜彦福，邱琼. 创业机会评价重要指标序列的实证研究[J]. 科学学研究，2004，22(1): 59-63.

表 4-11　资深创业者的重要指标序列

指标大类	具体指标
管理团队	创业者团队是一个优秀管理者的结合
竞争优势	拥有优秀的员工和管理团队
行业与市场	顾客愿意接受该产品或服务
致命缺陷	不存在任何致命缺陷
个人标准	创业家在承担压力的状态下心态良好
收获条件	机会带来的附加价值具有较高的战略意义
管理团队	行业和技术经验达到了业内的最高水平
经济因素	能获得持久的税后利润，税后利润率要超过 10%
竞争优势	固定成本和可变成本低
个人标准	个人目标与创业活动相符

（3）对创业机会本身的评价

除了前述指标和方法来评估创业机会，还可以通过如下市场与效益方面的维度，对其做一个大概的判断。

① 具有特定市场定位。创业机会的选择往往与市场分不开，具有巨大市场开发潜力的创业机会，其未来的利润空间较大。创业机会是未被开发的市场潜力，其开发是为了满足日益增长的潜在市场需求，也为带来丰厚的利润。当然，创业者也可以通过创造市场需求来创造新的利润空间。

② 市场成熟度。市场的成熟度意味着市场的饱和状况，一般而言，市场越成熟，市场越饱和，开发空间越小，利润也越小。反之，市场正在成长，其开发空间也较大，充满了创业机会，只要进入时机适宜，便可以获得丰厚的利润。市场成熟度无关市场规模，纵然市场规模很大，由于已经不再成长，利润空间必然很小，因此这个机会恐怕就不值得再投入。对于创业者来讲，进入市场的最佳时机是在多数人醒悟过来之前就去发现机会、辨识机会、选择机会，瞄准"机会窗口"敞开的时间段，一头扎进去才能大展身手，如果等到机会窗口接近关闭的时候再去创业，留给创业者的余地将会十分有限，新创企业将很难盈利，且更难成长。

③ 市场规模。市场规模是指商品的市场占有比重。随着时间增长速度，市场规模也随之增加，商品的市场占有率越高，市场占有率往往代表着该商品的市场竞争力。一般而言，前 5 年的市场需求应当能稳步快速增长，同时还存在创业者可以创造的新增市场或可以占有的远景市场。要成为市场的领导者最少需要拥有 20%以上的市场占有率，如果低于 5%的市场占有率，则这个创业机会的市场竞争力显然不高。

④ 达到盈亏平衡所需的时间。根据 Timmons 和刘常勇的创业机会评价模型，创业企业最关键的生存期一般在 2 年左右，合理的盈亏平衡时间应该能在两年以内达到，如果三年还达不到，恐怕就不是一个值得投入的创业机会。不过有的创业机会确实需要经过比较长的培育期，才能获得后期的持续获利。在这种情况下首先需要谨慎测算可能筹集到的资金总量能否支撑到开始盈利；其次要将前期投入视为一种投资，才能容忍较长的亏损时间。

⑤ 合理的投资回报率和税后净利。并非所有的机会都有足够大的价值潜力来填补开发利用机会所付出的成本。考虑到创业可能面临的各项风险，具有吸引力的创业机会，其

合理的投资回报率应该在 25%以上。一般而信，15%以下的投资回报率是不值得考虑的创业机会；税后净利至少能够达到 5%以上，如果创业预期的税后净利在 5%以下，那么这就不是一个好的投资机会。

⑥ 风险承受能力。一般而言，创业机会风险越大，其带来的回报越大，反之，创业机会风险越小，其带来的回报可能也越小。冒险精神是成功创业者的重要特质之一，创业者必须考虑是否有能力承受创业机会风险，敢于承担风险的创业者往往比不愿意承担创业风险的创业者更容易成功。

（4）其他影响创业机会评价的因素

创业者的性别、创业团队、环境等因素也会影响创业者对创业机会的识别与评价。研究表明，由于女性的风险偏好和成就感较男性偏低，女性不太愿意承担风险，因而女性创业偏向于进入风险小、规模小的服务导向型企业。男性不但比女性更愿意承担风险，而且他们的成就感一般也比女性强，他们追求成功，并将企业做大做强作为衡量创业成功与否的标准。相比之下，女企业家宁愿经营小企业，因为这样既不会影响家庭生活，又能够拥有自己创办的企业①。相比男性创业者来讲，从事批零贸易、餐饮业和社会服务业的女企业家比重高于男企业家；而从事其他行业的女企业家比重则低于男企业家，其中制造业低 9%②。另外，不同地域、不同团队成员、不同的环境特征也对创业机会评价和识别产生影响③④。可见，对创业机会的识别与评价因人而异、因地而异、因环境而异。创业者在机会评价过程中，必须客观分析个人特质，职业兴趣和能力特长，考虑是否与相应的机会特征相匹配，依托自身的优势，通过机会选择、资源整合、创造满足需求的方式，从而使有价值的创意成为可能的创业机会。

本章小结

创新的来源是发现创新机会的前提，可以从科学知识、需求拉动、意外事件、不协调事件、程序需要、边缘市场、新兴市场和金字塔底层市场、个性定制、认知和规则变化、用户创新、模仿、重组和预测未来等方面搜寻创新的来源。创新的基本方法是创新成果形成的手段，可以利用组织创新法、移植创新法、联想创新法、模仿创新法、虚拟创新法、逆向思维创新法等多种创新方法积极探索创新成果。创新的来源和创新的方法共同构成创新的机会。正确识别创新创业机会是创新与创业管理的关键，利用创新搜索空间地图有利于发现可能领域的创新机会。在创新搜索空间地图不同的区域内，需要不同的创新搜索战略和工具去发掘创新可能性。成功的创业者就是及时识别创业机会，利用创业机会获得成功的人。作为一个创业者要了解创业机会识别的影响因素，掌握创业机会识别与评价的方法，努力提高创业机会识别与评价的技巧，提高创业成功率。

---

① 李嘉，张骁，杨忠. 男女企业家创业行业选择差异的影响因素及其作用机制研究[J]. 科学学与科学技术管理，2010, 31(2): 183-188.

② 李兰. 为什么女企业家更容易成功[J]. 财智文摘，2003(5): 24-25.

③ 姚晓芳，杨文江. 创业者特性对创业活动的影响研究——基于"2007 城市创业观察"对合肥市的分析[J]. 科技进步与对策，2008, 25(6): 163-165.

④ 唐靖，张帏，高建. 不同创业环境下的机会认知和创业决策研究[J]. 科学学研究，2007, 25(2): 328-333.

 **关键概念**

创新搜索空间地图：约翰·贝赞特和乔·蒂德将创新模式（渐进式和突破式）与框架（旧框架和新框架）两个维度结合形成了一个坐标系，得到一张创新搜索空间的地图。其中，纵轴表示创新的新颖程度，横轴表示不同的框架。两个维度将创新搜索空间划分为四种区域，每一种区域代表个体和组织在不同情况下可以采取的战略。

创业机会指具有商业价值的创意，变现为特定的组合关系。这种关系是能带来新价值创造的"目的—手段关系"。其中，所谓"目的"指的是创业者计划服务的市场或要满足的需求，表现为最终产品或服务；所谓"手段"指的是服务市场或满足需求的方式，表现为用于供给市场最终产品或服务的价值创造活动要素、流程和系统。

 思考题

1. 创新的来源有哪些？
2. 创新的基本方法有哪些？
3. 如何利用搜索地图搜寻创新资源？
4. 创业机会识别的影响因素有哪些？
5. 创业机会识别的方法有哪些？
6. 创业机会的评价方法有哪几种？哪些适合不同机会之间的比较，哪些适合对单个机会的评价？

 案例分析

择机而动[①]

1999年年底，李彦宏决定创办自己的公司时，他为新公司起了一个颇有诗意的名字——"百度"，"百度"一词来源于中国一句古诗词：众里寻他千百度。当然，李彦宏把新公司定位为主要从事互联网中文搜索引擎技术服务，因此，用"众里寻他千百度"这句话来描述公司恰到好处。其实，不单百度公司是"众里寻他千百度"，李彦宏创办百度的过程也是"众里寻他千百度"。

百度正式创办于1999年，但李彦宏的创业想法早在三四年前就已经有了，具体可以追溯到1996年。那一年，他拿到了美国绿卡，之后，就经常往来于美国与祖国内地之间考察发展机会。

对回国创业，李彦宏一直情有独钟。他说，从文化背景角度来讲，虽说硅谷是世界上最好的创业基地，那里不会有任何歧视和阶层关系，但那毕竟是美国。华人，尤其是不在美国文化中长大的华人，始终无法和美国的主流文化融合在一起，最多只能游离于主流的边缘。对于华人创业者来说，这是不容忽视的劣势。再有，像李彦宏这样的华人，不是从

---

① 李良智，查伟晨，钟运动.创业管理学[M].北京：中国社会科学出版社，2007.

美国名牌学府毕业,在公司也未曾担任过高层职务,要在美国创业的机会并不多。相反,如果他是从斯坦福大学或哈佛大学等名牌大学毕业的,别人可能立刻会对他另眼相看,这就像在国内,有北大、清华的教育背景会受到格外尊重一样。

在李彦宏看来,教育背景、文化背景和工作背景的不同在美国导致的创业落差是相当大的。例如,融资,一个土生土长的美国人,又有常春藤背景,可能很容易拿下投资,可如果换作一个华人,即使他非常优秀,投资人还是要仔细研究他的一切,因为他不属于这个国家,投资风险非常大。"这就是创业的成本,不同背景的人创业从起点开始就非常不同。"李彦宏深有感触地说。

此外,李彦宏又说:"从商业的角度来讲,哪里有机会、有商机,就应该到哪里去,中国的发展空间和市场前景十分广阔,回来一直是我的愿望,但我一直在寻找时机。"

1996—1999年,李彦宏前后考察了近四年时间。他说,每次回来,他总有新发现,但只是到了1999年,一直从事互联网行业的他才真正意识到机会来临了。那时他回国后发现中国互联网作为一个市场,已经培育起来:国内网站非常多,也很火爆;互联网已经深入人心,不再是个生僻或时髦的名词,它和人们的生活紧密联系在一起,主流产业对它的接受程度也越来越高。"这对我来说至关重要。"李彦宏坦言道。

1999年秋,受驻美旧金山领事馆的邀请,李彦宏回国参加国庆50周年大典。当时,李彦宏所在的美国观礼团一行近20人,每个人想的几乎都是如何创业,谈论的也都是这样的话题,李彦宏也不例外。虽然当时创办百度对李彦宏来讲还仅仅是一个比较粗略的想法,但他还是把做中文搜索引擎技术服务的想法带回祖国,并为此进行了市场调查。

跟着观礼团一行,李彦宏在国内考察了两个星期。这段时间,他发现中国互联网市场已经发展到一定阶段,互联网热升温得非常快,网站如雨后春笋般冒个不停,网民人数也在不断增多。同时,他也注意到,表面上看,中国互联网行业很繁荣,但基础技术环节还是相当薄弱,而自己的长处正是互联网信息检索技术。这一冷一热的对比使李彦宏确信,自己等待多年的创业机会终于来临。

然而,1999年下半年,中国最热的还是企业到企业的电子商务(B2B)。当时,有很多人问李彦宏要不要做B2B电子商务。考虑到自己的技术背景,李彦宏认为,只有从事互联网技术方面的开发,才能充分发挥自己的特长。同时,他发现,搜索引擎的市场非常大,当时美国前三大网站的搜索引擎技术主要由一家网络公司提供。相关资料显示,美国信息检索和传递技术公司的商业价值总和介于1000亿美元到1500亿美元。而中文搜索引擎技术市场发展潜力也不容小觑。中国互联网市场当时缺乏好的中文搜索引擎技术,而中国网民的数量却在急剧膨胀,每天的互联网访问数量非常之大。以每天的访问量乘以搜索比例再乘以每千次的收费标准,他认定中文搜索引擎的市场机会将非常大。于是,他决定以搜索引擎为切入点,回国创办网络技术公司。

没有做热门的网络门户和电子商务,而是认准了中文搜索引擎技术,除了看准该领域巨大的商业机会之外,李彦宏坚信,创业绝不能现在热什么就搞什么,而是要预见两年后什么东西会有大发展、会热起来再去做。因为正在热的项目,很多公司已经做得有一定的规模了,市场也逐渐趋于成熟,再去做,可能早已经没有了自己的机会。

请思考:如果李彦宏在1996—1998年做中文搜索引擎技术服务,他能成功吗?为什么?李彦宏是如何寻找到最佳创业时机的?作为一个创业者如何正确识别和评价创业机会?谈谈你对创业机会的认识。

参考文献

[1] P. Drucker. Innovation and Entrepreneurship [M]. NY: Harper&Row，1985.
[2] Karl H. Vesper. New Venture Strategies[M].NJ: Prentice-Hall，1989.
[3] Kirzner I M. Perception, Opportunity and Profit: Studies in the Theory of Entrepreneurship[J]. University of Chicago Press, 1979.
[4] Singh R P, Hills G E, Lumpkin G T. New venture ideas and entrepreneurial opportunities: Understanding the process of opportunity recognition[J]. Chicago: Institute for entrepreneurial Studies. University of Illinois at Chicago, 1999.
[5] Kirzner I M. Perception, Opportunity and Profit: Studies in the Theory of Entrepreneurship[J]. University of Chicago Press, 1979.
[6] Teach R D, Schwartz R G, Tarpley F A. The recognition and exploitation of opportunity in the software industry: A study of surviving firms[J]. Frontiers of entrepreneurship research, 1989, 9: 383-397.
[7] Lindsay N J, Craig J B. A framework for understanding opportunity recognition: Entrepreneurs versus private equity financiers[J]. Journal of Private Equity, 2002, 6(1): 13-24.
[8] Krackhardt M, Guerrier G. Effect of Osmotic and Ionic Stresses on Proline and Organic Acid Contents during Imbibition and Germination of Soybean Seeds[J]. Journal of Plant Physiology, 1995, 146(5-6): 725–730.
[9] Shane S A. A general theory of entrepreneurship: The individual-opportunity nexus[M]. Edward Elgar Publishing, 2000.
[10] Stevenson H H. New business ventures and the entrepreneur[M]. McGraw-Hill/Irwin, 1998.
[11] Longenecker J, Petty J, Palich L, et al. Small business management[M]. Cengage Learning, 2013.
[12] Timmons J A. New venture creation: entrepreneurship for the 21st Century[M].5th edition. McGraw-Hill，1999.
[13] Bruce R.Barringer， R.Duane Ireland.创业管理：成功创建新企业[M]. 张玉利，王伟毅，杨俊，等译.北京：机械工业出版社，2006.
[14] 创意.百度百科[EB\OL]. http://baike.baidu.com.
[15] 张耀辉，张树义，朱锋. 创业学导论：原理、训练与应用[M]. 北京：机械工业出版社，2011.
[16] 葛建新. 创业学[M]. 北京：清华大学出版社，2004.
[17] 聂元昆，王建中. 创业管理——新创企业管理理论与实务[M]. 北京：高等教育出版社，2011.
[18] 张玉利，杨俊，任兵. 社会资本、先前经验与创业机会——一个交互效应模型及其启示[J]. 管理世界，2008, (7): 91-102.
[19] 林嵩. 创业战略：概念、模式与绩效提升[M].北京：中国财政经济出版社, 2007.
[20] 刘常勇. 创业管理的12堂课[M]. 北京：中信出版社，2002.
[21] 李良智，查伟晨，钟运动. 创业管理学[M]. 北京：中国社会科学出版社，2007.
[22] Burch J G. Entrepreneurship[M]. New York: John Wiley & Sons Inc，1986.
[23] 姜彦福，邱琼. 创业机会评价重要指标序列的实证研究[J]. 科学学研究, 2004, 22(1): 59-63.
[24] 李嘉，张骁，杨忠. 男女企业家创业行业选择差异的影响因素及其作用机制研究[J]. 科学学与科学技术管理，2010, 31(2): 183-188. 李兰. 为什么女企业家更容易成功[J]. 财智文摘，2003, (5): 24-25.
[25] 姚晓芳，杨文江. 创业者特性对创业活动的影响研究——基于"2007城市创业观察"对合肥市的分析[J]. 科技进步与对策, 2008, 25(6): 163-165.
[26] 唐靖，张帏，高建. 不同创业环境下的机会认知和创业决策研究[J]. 科学学研究, 2007(2): 328-333.
[27] [英]约翰·贝赞特，乔·蒂德. 创新与创业管理（第2版）[M]. 牛芳，池军，田新等译. 北京：机械工业出版社，2013.

第5章 商业计划设计与制订

1. 了解创业风险的概念、内容以及识别和评估创业风险；
2. 了解通过创新网络搜寻和整合内外部资源；
3. 掌握创新与创业网络的管理；
4. 理解商业计划的价值和作用；
5. 学习商业计划撰写的详细内容。

创业风险（entrepreneurial risk）

创新网络（innovation network）

商业计划（business plan）

5.1 创业风险评估

> **案例导入：创业风险**
>
> 我们知道爱迪生发明了灯泡，但是爱迪生在找到钨丝作为灯丝之前，曾经尝试了成百上千种材料，最后才找到合适的钨丝，显然花费了巨大的精力、金钱和时间。众所周知，美国杜邦公司研究开发了尼龙，但是我们不知道，成功的背后是巨资的投入和多年的耗时却没有结果，在偶然的一个晚上，研究员忘了关掉酒精灯，烧了一个晚上，第二天早上上班时发现坩埚中有一团物质，拿去化验才知道正是寻找多时不得的尼龙，正所谓踏破铁鞋无觅处，得来全不费功夫。

5.1.1 创业风险的概念、特征与分类

1. 创业风险的概念

在日常生活中，人们提到风险，似乎唯恐避之不及，但事实上，风险在经济管理学中是一个中性词，应该理性客观地看待。美国学者威雷特在1901年的研究中认为风险是关于

不愿发生的时间发生的不确定性的客观体现。日本学者武井勋提出了风险的三个基本要素，第一，风险并不是不确定性，两者有差异；第二，风险是一种客观存在；第三，我们可以预测风险。美国 Cooper D. F. 和 Chapman C. B. 在《大项目风险分析》中指出，"风险是由于从事某项特定活动过程中存在的不确定性而产生的经济或者财务的损失，自然破坏或者损伤的可能性"。风险是指由于环境的不确定性，客体的复杂性，主体的能力与实力的有限性，使实际结果与预测发生背离而导致利益损失的可能性[1]。不确定性是指不可知，但是不确定的来源、领域和程度能够被识别，以选择合适的方法对偶然事件进行评估和计划[2]。

创业风险是指由于创业环境的不确定性，创业机会与创业企业的复杂性，创业者、创业团队以及创业投资者的能力和实力的有限性，从而导致创业活动的结果偏离预期目标的可能性。

创业者在面对一个商业机会的同时，必然要承受来自各方面的风险，比如机会风险、技术风险、财务风险、市场风险、政策风险、法律风险、团队风险等。每个创业者都必须面对这样的问题，只不过风险的种类和程度不同而已。创业者要具备的素质之一就是能够承担风险、应对风险和化解风险。

2. 创业风险的特征

（1）创业风险的客观存在性

创业风险的存在是不以人的意志为转移的，独立于人的意识之外，就像台风、地震、洪水等不可抗力的自然灾害一样。在创业过程中，不可能完全消除风险，只能在一定的时间和空间内改变风险存在和发生的条件，降低风险发生的概率或者减少风险损失的程度。创业风险的客观存在性要求创业者正视创业风险，积极应对创业风险。

（2）创业风险的不确定性

能够带来创业风险的因素多种多样，而且处于不断变化中，难以预测，因此，在某种创业活动中，未来的创业风险究竟由哪一种因素或者哪几种引起的是不确定的，这就是创业风险的不确定性。但是这种不确定性并不是完全不可知，创业者可以根据历史事件，对历史数据进行统计，计算类似事件的风险由哪些因素引起，发生的概率是多少，从而知道创业风险发生的领域和程度。风险的测量过程就是对风险的分析过程，这对风险的控制、防范、决策和管理起到非常重要的作用。

（3）创业风险的损益双重性

一般来说，收益越大的项目，风险也越大，这个时候，如果能够正确认识风险并利用和控制风险，收益就会增加，这就是损益双重性。因此，创业者在面对风险时，不应该惧怕风险，而应该积极地把风险作为一种机会，敢于承担风险，战胜风险。

（4）创业风险的相关性

创业风险的相关性是指创业风险与创业决策是密切相关的。同一风险事件对于不同的投资者，结果会大相径庭，为什么呢？因为不同的投资者采取了不同的策略和决策，不同的策略和决策导致了不同的风险结果。事实上，风险空间由决策空间和状态空间结合而成，状态空间是客观的，创业者无法自主选择，而创业者可以根据状态空间，自由地选择决策空间，而决策空间直接影响创业者面临的风险及其程度。

---

[1] 陈德智. 创业管理[M]. 北京：清华大学出版社，2001.
[2] 约翰·贝赞特，乔·蒂德. 创新与创业管理（第2版）[M]. 牛芳，池军，田新等译. 北京：机械工业出版社，2013.

（5）创业风险的可变性

创业风险的可变性由三个方面构成：第一，风险量的变化，创业者风险意识的增强和风险管理方法的完善，某种程度上可以控制某些风险发生的频率，降低风险损失程度；第二，某些风险在一定的时间和空间内可以被消除；第三，旧的风险的消除伴随着新的风险的出现。以上三方面的情况构成了创业风险的可变性。

（6）创业风险的可测性

通过对大量事件的分析和观察，利用概率和数理统计的方法预测风险发生的概率和损失程度，发现风险事件发生的规律，构造出损失分布模型，可以作为风险预测的基础。

3. 创业风险的分类

（1）按照创业风险来源的主客观性划分

按照创业风险来源的主客观性，可以分为主观创业风险和客观创业风险。主观创业风险是指由创业者本身的情况，如身体和心理等方面的主观因素引起创业失败的可能性；客观创业风险是指在创业过程中，由于非人的客观因素导致失败的可能性，比如市场变动、政策变化、资金缺乏等。

（2）按创业风险对创业投资的影响程度划分

按创业风险对创业投资的影响程度，可以分为安全性风险、收益性风险和流动性风险。安全性风险是指从创业投资的安全角度来看，不仅预期实际收益有损失的可能，而且专业投资者与创业者自己投入的资金也可能会损失；收益性风险是指专业投资方投资的资本和财产不会遭受损失，但预期实际获得的收益有损失的可能性；流动性风险是指投资方的资金、财产和预期实际收益都不会遭受损失，但是有可能不能按期转移或支付，致使投资方蒙受损失的可能性。

（3）按照创业过程划分

按照创业过程，可以分为机会的识别与评估风险、撰写商业计划风险、获取创业资源风险以及管理新创企业风险。机会的识别与评估风险是指由于各种主客观因素，导致这个过程中，获得的信息量不足或者信息有误，解读判断信息有误，使创业一开始就面临方向错误的风险，这个阶段还包括由于创业放弃原有职业的机会成本风险；撰写商业计划的风险，是指商业计划带来的风险，商业计划的一个重要用处是吸引投资者，商业计划是否合适直接影响创业融资，然而在撰写过程中，由于各种不确定因素以及创业者和计划实际撰写者的能力限制，都会给创业带来风险；获取创业资源的风险，是指在创业过程中没有办法获得关键的资源或者只能以不可承受的高成本获取关键资源，都会给创业带来风险；新建企业的管理风险是指企业的管理过程中，战略、组织、技术、营销等方面管理中存在的风险。

（4）按创业与市场、技术的关系划分

按创业与市场、技术的关系，可划分为改良型风险、杠杆型风险、跨越型风险和激进型风险。改良型风险，是指利用现有市场、现有技术进行创业存在的风险，这种创业风险低，经济回报也有限，要进一步生存和发展，获取较高的经济回报也比较困难，会受到市场已有企业的排挤和进入壁垒的限制，即便进入，要占有一定市场份额也有难度；杠杆型风险是指利用现有的技术开辟新的市场进行创业所面临的风险，比如说国内的企业开辟国外市场，这种风险稍高；跨越型风险主要是指利用新的技术开拓现有市场的创业存在的风险，

这种风险稍高，主要体现在新技术的应用上，反映了技术替代，是一种常见情况，领先者可以获得一定竞争优势，但模仿者会很快跟上；激进型风险指利用新技术开辟新市场的创业存在的风险，这种风险最大，如果市场潜力大，则机会巨大，对于第一个行动者来说，竞争风险低，但市场需求不确定，知识产权保护力度弱，产品性能的确定有很大风险。

此外按创业风险的内容还可将其分为技术风险、市场风险、财务风险、团队风险、环境风险、机会风险等。在下一节展开阐释。

5.1.2 创业风险的内容

1. 创业的机会风险

做任何事情都是有机会成本的，创业者进行创业也不例外。创业者选择创业要么放弃了自己之前的工作，要么失去了其他的就业机会，因为一个人在同一时间里只能做一件事情。比如说张军和李虎是研究生同学，两个人同时获得了某大学留校资格，毕业后两人都理所当然地成为大学老师，拥有了一份别人眼里的"铁饭碗"。但是不久后，李虎认为大学老师的工作没有挑战性，也缺乏实践性，因此想要辞职下海经商。如果李虎辞职经商了，那么他就失去了作为一名大学老师的机会，一份可以温饱并且稳定的职业，失去了每个月的基本工资、绩效工资以及五险一金。如果李虎以后创业失败，面临不得不重新择业，则与张军相比，缺少了这几年的工作资历以及由于年龄问题而失去的晋升机会。选择创业不得不放弃的就业机会与此机会所带来的所有收益，是一位创业者不得不考虑的机会成本。

2. 创业的技术风险

技术风险是指创业者在创业过程中因为技术因素导致失败的可能性。创业者在创业的过程中，尤其是高新技术行业，技术风险无法回避。高新技术行业创业的整个过程充斥着各种技术不确定性，这与高新技术的特点相关，高新技术创新创业一般要经历研究开发、小试、中试、大规模产品试制等，这个过程的每个环节都存在不确定性和偶然性，都可能使创新前功尽弃。前面说过，发明和创新并不是同一个概念，发明是技术概念，创新是经济概念，被市场接受的技术或产品才是创新，否则只是停留在实验室的发明而已。一般而言，从发明到创新都有一个时间段，这段时间叫作滞后效应。实验室的工艺条件在生产车间往往很难实现，从实验成功到市场成功需要经历相应的工艺创新、设备条件配套和营销创新等。此外，高新技术产品更新速度非常快，生命周期短，如果企业在产品的有限生命周期中不能实现产业化，则初期的投资很难收回，企业会遭受巨大损失。

此外，高新技术产品的市场成长速度往往也很难预测。马云在西雅图第一次接触互联网，没有人知道互联网技术会如此快速发展，更没有人料到互联网思维成为了一种商业模式。马云创造了一个又一个互联网奇迹，2014年"双十一"，淘宝以571亿元总成交额宣告结束。2005年阿里巴巴的营业收入为7.38亿元，ebay的营业收入为283亿元，相差275亿元，到了2013年阿里巴巴的营业收入为525亿元，ebay的营业收入为997亿元，相差472亿元，短短8年，阿里巴巴的复合增长率为70%，而ebay只有17%，在中国市场上，阿里巴巴打败ebay，成为绝对的龙头老大，市场份额超过50%。互联网技术不仅创造了市场价值，还创造了巨大的社会价值，改变了人们的生产和生活方式。但就算在这样一个互联网技术快速发展的时代，大部分的早期互联网企业都销声匿迹了，只有小部分存活下来。随着物联网（物联网是指利用创新技术把传感器、控制器、机器、人员和物等通过新的方式联在一起，形成人与物、物与物相联）技术的进一步发展，互联网技术还能走多远呢？互联网概念在中国资本市场方兴未艾之时，2015年瑞士达沃斯经济论坛已传来互联网死刑的判决书。谷歌执行董事埃里克·施密特大胆预言：互联网即将消失，一个高度个性化、互动化的有趣世界——物联网即将诞生。作为互联网的延伸，物联网对于信息端的云计算和实体段的相关传感设备的需求，使产业内的联合成为必然趋势，也为实际应用领域打开无限可能[①]。技术的迅猛发展，导致了市场发展的难以预测，但往往风险越大的地方，收益也越大。所以，即便技术发展中存在风险，仍然吸引一批又一批创新者、创业者前赴后继。

3. 创业的市场风险

市场风险是指企业从事经济活动所面临的盈利或者亏损的可能性和不确定性。在市场战略、市场定位、目标顾客选择、产品进入市场的时间、地点等任何一个环节出现失误或者节外生枝，都会造成市场风险。创业者在制订商业计划时，会根据历史数据、市场信息以及实际调研获得的数据进行市场规模的预测，因为市场容量决定了企业的总销售收入。跟渐进性创新产品已有一定的市场份额不同，一种全新的产品想要打开市场，需要一段较长的时间被顾客认知、接受和喜欢。当新产品进入市场后，在短期内，有可能产品的市场容量很小或者短期内市场没有接受产品，那么新产品的市场价值就没有办法实现。如果在这段时间里，企业没有雄厚的资金进行市场营销，产品为顾客熟知的时间会更长一些，于是产品销售不畅，产生积压，企业出现资金周转困难。高技术产品的研制开发成本一般比较高，进入市场后，产品的定价一般也比较高，如果定价超出了顾客的承受能力，则产品不会被顾客接受，企业同样很难回笼资金。比如说特定条件下人工合成的金刚石，由于合成时的技术环节复杂、成本高，市场定价比天然金刚石还贵，这样它的商业价值就会受限，产品无法实现商品化和产业化，投资就难以收回。

一般也很难预测某一项高技术产品的未来市场竞争力，因为产品的市场竞争力是产品优势、企业核心竞争力、营销策略等的综合结果。一项高技术产品往往需要有效的售前、售中和售后服务的支撑，但是初创的高技术企业，往往没有足够的资源来支撑一系列市场活动。

4. 创业的财务风险

财务风险是指创业过程中因资金不能及时到位而导致失败的可能性。企业的生存和发展需要资金的持续投入，一旦资金链中断，就很可能失败。一般来说，初创企业的资金来源大多是创业者的个人财产、亲戚朋友的融资、合伙人的出资，专业投资人的投资并不容易获得。对于新创企业来说，资金缺乏是最普遍的问题，如果创业者不能及时解决资金短缺的问题，创业活动就难以继续。随着企业的逐渐成长，会逐渐有获得风险投资、融资或者金融机构贷款的机会。但投资机构和金融机构对于投资对象和项目筛选十分严格，只有少数优质的、前景预估较为乐观的创业项目和新建企业才可能获得他们的资金支持。"万燕"曾经引领 VCD 行业，但是到了群雄四起的时候，万燕因为前期研发成本巨大，没有进一步投入资金的能力，于是没有办法扩大生产规模，降低 VCD 的单位成本，最后只能被迫被美

---

① 杨漾，金嘉捷. 谷歌执行董事长大胆预言：互联网即将消失，物联网无所不能. 澎湃新闻网，http://www.thepaper.cn/newsDetail_forward_1298436.

菱兼并[①]。2009 年之后，温州每年都有数十家企业倒闭，先后出现"一代鞋王"王跃进携千万跑路，"眼镜大王"胡福林负债 20 亿元出逃，其债务关系涉及近万人、几十家企业，包括信泰上下游企业和债主，给行业内外带来了不小震动和影响。造成这种情况的原因除了海外订单减少，主要是国内近几年一直采取财政紧缩政策，民营制造业在银行贷款难，而曾经解决资金困难的温州民间融资，在 2011 年前后严重崩盘，导致温州民营制造业普遍缺乏资金，企业纷纷面临倒闭、破产[②]。由于资金引起的风险，是企业所要面临的风险中影响力较大的风险，创业者资金问题应未雨绸缪，提高警惕。

5. 创业的环境风险

创业的环境风险是指由于所处的社会环境、政策、法律法规或者是意外导致亏损或失败的可能性。由于技术的快速更迭，大量科技含量较高的新产品问世，但有一些产品对人体的影响尚未形成定论，如转基因食品，这类产品的流通会受到各个国家或地区政策法规差异的较大影响，从事此类领域的创新创业活动所面临的环境风险更大。许多行业发展过程中并没有技术标准，一些先驱企业纷纷研制各自的产品，随着市场日渐成熟，市场格局逐渐形成，这些先驱企业中的一家或者几家企业成为行业**领导者**，在市场占据垄断地位，并主导行业标准，然而一旦风云突变，外部强大竞争者占据市场或行政主管部门根据市场和国际国内实际情况，重新制定并规范行业标准，那么这些前期投入大量研发费用的企业就会陷入困境。从事外贸业务的新创企业，还会受到国际法规、法律及政策的影响，比如我国出口鞋、袜及打火机的一些企业在国际上都遭受过不同程度的反倾销，企业的发展受到影响。此外，随着环境保护意识的加强，迫于国际国内环境保护的压力，国家出台相关保护环境的法律法规及政策，这一方面显然会刺激环保技术和环保产品的创新发展，但另一方面又会使冶炼、石化、大型制造业等存在外部负效应的行业受到负面冲击，使这类行业中企业前期投入的某些研发成本化为乌有。

6. 创业的团队风险

创业团队的风险有时候会成为企业最大的风险，内部因素往往比外部因素更容易击垮企业，创业团队的风险主要表现在以下几个方面：

（1）创业团队没有核心人物

企业尤其是初创企业，非常需要一位领袖，成为领袖的人一般是创业者，但也不尽然，核心人物或者说灵魂人物是企业的精神领袖，这样的领袖往往产生于实践中，具有凝聚力、领导力以及对创业执着的企业家精神是核心人物的重要品质。如果企业在发展过程中缺少这样一位核心人物，创业团队将会成为一盘散沙，难以拧成一股绳。

（2）团队成员搭配不合理

团队成员的性格特点、知识结构、业务专长、经历经验等方面具有互补性更有利于组建一支有效的创业团队。新创企业的执行总裁、策划主管、技术主管、生产主管、研发主管、人力资源主管、营销主管、财务主管需要由合适的人担任。搭配不合理会出现人职不匹配、人才缺乏、分工不合理等可能性，这必然引起冲突、矛盾，导致团队内部不协调，这

---

① 管理论文—万燕 VCD，百度文章，2012-08-09.http://wenku.baidu.com/ciuk?url=FFonOEKucsbuPGT-mInk9BC96hFai4m2SK8j8DTHJuFiu12-heVaogXdBIOyI9hmmfl_oULrgz09aEbQXhagv_UITSJVQMLzLTBPXfHwphsS.

② 石伟发. 落寞鞋都：温州制造业迎破产潮迎巨大震动. 长江商报，2015-01-26，搜狐新闻. http://business.sohu.com/20150126/n408066979.shtml.

对于创业企业来说是很大的危机。

（3）创业目标不一致

高效的创业团队，各成员之间遵循共同的创业目标、创业思路、纲领、规则。无论这些问题是在创业之初是清晰的、一致的、逐渐不一致，还是创业之初就不一致，之后没能磨合一致，目标不一致会使成员各自为政，难以朝共同目标前进。

（4）团队成员出现畏惧心理

创业需要持续的耐力和勇气，因为创业就是在一条黑暗且看不到明天的路上，艰难前行。这条路充满了荆棘和陷阱，随时会坠入深渊，粉身碎骨，因此，创业者需要巨大的勇气和良好的心态，一旦团队的中坚分子对困难出现畏惧心理，产生了恐惧，止步不前，就会影响士气，甚至导致中途放弃。

5.1.3　创业风险的识别与评估

识别企业所面临的创业风险对企业战略目标的制定具有非常重要的作用。创业风险的识别就是指创业者通过各种方法、手段和工具逐步认识到自己的企业所面临的风险的过程。创业风险的识别过程就是要获取相关风险要素信息的过程，如创业风险源、危害、风险因素、危险以及可能的损失等。创业企业识别自己所面临的风险主要从这几个方面考虑：自然环境、社会经济文化环境、政治与法律环境以及企业自身的运营环境。创业企业可以利用头脑风暴法、德尔菲法、环境扫描法、情景分析法以及风险清单法等识别创业风险。

不同的风险有着不同的性质和特点，对企业造成的损失也各不相同，识别创业风险，才能进一步对创业风险进行评估和控制。创业风险评估是指对已经识别的创业风险作进一步的分析，对某种风险发生的可能性及造成的损失进行估算。风险识别是找出可能会发生何种风险，风险评估是要弄清楚风险究竟有多大，风险带来的损失程度有多高。风险评估是企业风险管理的重要内容之一。

着手实践创新的想法，开展创业活动前，应对商业机会、创新创业活动进行分析和判断，发现创业风险的具体来源，发生的概率，影响大小，并分析创业风险所带来的"风险收益"，预估自身抗风险能力。风险评估主要包括如下一些内容：

（1）特定风险发生的概率估计

风险估计是指利用概率统计方法对风险事件的发生和风险事件的后果加以估计，从而给出比较准确的概率水平。风险估计包括对风险发生频率的估计和风险后果损失严重程度的估计。有人认为风险损失程度的评估比风险发生的频率更重要，因为有些风险虽然不经常发生，而一旦发生，造成的损失巨大，这是有道理的。如果要全面评估风险，那么风险发生的频率和风险损失的程度二者都应在评估范围内。估计各类风险发生的概率，可以找出那些发生概率较大的风险因素，有针对性地做好风险防控管理。

（2）特定商业机会的风险收益测算

测算特定商业机会收益的目的是衡量一个商业机会是否值得创业者去冒险，如果风险很大，但收益不高，则可直接放弃；但是有时候风险很大，带来的商业收益也很可观，这种情况下，创业者需要好好衡量，然后做出决策。在测算风险收益时，要注意结合直接收益和间接收益的计算，直接收益指财务收益，这种收益是显而易见的，但还有一些隐性收益，如企业文化的建立、能力的提升等不直接表现为财务收益，但会长期影响直接收益，这部分收益也不可忽略。

（3）创业企业风险承受能力的估计

如果一个商业机会的风险和收益都很大，那么诱惑很大，陷阱也很深，此时创业者需要全面评估自身承受风险的能力，如果企业无法承受，则无论诱惑有多大，收益有多可观，创业者都必须理性放弃；如果评估结果是企业可以承受这种风险，则创业者可以放手一搏，毕竟创业需要冒险，需要有创新精神。

风险评估的方法有故障树分析法、层次分析法、决策树分析法、计划评审技术法、主观概率法、效用理论、灰色系统理论和模糊分析法等。根据实际需要，选择合适的方式评估企业的创业风险。

5.2 网络开发

> **案例导入：人与人交互的作用**
>
> 在这里举一个简单的例子，我们可以通过头脑风暴法获得更多的点子、观点和创意。找一组人，分别让他们说出我们日常生活中经常用到的物品的不同用途，一个杯子、一块砖、一个球等，然后就可以得到这些用途的长长的列表，分享观点后，会爆发出更多观点，结果产生了更长的列表。比如说，杯子的功能可以是盛水的容器、花瓶、笔筒、垫高架子、蛋糕磨具、音乐器皿等。这就是人与人交互作用的功能，一旦人与人形成网络后，就会出现"凸显特性"，即整体效益大于部分之和。
>
> 资料来源：[英]约翰·贝赞特，乔·蒂德.创新与创业管理（第2版）[M].牛芳，池军，田新等译.北京：机械工业出版社，2013.

5.2.1 网络与创新网络

1. 网络的含义

创新创业的过程，一方面如上一节所述，要用风险识别、控制和管理技术防范风险；另一方面还需要搜寻资源以支撑创新创业，这就需要开发内外部网络。自从有人类史开始，人便不是一个孤岛，在远古时代，简单的一餐午饭都需要通力合作，一部分人负责采集果子，一部分人负责打猎，一部人负责生火和寻找木材，一部分人负责锅和器具，任何一个人如果想试图完成所有的工作，必定会死于筋疲力尽，而不是饥饿。创新从来都不是一个人的游戏，而是多重角色的表演，无论是一个创业者发现和识别了一个创业机会，还是现有的组织试图通过创新改善产品更新流程，都需要与其他人一起合作。明智的创业者或创新推动者总是能够意识到结合与连接的重要性，如接近顾客，了解顾客的需求；与供应商合作，开发创造性的解决方法；与大学、研究中心合作，获得更多的知识和技能；甚至同竞争对手合作，获得更多的资源。如此，就构成纵横交错的网络。

第2章我们就介绍了创新过程模型从线性发展为如今的网络化趋势。第一代、第二代创新模型是需求拉动和技术推动；第三代模型注重匹配，识别不同因素和反馈的相互作用；

第四代模型开始走出公司内部，走向外部，与顾客、供应商连接和结盟；第五代创新模型走向网络化，系统整合与网络扩张，网络中具有丰富多样的连接，信息和通信技术正在加速和支撑这些连接。网络的概念起源于 20 世纪 60~70 年代，原来网络的概念通常被描述为一种纤维线、金属线或者其他类似物连接而成的一种"网"的结构，80~90 年代，网络与结网的概念便开始流行。随着互联网技术的发展，有人提出了"网络经济"的概念，虽然各学科研究的视角不同，但总体上来说，网络的研究都体现了主体行为的关联性。

网络可以理解为各行为主体之间在资源交换和传递过程中建立的各种关系的总和。这些关系可以是市场交易、技术创新合作等过程中产生的正式关系，也可以是基于共同的社会文化背景、价值观、信任等基础上的非正式关系。这些网络包括企业内部网络、产业网络、研究开发网络、市场交易网络、区域网络、国家网络、全球网络以及个人的家庭网络、亲友网络、同学网络以及同事网络等非正式关系网络[1]。一般来说，网络包括行为主体，活动和资源三个部分。网络的主体包括：个人、单个企业或者企业群，在更广泛的范围上包括政府、中介机构、教育和培训组织等；网络中的活动包括：网络主体内部的资源流动、网络主体间的资源流动以及跨越网络边界的资源流动。资源包括人力资源、物质资源、金融资源和知识资源等。

2. 创新网络的含义

一个伟大的想法和一个有趣的发明需要大量的资金、物流、渠道、营销以及生产才能实现一定的规模和可持续性。需要把能够提供互补技能和资源的关键参与者连接起来以实现创新。创新网络的形成是世界经济一体化的必然要求。电子王国的 ARM 公司，它生产的芯片被用于所有的手机和其他设备，这个全球参与者，以前只是剑桥大学的一个衍生品，但它的发展不是一个人的表演，而是成为一个与国家、行业和技术相连接的复杂网络系统。1991 年，创新学者 Freeman 在 *Research Policy* 上发表文章指出，创新网络是应对系统性创新的一种基本制度安排，网络主体架构的主要链接机制是企业间的合作创新关系。徐华（2000）指出中小企业创新网络是一种合作创新体系，合作的动因是获取和分享创新资源[2]。李新春（2000）认为创新网络是从技术创新、产品创新到市场化的连续的，动态发展的组织安排[3]。赵韦韦（2011）则认为创新网络是在一定区域内，企业与众多与企业有产业相关的企业、地方政府、金融机构、中介机构以及科研院所，通过正式或者非正式的关系，实现多元主体参与，多种资源流动与开放，集成各成员资源的一种网络关系。企业创新网络合作就是在特定的经济文化背景下，在一定的地域范围内，依托地理资源优势，众多企业通过契约、信息经济、社会关系等形式与大学、科研机构、政府以及中介机构合作建立网络，通过网络，实现资源共享，实现创新功能，提高竞争力，促进企业发展[4]。

可见，创新网络是以企业为主体，多元主体参与，为了实现创新功能，通过有形资源与无形资源的共享，由各主体交互作用形成的各种正式与非正式关系的总和。创新网络打破了原有的组织边界，组织学习从团队内部走向跨组织交流学习，通过共享创新资源，协

---

[1] 盖文启. 创新网络——区域经济发展新思维[M]. 北京：北京大学出版社，2002.
[2] 徐华. 中小企业网络创新：构建动因与策略[J]. 科学学与科学技术管理，2000(2)：44-45.
[3] 李新春. 高技术创新网络[J]. 广东社会科学，2000(6)：29-33.
[4] 赵韦韦. 基于产业功能区的企业间创新网络合作研究——以成都市汽车产业功能区为例[D]. 成都：西华大学，2011.6.

作互动，充分利用网络内的资源、知识、经验以及技术的交流与扩散，最大限度地实现创新并创造价值。

创新强调的是新，创业侧重于创，两者都以市场的成功为检验标准。创业网络中也存在主体、资源和活动，创业网络中有从创业者到与创业企业相关的行为主体；创业网络中流动着资金、信息、技术等资源；同时创业网络中的行为主体要想获得资源必须参与活动，进行交换①。创业网络也可以理解为各种关系的总和。无论对于创新还是创业，网络的意义都在于个体可以通过网络来获取所需的资源、信息、技术以及人才等。我们重在关注网络的资源搜寻和整合功能，所以不对创新或创业网络做严格的区分。

3. 创新网络类型

创新网络形成的驱动力就是搜寻并整合创新所需资源。视角和切入点不同，创新网络可以有很多分类。我们根据联结方式不同，将创新网络分为水平一体化创新网络、垂直分离的创新网络以及垂直分离与水平一体化共存的创新网络。

水平一体化的联结模式又称为无中心的联结模式②、共和式企业网络③。其特征就是企业网络以本地的中小企业为主，企业之间的市场地位平等，联系紧密。企业的规模相对而言都比较小，企业之间的交易表现为较完全的市场竞争。企业之间弱垂直关系，重水平关系。这种联结模式比较多地出现在劳动密集型的产业内。如"第三意大利"的 Emillia 和 Tuscany 等地区，以及我国的一些传统产业专业化生产地区，如"中国袜业之乡"——浙江省的大唐镇、"中国塑料城"——河北省清和县等。

垂直分离的联结模式又称为中心—卫星模式、王国式企业网络。这种类型的创新网络内，只存在一个核心企业，其他企业围绕这个企业，通过垂直关系，提高配套和服务。在这种价值结点网络内，企业之间的合作往往是长期的，有的甚至十年都不换合作伙伴，因此网络关系表现出很强的忠诚度。核心企业通过分包活动，降低了大组织的刚性，把更多精力放在研发上。中小企业通过跟大企业的合作，受到大企业的指点和帮助，提高了企业的创新能力。这样的网络同样呈现出它的活力和创新能力。如日本南部出现的企业集群内，尽管供应商及其分包商的关系是刚性和等级的，但地理的接近，采用即时生产和运输系统，也表现出很强的竞争力。我国浙江省温岭的摩托车产业集群以及上虞风机产业集群也属于这种类型④。

垂直分离与水平一体化共存联结模式又称为多中心联结模式⑤。水平一体化和垂直分离这两种联结模式并不一定具有普遍意义的代表性。更一般地，价值结点的联结模式都是处于上述两种极端模型之间的一种模式，即垂直分离与水平一体化共存。这种模式的特点是企业网络内，几家或十几家大中型企业利用垂直一体化的关系，与其他中小企业进行分包，而中小企业之间存在一种水平的生产合作关系。如美国硅谷就是一个典型的跨国巨人与灵活小尖兵共存的创新网络；我国的北京中关村、武汉市的东湖高新区等就属于这种联结模式。

此外，还可以根据企业与其他行为主体的交互作用将其分为企业与大学或者科研机构的技术知识网络、企业与金融机构的资金网络、企业与政府的宏观计划网络、企业与中介

---

① 周冬梅. 创业资源获取与创业网络关系动态演化研究[D]. 成都：电子科技大学，2011(9).
② 魏江. 产业集群[M]. 北京：科学出版社，2003：76.
③ 王辑慈. 创新的空间[M]. 北京：北京大学出版社，2003：84.
④ 杨红燕. 区域创新网络结点问题研究[D]. 成都：西南交通大学，2004.11.
⑤ 魏江. 产业集群. 科学出版社，2003：75.

机构的服务网络。还可以根据层次将其分为企业创新网络、区域创新网络、国家创新网络和全球创新网络等。

5.2.2 资源的搜寻与整合

在当今时代，个人或者企业无法拥有全部的资源和技能，但只要知道这些知识和技能在哪里，如何获得就可以了。尤其对于资源缺乏的新创企业而言，自己不可能拥有全部的资源，需要学会利用网络对资源进行规划与整合，才有可能实现创新和创业的成功。

1. 整合内部网络资源

我们可以在当前诸如西门子、飞利浦、花旗银行等世界级大公司中找到这样的人"仅有×知道×知道什么……"这些大公司都面临着这样的困境：拥有成千上万的员工分布在组织的各处，这些员工掌握着不同的知识，不同的资源，但是他们只有寥寥无几的机会能够被召集在一起，企业巨大的知识和资源都散落在企业的各处，无法整合成一个大拼图[①]。随着知识管理概念的流行，随着信息技术的发展，企业储存数据和信息的能力越来越强，但是问题在于这些信息和数据未必能够被转化为有用的知识，构建组织内部的知识网络和创新网络，才可能真正整合企业的有用资源。

2. 搜寻利用外部网络资源

宝洁公司连接和开发的成功很大程度上归功于它们搭建了自己内部的员工与外部人员之间的丰富的联系，它们应用实践社区，用互联网支撑的"俱乐部"把具有不同知识的人们凑在一起讨论核心主题，交换意见。3M公司，同样将成功归功于构建和管理网络，丰富的正规和非正规网络使数千家研发机构和组织直接与面对市场的人员连接起来，它们的许多创新产品，从遮护胶带到防水剂、透明胶带、磁性录像带，再到便利贴以及其他的无数的衍生品，大都来自人员之间的连接。[②]

小公司的问题不在于小而在于孤立，小企业在聚焦、激情以及快速决策方面都有很多优势，但是缺乏资源是它们的弱势，经济学家提出的"集体效益"的观点认为企业内部无须拥有全部的资源，你只要知道资源在哪里以及如何获得资源就可以了，其他合作的人可以帮助你获得需要的东西。世界上最值得尊敬的纺织品研究机构之一的CITER，坐落在艾米莉亚-罗马格纳，该组织就是由网络中一群纺织品制造商的协同创新，共担风险，共享资源，实现商业价值的。对于一个孤立的新创企业来说，从外部网络中获取资源是十分诱人的，它们的资源一般比较匮乏，不可能在企业内部拥有所有的资源，网络化的发展使新创企业的"孤立"不再成为一个问题，它们可以有效地联系资源，在全球范围内推动和利用资源。在当今技术快速发展的时代，任何一个企业，即使是大企业也不可能拥有所有的知识，拥有互补性资源的企业只要建立网络，共享资源即可。

创新与创业组织可以依托一定的地理资源，在空间上聚集，节约了交易成本，共享知识经验以及集群能带来的其他协同效应。比如硅谷和128公路的高技术产业集聚，又如江浙一带的鞋都、袜子之乡是传统产业的空间聚集。随着互联网技术的蓬勃发展，企业之间

---

①② [英]约翰·贝赞特，乔·蒂德. 创新与创业管理（第2版）[M]. 牛芳，池军，田新等译. 北京：机械工业出版社，2013.

的距离越来越不受限制,企业之间的信息交流和传递更为便捷。这在一定程度上改变了企业的内外环境,企业需要变得更加柔性,此时,虚拟企业应运而生。虚拟企业是指多个企业基于开放式计算机网络和信息集成基础上构成的虚拟制造环境,根据客户需要和社会经济效益组成虚拟公司和动态联合公司。虚拟企业没有实体,也没有制度构架,其组成成员的地位平等,关系水平,并在各自企业内部完成任务。虚拟企业网络可以使每个企业集中精力创造各自的核心技术和优势,然后再整合成网络优势。德国巴登-符腾堡内已出现虚拟企业网络,在这一地区内,由 11 家制造企业率先组织了一个企业网络,现在网络成员已发展到 100 多个。网络中的全部或部分成员共同争取任务,组织设计、生产、制造和销售,积极参与产品的开发工作,美国企业拥有的开发能力、生产能力等是创新网络的有益补充,从而避免了单个企业或公司缺少时间和价格优势的困境[1]。在英国,汽车制造商和销售商协会连续几年成功地举办了工业论坛,帮助大量的企业采用和推行流程创新,这种模式逐渐被应用到其他领域,比如陶瓷业、航天、纺织和旅游业。很多区域都尝试把网络化和集群作为促进经济发展的手段,这种方法也被用在供应链上,诸如 IBM 和 BAE 公司都付出了大量努力,形成"供应链学习",不仅仅是物料的传递。

  创新与创业组织还应与政府建立联结,这通常表现为宏观联结和政府计划两种。宏观联结模式是指政府不直接介入创新网络,只是通过制定政策,采取措施等宏观手段来调控。产业政策的偏向可以促进产业结构调整。优惠税收政策能提高创新网络内企业创业的积极性,扩展创新网络的边界。政府计划模式通常是创新网络还处于不成熟阶段或者为了完成特定的目标,政府会直接介入企业的创新活动。政府一般以政府计划这种方式介入。韩国是这种政府推动企业创新模式的典型。20 世纪 80 年代韩国提出技术立国的口号,制订了高技术发展计划,并采取积极的措施,如直接投资 64 亿美元于半导体存储芯片研发生产,使韩国很快在这个领域站住了脚。90 年代以来,韩国政府制订了知识密集产业部门发展五年计划、新技术事业计划等一系列计划,旨在通过组织跨部门的 R&D,以促使企业在资金、人力、技术、设备上的合作,使研究成果尽快商业化,使若干高技术产品和产业达到国际领先地位。日本政府也推崇政府计划模式。1976—1979 年,为了在超大规模集成电路(VISL)方面赶超美国,日本政府出面协调五家最大的半导体制造商,研制超大规模集成电路,政府预算也投入大量的补助。由于集中了资源和人力,1980 年,日本比美国早半年研制出 64 K 的存储器,早美国两年研制出 256 K 的存储器。可以说,日本政府对日本的半导体产业做出了巨大的贡献。在取得半导体霸主地位后,在政府计划上尝到甜头的日本政府对日本高清晰电视机产业继续使用这种行政计划。结果美国推出 24 个不同方案,而日本方案单一,使日本在高清晰电视机上的投资毁于一旦。同样的政府计划,为什么在两个产业上起到截然不同的效果?在赶超阶段或网络不成熟时候,政府调配资源的能力要比民间力量强。但是当面对创新的课题,需要探索未知的时候,政府在信息上不具有优势,在反应能力、运作能力上都不如民间机构,这就是为什么会出现同样计划不同结果的原因。因此,对于创新网络的不同发展阶段,政府要采取不同的联结方式,以便更好地促进创新网络的发展。

  创新与创业组织还可与中介服务组织之间建立网络联系。与行业协会、孵化器以及律师事务所、会计事务所、金融机构等行为主体结成了服务类型的创新网络。我国温州地区

---

[1] 张小平. 虚拟企业: 一种崭新的企业管理模式. 生产力研究, 1999(1): 125-127.

及其各县，大大小小的行业都成立了相应的自律性中介组织，如鞋革工业协会、灯具商会、服装协会以及家具商会等，这些行业协会的存在，不仅可以整顿行业，打击假冒伪劣产品，还可以避免相互压价等不正当竞争，组织各种形式的活动，促进同行业的交流。创业服务中心对企业的诞生和成长发挥着极其重要的作用。创业服务中心向社会吸纳可转化的高技术成果和有发展前景的小型科技企业，为人们提供孵化的场地和相应的物业管理、投融资、发展咨询、财务管理、政府政策和资金支持等必要的服务，为科技成果转化和科技企业的培育提供良好条件。一般孵化的时间为3~5年，企业成活率在85%左右，实践表明，我国高技术产业区内，产生于企业孵化器的高新技术企业，大多具有市场定向、创新活跃、产权明晰、操作规范等特点。由于高风险性，企业创新活动或创业活动所需的资金一般都来自基金和风险投资公司，传统的金融机构一般很少涉足。风险投资机构对其资金进行不断的跟踪和评估，也不断地与创办者进行交流和接触，提供一些技术、信息等方面的咨询服务和其他辅助性服务。按照不同的阶段，风险投资可以划分为种子基金、创业基金和成长型基金。种子基金主要用于企业新产品的开发；创业基金用于新企业的设立，所有风险投资对于企业的衍生有着非常重要的作用；成长型基金主要用于市场的推广和技术的完善，因此，创新网络技术能力的提高和创新网络的发展和繁荣，离不开成长型基金支持。

　　创新与创业组织还可与大学或者科研机构成立创新合作网络，获取更多技术或知识资源。主要有以下几种方式：

　　（1）联合体，即合作方共同投入资源，在协议的基础上建立一种类似于实体式的合作组织。联合体内一般都有独立的组织结构和制度规则，有固定的办公场所和人员编制。在管理方面，实行共同管理或委托一方管理。联合体意味着合作方为了获得更高的技术、市场等优势，投入了更多的资源，因此也加固了网络的合作关系。企业与大学联合体的形式主要有建立各种中试基地、工程研究中心、试验室和研究所。这种工程研究中心、中试基地等教学、科研、生产综合体是企业与大学、科研机构联结的重要模式。如南京跃进汽车集团公司与东南大学，江苏理工大学等五所高校共建的跃进汽车工程研究院，天津大学与中国石化总公司联合建立的天津大学石油化工技术开发中心等。目前，世界跨国公司越来越多地采取了与中国大学、高技术企业联合建立研究机构方式，促进企业R&D研究的本地化。如美国Texas设备公司与联想集团在中国联合建立的数字信号处理实验室；北方电讯公司与北京邮电大学联合成立了北邮—北电电信研究开发中心。

　　（2）项目小组，指为了完成特定的合作目标，由来自企业和大学、科研机构的不同技术专长的专家组成的充满创造力和学习能力的有机团队。项目小组被赋予了较明确的责权，在管理方面有较大的自主权。项目小组一般采取扁平的结构，即组内只有小组负责人和小组成员两层，因此灵活性高，提高了决策的速度。项目小组内部开展正式和非正式的交流，内部人员可以在一处工作，也可以分开工作，但成员必须保持紧密联系，而且项目小组负责人或成员要定期与企业的高层沟通，及时诊断和解决项目中出现的问题。这种合作，在研究开发上可以取长补短，集合优势资源。

　　（3）学院方式，就是企业和大学、科研机构合办学院共同培育技术人才和管理人才。学校、科研机构提供师资和教学场所，企业主要提供资金。由于企业的参与，学校设置的课程一般偏向于实际应用性强、社会需求大的课程。在管理方面，主要是委托校方和科研机构管理。企业和大学、科研机构定期进行人员交流和技术咨询。

此外，除了通过创新网络搜索资源，还可以利用网络帮助组织学习，提高创新能力。知识的流动和学习对于创新非常重要。网络表现在分享知识，提供学习支持。编码化的知识通过正式的网络就能传递，但是在知识的海洋中，显性知识只是冰山一角，大部分是隐性知识，隐性知识的传递更困难，需要面对面交流，需要干中学。这无疑对促进网络成员间隐性知识的交流提出更高的要求。

网络形式的创新正是开放式创新的体现，开放式创新需要组织开放其创新流程，在组织边界外广泛搜索，管理丰富的跨越边界的网络连接和关系，但是提高知识在组织内外的流入和流出，就像交易商品和服务一样，是十分困难的，对于创新和创业组织来说，意味着需要学习建立和管理连接的一套技能。

5.2.3 管理创新与创业网络

在管理创新与创业网络之前，我们需要考虑这样一些关键的问题：

（1）我们需要吸收哪些新的成员，以及为什么要吸收他们？比如，如果现有的网络中还缺乏专业知识以及融资的渠道，那么需要吸纳的新成员应该具有专业知识或者能够提供资金的支持。

（2）我们应该如何与网络成员建立合作关系，是通过契约的形式，还是通过基于信任的开放式网络？在学习网络中，哪些方面的知识和资源自愿地共享？如何能够让成员自愿贡献自己的知识？如何建立信任机制以及决策管理、冲突解决、风险利益共享的核心流程？

（3）我们该如何长期地维持并发展网络关系？如何在完成最初的项目后持续发展？是否存在我们必须终止的关系才能往前走的结点？

通过这三个类型的问题，我们可以列一个清单，将帮助我们构建网络地图，整理网络资源，以确保我们拥有一个强大而健康的网络。

从创新网络生命周期的视角，我们可以将创新网络分为创建阶段、发展阶段、维护阶段和退出阶段。每个阶段都有一些关键的管理问题。

（1）创建阶段。这个阶段为界定目标和组合网络努力。网络组建的动机很有可能是危机，企业必须通过创新迎头赶上。当然也有可能是因为感知到了进入市场的机会，比如某些企业拥有进入新市场或者利用新技术的潜力，急需通过建立网络来实现这个商业机会。

（2）发展阶段。这个阶段对于创新网络来说非常重要，需要试图建立一些获得支持和赞同的核心运行流程，这些流程能够使得创新网络运行顺畅，合作愉快，最终能够达到网络构建的目的。这些核心流程包括：①网络边界管理，如何界定网络成员的边界问题，区分网络内和网络外，网络内由哪些成员构成，这些成员有什么特征或者需要满足什么条件；如何去维护网络成员的关系。②网络层面的决策，在网络的运行中，在何时、何处由谁来做决定。③如何有效地建立冲突解决和冲突管理机制，能够有效地控制、转移和解决冲突；化解网络中的矛盾。④信息处理，成员之间的信息如何流动；如何管理成员之间的信息流动。⑤知识管理，在网络中如何获取、共享、使用和创造知识。⑥网络中存在什么样的激励机制吸引不同成员的加入并且驻留在网络中。⑦利益和风险如何在不同成员之间进行分配。⑧网络的运行如何进行有效的整合和协调。

（3）维护阶段。有些网络不需要长时间的维持下去，网络的构建也是为了短期的目标，目标一旦实现，网络自行解散。但是有些网络是为了长期的目标，网络成员是否愿意驻留在网络内视网络能否给成员带来激励、利益和收益而定的,这种情况之下,创新网络需要维护管理,周期性地回顾和重新定位来保持网络构建的较高动机。例如,英国石油公司、壳牌和其他主要合作者,在1992年为了减少成本而建立起一个近海石油和天然气开发项目,网络使用10年间,在产品、服务以及程序方面产生了广泛的创新,在实现了原来的低成本目标后,他们需要思考网络是就此解散,还是继续维持,深入下一个目标。现在,这个网络的合作目标转向了第二阶段,通过集中创新在全球工业中获得更多的出口份额。

（4）退出阶段。创新网络的衰退一般是两种情况。一种情况是当网络的目标完成后,自动进入衰退期,创新网络解散。另一种情况是创新网络在运行的过程中,由于某些机制和核心流程没有处理好,网络内积压了大量的矛盾和冲突,当矛盾冲突积压到一定阶段,没有得到有效处理,会导致网络运行效率低下,不但不能实现创建之初的目标,还会引起极大内耗,可能不得不终止。

5.3　商业计划撰写

案例导入：万兽之王

一只狮子遇到一只老虎,当他们在池塘边饮水的时候,老虎说:"告诉我你为什么像个傻瓜一样不停地吼叫。""那不是傻。"狮子说,它的眼睛闪动着:"它们叫我万兽之王,因为我做广告（怒吼就是我的广告）。"一只野兔听到它们的谈话,飞快地跑回家,它想尝试狮子的计划,但是它的吼叫只不过是发出的几声叽叽的叫声。一只狐狸来做调查……它在森林里饱餐一顿后,得出的格言是:朋友,当你做商业计划的时候,首先保证你自己有真正值得宣传的东西。

资料来源：丹尼尔·肯尼迪. 丹尼尔·肯尼迪思考工具——最伟大的商业计划书[M]. 刘彬彬,张伟译. 北京：国际文化出版公司,2003: 1-2.

5.3.1　什么是商业计划

商业计划必须受到重视,创业之路如同航行在大海之上,漫无边际,深不可测,所以必须认真调查,花费时间,制订合理的商业计划。

——罗伯特·F. 谢勒（Robert F.chelle）俄亥俄大学创业领导力中心主任

1. 商业计划的含义

我们也把商业计划叫作行路图（road map）,因为商业计划提供给我们这样的信息:我们现在在哪里?我们要去哪里?我们怎么去那里?商业计划书实际上是将创意、创业设想、创业机会进一步具体化,明确创业的基本目标,包括明确创业者的创业思想和基本目标；评估创业机会,分析如何将创业机会进一步发展为产品和服务；创业成败的主要影响因素；创业的资金需求、筹集办法以及风险控制等。一份商业计划书应该说明企业的发展目标,以及实现这个目标的方式、所需要的资金、资源以及时间等。

商业计划又被称为创业计划,是对与创业有关的所有事项进行总体安排的文件。这些事项包括人员、物质、资金、未来发展规划等各种资源的整合，以及经营思想和战略规划的确定，因此，商业计划书是一份为创业项目制定的完整的、具体的、详细的书面文件[①]。商业计划的确是企业创业阶段最重要的一份文件。商业计划是各种职能计划，如市场营销计划、财务计划、生产经营计划以及人力资源计划的集成，同时也要制定新建企业3~5年内的短期和长期的决策制定的方针。有了创意并不等于有了市场机会，有了市场机会也不等于创业成功，如何能够把创意一步一步转化为能够为市场和顾客带来价值的产品和服务，我们需要制订商业计划。

2. 商业计划的作用

商业计划的基本要求是回答这样一些问题：什么人、做什么、为什么、什么时候以及如何做。投资者需要弄清楚针对创业者初创的企业起主要作用的因素是什么、投资回报的时间表、销售额和现金流等。此外，商业计划不只是为了融资而写给风险投资家看的，还是帮助创业者客观分析问题，厘清思路，保持清醒的头脑，也能为创业者提供创业指南和行动纲领。所以商业计划一定要确立目标，而且目标要确实可行。创业者可以把这份计划看成是公司发展所需的工具，详细地列明公司的行动步骤，引导公司走上正轨，度过起步阶段。商业计划的制定并不能保证所有的问题都迎刃而解，但是一份精心设计，经过深思熟虑的商业计划能够帮助管理者避免所有的问题同时发生，当问题发生时，可以有备选的解决方案。

（1）商业计划明确创业的目标和方向

在制定商业计划书之前，就要确定企业的目标，不同的发展目标，需要不同的行动策略。一份详细的商业计划书可以理清创业者的思路，保持清醒的头脑，公司的经营和发展始终围绕企业的目标展开，不至于偏离方向，违背初衷，导致创业失败。创业目标对于新创企业来说，无疑是一盏指路明灯，而商业计划书的制定是让这盏明灯始终照亮企业前进的方向，明确创业活动的努力方向。

（2）商业计划能够周全设计行动计划

商业计划所涵盖的内容非常丰富，包括创业的类型、阶段目标、资金规划、财务预算、市场营销计划、团队管理、风险评估等内容。商业计划书的制定可以帮助创业者对产品开发、市场开拓、生产经营等重大问题进行细致思考并做出决策，同时也为创业者的日常管理提供比较科学的依据。这样有助于将抽象或者模糊的总体目标转变为更为具体的运营目标，这也有利于后续的决策和权衡。

（3）商业计划帮助创业团队客观理性避免纠纷

商业计划书的制定需要进行环境分析，可以帮助创业者了解行业环境，了解竞争状况，明确自己所处位置，并明确顾客需求，识别出外部的风险和机会，揭示未发现的乐观和自我欺骗，从而做出更理性客观的判断。此外，商业计划制订的过程，也是各方权责利明晰的过程，从而避免后续权责利方面的争论与纠纷。

（4）商业计划能吸引风险投资者

商业投资者需要看到一份关键信息明确的商业计划书，才能决定是否投资于新创企

---

① 张光辉. 创业管理概论[M]. 大连：东北财经大学出版社，2006.

业。风险投资者关注的是什么时候能收回投资以及投资回报率是多少，因此，他们更关心的是商业计划书的市场计划部分和财务计划部分。此外，创业团队尤其是创始人也是他们关注的重点。好的商业计划书能够吸引投资者的眼球，让他们愿意为企业的发展注入资本。和其他的法律文档一样，在企业和投资人签署融资合同的同时，商业计划书往往将作为一份合同附件存在。与这份附件相对应的，是主合同中的对赌条款。对赌条款和商业计划书，共同构成了一个业绩承诺：当管理人完成或没有完成商业计划书中所约定的目标，投资人和企业家之间将在利益上如何重新分配。

3. 商业计划的特征

由于创业者的目标、创业思路、创业方式以及创业所处领域的不同，商业计划各有不同，这不仅仅表现在内容上，而且也反映在结构和侧重点上。但是，一份好的商业计划书有以下的共同点：

（1）循序渐进。商业计划的编写一般至少要经历三个阶段，每个阶段要经过多次修改才能完成。第一个阶段是全面收集撰写计划书所需要的资料和信息，形成商业计划书的概要；第二个阶段是在第一个阶段的基础上，结合自身的特点和类型，撰写商业计划书的初稿，形成带有创业企业特色的独特的商业计划书；第三个阶段是在第二个阶段的基础上，不断润色和修改，形成正式的商业计划书。

（2）一目了然。商业计划的撰写应该主题突出、观点明确。计划书着重描述关键问题，明确阐述，不拖泥带水，字里行间一目了然，使人读后印象深刻。清楚、简洁，不要出现不必要的分析、描述或者其他文字。让读者看后能知晓：创业者所做的市场调研和市场的预期容量；为什么创业项目会获得市场接受；为什么创业项目和创业团队值得投资。

（3）通俗易懂。商业计划的撰写应该避免使用太过专业的术语。专业术语往往只有技术人员才能理解，因此，专业术语的使用会增加阅读的困难，人为缩小了受众的范围。为了能使商业计划书的读者容易理解商业计划书的内涵，商业计划书的撰写必须使用通俗的语言，简单明了。在商业计划书中必须使用专业术语的地方也需要注解解释清楚。

（4）严谨周密，令人信服。虽然商业计划没有统一的模式，但是商业计划书必须有自我完整的格式，才能相对完整清晰地陈述必要的内容，使商业计划书具有信服力。撰写过程中一定要避免主题不明、结构松散、格式混乱等不够专业的表现。一般情况下，商业计划书的撰写需要考虑三个视角：第一是创业者的视角，创业者比其他人更能理解新创企业的目标和价值；第二是市场的视角，创业者必须从用户的角度来看待企业的产品，现实中创业者撰写商业计划常犯的一个错误是过于强调技术，而对市场考虑不足；第三是投资者的视角，投资者关注商业计划的市场计划和财务计划等关键信息，这些是其评估风险和收益的主要信息来源。但这些信息创业者不能为了迎合投资偏好而夸大事实，否则反而会使投资者感到不可信。另外，商业计划也应体现撰写团队的专业素养，不能出现常识性错误。

5.3.2 商业计划撰写注意事项

1. 商业计划的作者和读者

（1）商业计划的作者

一份详尽的商业计划书涉及创业所需的所有相关要素，包括市场营销计划、生产经营计划、财务计划、人力资源计划等，因此，商业计划书的作者既需要非常了解创业项目也应具有相关的专业知识,才能有资格和有能力撰写完善的商业计划。撰写商业计划书的过程对于创业者里说是非常有价值的经历,因为这个过程强迫创业者去面对创业过程中可能出现的各种问题,尤其是现金流以及对现金的需求。撰写商业计划的思考过程强迫创业者把自己的设想带到客观现实中去考虑各种问题,比如这个设想可行吗?有意义吗?我的产品能满足顾客的需求吗?我怎么样管理企业?我的竞争对手是谁?我能跟他们合作吗?也把创业者带到未来去设想各种阻碍创业成功的因素,这些都好比是角色预演,逼迫创业者去面对各种情景,找到阻碍成功的因素,以及考虑用什么方法去克服阻碍。有可能会出现这种情况,当创业者完成商业计划后,发现自己即将要面临的障碍是无法突破的,如果是这样,那么在进一步投入资金和时间之前,新创企业就在纸上戛然而止了[①]。创业者在制定商业计划时可以向律师、营销顾问、会计师等咨询,也可以聘请他们一起来撰写商业计划。在这之前,创业者可以评估现有团队的技能,确定缺少什么技能,以及缺少的程度,然后可以通过行业协会、各种商业平台以及专业机构搜寻具有这些技能的人。

（2）商业计划的读者

一般说来,商业计划的读者有投资者、政府、顾客、员工以及创业者自身,读者不同,商业计划书的内容和焦点就会有所不同,因为读者在阅读商业计划时都抱有各自不同的目的。比如写给投资者看的商业计划书,财务分析报告要做得精致;如果读者是顾客,则需要提供满足顾客需求的产品。在某种情况下,商业计划书需要试图满足所有潜在读者的需求,可能这些需求存在着非常大的区别,但是如果不能在商业计划中体现就很有可能会遭到拒绝。一个好的方法就是创业者首先从自己的角度来准备商业计划书的初稿,暂不考虑那些将来会最终阅读商业计划书并对计划书做出评价的顾客或者投资者的需求,当创业者明确谁即将要阅读商业计划书时,再从阅读者的角度,修改商业计划书。

2. 商业计划所需信息

在撰写商业计划书之前,应尽量多地搜集相关信息,这些信息主要集中于市场、财务和生产运营等几方面。

商业计划书需要明确定义市场,并在此基础上对市场的潜力做出评价。相关信息可从行业协会、政府报告等渠道获取,同时也可根据需要围绕产品性质、产品领域、市场前景等方面进行充分的市场调研。

判断新设立企业可行性的量化标准是财务指标,为此需要收集相关财务信息,这些信息主要通过访谈营销、财务方面专业人士或根据历史数据进行合理预测等方式获得,包括起步阶段至少三年的预计销售额及费用支出、起步阶段三年的现金流、现在及未来三年资产负债预测等。

产品的生产运营具有稳定性和可持续性,阐述生产运营状况需要依赖对企业生产特征信息的了解和掌握。所需大多数信息可以直接获得,包括生产地点、生产运营流程、原材料供给情况、设备能力、员工劳动技能、库存能力、生产间接费用等。

3. 撰写要点

商业计划书不需要堆砌辞藻,而是应言简意赅地揭示问题和寻找对策。撰写一份好的

---

① 郁义鸿,李志能,罗伯特·D. 希斯瑞克. 创业学[M]. 上海：上海复旦大学出版社,2000.

商业计划书应在以下几方面深思熟虑，确保有的放矢、言之有物。

（1）聚焦产品

在商业计划书中，应提供所有与企业的产品或服务有关的细节，包括企业所实施的所有调查，让读者准确把握产品和服务的本质特点和由此对商业活动造成的可能后果。商业计划书中应着重阐述产品正处于什么样的发展阶段，产品独特性怎样，企业关于产品的营销方法是什么，产品最可能的用户是谁，产品的成本和价格是多少，产品未来的发展计划是什么。

创业者熟悉产品并不意味着商业计划书的读者也熟悉。商业计划书应尽量用简单的词语来描述与产品相关的事项。制订商业计划书的目的不仅是要向读者展示产品的巨大价值，同时也要使他们相信这种价值实现是基于有力证据的。

（2）聚焦竞争

对竞争态势的分析应主要围绕竞争对手展开，应重点分析的内容包括竞争对手是谁，竞争对手的产品是什么，竞争对手的产品与本企业产品相比有哪些相同点和不同点，竞争对手的营销策略是什么，竞争者的销售额、毛利润、收入以及市场份额如何，本企业相对于每个竞争者具有的竞争优势是什么。

商业计划书要使读者相信本企业是行业中的有力竞争者，并阐述竞争者给本企业带来的风险以及本企业的对策。

（3）聚焦市场

选择恰当的目标市场并采取有效途径进入目标市场和获得可观市场份额意味着新创企业对自身商业行为有清醒的认识和明确的定位，能够使读者确信创业者的行动具有目的性以及对资源使用的合理评估。

商业计划书首先应阐述目标市场在哪里，为什么选择这样的细分市场作为目标市场。其次要提供对目标市场的深入分析和理解。要细致分析经济、地理、职业、心理等各种因素对消费者购买本企业产品的影响。最后商业计划书中还应包括主要的营销计划，计划中应列出本企业打算开展的具体营销活动以及各种营销活动涉及的产品、顾客、地理范围，明确每一项活动的预算和收益，企业的具体销售战略是什么。

（4）聚焦行动

商业活动的收益最终靠企业的实际行动加以保证。企业的行动计划应该可行和有效。商业计划书中应该明确下列问题：企业如何把产品推向市场，如何设计生产线和如何组装产品，企业生产需要哪些原料，企业拥有哪些生产资源以及还需要什么生产资源，生产成本是多少，成本控制方法是什么。

（5）聚焦团队

行动能够成功的关键因素是要有一支强有力的管理队伍。管理团队成员应该具有较高的专业技术知识、管理才能和多年工作经验，要使读者对管理团队具有信心。管理者的职能是计划、组织、控制和指导公司实现目标的行动。在商业计划书中应描述管理团队的构成及其职责，并介绍每位管理人员的能力、特点、贡献等。商业计划书中还应明确管理目标以及组织机构图。

4. 商业计划书常见不足

商业计划很容易失败，我们需要分析失败原因，在撰写商业计划时要注意规避这些问题。商业计划书的不足最严重地体现在市场和财务方面。

（1）阐述问题缺乏专业性

如不能用准确语言进行概念定义、叙述缺乏逻辑、语言冗长不简练；定性描述过多，缺乏应有的基础数据支撑或数据没有说服力；对市场容量和市场份额的估算方法不科学，导致将小市场和偶发市场当作大市场和常规市场对待；过多的表面文章或文字游戏；过分夸张的公司名称与项目名称等。

（2）商业计划缺乏可行性

如对创意思考较多，但没有深入考虑落实创意所需要的行动如何开展，导致商业计划书的内容空洞不可信；计划目标界定不明或难以衡量目标执行情况；过于强调技术的先进性或产品服务的创意，未能清楚解释商业机会与执行能力，以为"功到自然成"；口号很多，但为达到目标所制定的策略与战术却不多；强调面临的市场容量或生产能力，却没有清楚说明产品销售策略和计划；强调过往成就，却不能令人信服地说明保持可持续竞争优势的策略方法等。

（3）行文安排结构不合理

如先大篇幅描述市场和环境，然后才阐述企业的业务类型和目标；重点阐述外部环境，对内部运作机制一笔带过等。大多数商业计划书只包括基本的财务预算。有些商业计划中的财务计划并没有放在销售收入、营销成本、生产成本等重要的方面，而是罗列了一些微不足道的成本[①]。

（4）对风险重视不够

如过于强调依赖某重要合作伙伴；高估未来获得重要资源的可能性；忽视保证团队长期合作的制度规划；低估竞争对手，忽视竞争威胁；没有依据的盲目乐观等。

（5）商业模式不清晰或缺乏竞争力

如产品或客户过于单一或产品或客户太多太杂；产品服务卖点亮点过多，泛而不精；收入模式不明确，盈利的计算模型不清晰等。

（6）缺乏必要的端正态度

如故意隐瞒事实真相，对项目本应该描述的内容避而不谈；对资金预算描述不清楚或不合理，资金使用方向模糊；预算中有不合理的铺张浪费问题；财务数据测算不准确，钩稽关系不合理，数据出入过大等。非常少的商业计划书能做到对财务预测进行敏感性分析。

5.3.3 商业计划的制订

尽管商业计划有多种类型的读者，但是最重要的读者就是投资者。无论是初期资本的融资还是企业进一步发展所需资金的筹集，一份完整详细的商业计划对于任何企业的融资而言都是一块敲门砖[②]。

1. 商业计划的类型

不同的场合，创业者可能需要准备详尽程度不同的商业计划。一般来说，商业计划的类型主要有以下三种：

---

① 杰克·M. 卡普兰，安东尼·C. 沃伦. 创业学[M]. 冯建民译. 北京：中国人民大学出版社，2009.
② Jack M. Kaplan. Smart cards: The global information passport[M]. Boston, MA: International Thomson Computer Press, 1966: 187-190.

（1）完整的商业计划

内容翔实的商业计划，用来详细介绍创新创业项目，吸引潜在的合作伙伴、投资人、供应商以及重要的雇员时需要用到这类商业计划。

（2）执行摘要计划

执行摘要计划不是翔实的商业计划，而是涵盖翔实商业计划的大多数重要信息的一种计划。通常情况下，执行摘要是用来吸引投资者的兴趣，当然也是用来吸引关键的雇员或者说服创业者的亲人朋友投资于创业项目。

（3）行动计划

行动计划又叫执行计划，是完成商业计划的执行文件，一般包括具体的时间表和一系列任务，这些任务必须在规定的时间内完成，是一份可操作的文件。

2. 撰写商业计划的一般步骤

在撰写商业计划时，需要遵循以下几个步骤[①]：

（1）确定目标

新创企业首先需要确定企业的经营目标，这个目标一定要具体，不可一般化，也不可不切实际。其次，还要弄清楚商业计划是为谁准备的，不同的读者，商业计划的侧重点和内容不同。因此，撰写商业计划前，必须明确为谁准备。如果商业计划的读者是投资者，则他们需要知道企业的目标和盈利，以及为了实现企业目标，企业打算如何利用资源，制订了哪些行动方案，如市场营销如何做，生产运营如何组织与管理等。

（2）起草大纲

确定目标后，创业者需要制定商业计划的大纲，商业计划的一般大纲是有模板的，适用于大多数商业计划，但对于大纲的侧重点以及一级标题下的二、三级标题的设置和细化，不同的商业计划有不同的要求。

（3）审查大纲

大纲起草完以后，就需要对大纲进行审核，查看大纲是否完备，是否已经细化，每个细化部分的信息是否已经收集齐全，因为大纲的每个细化部分都需要具体的信息来支撑。如果发现还缺少信息，就需要继续搜集资料。

（4）起草计划

根据大纲和商业计划目标，把收集的信息提炼后写入相应的部分，一般来说，商业计划最主要的就是生产经营计划、市场营销计划以及财务计划。财务计划对于提交给投资者阅读的商业计划来说尤为重要，撰写时，切记不要不切实际，不接地气。在商业计划的主体部分完成后，接下来需要拟写一份执行摘要，执行摘要是整个商业计划的浓缩版，是概括文件，所以要随着商业计划主体部分内容的改变而变化，可以在详尽的商业计划定稿后再拟定执行摘要。风险投资者工作繁忙，不会给创业者很多时间来介绍自己的企业，能否打动投资者，能否让投资者有兴趣仔细阅读商业计划，能否使投资者投资创业项目，关键在于执行概要给投资者的印象。哥伦比亚大学商学院尤金·朗创业中心的克利福德·肖勒曾经说过这样一句话："当我在哥伦比亚大学商业计划竞赛中担任评委时，我首先会阅读执行

---

① 杰克·M. 卡普兰，安东尼·C. 沃伦. 创业学（第2版）[M]. 冯建民译. 北京：中国人民大学出版社，2009.

摘要，接着是财务部分的内容。当他们提出的概念让我感兴趣时，我才会花时间去认真阅读整个商业计划。我们从头至尾差不多看了 100 多份商业计划，说实话，阅读这些计划非常困难，在这些计划中只有 5%让我感兴趣并想给予投资。他们构想的确实是一份很详细的商业计划。"可见，执行概要的撰写要简练，但又要融合艺术和技巧。一般来说，执行概要包括企业概述、成功因素、企业目前状况和财务状况。

（5）检查并更新商业计划

商业计划的初稿完成后，就需要从专业的角度去审核计划的有效性和完备性。商业计划需要随着读者以及企业目标的改变而改变，因此需要不断更新，一般的更新时间为 6 个月左右。商业计划不会成为一份束之高阁，用完即扔的文件。投资者需要从更新的商业计划中查看企业的相关信息，创业者需要商业计划来指导企业的经营，不至于偏离方向，违背初衷。

3. 商业计划的一般形式和内容

商业计划的撰写格式相对标准化，涵盖了一个商业计划最需要回答的问题。大致而言，任何一个商业计划都必须仔细审视并分析描述企业的目标、所处的产业和市场、所能够提供的产品和服务、会遇到的竞争、对手的管理和其他资源、如何满足顾客的要求、长期优势以及企业的基本财务状况和财务预测。其主要组成部分包括如下信息：

（1）封面和目录

封面要既专业又可提供联系信息，如果对投资人递交，最好能够美观漂亮，并附上保密说明，同时准确的目录索引能够让读者迅速找到他们想看的内容。

（2）摘要

这是非常重要的纲领性前言，概括介绍整个商业计划书的核心内容，包括商业活动的目标和总体策略、产品和服务的特点、市场潜力和竞争优势、管理队伍的业绩和其他资源、企业预期的财政状况及融资需求等信息。

（3）企业描述

将企业的历史、起源及组织形式作出介绍，并重点说明企业未来的主要目标、企业所供产品和服务的特征和优势、产品和服务所针对的市场以及当前的销售额、企业当前的资金投入和准备进入的市场领域及管理团队与资源。

（4）市场分析

描述商业计划针对的市场状况，指出市场的规模、预期增长速度和其他重要环节，包括市场趋势、目标顾客特征、市场研究或统计、市场对产品和服务的接受模式和程度。当商业计划书提交给投资者时，要让投资者确信市场是巨大且不断增长的。

（5）竞争分析

明确界定与企业竞争的同类产品和服务，分析竞争态势，包括竞争者的身份、来源、市场份额、优点和弱点等，同时认真比较本企业与竞争对手的产品和服务在价格、质量、功能等方面有何不同，解释本企业的竞争优势。

（6）产品和服务

介绍企业当前的产品和服务情况以及将来的产品和服务推出计划，重点突出产品和服务的独到之处,包括成本、质量、功能、可靠性和价格等。如果本企业产品和服务有独特竞争优势,应该指出保护性措施和策略。

(7)财务计划

包括企业的实际财务状况、预期的资金来源和使用、资产负债表、预期收入、现金流量预测等。这是商业计划的关键部分,应寻求会计相关专业人士的协助。财务预测要现实合理并且可行。

(8)附录

可在附录中附上关键人员的履历和职位、组织机构图表、预期市场信息、财务报表以及商业计划书正文中陈述过的其他数据资源等。

4. 商业计划的具体内容

(1)封面页

创业计划的封面页需要交代一些信息,这些信息一般包括这样一些内容,如表5-1所示。

表5-1 商业计划封面页展示

××公司(或××项目)商业计划书 编号: 日期:
公司基本信息:地址、邮政编码、联系人及职务、电话、传真、网址/电子邮箱等
保　密 本商业计划书属商业机密,所有权属于××公司(或××项目持有人)。所涉及的内容和资料只限于已签署投资意向书的投资者使用。收到本计划书后,收件方应即刻确认,并遵守以下的规定: 1. 在未取得××公司(或××项目持有人)的书面许可前,收件人不得将本计划书之内容复制、泄露、散布; 2. 收件人如无意进行本计划书所述之项目,请按上述地址尽快将本计划书完整退回。

(2)执行概要

执行概要部分是对整个商业计划的概括和提炼,因此需要在商业计划撰写完以后再来撰写,这部分内容一般是2~4页,这部分的目的是为了让投资者用最少的时间了解整个创业计划,引起投资者的兴趣,只有执行概要引起投资者的目光,投资者才愿意花更多的时间去阅读整个商业计划,因此,这部分的内容必须简洁、重点突出、概念清晰、条理分明、论证可信。这个部分一般要突出的内容如表5-2所示:

表5-2 执行概要的内容

内容名称	具体内容
企业简介	企业的名称、企业所在的地址、创业者及合伙人的姓名和联系方式,介绍公司的经营理念,经营目标以及经营的产品和服务。
企业的发展目标	主要介绍企业在未来的短期、中期及长期发展目标规划。目标要尽可能具体;目标必须有标准和尺度,即目标的可衡量;目标必须是可以通过努力达到的,如果无论如何努力都是够不着目标的,那么目标形同虚设;目标必须体现关联性,与其他任何的相关性;目标的设计必须以时间为基础,要有具体的完成时间规定。
产品或者服务介绍	产品或者服务的特点及优势,产品或者服务的开发和发展情况。

续表

内容名称	具体内容
目标市场分析	说明企业的目标客户市场是什么、市场的现状如何？市场的竞争情况、细分情况如何？企业在市场中的地位如何？竞争优势如何？说明为什么要选择这一目标市场，调研的结果和企业的竞争优势是否支持企业选择这一目标市场。
营销策略分析	面对这一目标市场，企业的产品或者服务如何进入这一目标市场，主要的定价、促销、渠道等策略是什么。
管理团队介绍	说明团队的组成，创业者和高层管理者的背景及能力等。
生产管理计划	这部分计划主要是针对企业如何生产和开发产品，介绍生产的方式、设备、工艺流程等，说明企业所具有的开发和生产能力。
财务管理计划	阐述企业的财务情况，如企业根据市场情况得出的预期销售额和利润；企业所需要的资金总额、资金来源及资金的构成；企业的年度计划、中期财务计划、长期财务计划以及投资者的回报率等。

（3）企业概述

这个部分的重点包括企业的理念和企业的基本情况。

企业理念：这个部分包括愿景、使命和价值观的陈述。愿景是企业未来想要达到的图景，愿景未必能够真正实现，但是愿景是企业发展的一盏指路明灯，就如同大海上的灯塔，为行驶在无边无际的大海上的船只指引方向。企业的愿景可以激发员工的士气，使员工全心全意投入工作中。使命是企业目前所经营的业务和未来要经营的业务的整体描述，是全体员工努力的重点和方向，可以从客户、产品、价值、核心能力几方面考虑。描述公司使命时要用平实的语言，简单易懂，确保每一个读者能明白它的意思，比如"安全才能回家"。陈述使命的简单方式是：我们的产品或者服务是……我们提供……为谁服务……他们将得到什么好处……价值观是指企业追求目标时所要遵循的准则，是当公司面临选择时做出优先顺序决定的基石。价值观是一种信仰和原则的陈述，它以无形的力量指引公司的行为及发展的方向，正确的价值观可以指导员工的日常行为，并改善企业对外部环境的适应能力和内部协调能力。帮助公司挖掘潜在价值观的一个很好的方法就是假设多种情景，然后做出选择，大多数情况下，这些选择没有对错之分，只有价值取向之分，比如说"一部分人先富起来"还是"共同富裕"，比如说"公平"还是"效率"，比如说"质量"还是"数量"等。

企业的基本情况：包括企业名称、成立时间、注册地点、企业的地址、公司的法律形式、公司的注册资本、公司的法人代表、公司的主要股东、股份比例等，介绍企业的发展方向和发展战略，描绘详尽的企业发展计划，确定企业的目标，分为短期目标，中期目标和长期目标。介绍企业的发展阶段，企业初创时的情况，现在企业处于什么发展阶段。

（4）产品或者服务

无论是创业者本身、合伙人还是投资者都非常看重企业的产品或者服务，产品或者服务是企业创建的核心，具有市场前景的产品或者服务是企业利润的源泉。因此，创业者必须利用合理的、可行的理由说明自己的产品或者服务为什么能够满足顾客的需求，顾客为什么愿意购买企业的产品或者服务。在介绍产品或者服务时，不要采用太过专业的术语，要利用平实的语言,让非专业技术的投资者能够明白,介绍产品时一般要附上产品原型、照片或者其配件的介绍。这个部分包括的内容如表 5-3 所示。

表 5-3　产品或者服务的内容

内容名称	具体内容
产品或者服务的概况	这个部分主要介绍产品或者服务的概念、产品的性能、产品的特点以及产品的用途,同时介绍产品的新颖性、先进性,产品有什么优势,有什么创新之处。
产品或者服务的市场竞争力	与市场上的同类产品相比,该产品有哪些优势和弱势,顾客为什么要选择企业的产品,而不是其他同类产品,该产品能够为顾客带来什么价值,选择这个产品,顾客可以获得什么。
产品的研发过程	这个部分主要介绍围绕产品的开发,企业和技术骨干过去的研究成果以及研究成果的先进性,是否通过有资质的机构进行鉴定,或者有没有获得国家、省、市相关部门的奖励,有无参加此类产品的行业标准的制定,在此类产品的技术研发方面,与国内外竞争对手相比的优势和弱势,企业对产品未来的发展有哪些规划。
产品的品牌和专利	企业有没有对自己的产品或者服务进行知识产权保护,已经拥有了哪些专利、许可证,或者已经申请了哪些专利和许可证,或者已经与拥有专利的其他企业达成了协议,保护好企业所有的专门技术、版权、配方、品牌、销售网络、专营权和特许经营权等。
推荐信	推荐信放入附录部分,这个部分可以让专家或者已经使用过企业产品或者服务的用户对企业的产品或者服务给予正面的评价,以帮助企业推荐产品或者服务。

(5) 市场分析

一个企业如果要在市场中生存并发展,就必须关注市场与竞争。新建企业要清楚地知道自己所在行业的市场情况和竞争情况,就必须进行市场分析。这部分的主要目的就是通过市场环境分析,竞争者分析,介绍企业的市场机会在哪里。企业如何应对市场挑战,成功进入市场,获得市场份额,如何促进销售,也是吸引投资者投资的因素之一。市场分析主要围绕这样一些基本问题:这个行业的市场发展程度如何,发展动态如何,这个行业是否看重创新和技术进步,这个行业的总销售额、总收入是多少,这个行业的发展趋势,价格趋势如何,经济、政策、文化、价值观等对这个行业的影响程度如何,这个行业的竞争情况如何,新建企业将采用什么样的进入战略,市场壁垒有哪些,如何克服壁垒,进入这个行业的回报率一般有多少,具体内容如表 5-4 所示。

表 5-4　市场分析具体内容

内容名称	具体内容
企业所处行业概述	创业者应该在商业计划中对自己企业所处的行业有一个全面的描述,然后介绍企业产品在行业中的需求变化情况,以及新建企业和新建企业的产品和服务在整个行业中的地位情况,这样读者可以从中预测企业的未来发展情况。企业所在市场的总销售量、销售额是多少,未来的发展趋势如何,企业的产品或者服务的市场容量和趋势,企业如何进行市场细分,企业的目标顾客都谁构成,从全行业出发,具体到顾客个体,逐步深入和细化。创业者还可以引用权威机构或者权威人士对行业的未来发展趋势做一个预测。
市场环境分析	市场环境的变化往往会影响到企业的生存和发展,因此我们需要分析对企业未来发展有影响的驱动因素,如经济、政治、文化、术、价值观以及生活方式等。

续表

内容名称	具体内容
市场竞争分析	企业所在市场的竞争程度如何，本地区的竞争、行业的竞争，直接竞争和间接竞争，从各个方面描述企业所面临的竞争。然后重点分析一下主要的竞争对手，他们的市场情况，市场份额，销售量等，从而发现自己的优势和劣势。撰写时，可以先提出一系列假设的问题，然后去回答这些问题，回答问题时全面收集信息，保证信息的准确性。
市场调研	市场调研可以单独成为一部分，也可以是市场分析的一个部分，市场调研所获得的数据为第一手数据，来自潜在的顾客。对于投资者来说，非常希望能够了解潜在顾客的想法，潜在顾客是否愿意购买此产品或服务，因此，这个部分往往非常重要，也是支撑数据的来源。
销售情况预测	根据上述的行业分析、环境分析、竞争分析以及市场调研的数据，预测企业未来的市场份额、销售额、销售收入等。

（6）市场营销计划

潜在的投资者认为市场营销计划是新建企业成功的关键。市场营销计划，简单为之，即4P计划，产品、价格、渠道和促销计划。对于产品的介绍一般都独立为一个部分，因此，这个部分主要介绍其余三个方面。营销计划的目的是要了解产品的市场在哪里，销售方式及竞争优势在哪里？即找到目标市场的定位。主要包括产品如何定价，如何建立销售网络和销售渠道，采用何种促销方式。创业者应该从产品或者服务本身能够提供的附加值出发，向顾客传达信息。顾客最终选择的不是产品或者服务本身，而是产品或者服务能够满足他们的特定利益和需求，产品或者服务只不过是这种需求或者利益的载体而已，所以要强调产品或者服务所能带给顾客的价值。撰写市场营销计划需要做到连续性、灵活性、易读性，列出绩效准则，充分利用有限资源。撰写这个部分时应该围绕这样一些问题：如何确定零售价格，这个价格将能达到多大的销售量，如何让产品进入市场？进入市场的时间，在销售过程中，采用什么样的销售渠道和促销方式，各个销售渠道的利润率大概是多少，各个销售渠道对产品销售的贡献率是多大，各个目标市场要达到多大的市场份额，采取何种方式回收货款，具体内容如表5-5所示。

表 5-5 市场营销计划具体内容

内容名称	具体内容
产品进入市场的方式	产品是通过小规模试点逐步进入市场，即首先在选准的小范围内进行试点销售，成功后逐步扩大销售范围，还是大肆进行广告宣传，消费者想不知道都难，以广告打开市场，产品进入市场的计划进度是如何安排的。
销售过程设计	销售过程设计涉及销售路径和销售方法。企业是否建立自己的销售队伍，建立销售公司，在各地建立销售的分公司，还是设立办事处，或者利用销售商，销售时采用电话销售、网络销售、邮寄、入驻商超还是专卖点，需要思考清楚是自己销售还是借助外部销售，是高层管理人员亲自参与销售和访问顾客，还是公司销售人员或直接利用经销商进行销售？销售渠道如何搭建与管理。
定价策略	定价方法主要有：成本加成定价，总成本（固定成本加可变成本）加上一定比例的利润；需求定价，以市场的需求量或者市场的承载量为基础计算定价；价值定价，主要以产品能够带给顾客带来的价值定价，占据价格的大部分；竞争性价格，如果是一个买方市场，进入市场时，同类产品无太大差异，价格已经由市场确定，厂商无法自行定价；溢价定价，在成本的基础上加上一定估计的利润，一般是利润水平比较高的行业，如医疗和化妆品市场，在定价时，可以规定有关折扣或者价格变化的政策，同时描述这些变化对于总体利润的影响情况。

续表

内容名称	具体内容
销售策略	创业者需要根据市场的特性以及产品的特性决定采用什么渠道销售产品，主要渠道有：直销，创业者把产品或者服务直接销售给最终用户，不用任何中间环节，消除渠道成本；原始设备制造商（OEM）销售，OEM厂商把自己的产品与创业者的产品捆绑销售，或者每销售一个产品支付给创业者特许权费用；厂商代表，创业者把自己的产品让不同的厂商代表进行销售；代理商，产品从出厂到消费者手中一般要经过分销商、批发商和零售商；电子商务平台，创业者可以自创电商平台售卖自己的产品，也可以借助第三方电子商务平台卖产品，比如淘宝、阿里巴巴、京东等。
促销策略	让潜在的消费者知道创业者的产品能够满足他们的需求，并说服潜在的顾客购买自己的产品，创业者需要用一定的促销手段。在消费者心目中树立良好的形象对销售活动来说非常重要，通常情况下，创业企业可以通过广告、公共关系、人员推销、展示、展览、雇用专业的公关公司等方式来实现产品的告知。很多新建企业有一种错误的想法，认为企业进一步发展壮大之前，无法实施广告、公共关系等促销策略。广告非常直接和有效，但是广告费用非常昂贵，有可能新建企业无法承受，这种情况下，公共关系是一个不错的选择，相对是比较灵活的。此外，还可以借助互联网经济、事件营销等方式。在创业计划中应该交代清楚促销手段使用后要达到的效果，比如将增加多少销售额，增加多少市场份额等。

（7）生产运营计划

商业计划中的生产运营计划，主要说明产品的制造方式、生产设备、工艺和质量等方面的情况。具体如表5-6所示。

表5-6 生产运营计划具体内容

内容名称	具体内容
产品制造方式	创业者需要说明自己的产品是自己建厂生产还是委托代产，或是利用其他方式。如果是自己建厂生产，那么需要详细交代厂房是购买还是租用，厂房的面积及生产面积，厂房的地点、交通、运输及通信条件等。
生产设备	这个部分需要说明产品的生产需要什么设备，专用设备还是通用设备，设备的数量，价格，设备的最大生产能力是多少，是否能够满足公司的销售需求。随着进一步拓展市场和生产规模的扩大，需要添加多少设备，价值多少，设备的更新周期，采购周期，采购计划，安装调试周期，是否需要专业的技术员工，技术员工是外派还是自己内部培训等。生产过程中，各种原材料、零配件、设备元器件的进货渠道是否能够保证稳定、可靠。产品生产需要具有什么技能的劳动力，数量是多少。产品生产过程中需要整合运用什么样的技术，比如流水线和机器人技术等，还要提供企业的生产能力指标。
工艺和质量控制	这个部分主要说明产品在生产制造过程中采用何种工艺流程，如何控制各个工艺流程的质量指标。如何保证产品进入规模化生产时的稳定性和可靠性。成品率、废品率和返修率将控制在怎样的一个合理范围内。生产过程中如何保证与质量相关的运转模式。
维护和支持	这个部分需要说明顾客在购买产品和服务后，将享受什么样的售后服务，如三包服务，维修服务等。

（8）组织管理计划

组织与管理计划也是商业计划的一个重要部分，一般来说，一个组织设计合理、人才结构合理、管理与技术水平高、营销能力强的企业，更有可能获得成功。具体内容如表5-7所示。

表 5-7　组织管理计划具体内容

名称内容	具体名称
组织结构	一个企业的组织结构用以表明企业内员工的授权和责任关系。我们可以用一张组织机构图表明各个岗位的层次关系，并简要说明每类岗位的职责，各部门的功能和责任，介绍各部门负责人及主要成员的情况。一些特殊的岗位要详细说明，比如领导者需要具备的标准，董事会和顾问的作用。交代企业的所有制形式，如果企业是合伙制，则要说明合作的有关条款；如果公司是有限公司，则要写清各核准的股票份额、优先认股权、比例、特权和股东名单；公司的董事会成员，公司的创建者、合作人、风险投资者都可能成为董事，这些董事可以为企业带来财务支持或者是管理经验；公司的经理及高层管理者的背景和相关简介等。一般来说，每个岗位都需要具备此岗位能力的人来担任，过去的经验和成功比学历更重要，把一个重要的岗位留给毫无此岗位经验的人，或者表面上看起来不称职的人，需要说明理由。组织结构可以随着企业的不断发展而有所变化和调整。
创业团队	商业计划中需要介绍企业的创业团队，通常也是核心管理团队，介绍团队成员相关的教育背景、工作背景、技能和相关经验，以及团队分工，并说明人职匹配情况；还可以介绍领导层成员、主要投资人、创业顾问等，具体聘用哪些外部顾问，如法律、公关、财务、管理及技术顾问等。构建管理团队时，要注意分工明确，团队成员要互补，以保证团队的异质性。主内和主外需要不同的人才，总管需要耐心，领袖需要未雨绸缪，具有战略眼光。在介绍核心成员后，提供一张组织结构图，以表明这些人员在企业中的关系和在企业中的责任分工。
绩效考评制度	绩效考评制度和规则应是具有可操作性的，要量化目标，列出具体的计算方法。不同的层级和类别的考评，要注意同质性和异质性。与考评制度相对应的就是薪酬体系，需要说明企业岗位的薪酬构成，计算方法等。
奖惩制度	为了有效地激励员工，提高员工的工作效率，奖惩制度要与绩效考核的结果挂钩，并给予一定的弹性空间。对于创新，企业要有容忍失败的制度和文化，否则，无法提高员工创新的积极性。给予员工职业规划、晋升、培训的机会和空间，要说明具体获得晋升和培训机会的条件、要求等。在不同的时间和场合，应对员工采取不同的管理或激励手段。

（9）财务计划

财务计划是商业计划中一个非常重要的环节，投资者用于评价企业的吸引力，发现投资回报率，衡量企业业绩。财务计划的制定必须是可信的，能够全面反映企业财务预期表现的财务计划。虽然财务计划中的财务数据变化多端，但是整个财务计划的形式是最不灵活的，一般都涉及相似的报表，报表也会以财务常规形式表现出来。企业的财务管理要与商业计划的假设相一致，事实上，财务管理必须与企业的运营生产计划、营销计划、人力资源计划相一致，财务计划的预测是以它们为基础的。要制订财务计划，就必须要明确这样一些问题：产品在每一个期间的销售量是多大，企业从什么时候开始扩大生产规模，单位产品的生产成本是多少，单位产品的价格是多少，使用渠道的成本是多少，预期的利润是多少，企业需要雇用多少人，工资成本是多少，整个商业计划提出了创业者在筹建和发展企业的过程中需要做的事情，而一份财务计划则是对所有这些事情的一种支持和证明，因为如果财务上不可行，则企业必定是无法继续经营的。创业者在制订财务计划时，首先要弄清楚自己进入的是一个新市场，还是一个已有市场，如果是新市场，则没有多少现有的市场参考数据，创业企业只有在各种预测的基础上，把自己的设想的财务模型呈现给投资者；如果创业者进入一个已有市场，则现有的价格、营销方式等数据非常丰富，创业者只需在现有的目标市场的信息基础上，预测企业的销售规模和利润。财务计划最主要的构成是现金流量表、资产负债表以及利润表。财务计划的构建是以销售预测为基础的，特别是初创企业，没有历史财务数据参考，只能是在一定假设基础上的预测。具体内容如表 5-8 所示。

表 5-8 财务计划具体内容

内容名称	具体内容
假设条件	商业计划中的现金流量表、资产负债表和利润表都是预估的,因此整个财务计划是建立在一定的假设条件之上的。没有这些假设条件,财务数据是没有意义的,投资者也会仔细考虑这些假设,审查假设是否合理,财务计划是否有效。
资金的来源和使用	简单地说就是企业运转需要多少钱,一般包括项目的研究发展费用、购买设备的费用、原材料费用、生产工艺费用、流动资金的需求、融资资金需求等。把资金的具体来源和用处列成表单。
预计销售额及支出	创业者至少要预计三年中的销售额及相对应的支出,第一年的预估还需要以月为单位提供,包括预测的销售额、商品销售成本、一般费用和管理费用。
现金流量表	流动资金对一个初创企业来说,无疑是生命线,创业者不仅预先要有周详的计划,而且在企业运作过程中也需要严格把控;在固定一段时间内,可以是每周、每月、每季度或者是每年,记录企业的现金流入和流出。现金流量表的上半部分是企业现金流入流出的详细记录,下半部分为现金头寸的变化。现金流量表的上半部分和下半部分必须相等。第一年的现金流量预测也需要以月为单位提供。
预计的资产负债表	资产负债表是反映企业在某一时点的状况,通常是在年末,对企业财务状况的一个简要印象。投资者可以利用资产负债表中的数据得到比率指标来衡量企业的经营状况和可能的投资回报率。资产负债表的上半部分记录公司的资产,是公司所拥有的所有财产的现金价值,下半部分是负债总额和公司的实际权益。上半部分和下半部分必须平衡。
预计的利润表	利润表反映了企业的盈亏情况,是企业运作一段时间后的经营结果;在给定的一段时间(通常为一年),企业赚到的所有的钱减去所有的成本,即可得到净利润。利润表也称为损益表,在同一时期内,所指内容是一致的。

（10）风险评估

在特定的行业和竞争环境下,每个企业,尤其是初创企业都会面临各种各样的潜在风险,创业者有必要对风险进行估计后制定出应对战略。商业计划中的关键风险包括财务、技术、管理、市场、竞争、资金及政策等风险。企业的风险评估包括企业存在的风险的种类,企业在不同发展阶段上的主要风险,评估风险的水平,制定相应的措施应对威胁。在考虑这部分内容时,创业者可以考虑这样一些问题:

① 公司在最主要的市场、技术、竞争、财务、管理及政策方面有哪些基本风险?
② 面对这些风险,你准备采用什么应对措施?
③ 在最好和最坏的情形下,3~5 年计划如何表现?如果估计不准确,误差范围有多大?如果可能的话,对关键的参数做最好和最坏的设定。

（11）附录

附录的内容分为附件、附图和附表三个部分:

① 附件:意向书、主要合同等文件;营业执照正副本;公司章程、董事会名单及简历;市场调研资料;产品说明书等相关材料;产品专利、鉴定材料等相关资料;产品注册商标;竞争分析资料。
② 附图:技术设计图;工艺流程图;产品展示图;企业组织结构图。
③ 附表:主要供应商和经销商名单;主要客户名单;主要产品目录;主要机器设备清单;市场调查表;现金流量预测表;资产负债预测表;企业利润预测表;工作进度表。

5. 不同读者的商业计划书的内容

（1）读者为风险投资者的商业计划

争取投资人的资金支持，就需要让投资人看到产品和服务的市场前景，高投资回报率以及可行性。所以这类商业计划包括如下一些内容：

商业计划执行概要、产业背景和公司概要、市场调查和分析、公司战略、项目总体进步安排、关键风险和问题、管理团队、企业的经济状况（财务计划）、财务预测、公司能够提供的假定利益。

（2）读者为合伙人的商业计划

争取他人合伙，创业者要将自己的创业思路告诉他们，以求达到心理上的高度沟通，因此这类型的商业计划包括以下几部分内容：

创业机会及商业价值描述、企业提供的产品和服务、企业的目标顾客群、可能的市场竞争和拟采取的市场策略、可能的市场收益、可能遇到的风险和对策、希望合作人以什么样的方式参与合作、提供给合伙人的利益、有待与合伙人讨论的问题。

（3）读者为政府的商业计划

创业者如果想要启动某个项目，希望这个项目能够得到政府的支持，则需要提供给政府一份可行性分析报告，商业计划可以起到这个作用，但也有别于一般的商业计划，因为这是专门为政府部分制定的一份商业计划，其侧重点不同，包括以下内容：

执行概要、管理团队、产品的市场需求预测、项目的技术可行性分析、项目实施的方案、投资估算和资金筹集、项目效益分析、项目风险和不确定性分析、项目可行性的综合结论、希望政府给予的具体支持。

5.3.4 商业计划的评估[①]

商业计划是创业者自己或委托有关人、有关机构制订的一份为创业实施或者创业融资预先安排的方案。制订一份商业计划的主要目的是吸引他人的参与、支持和介入。而他人是否愿意加入，主要取决于他们对商业计划的主观评估。知己知彼，方能百战不殆，只有能够说服自己，才能说服别人。所以创业者可以从商业计划评估的角度再次审视自己的商业计划，以确保取得第一步的成功。

1. 商业计划的评估者

一般来说，某个商业计划的读者就是商业计划的评估者，他们有权对商业计划的内容评头论足。商业计划的读者可能是潜在的合作人与加盟者，他们关心计划的预期前景以及他们在新建企业中的地位和利益；可能是潜在投资人，他们关心特定商业活动的未来前景和商业价值，关心他们能够获得的利益，同时也关心创业活动主要成员的知识、经验和人品；可能是供应商，刚刚成立的企业，特别需要供应商的支持，尤其是在经济方面，供应商愿意提供赊账购入相关设备、原材料、能源和零配件等，新建企业在供应商那里还没有信用记录，所以一份有前景的商业计划可以让供应商相信，企业未来的盈利能力是可以支付购物款的；可能是创业者自己，创业者需要评估商业计划可操作性和吸引性；可能是第

[①] 雷家骕，冷婉玲. 高新技术创业管理[M]. 北京：机械工业出版社，2001.

三方咨询机构,他们一般是受到委托对商业计划进行评价,他们的评估侧重点与委托者的特性相关。

2. 评估的角度和要点

评估的角度:不可行评估。一份商业计划代表着一项创业活动。无论是创业者还是其他评估人在评估商业计划时,都需要换个角度来评估商业计划。商业计划就如同可行性分析报告,换个角度,就是要评估商业计划的不可行性。从这一个角度出发,指出"不可行性之处",看似苛刻,但是却可以使创业者少犯错误,避免合作人卷入失败的旋涡,使投资者减少资金损失,使供应商减少连带损失。

评估的技术要点:商业计划中的矛盾与缺陷。评估者要关注商业计划编制的依据是什么,如果编制的依据不成立,那么就无须再看别的内容了,因为根基不稳,根基之上难以有建筑;计划中分析问题的方法是否妥当,如果分析方法存在问题和错误,那么预期结果肯定不正确,也就无须审核了;商业计划撰写中的逻辑推理是否合理,如果逻辑不通,推理不顺,则也无须看结果;如果商业计划中的关键数据不准或者不可信,那么创业者很可能在故意造假;如果计划的总体结论和各部分子计划的结论不一致,比如关键部分的结论是差的,而总体结论又是好的,很可能创业者在误导评估者。

3. 评估的重点内容

评估人往往对商业计划的以下内容进行重点评估:

创业团队构建的合理与否以及创业团队的优势和劣势。刚刚创立企业时,创业团队的构建非常重要,创业团队的每位成员都要具有某一项专业技能,主抓一块业务,评估者要查看每位成员的学历、工作背景、工作经验、专业技能等,以验证新创企业的团队成员是否存在技能重复或者技能缺少的情况,验证每位成员是否能够胜任自己的岗位,并为企业做出贡献,验证核心创始人是否具有企业家精神,是否具有领导力、凝聚力等。

产品或者服务的市场前景。提供的产品是否为高技术产品,如果是高技术产品则是否符合国内的法规和行业发展标准,是否符合该项国际技术的发展趋势;产品或服务的市场定位是否清晰;产品或服务能否真正满足顾客的需求,为顾客创造价值;产品的市场潜在空间以及产品的潜在市场前景;产品或者服务可能会遇到的市场技术壁垒、规模壁垒、政策壁垒等;产品或者服务与同类产品或者服务相比较而言的优势;产品或者服务是否有可能快速成长为产品链或者产品群等。

所采用技术的先进性。采用的技术功能是否先进,有关技术参数、费用参数、技术的市场生命周期;所采用的技术的市场成熟度如何,有没有已经成功经过中试、小试,规模生产是否可行;该技术与相近技术或者同类技术的功能、技术参数、费用参数以及生命周期相比较,是否存在优势;技术优势是否容易被模仿或者被替代等。

所需资源的可保障程度。商业计划书中呈现的资金、合伙人、人力资源、原材料、社会关系以及销售渠道等能否保证项目启动,创业活动顺利展开;创业者是否已经掌握了创业所需的最少的关键资源,如果这些资源现在不在企业内部,创业者能否控制外在资源;创业所需的资源是否存在不同品质的可替代品等。

财务效益与股东回报。股东收益的前提是创业项目整体有收益,因此评估者会关心项目是否具有整体收益，即项目可能实现的利润及利润的成长预期；评估者还会评估股东的收益，即股东回报，只有股东能够获得回报，股东才愿意投资于企业；评估者还会评估投资回报周期，以判断盈利能力和收益预期；评估者还会评估创业者将获得的收益，如果创业者无收益可获得，很可能创业者不会全身心投入到企业的经营中，这将会导致创业活动的失败。

本章小结

　　创业的过程中我们会遇到各种各样的风险，有些风险是主观因素引起的，有些是客观因素引起的，为了提高创业的成功概率，我们需要谨慎地了解什么是创业风险以及创业风险的主要内容，掌握识别和评估创业风险的工具和方法。创新不是一个人的表演，是多人参与的游戏，创新依靠的是不同参与者的合作，这就产生了为创新而建立的网络。在这个网络中，创业者或者新创企业以某种方式建立起正式与非正式的网络传递显性知识和隐性知识。对于初创的小企业而言，无须拥有企业所需要的全部资源，只要知道资源在哪里以及如何应用获得它们即可，互补性资源在网络中的流动，加速了创新的速度。创新网络具有"凸显特性"，即整体利益大于部分之和。管理网络并不是一件简单的事情，需要学习一套技能，需要处理好网络生命周期不同阶段的管理问题。商业计划的作用就在于帮助创业者思考并回答如何整合组织内外的资源，实现商业价值。除了作为融资使用外，创业者还可以把商业计划看成指引公司前进的行动计划。在商业机会撰写前，需要准备和收集充足的关于市场、技术以及财务等多方面的信息。商业计划撰写时需要依据一定的步骤，按照目标读者的要求，拟定各个板块的内容，要做到一目了然、通俗易懂、严谨周密、令人信服。仔细审核细节，避免出现常见失误，并对定稿的商业计划进行全面评估。

关键概念

　　创业风险是指由于创业环境的不确定性，创业机会与创业企业的复杂性，创业者、创业团队以及创业投资者的能力和实力的有限性，从而导致创业活动的结果偏离预期目标的可能性。

　　创新网络是以企业为主体，多元主体参与，为了实现创新功能，通过有形资源与无形资源的共享，由各主体交互作用形成的各种正式与非正式关系的总和。

　　商业计划书是一份为创业项目制定的完整的、具体的、详细的书面文件。

思考题

　　1. 创业者应该如何识别和评估企业的创业风险？
　　2. 谈谈与独立完成创新相比，通过网络创新的优势。
　　3. "众人拾柴火焰高"还是"人多嘴杂"，请分别说明创新网络在促进创新过程中的利弊。
　　4. 撰写商业计划的一般步骤是怎么样的？

5. 商业计划中的营销计划包括哪些部分？
6. 商业计划常见的问题有哪几个方面？
7. 如何全面认识商业计划书的价值？

 案例分析

风险投资人喜欢什么样的商业计划书？

创业者们，商业计划书是你们找风险投资人（VC）的敲门砖。没有一块有分量的敲门砖，怕你们敲不开 VC 的大门。

这世界上永远是来要钱的人多，能给出去的钱少，僧多粥少，融资是有门槛的。如果没有一份有分量的商业计划书，你根本就进不了 VC 的门。而每一个 VC 的桌子上都有堆积如山的商业计划书，所以你的机会是有限的，你面临着巨大的挑战，关键是你要能够脱颖而出。

注意：别理解错了，打动 VC，从来不是一份商业计划书就可以做到的事，商业计划书只能帮你打开 VC 的门，进门以后的事情还多得很，还要靠你的继续努力。今天我们单讲一件事：如何写一份有分量的商业计划书去敲 VC 的大门。

不客气地说，相当一部分创业者过分自信，他们并不了解投资人的思维方式，以为 VC 都是些盲目来送银子的冤大头，只要去侃、去忽悠就能搞到钱来。不是吗，每天我电脑邮箱里收到的商业计划书当中，相当一部分不外乎以下三大类型：

1. 大排档类

估计是在网吧里花了一刻钟完成的，寒碜到了极点，白底黑字的 PPT，总共不超过 10 页，除掉第一页标题和最后一页"Thank You!"有 7 页是从网上拷贝和粘贴的关于"Web 将改变我们大家的生存方式……IResearch 预测到 2050 年，中国的 Web 市场规模将达到 5000 个亿……我们将成为中国 Web 最大的门户……"外加一页需花 5000 万元钱的消费清单。插入商业计划书的附件之后，创业者在邮件里又补充了几句"之前没有写过商业计划书，在网上搜索了一下，说是商业计划书里面还要对公司目前的财务状况和人员构成做详细介绍，我们目前还处在筹划阶段，资金一到位，我们马上可以启动，是否下星期一上午我们可以和你面谈？"

兄弟们呀，不是我不喜欢简洁的风格，不是我不愿和你们见面，只是你不给我足够的有用信息，我没法判断这个项目是不是适合我们投资。要是每个创业者写个白条过来就要立刻见面，我的办公室大概也会挤成劳动局的上访室了，从早到晚都接待不过来。

2. 八股文类

用某个律师或财务顾问挂在网上招揽客户的那类"商业计划书模板"，写上洋洋洒洒 80~100 页的文字。可以想象创业者们在发出邮件前的那副得意的样子："这份商业计划书写得够认真了吧？我花这么多功夫，你不好意思不从口袋里摸钱出来了吧？"花了半天时间读完，我发现自己还是一头雾水，不知道这份商业计划的核心内容在哪里？

溪不在深，有鱼则清。一份商业计划书写得好坏不在文字的多或少，即使你把每一个章节都写得面面俱到，但是关键内容含糊其词，恐怕到头来还是白忙乎。相信有那么一部分创业者是抱着侥幸心态来碰运气的，以为文字多、篇幅长、貌似态度认真就可以蒙混过关忽悠到 VC 的钱。

3. 精心包装的实心馒头类

还有些商业计划书是请了平面设计师精心设计排版的，粗一看会眼前为之一亮，但是反复看几遍，除了精美的 PPT 画面以外，还是找不到实质性的内容。就像肚子饿的时候有人端上一笼热气腾腾的肉包子，吃了半天才发现原来全是实心的馒头，肉……肉在哪里呀？！

相信每个 VC 都是非常认真地对待每一个有潜力的项目的。极少会有一个 VC 在商业计划书阶段上当受骗。VC 犯错误，多半是投资以后的风险管理，而不是投资前的分析和判断。VC 的看家本领就是看商业计划书，你在讲述实实在在的商业机会还是在瞎编瞎扯，VC 个个都练就了火眼金睛的。

还是那句话，商业计划书要把一个项目的要点讲清楚，排版、美术设计和花言巧语都是次要的，把正事交代清楚为重。

简单地说，VC 在商业计划书里要看出三大要点：

① 验明正身，你到底是谁（Who）？
② 你要做什么（what）？你的产品或服务到底有什么价值；
③ 怎么做（how）？你是不是有执行能力和成功的把握。

没人会要求你必须把商业计划书写得十全十美，但是字里行间，VC 一眼就能看出你是否诚心诚意、认认真真，是否功夫做尽、佐料加足。当然，你不是职业投资人，你可能会漏掉某些要点，有些你也许认为不重要的东西，对投资人可能很重要。只要 VC 对你的项目有兴趣，即使你的计划书里缺些什么，大部分的 VC 会来和你沟通，甚至会设法帮助你。为了提高大家的工作效率，创业者们要理解和尊重 VC 的工作方式，努力写出一份十全十美的商业计划书，不要躲躲藏藏，玩 Tom and Jerry 的猫捉老鼠游戏。

资料来源：查立. 给你一个亿你能干什么. 北京：电子工业出版社，2010.

请思考：商业计划书对于创业活动到底意味着什么？针对 VC 作为读者的商业计划，应该如何撰写才能敲开 VC 的大门？

参考文献

[1] 陈德智. 创业管理[M]. 北京：清华大学出版社，2001.
[2] 约翰·贝赞特，乔·蒂德. 创新与创业管理（第 2 版）[M]. 牛芳，池军，田新等译. 北京：机械工业出版社，2013.
[3] 杨漾，金嘉捷. 谷歌执行董事长大胆预言：互联网即将消失，物联网无所不能. 澎湃新闻网，http://www.thepaper.cn/newsDetail_forward_1298436.
[4] 石伟发. 落寞鞋都：温州制造业迎破产潮迎巨大震动. 长江商报，2015-01-26，搜狐新闻. http://business.sohu.com/20150126/n408066979.shtml.
[5] 盖文启. 创新网络——区域经济发展新思维[M]. 北京：北京大学出版社，2002.
[6] 徐华. 中小企业网络创新：构建动因与策略[J]. 科学学与科学技术管理，2000(2): 44-45.
[7] 李新春. 高技术创新网络[J]. 广东社会科学，2000(6): 29-33.
[8] 赵韦韦. 基于产业功能区的企业间创新网络合作研究——以成都市汽车产业功能区为例[D]. 成都：西华大学，2011.6.
[9] 周冬梅. 创业资源获取与创业网络关系动态演化研究[D]. 成都：电子科技大学，2011.9.
[10] 魏江. 产业集群[M]. 北京：科学出版社，2003.
[11] 王缉慈. 创新的空间[M]. 北京：北京大学出版社，2003.

[12] 杨红燕. 区域创新网络结点问题研究[D]. 成都：西南交通大学，2004.11.
[13] 张小平. 虚拟企业：一种崭新的企业管理模式. 生产力研究，1999(1): 125-127.
[14] 张光辉. 创业管理概论[M]. 大连：东北财经大学出版社，2006.
[15] 郁义鸿，李志能，罗伯特·D. 希斯瑞克. 创业学[M]. 上海：复旦大学出版社，2000.
[16] 杰克·M. 卡普兰，安东尼·C. 沃伦. 创业学[M]. 冯建民译. 北京：中国人民大学出版社，2009.
[17] Jack M. Kaplan. Smart cards: The global information passport[M]. Boston, MA: International Thomson Computer Press, 1966.
[18] 杰克·M. 卡普兰，安东尼·C. 沃伦.创业学（第2版）[M]. 冯建民译. 北京：中国人民大学出版社，2009.
[19] 雷家骕，冷婉玲. 高新技术创业管理[M]. 北京：机械工业出版社，2001.

第6章 新产品与服务的开发与管理

 学习目标

1. 理解新产品、新服务的概念和分类;
2. 了解新产品、新服务开发的影响因素和原则;
3. 熟悉新产品、新服务开发的基本过程;
4. 掌握新产品、新服务开发管理的要点和工具。

 本章关键词

新产品(new product)

新服务(new service)

开发周期(R&D cycle)

开发管理(R&D management)

6.1 新产品和产品创新

> **案例导入:Canon 公司开发喷墨打印机**
>
> Canon 自 1988 年到 20 世纪 90 年代中期,一直维持着打印机制造业领头羊的优势地位。这一地位的取得,不仅依靠该公司从研发复印机中培养起来的电子照相技术被充分应用于开发激光打印机,而且还依赖该公司未雨绸缪地开发和培育喷墨技术这一新的替代核心技术并将之市场化。1986 年到 1994 年间,Canon 喷墨打印机的累计市场占有率高达 68%。
>
> 激光打印机虽然具有打印速度快、清晰度高、噪声低等优势,但也因其构造复杂,存在难以小型化、彩色化、低价格化等问题,而能解决这些问题的则是喷墨式打印技术。
>
> 1975 年,Canon 完成了将电子照相技术应用于激光打印机的开发工作,并把它作为企业的一项核心事业。这项事业刚起步,Canon 中央研究所的研究人员就开始了探索替代该技术的新技术。他们把目光投向喷墨打印技术时,发现今后可能成为喷墨打印机技术主流的压电振动子原理的技术专利已被人申请了。为此,他们只能寻找新的技术,并于 1977 年发明了以热能为喷射源的喷墨技术原理,又称 BJ 原理。但靠激光技术起

家的公司其他技术人员的反应十分冷淡。他们认为，该技术作为原理虽很理想，但从实现它的方法上看，却是完全"没用的技术"。为了完善这一技术，BJ 开发组成员开始了长达十多年的技术开发与改良工作。为了消除其他技术人员的偏见，使自己开发出来的技术得以应用，他们说服了公司的各个事业部门。几经周折，最终以使用原有的打印机外壳，不增加产品开发成本为前提，换取了使用他们开发的机芯的机会，实现喷墨打印技术的产品化和量产化。

1990 年，在公司首脑的主导下，他们推出了世界上最廉价的小型喷墨打印机 BJ-10V，迈出了该技术走向产业化的关键一步。1991 年以后喷墨打印机开发集团作为新的核心部门，其产量大大超过了激光打印机，1995 年的销售额超过了 Canon 总销售额的 20%。

6.1.1 新产品定义和分类

对企业而言，第一次生产销售的产品都叫新产品，但对市场来讲则不然，只有第一次出现的产品才叫新产品。从创新角度而言，应该更加关注市场意义上的新产品。在产品整体性概念中，任何一部分的创新、改进，能给消费者带来某种新的感受、满足和利益的相对新的或绝对新的产品，都叫新产品。新产品可以从多种角度进行具体界定，如从供给角度而言，只要产品在功能和（或）形态上发生改变，与原来的产品产生差异，甚至只是产品从原有市场进入新的市场，都可以视为新产品；从需求角度而言，只要是能进入市场给消费者提供新的利益或新的效用而被消费者认可的产品均可以称为新产品。

新产品指的是基于新构思，采用新技术、新设计、新工艺、新方法，获得全新产品功能或明显改善原有产品性能或功能，使消费者获得新体验的产品。新产品的认定结论包括正式和非正式两种。正式结论由政府给出，非正式结论通常由企业和消费者给出。政府有关部门可以认定一定有效期内的新产品。企业可以认定自行研发但未经政府有关部门认定，从投产之日起一般不超过一年的新产品。消费者可以根据使用体验以及与相关产品的比较对新产品加以认定。

可以根据不同标准对新产品进行分类。

（1）按产品研发过程，新产品可分为自主创新型新产品、模仿型新产品、系列拓展型新产品、成本型新产品。

自主创新型新产品既可以指应用新原理、新技术、新材料，具有新结构、新功能的产品，在全世界首先开发，能开创全新的市场的产品，也可以指在原有老产品的基础上进行改进，使产品在结构、功能、品质、花色、款式及包装上具有新的特点和新的突破，改进后的产品结构更加合理，功能更加齐全，品质更加优质，能更多地满足消费者不断变化的需要的产品。

模仿型新产品是企业对市场上已有产品进行模仿获得的产品，是企业自我认定的新产品。

系列拓展型新产品是指在原有的产品大类中开发出新的品种、花色、规格等，从而与企业原有产品形成系列，能够扩大产品目标市场的产品。

成本型新产品是以较低的成本提供同样性能的新产品，主要是指企业利用新技术和新工艺在提高生产效率，削减产品成本的同时保持原有功能不变的产品。

（2）按给予消费者新体验的途径，新产品可以分为技术型新产品和市场型新产品。

技术型新产品是指由于新技术或新工艺的应用，产品功能或质量得到较大改变，能够使消费者获得对产品功能或质量的新体验的产品。

市场型新产品是指产品主体功能、结构等本质内涵没有发生变化，只是通过改变产品色泽、形状、包装等要素或通过进入新市场的方式，使消费者获得新使用体验或扩大消费者选择空间的产品。

（3）按营销推广的区域范围，新产品可以分为国际新产品、国内新产品、地区新产品、企业新产品。

国际新产品是指在世界范围内首次生产和销售的产品。

国内新产品是指相同或同类产品已经在国外进行销售，但在国内还是首次生产和销售的产品。这种新产品一般通过引进国外先进技术加以模仿和改进获得，通常属于填补国内空白的产品。

地区新产品和企业新产品是指国内已有，但在本地区或本企业尚属首次生产和销售的产品。这通常是企业为主体推动产品发展的一种形式。

6.1.2 产品创新的原则

产品创新的最终目的是为消费者提供价值，应遵循以下原则展开。

1. 对产品创新机会应大胆设想审慎求证

创新要从分析机会开始，从透彻地思考创新机会的来源做起。第 4 章已分析了创新的来源，并介绍了创新搜索空间地图以分析创新机会。一般来说，产品创新常见的机会包括：①可以预测到的某种潜在市场的需求，如现代人对高清晰电视系统的需求；②就某类现有产品扩大其需求，如人们对互联网服务的需求；③主动将新技术投入应用；④满足其他竞争者无法满足的需求；⑤新法规、新政策颁布带来的机会。此外，还有意外事件，新兴市场以及模仿、重组等。对这些机会的把握，既要有开阔的视野和思路，也要有求证筛选的方法和决策能力。

2. 理性思维和感性思维相结合决定产品创新方向

创新需要创造性思维。成功的创新者需要左右脑并用，结合理性思维和感性思维来决定最佳的实现创新的方向。理性思维往往使产品创新趋向单纯技术化导致的复杂功能和结构。但是，创新的东西总是要由普通人来使用的，如果创新要达到一定规模和一定的重要地位，必须考虑如何便于大范围消费者的使用。无论在设计上还是在使用上，过于精巧复杂的东西通常导致失去市场。

创新者在用分析的方法推论出为了满足一个机会必须要有什么样的创新后，不应急于将其付诸实施，而是应该走出去，观察顾客和用户，了解客户的期望、需求和价值观念等，以此印证和调整理性思维结论。

3. 产品创新内容应简单明确

新的东西总容易出故障，创新内容过于复杂会导致创新难度快速提高，因此简单的创新是有效创新的重要保障。即使是开辟了新用途和新市场的创新，也应当以具体、明确、有计划的应用为目标，创新应当以满足具体要求，能产生具体最终结果为明确目标。

不要分散力量，即不要试图一次性完成许多事情。偏离核心的创新很可能成为方向不定的创新，它们最终只能停留在空想中而无法有效付诸实施。创新核心不一定是技术，市场定位可能是更好的核心。要创新就需要协调、统一地集中力量去实践，这要求创新者之间结成团结的关系，这种团结也会由于分散力量而受到伤害。

4. 产品创新过程应由点到面的展开

某一项创新可能有长远的影响，但在创新之初无法预料这种影响将以何种形式在何时实现。例如计算机诞生在20世纪70年代初期，但直到第一批实际可用的型号问世25年以后，随着计算机技术的不断成熟，这种创新才真正开始对企业的经营管理产生可观的影响，这种结果是创造计算机之初无法想象的。因此，不要急于为将来搞创新，创新更多的应关注现在，并随着需求的不断衍生去拓展新的创新领域。

创新在开始时应规模小些，只需要少量资金和为数不多的人力资源，而且只需要有一个规模相对较小的市场即可。创新在初期几乎全都是"差不多正确"而已，只有规模小、对人力和财力的要求有限才能进行资源的有效利用，从而在控制成本的前提下摸索正确的创新道路，以便在小创新基础上逐渐拓展创新的深度和广度。如我们前面所述，多数情况下，创新活动是在现有产品基础上进行重新组合，通过创造新品类的方式实现创新目的。

5. 产品创新应以取得竞争优势为目标

产品创新不一定被要求使企业从中小规模一跃成为"大企业"，事实上无法预言某一项产品创新最终会给创业企业带来多大的贡献。但是，如果一项产品创新在开始时不以取得竞争优势为目标，创新者和创新行动本身就不会具有充分的创新精神，因此也就不大可能使创新成果通过赢得竞争体现其价值。

6.1.3 产品创新的要素

1. 创新活动的精神基础

首先要自信。自信使创新者听得进不同的意见，尤其是反对和批评的意见，能把各种意见整合在一起，做出更好的产品来。自信使创新者敢于走自己的路，不会被外界评论影响自身判断。

其次要质疑。创新活动应在一个宽容失败、包容异见的宽松氛围中进行。应有制度性保障支持创新者质疑和挑战权威，鼓励创新者在遇到问题时通过调查研究，在了解市场需求和分析实际数据基础上独立做出判断。

最后要追求超越而非跟随。即使整体创新活动由模仿开始，但也应追求在某个局部领域实现超越，通过由点到面的逐步突破，从渐进式创新逐步积累到突破式创新。

2. 超越商业目的的创新理念

单纯追求商业目的的创新活动是狭隘的和不可持续的。创新活动的发起者和组织者应该具备利他意识。新产品诞生不仅仅是为了实现商业利润，还要为改善人们的生存环境做出贡献。

3. 独特的创新模式

每一项创新活动都有其独特性，也许来自创新内容，也许来自创新者。创新模式应适应这样的独特性才能最大化创新活动的效率。此外，要想超越对手，就不能走对手的老路，而是走与众不同的道路。独特的创新模式应体现两方面作用，一是有助于找到差异化的价值点，二是有助于形成阻止竞争对手抄袭模仿的壁垒。

4. 充分发挥人的价值

在产品创新活动中，人的价值既体现在个人的聪明才智，更体现在通过科学的方法和规范的流程产生的集体智慧中。因此，充分发挥人的价值有两方面内涵，一是如何挖掘个人潜力，二是如何协调多人合力。

6.2 新服务和服务创新

案例导入：当代商城的服务创新

北京当代商城开业于 1995 年，地处北京中关村高科技园区的核心地带，是北京知名的高档百货商店之一。为了稳固原有的顾客群体，同时开发新的顾客源，当代商城先后开展了一系列服务创新实践活动，这些活动取得了良好的市场反响，提升了当代商城的知名度、美誉度。

首先，当代商城按照目标顾客的不同分为针对普通顾客的创新服务和专门针对VIP顾客的特殊服务；其次，在信息服务、产品相关服务、便利服务以及支付服务方面都有基于顾客需求的服务创新。例如，当代商城针对VIP客户推出的"一站式"退换货服务项目在北京市百货行业内属于首例。在中国百货商店联营的模式下，供应商在百货商店自设店铺，退换货成为售后服务的难点和关键的问题。当代商城专门设立一笔退货基金(每年200万元)，还开辟了专门区域、安装了POS机，并授权专职人员集中办理，消费者可以不用联系其所购商品的厂商，直接到"一站式"退换货中心由专职人员现场办理。这样，顾客以往要几经周折的退换货，在"一站式"退换货中心几分钟即可办理完毕。又如，VIP会员专享服务，包括了陪购服务、接待室、生日祝福礼物、免费礼品包装、免费停车、免费洗车、免费清洗首饰、免费皮鞋保养，以及免费妆容设计等一系列内容，体现了对VIP客户的至尊服务。

6.2.1 新服务定义和分类

新服务是服务企业根据市场的现有或潜在需求，结合本企业发展策略，通过服务内容变化和服务方式变化，向企业现有顾客或新顾客提供的能够产生价值增值的服务产品。

可以根据不同标准对新服务进行分类。

（1）从需求角度，可以将新服务分为基本型新服务、增值型新服务、引导型新服务。基本型新服务是指围绕顾客对企业提出的基本服务要求产生的新服务产品。如果没有满足顾客提出的要求，顾客将会非常不满意，相反，如果满足了顾客的要求，顾客也不会因此产生更高的满意度。

增值型新服务是指在顾客满意度与服务需求满足度成正比的服务领域产生的新服务产品。企业提供的此类服务越多，越能超出顾客期望，顾客的满意程度越高，反之亦然，如价格折扣。

引导型新服务是指顾客尚未意识到或顾客并未明确表达出来，企业通过主动提供服务提升顾客在某个服务领域的期望值，从而获得更好的顾客满意度的服务产品。这种新服务一旦成功激发顾客期望，将会超比例提升顾客满意度，相反，如果顾客期望没有被成功激发，顾客满意度也不会明显下降。

（2）从供给角度，可以将新服务分为修饰型服务、效率型服务、创新型服务、传递型服务。

修饰型服务在服务内容和服务方式方面都没有太多变化，推出的新服务产品跟原来的服务产品类似。这种新服务产品对企业现有服务影响较小，只能对现有服务起到修饰作用。如大学新增课程、影院提供爆米花等。

效率型服务是指为了提高现有服务资源的使用效率，在服务方式变化不大的情况下，提供全新的服务内容，如电子商务网站不断增加新的产品种类。

创新型服务在服务内容和服务方式上都有显著变化，是全新服务内容和全新服务过程的结合，是创新思维的产物。如通过互联网技术，对传统金融服务的创新，不但可以通过线上方式提供金融服务，而且有许多互联网金融产品、理财产品出现。

传递型服务是采用新的服务方式和渠道将现有服务内容在更广的市场领域内进行传递和拓展，如通过增加专卖店的方式拓展手机销售业务。

6.2.2 服务创新的原则

（1）顾客参与原则

服务与我们可见的实物产品的一大差别就在于，服务在生产的同时几乎就已经被消费了。所以，服务创新过程不能隔绝顾客参与。服务创新过程应让顾客参与并不断根据顾客期望做出反应和调整。顾客参与并不意味无条件满足顾客意愿，应理性分析顾客期望，消除抱怨并合理挖掘隐形需求。

（2）弹性原则

服务的对象具有广泛性和不确定性，有不同期望及需要。有效的服务创新应使新服务保持适当弹性以适应需求多样性。对服务满意度的衡量标准通常包含难以量化的成分，一味追求创新成果的精确性，非但难以做到，反而容易作茧自缚。

（3）人本原则

通常，顾客对服务品质好坏的评价是根据他们同服务人员打交道的经验来判断，因此如何保证服务人员的良好表现是服务创新中应着重考虑的因素。人的表现无法精确控制，应基于人本原则正向激励服务人员作出良好表现。

（4）系统性原则

服务具有无形性。许多情况下，服务体现在产品使用过程中，服务创新与产品创新不能截然分割，应系统性考虑二者结合方式。一些服务过程的持续期较长，要使顾客满意，必须建立售前、售中、售后的连续服务体系,并对体系中的服务项目不断更新。服务创新与企业文化紧密联系,二者相互影响相互促进,同样需要考虑二者的系统性结合方式。

服务本身的创新不能仅考虑某项服务活动。实际上,一项服务成果需要一系列服务和产品组合作为支撑,包括支持性设施、辅助物品、显性服务、隐性服务等。因此,某项服务创新实际上是与之相关的服务包的创新。

6.2.3 服务创新的要素

(1) 识别和界定顾客需求

服务最终是为了创造顾客价值。与有形产品相区别,服务产品创造的顾客价值特别需要通过全面慎重的识别和界定顾客需求才能判定。同时,顾客需求还将起到引领创新方向和创新过程的重要作用。

(2) 以无形产品为核心创造价值

服务虽然是通过非物质制造手段实现价值增值的经济活动,但价值的产生并不单纯依赖服务本身,而往往与其他经济活动联合起来才能奏效。在服务创新活动中,可能由于对价值产生机制的认识偏差,导致创新活动核心偏离既定的无形产品,使突出其他经济活动的重要性而削弱服务创新活动的广度和深度。

(3) 与服务对象的结合方式

服务创新是以满足人类需求为目的的软技术创新活动。这种活动可分为围绕物质生产部门的管理、组织、设计等软技术创新活动,围绕文化产业、社会产业的推动社会和生态进步、丰富精神生活的软技术创新活动以及围绕传统服务业和狭义智力服务业的软技术创新活动等。服务创新活动与不同服务对象的结合方式并不具有统一模式,需要根据实际情况而定。

(4) 衡量服务的多元标准

服务创新是创造和开发人类自身价值,提高和完善生存质量,改善社会生态环境的活动。因此,服务创新通过满足物质需求、精神和心理需求,并提供解决问题的能力,保障人们的精神和心理上的健康,得到满足感和成就感。随着物质文明程度的提高,人们更在乎生活的感觉(视觉、听觉、味觉、嗅觉、触觉、直觉),更希望自己的心情、情绪、感情、伦理道德和人的尊严得到尊重。这就要求未来的服务活动不能单纯强调"效率第一""效益第一",而演变为虽然牺牲效率但能使人们的生活和工作环境变得更容易、更舒适和方便,尊重人的情绪、感情和道德的服务活动将是更好的。

6.3 新产品开发战略与过程

案例导入:娃哈哈的新产品开发战略

创立于1987年的杭州娃哈哈集团,能在短短的十几年内由一家校办工厂发展成为中国最大的食品饮料企业，与其实行的创新战略密不可分。目前，娃哈哈已形成年产饮料 500 万吨的生产能力以及与之相配套的制罐、制瓶、制盖等辅助生产能力，主要生产含乳饮料、瓶装水、碳酸饮料、热灌装饮料、罐头食品、医药保健品六大类 30 多个品种的产品，其中瓶装水、含乳饮料、八宝粥罐头多年来产销量一直位居全国第一。十几年间不断推出的新产品体现了娃哈哈一贯的以守为攻，伺机而动的防御性战略，是娃哈哈制胜市场的法宝。

严格地说，娃哈哈集团推出的大部分产品都是跟进模仿的，节省了大量的前期费用，减少了市场风险，提高了新产品推出的成功率。其成功要素有三：

一是在模仿中创新，不做第一创新者，但紧跟并超越第一创新者。娃哈哈开发的第一个产品是儿童营养液，当时国内做营养液的企业虽已多达 30 多个，但没有一种是针对儿童这一目标消费群的。娃哈哈抓住了这一细分市场，并挖掘出"吃饭香"这一卖点，采用"喝了娃哈哈，吃饭就是香"这样的感性诉求，同时引发大人和儿童的互动。AD 钙奶是乐百氏先推出的，娃哈哈跟进时加上了"吸收"的概念。娃哈哈做茶是跟进康师傅和统一的，但先行者只是宣传这类产品的共性，娃哈哈推出时省略了共性宣传，强调其个性"天堂水，龙井茶"。娃哈哈非常系列中，非常可乐跟进可口可乐和百事可乐，针对男性市场，非常柠檬模仿雪碧，针对女性市场，非常橙汁模仿芬达，针对儿童市场。且非常系列在市场推广初期避开了可口可乐公司的核心市场——城市市场，走"农村路线"，这是一种"柔道战略"。二是掌握投放时机，在规模化市场形成的时候投放。三是讲究速度。可口可乐公司自认在市场推进速度方面比不过娃哈哈，这得益于娃哈哈的网络优势和统一、集中的组织构架与决策机制。有了这个基础，才能在快速推出的同时，迅速形成规模优势，进而转化为成本优势和竞争优势。

新产品的开发不是盲目或无序的，对新产品的开发者来说，是在新产品开发战略的规划下，按照一定的程序不断推进产品的改良或创造出新产品。

6.3.1 新产品开发战略

新产品开发战略是指通过改良现有产品或开发新产品实现经营意图的战略。新产品开发战略不仅建立在市场观念基础上，还受到社会观念的影响。企业向市场提供新产品可能是为了获取商业利益，也可能是为了实现包含社会价值取向的企业高层战略目标。无论目的是什么，新产品开发战略的核心内容和落脚点都是激发和满足顾客需求，而具体表现形式是保证新产品销量。

新产品开发战略是市场与新产品组合而生的战略。新产品开发战略是企业对市场机遇与挑战、内部资源能力的优势和劣势所进行的全面的、前瞻性的思考和认识，以及深思熟虑的选择和决定。好的新产品开发战略能避免企业临时地、随意地、盲目地开发没有市场价值的产品以及忽视真正具有市场竞争力的产品机会。新产品开发战略是企业产品开发的路线图，指引新产品开发的方向和路标。

1. 新产品开发战略的类型和层次

（1）根据新产品获得途径，新产品开发战略可以分为以下四种类型。

①领先型开发战略

采取这种战略，企业努力追求产品技术水平和最终用途的新颖性，保持技术上的持续优势和市场竞争中的领先地位，要求企业有很强的研究与开发能力和充足的资源。这种战略的特点包括技术先进性、研发投入高、开发周期短、顾客需求导向、高利润等。

②模仿型开发战略

采取这种战略，企业并不抢先研究新产品，而是当市场上出现较好的新产品时，进行仿制并加以改进，从而分享市场。这种战略要求企业具有较强的跟踪竞争对手情况的能力以及很强的消化、吸收与创新能力。采取这种战略容易在专利保护方面受到竞争对手的攻击。

③交易型开发战略

采取这种战略，企业无须自己实施开发活动，而是有偿运用其他单位的研究与开发成果。研究与开发力量不强、资源有限的企业往往采用这种战略。

④混合型开发战略

以实现企业经营目标为准则，依据企业实际情况，混合使用上述几种产品开发战略。

（2）新产品开发战略包括产品战略愿景、产品平台、产品线、产品开发项目四个层次。

①产品战略愿景

产品战略愿景是企业关于产品定位和市场目标的理念和愿景，它对下一层次产品平台的性质、演化和竞争地位提供指导。产品战略愿景决定了新产品开发活动的性质和方向。

②产品平台

产品平台是企业核心技术的集合，是使企业所有产品线和产品根植于此的公共平台。产品平台开发包括产品平台概念评估、产品平台规划和产品平台开发。产品平台是新产品系列开发活动的共同基础支撑。

③产品线

产品线是基于产品平台的同类产品集合。产品线规划是一个分时段的，基于市场需求、竞争要求和资源状况的有条件的产品开发计划，它决定具体产品的开发路标和升级替代策略。产品线是在产品平台之上产生的次级平台。

④产品开发项目

产品开发项目指向基于产品线规划的单项新产品，是产品线规划产生的具体结果。

2. 新产品开发战略的内容

（1）准确定位推动力

新产品开发战略的出发点决定后续开发活动是否具有持续推动力，企业应在战略制定之初明确定位开发活动的主要推动力。推动力可能来自以下几个方面：

一是从消费者需求出发获得推动力。通过问题分析、缺口分析、细分市场、相关品牌归类等方法，以顾客为关注焦点来分析、满足顾客的现实需求、潜在需求和未来需求。市场补缺战略就是为满足特殊顾客的要求，或者因顾客特殊要求而生，该战略因其较为明确的市场前景将为新产品开发活动提供充分的推动力，如著名运动鞋制造商耐克公司通过市场调查，不断开发包括登山鞋、旅游鞋、自行车鞋、冲浪鞋等在内的适合不同运动项目的特殊运动鞋，从而不断开辟空白市场；TCL决定投放彩电时，发现当时国内高质低价大屏幕彩电市场是一个空白——本土品牌尚没有开发大屏幕彩电，外来品牌大屏幕彩电价格普遍偏高，TCL看准竞争对手的薄弱环节，不失时机地填补了这一空白，取得了成功。

二是从挖掘产品功能出发获得推动力。挖掘产品功能就是通过功能分析、用途分析、品质扩展、系统分析、独特性能分析、等级设计、弱点分析等方法,来分析企业现有产品存在的问题,挖掘产品新的功能、新的用途。在现有产品基础上挖掘新的产品功能是一条风险较小的能迅速获得市场认同的途径。如典型的开发改进型新产品,既可以在技术上得心应手,又可以利用原有的营销方式和营销渠道推广新产品。

三是从提高新产品竞争力出发获得推动力。这是一种通过新产品主动培育或争取市场角度出发得到的推动力。新产品竞争力除了取决于产品的质量、功能以及市场的客观需求外,也可以采取一些其他策略来主动提高新产品的竞争力,如抢先策略、紧跟策略、低成本策略等。

(2) 确定开发方向

需要在综合考察市场需求和企业内部条件的基础上确定开发方向。分析市场需求将证实新产品是否有商业前景,顾客是否愿意购买以及他们对新产品究竟有多大需求,企业是否可以从新产品中盈利。

企业必须检查是否有足够的能力支持新产品的开发。这些能力包括技术能力、成本投入能力、经营网络能力等。检验技术能力必须要求企业的生产能力以及开发出的新产品能实现设计的功能。比如某企业拟开发某种新产品,这种新产品安在一个普通照明光源上可使其使用寿命延长 5 倍以上,并且可以将企业闲置生产能力利用起来,但存在的问题是需要找到一种能抗高温的黏合剂。企业自身没有这方面技术能力开发这种黏合剂,引进技术或合作开发的费用又将远远超出利润,因此企业不具备成功抓住该市场机会的技术能力。如果新产品开发难度越大,资金投入就越大,成本回收的风险也越大。例如,当希望通过新产品树立高端品牌时,必须要有巨额资金投放和较长时间内无法收回投资的思想准备。如果企业的经营网络主要定位在某个市场领域,并且已经拥有较为成熟的营销渠道和模式,当新产品定位在该市场之外以及可能需要新营销资源,那么将考验企业拓展经营网络的能力。该能力不足不仅会造成原有资源的浪费,还将使企业不堪负担,最终无法实现重新开发商业网络的预期目的。

(3) 选择新产品类型

新产品的类型往往决定了新产品的开发战略。可以从以下维度认识新产品类型。

首先可以按产品开发的新颖程度进行分类。可分为全新产品、换代产品、改进产品、仿制产品。全新产品是新颖程度最高的一类新产品,它是运用科学技术的新发明开发和生产出来的,具有新原理、新技术、新材质等特征。选择和实施此战略,需要企业投入大量资金并拥有雄厚的技术基础,开发组织难度大且开发耗时长,同时企业需承担较大市场风险。换代产品使原有产品发生了质的变化。选择和实施换代产品开发战略比开发全新产品投入资金较少,费时较短。改进型新产品与原产品相比只发生了量的变化,属于渐进式创新。这是代价最小、收获最快的一种新产品开发战略,但容易被竞争者模仿。开发仿制型产品不需要太多的资金和尖端技术,比研制全新产品要容易得多。企业应注意对原产品的某些缺陷和不足加以改造,并结合市场需要进行改进,不应全盘照抄。

以上四种新产品中,实施第一类开发对一般企业而言难度较大,通常是大型企业或特大型企业借助实行"产学研"联合开发工程等技术,支持比较强大的条件下才会选择;但也有一些创业项目，基于全新产品带来的市场机会开展创业活动，这类创业项目风险高，但预期潜在收益也高。第二、第三、第四类新产品多数企业实施起来较为容易，且能迅速见效。多数企业都是着重考虑选择第二、第三种和第四种新产品开发战略。

其次可以按产品开发的创新所涉及的区域范围和水平进行分类。可分为地区级新产品、国家级新产品、国际级新产品。地区级新产品中的"地区级"是指省、市、自治区一级。凡我国其他省（市、自治区）已经开发和生产的新产品，本省（市、自治区）还没有这种新产品，企业率先开发和生产出来，经有关部门鉴定和确认，即属于本省（市、自治区）一级新产品。国家级新产品是指新产品开发达到国家一级水平。国家级新产品是指在全国范围内新出现的产品。凡国外已率先开发和生产，国内尚没有这类产品，国内企业率先开发和生产出来，经国家有关主管部门鉴定和确认，即属于国家级新产品。国际级新产品是指新产品开发达到国际一级水平。国际级新产品是指：①在国际市场上尚未出现、本国企业率先开发和生产出来的先进产品；②国外虽然已经出现，但国内企业在掌握国外新产品特点的基础上开发出性能更好、水平更高的同类产品，属于国际领先产品。

以上三种新产品开发可以由低向高逐级选择和实施。凡条件好的，也可跳跃式开发，即企业在没有地区级新产品的情况下直接开发国家级新产品，或企业拥有地区新产品但还没有国家级新产品的情况下开发国际级新产品。

（4）规划新产品出路

新产品出路主要从营销角度进行规划。主要包括两个层面的内容，第一层面是商业化策略，第二层面是营销行动计划。

商业化策略指在新产品上市以前，企业应决策何时推出新产品、何地推出新产品、向谁推出新产品、如何推出新产品等。企业应选择一个最适宜新产品上市的时间，在最适宜的地点，向最需要新产品的顾客，以最恰当的方式推出新产品。何时推出新产品指企业高层管理者要决定在什么时间将新产品投放市场最适宜。例如，当某种新产品用于替代老产品时，就应等到老产品存货出清时再将新产品投放市场，以免冲击老产品销售，造成损失。何地推出新产品指企业高层管理者要决定在什么地方（某一地区、某些地区、全国市场或国际市场）推出新产品最适宜。选择市场时要考察这样几个方面：市场潜力，企业在该地区的声誉，投放成本，该地区调查资料质量的高低，对其他地区的影响力以及竞争渗透能力。此外竞争情况也十分重要，它同样可以影响到新产品在某地投放的成败。向谁推出新产品指企业高层管理者要把营销目标瞄准最优秀的顾客群。这样做的目的是要利用最优秀的顾客群带动一般顾客，以最快的速度、最少的费用扩大新产品市场占有率。如何推出新产品指企业管理部门要制定开始投放市场后的营销行动计划。这里，首先要对各项市场营销活动分配预算，然后规定各项活动的先后顺序，从而有计划地开展市场营销行动。

营销行动计划还涉及以下一些重要问题：

首先是新产品定价问题。新产品定价分为受专利保护的新产品定价和仿制新产品定价。受专利保护的新产品定价策略可以包括撇脂定价和渗透定价。撇脂定价是指在产品生命周期的最初阶段把产品价格定得很高以攫取最大利润，犹如从鲜奶中撇取奶油。企业所以能这样做，是因为有些购买者主观认为某些高价商品具有很高价值。渗透定价是指企业把它的新产品价格定得相对较低以吸引大量顾客，提高市场占有率。仿制新产品定价战略需要决定的是，在产品质量或价格上来看其产品应定位于何处。企业有九种可供选择的策略，包括优质高价策略、优质中价策略、优质低价策略、中质高价策略、中质中价策略、中质低价策略、低质高价策略、低质中价策略、低质低价策略。特别的，如果市场领导者正采取优质高价策略，新来者就应采取其他策略以取得差异化利益。其次是促销计划问题。该计划应包括媒体、采购点、邮寄点或其他计划使用的广告方法。如果通过销售队伍销售产品，需要制定一些销售策略，需要为销售人员提供新产品所需要的促销工具和有关信息。这些工具包括销售手册、最新的价目表等。最后是交货问题。为了把新产品送到消费者手中，企业需要制订一个把产品送到顾客手中的交货计划。如果是向零售商销售，需要事先拿到零售商的订单并确定批量交货方法。如果企业提供的是新服务，要确保员工都受到足够的培训，能有效地提供服务。总之，需要针对把新产品交到市场的所有后勤问题制订详细计划。

6.3.2　新产品开发的基本过程

新产品开发是一项极其复杂的工作，从根据用户需要提出设想到正式生产产品投放市场为止，其中经历许多阶段，涉及面广、科学性强、持续时间长，因此必须按照一定的程序开展工作。这些程序之间互相促进、互相制约，才能使产品开发工作协调、顺利地进行。产品开发的程序是指从提出产品构思到正式投入生产的整个过程。虽然由于行业的差别和产品生产技术的不同特点，新产品开发所经历的阶段和具体内容并不完全一样，但大多数新产品开发具有以下基本过程：

1. 从创意到产品概念

新产品开发过程是从寻求创意开始的。创意并不都能转变为产品，但尽可能多的创意能够为产品开发提供更多的机会。创意的来源体现在创新机会的搜寻中。但通常来说，企业新产品开发创意主要来自三个方面：一是来自用户。企业着手开发新产品，首先要通过各种渠道掌握用户的需求，了解用户在使用老产品过程中有哪些改进意见和新的需求，并在此基础上形成新产品开发创意。二是来自本企业职工，特别是销售人员和技术服务人员。本企业职工通过接触用户，对用户关于老产品的改进意见与需求变化比较清楚。三是来自科研人员。科研人员具有比较丰富的专业理论和技术知识，他们了解科学技术发展的前沿，可以为企业提供新产品开发的创意。此外，企业还通过情报部门、工商管理部门、外贸、网络等渠道，征集新产品开发创意。

新产品创意包括三个方面的内容：产品构思、构思筛选和产品概念的形成。产品构思是在市场调查和技术分析的基础上，提出新产品的构想或有关产品改良的建议。并非所有产品构思都能发展成为新产品。有的产品构思可能很好，但与企业的发展目标不符合，也缺乏相应的资源条件，有的产品构思可能本身就不切实际，缺乏开发的可能性。因此，必须对产品构思进行筛选。经过筛选后的构思仅仅是设计人员或管理者头脑中的概念，离产品还有相当的距离，还需要形成能够为消费者接受的、具体的产品概念。产品概念的形成过程实际上就是构思创意与消费者需求相结合的过程。

2. 营销前景分析

形成产品概念后，在实际开发之前要对产品未来的营销前景进行分析。具体而言企业要制定初步的营销战略，对新产品投放市场后的营销状况进行预测性分析。主要包括三方面内容：一是描述目标市场的规模、结构、行为、新产品在目标市场的定位、可能的销售额、市场份额、利润情况等；二是略述新产品的价格策略、分销策略、初期预算等；三是阐述长期营销目标和营销策略。

3. 产品开发

如果营销前景分析得到肯定的结果，研发部门就可以着手将产品概念转化为实际产品。产品开发是指从确定产品设计任务书起到确定产品结构为止的一系列技术工作的准备和管理，是产品开发的重要环节，是产品生产过程的开始，通常需要遵循"三段设计"程序。

首先是初步设计阶段。该阶段是为下一步技术设计作准备。这一阶段的主要工作就是编制设计任务书，并征求使设计任务书体现产品合理设计方案的改进性和推荐性意见，经批准后，作为新产品技术设计的依据。它的主要任务在于正确地确定产品最佳总体设计方案、设计依据、产品用途及使用范围、基本参数及主要技术性能指标、产品工作原理及系统标准化综合要求、关键技术解决办法及关键元器件，特殊材料资源分析、对新产品设计方案进行分析比较，研究确定产品的合理性能及通过不同结构原理和系统的比较分析，从中选出最佳方案等。

其次是技术设计阶段。技术设计阶段是新产品的定型阶段。它是在初步设计的基础上完成设计过程中必须的技术研究工作，写出研究大纲和研究报告，给出相关技术文件，对产品中造价高、结构复杂、体积笨重、数量多的主要零部件的结构、材质精度等选择方案进行成本与功能关系的分析，提出特殊元件、外购件、材料清单，对技术任务书的某些内容进行审查和修正，对产品进行可靠性、可维修性分析等。

再次是工艺设计阶段。该阶段是在技术设计的基础上完成供试制（生产）用的全部工艺文件及其相关配套文件。

最后是新产品试制与评价鉴定阶段。新产品试制阶段又分为样品试制和小批试制阶段。样品试制阶段的目的是考核产品设计质量，考验产品结构、性能及主要工艺，验证和修正设计图纸，使产品设计基本定型，同时也要验证产品结构工艺性，审查主要工艺上存在的问题。小批试制阶段的工作重点在于工艺准备，主要目的是考验产品的工艺，验证它在正常生产条件下能否保证所规定的技术条件、质量和良好的经济效果。试制后必须进行鉴定，对新产品从技术上、经济上作出全面评价，然后才能得出全面定型结论，投入正式生产。

4. 试销和批量上市

初步完成研发阶段后，可以在小范围消费者和经销商中进行试销试用，以便了解新产品的完善改进方向。试销规模取决于两方面因素：一是新产品投资和风险大小；二是试销费用和时间。投资高、风险大的产品试销规模应大一些，反之则规模可小些。费用高、时间长的产品试销规模应小一些，反之则可大一些。

经过试销检验，可决定是否进入批量上市阶段。如果决定向市场推出，需要再投入大量资源用于保证产能和市场推广。在这个阶段，不仅需要做好生产计划、劳动组织、物资供应、设备管理等一系列工作，还要详细考虑如何把新产品引入市场，如研究产品的促销宣传方式、价格策略、销售渠道和提供服务等方面的问题。新产品的市场开发既是新产品开发过程的终点，又是下一代新产品再开发的起点。通过市场开发，可确切地了解开发的产品是否适应需要以及适应的程度，分析与产品开发有关的市场情报，可为开发产品决策、为改进下一批（代）产品、为提高开发水平提供依据，同时还可取得有关潜在市场大小的数据资料。

6.3.3 IPD 开发流程

集成产品开发（integrated product development，IPD）是一套产品开发的模式、理念与方法。IPD 思想来源于美国 PRTM 公司出版的《产品及生命周期优化法》一书，书中详细描述了这种新的产品开发模式所包含的各个方面。

最先将 IPD 付诸实践的是 IBM 公司。1992 年 IBM 在激烈的市场竞争下遭遇到了严重的财政困难，公司销售收入停止增长，利润急剧下降。经过分析，IBM 发现他们在研发费用、产品上市时间等几个方面远远落后于业界最佳。为了重新获得市场竞争优势，IBM 提出了将产品上市时间压缩一半以及在不影响产品开发结果的情况下将研发费用减少一半的目标。为了达到这个目标，IBM 公司率先应用了集成产品开发（IPD）方法，在综合了许多业界最佳实践要素的框架指导下，从流程重整和产品重整两个方面来达到缩短产品上市时间、提高产品利润、有效进行产品开发、为顾客和股东提供更大价值的目标。

IBM 公司实施 IPD 后，获得了产品研发周期显著缩短、产品成本降低、研发费用占总收入的比率降低、人均产出率大幅提高、产品质量普遍提高、花费在中途废止项目上的费用明显减少等显著成效。在 IBM 成功经验的影响下，国内外许多高科技公司采用了集成产品开发（IPD）模式，如美国波音公司和深圳华为公司等，都取得了较大的成功。实践证明，IPD 既是一种先进思想，也是一种卓越的产品开发模式。

IPD 的核心思想包括：

①新产品开发是一项投资决策。IPD 强调要对产品开发进行有效的投资组合分析，并在开发过程设置检查点，通过阶段性评审来决定项目是继续、暂停、终止还是改变方向。

②基于市场的开发。IPD 强调产品创新一定是基于市场需求和竞争分析的创新。为此，IPD 把正确定义产品概念、市场需求作为流程的第一步，开始就把事情做正确。

③跨部门、跨系统的协同。采用跨部门的产品开发团队（product development team，PDT），通过有效的沟通、协调以及决策，达到尽快将产品推向市场的目的。

④异步开发模式，也称并行工程。就是通过严密的计划、准确的接口设计，把原来的许多后续活动提前进行，这样可以缩短产品上市时间。

⑤重用性。采用公用构建模块（common building block，CBB）提高产品开发的效率。

⑥结构化的流程。产品开发项目的相对不确定性，要求开发流程在非结构化与过于结构化之间找到平衡。

IPD 框架中（如图 6-1 所示）的几个方面分别是：

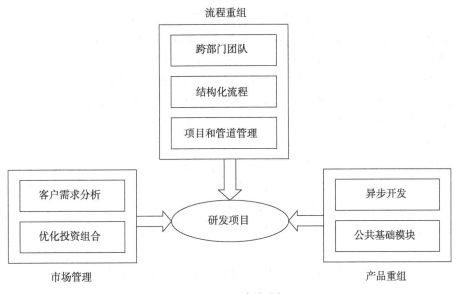

图 6-1 IPD 框架图

（1）市场管理

市场管理从客户、投资、市场等产品生存的外在客观环境因素来影响产品的特性和生命周期。

IPD 从产品价格（price）、可获得性（availability）、包装（packaging）、性能（performance）、易用性（easy to use）、保证程度（assurances）、生命周期成本（life cycle of cost）、社会接受程度（social acceptance）八个方面衡量客户对产品的关注，确定产品的哪一方面对客户是最重要的。

为了决定企业是否开发一个新产品以及对各个新产品实施资金分配，需要判断新产品的投资利润率。对经营多种产品的企业而言，要正确地决定资金投入对策，还必须研究产品结构，研究企业各种产品的投入、产出、创利与市场占有率、市场成长率的关系。这些都是企业产品投资组合计划必须解决的问题。投资组合分析贯穿整个产品生命周期。在开发过程中设置检查点，通过阶段性评审来决定项目是继续、暂停、终止还是改变方向，从而可以最大限度地减少资源浪费，避免后续资源的无谓投入。投资分析和评审的依据是事先制定的衡量指标，包括对产品开发过程、不同层次人员或组织的工作绩效进行衡量的一系列指标。如财务指标、产品开发周期、产品开发过程的成熟度、投资效率、新产品收入比率、被废弃的项目数、产品上市时间、产品盈利时间、共用基础模块的重用情况等。

（2）流程重组

IPD 中的流程重组主要关注跨部门团队、结构化流程、项目和管道管理。在结构化流程的每一个阶段及决策点，由不同功能部门人员组成的跨部门团队协同工作，完成产品开发战略的决策和产品的设计开发，通过项目管理和管道管理来保证项目顺利地得到开发。

在 IPD 中有两类跨部门团队，一类是集成产品管理团队（IPMT），属于高层管理决策层。另一类是产品开发团队（PDT），属于项目执行层。IPMT 和 PDT 都是由跨职能部门的人组成，包含了开发、市场、生产、采购、财务、制造、技术支援等不同部门的人员，其人员层次和工作重点都有所不同。IPMT 由公司决策层人员组成，其工作是确保公司在市场上有正确的产品定位，保证项目资源、控制投资。IPMT 同时管理多个 PDT，并从市场的角度考察他们是否盈利，适时终止前景不好的项目，保证将公司有限的资源投到高回报的项目上。PDT 是具体的产品开发团队，其工作是制定具体产品策略和业务计划，按照项目计划执行并保证及时完成，确保小组将按计划及时地将产品投放到市场。PDT 是一个虚拟的组织，其成员在产品开发期间一起工作，由项目经理组织，可以是项目经理负责的项目单列式组织结构。

结构化流程将 IPD 产品开发过程明确地划分为概念、计划、开发、验证、发布、生命周期六个阶段，并且在流程中有定义清晰的决策评审点。这些评审点上的评审不是技术评审，而是业务评审，更关注产品的市场定位及盈利情况。决策评审点有一致的衡量标准，只有完成了规定的工作才能够由一个决策点进入下一个决策点。

扩展内容：IPD 结构化流程中的典型阶段

a）在概念阶段初期，一旦 IPMT 认为新产品、新服务和新市场的创意有价值，他们将组建并任命 PDT 成员。

b）PDT 需要了解未来市场、收集信息、制订初步的业务计划。业务计划主要包括市场分析、产品概述、竞争分析、生产和供应计划、市场计划、客户服务支持计划、项目时间安排和资源计划、风险评估和风险管理、财务概述等方面内容，这些内容都要从业务角度思考和确定，保证企业最终能够盈利。

c）业务计划完成之后，进行概念决策评审。IPMT 审视这些项目并决定哪些项目可以进入计划阶段。

d）在计划阶段，PDT 综合考虑组织、资源、时间、费用等因素，形成一个总体、详细、具有较高正确性的业务计划。

e）完成详细业务计划后，PDT 将该计划提交给 IPMT 评审。如果评审通过，项目进入开发阶段。PDT 负责管理从计划评审点直到将产品推向市场的整个开发过程，PDT 小组成员负责落实相关部门的支持。

f）在产品开发全过程中，就每一活动所需要的时间及费用，不同层次人员、部门之间依次做出承诺。

项目管理是使跨部门团队集合起来更好地行动的关键。首先要有一个目标即项目所要达到的效果，一旦将客户需求转换为对产品的需求时，就可以制订详细计划。一个产品从概念形成到上市期间会涉及许多不同的紧密相连的活动，计划中将具体划分每个职能部门的工作，不仅涉及研发部门，也涉及企业其他各部门。接下来安排活动的时间，然后对每个活动进行预算和资源调配，在项目实施过程中还需要不断地与计划对照，可以在细的层面上对计划进行一定调整，但是 PDT 做出的承诺不能改变。整个项目的进行过程都需要PDT 参与，因此 PDT 在产品开发全流程中自始至终存在。

管道管理类似于多任务处理系统中的资源调度和管理，指根据企业业务策略对开发项目及其所需资源进行优先排序及动态平衡的过程。

（3）产品重组

IPD 提高开发效率的手段是产品重组，主要关注异步开发和公共基础模块（CBB）。

异步开发模式的基本思想是将产品开发在纵向分为不同的层次，如技术层、子系统层、平台层等。不同层次工作由不同的团队并行地异步开发完成，从而减少下层对上层工作的制约，每个层次都直接面向市场。通常，在产品开发过程中，由于上层技术或系统通常依赖于下层的技术，因此，开发层次之间的工作具有相互依赖性，如果一个层次的工作延迟了，将会造成整个时间的延长，这是导致产品开发延误的主要原因。通过减弱各开发层次间的依赖关系，可以实现所有层次任务的异步开发。

为了实现异步开发，建立可重用的公共基础模块是非常重要的。公共基础模块（common building blocks，CBB）指那些可以在不同产品、系统之间共用的零部件、模块、技术及其他相关的设计成果。如果部门之间共享已有成果的程度很低，随着产品种类的不断增长，零部件、支持系统、供应商也在持续增长，这将导致一系列问题。事实上，不同产品、系统之间存在许多可以共用的零部件、模块和技术，如果产品在开发中尽可能多地采用了这些成熟的公共基础模块和技术，无疑会使产品质量、进度和成本得到很好的控制和保证，产品开发中的技术风险也将大为降低。因此，通过产品重组，建立 CBB 数据库，实现技术、模块、子系统、零部件在不同产品之间的重用和共享，可以缩短产品开发周期、降低产品成本。

阅读材料：IPD 帮助 IBM 公司扭转困局

IPD 是 IBM 在 1992 年首先提出实施的。当时 IBM 正处于业务上的困难时期。在激烈的竞争中 IBM 遭受了巨大的经营挫折，公司收入在减少，年亏损额高达近 80 亿美元。IBM 正在失去市场，失去客户。当时 IBM 与业界竞争对手在一些研发过程中的关键性指标上存在明显差距：1993 年 IBM 有 27% 的项目上市时间是业界最佳水平的两倍，36% 是业界最佳的 5 倍，另有 6% 是业界最佳的 25 倍；IBM 的研发投入占总收入的 12%，而业界是占 6%，虽然不能说研发费用占总收入的比重越低越好，但这可以反映出 IBM 的开发费用较高，效率低；IBM 的研发损失与业界相比也相当高。业界最佳的研发损失是 3.3%，业界平均是 12.2%，而 IBM 是 25%，这反映了 IBM 的开发浪费是巨大的。

为摆脱经营困境，IBM 在仔细分析了自身的产品研发情况后实施了以系统性研发管理解决方案为核心的企业再造方案。在研发管理方面，IBM 引进了 PRTM 公司的 PACE，获得了巨大的成功，并总结出了一套行之有效的产品开发模式——集成产品开发（IPD）。IPD 在 IBM 实施 3 年后，IBM 公司获得了很大的成功。IBM 实施 IPD 后在研发方面取得的改进主要有：高端产品上市时间从 70 个月减少到 20 个月，中端产品从 50 个月减少到 10 个月，低端产品降低到 6 个月以下；研发费用占总收入的百分比从 12% 减少到 6%；研发损失从起初的 25% 减少到 6%。IBM 公司实施 IPD 的效果除了在以上方面有明显体现外，还表现在产品成本降低、人均产出率大幅提高、产品质量普遍提高等方面。

IBM 实施 IPD 后产品开发过程得到了很大改善，整体效果表现为企业范围内销售收入、利润不断上升，公司的竞争力得到了极大的提高。

6.4 新服务开发战略与过程

> **案例导入：7天连锁酒店的服务产品**
>
> 7天连锁酒店作为中国连锁酒店行业的领先品牌，一直从关注客户的核心需求出发，在产品及服务流程的设计上不断整合创新，致力于向客人提供环保、健康、便捷的专业酒店服务和更具人性化的优质会员服务。创始人郑南雁称"7天的核心理念是做'加减法'，减去一些不必要的服务，围绕'天天睡好觉'这个核心理念做增值服务"。
>
> 7天连锁酒店从细节对成本加以控制：客房里桌板代替了抽屉，壁架取代了衣柜；不在每一个房间都配备吹风机，而是放在每一个楼道的公共区域供需要者使用；尽可能将窗户开小，因为酒店一般处于闹市区，客人很少会选择通过窗户欣赏风景，并且窗户越大意味着越吵。但是7天连锁酒店在"吝啬"的同时，却在打造"天天睡好觉"方面不吝投入：商务大床房的枕头达到了五星级酒店的标准，由荞麦而非棉花制成；所有房间的床垫和某五星级酒店的供应商是同一家；床铺尺寸均大于同级别酒店；提供营养早餐和防滑功能的拖鞋，并规定洗澡水要在10秒内做到由凉转热；商务大床房中取消了一次性用品，提供牙刷牙膏的旅行套装。7天连锁酒店试图满足的是客人对客房的最基本、最重要的需求：干净、舒适：在每一个城市都设立布草管理中心，将所有的床上用品分类送至洗衣厂，不允许任何污渍或锈迹，并必须达到一定的柔软度；对洗衣厂规定了所用洗涤剂的用量和品牌，并配置人工抽检。
>
> 在开发新服务时，7天连锁酒店做到了：①通过详细的市场调研，识别顾客的体验需求，根据商务型顾客的需求和酒店自身的资源确定经营主题——"天天睡好觉"，对该主题进行策划和设计，然后制订企业切实可行的顾客体验设计方案。②分别进行有形产品、服务和环境的体验设计，按照酒店体验产品设计的原则和经营主题的要求，综合运用多种手段和方法，突出、强化主题，力求为顾客提供一种积极的难忘的体验。③体验设计的新服务必须接受市场考验，采用体验营销的策略将其推向市场。另外，在市场化进程中构建体验性酒店品牌，用品牌凝聚和传递体验。④企业必须建立体验式服务设计的支持系统，保证体验设计的顺利进行。其中设计控制系统尤为重要，它可以了解顾客消费过程中的感受，并发现顾客的潜在需求，通过对反馈信息的处理，发现体验式服务的不足，并记录改进结果。

6.4.1 新服务开发战略

1. 新服务开发战略的类型

根据创新程度，新服务开发战略可以分为根本创新的新服务开发战略和附加创新的新服务开发战略。

根本创新的新服务开发战略指以前的顾客无法获得的全新服务内容和服务传递系统。该战略可以从服务内容和目标市场的创新来实现。第一，可以是服务内容上实现根本创新，如开发出目前目标市场上没有出现过的新型服务，或由信息和计算机技术驱动产生的新服务等；第二，可以是开发一个全新的市场，在特定市场中提供从未出现过的全新服务。

附加创新的新服务开发战略指对已经存在的服务系统进行改进从而实现价值增值。该战略可以从以下途径实现：一是延伸服务范围；二是改进现有服务内容，使其进步或者是服务风格发生变化，使顾客的体验产生变化。

2. 新服务开发战略的内容

（1）认识新服务所处的竞争环境

服务企业通常在竞争环境中推出新服务。竞争环境对新服务造成影响的因素主要来自以下方面：一是准入门槛低。服务创新通常没有专利保护，并且在多数情况下，服务业对资本的要求不高。因此，新服务容易被竞争者模仿。当然，某些类型的进入门槛还是存在的，如基于秘密配方的餐饮服务。二是难以达到规模经济。由于服务的生产和消费通常是同时进行的，顾客必须现场亲自接受服务而不能进行储存，这种特性使除了少数特定经营企业通过连锁经营、电子商务等方式实现一定规模经济外，多数服务企业业务辐射的市场范围受到限制，难以从规模经济中获益。三是销售趋势难以预测。除了少数稳定需求外，多数情况下，顾客对服务的需求具有不确定性。四是对顾客或供应商缺乏谈判优势。许多中小型服务企业在与有实力的顾客或供应商讨价还价时，由于缺乏规模优势，总是处于劣势。五是替代品不仅来自其他服务，还可能来自产品。产品创新能成为服务的替代品，如电子媒体对传统报纸发行服务的侵蚀。因此，服务企业不仅应关注其他服务竞争者，还应预计到那些可能使企业经营的服务项目过时的产品创新。六是顾客忠诚度。与产品使用能带来顾客忠诚度类似，服务企业也能够凭借个性化服务建立起忠诚的顾客群，从而为新服务设置进入障碍。七是竞争者滞留。少数服务企业可能在低盈利甚至不盈利的情况下继续经营。其他一些服务企业则可能出于经营者的爱好和兴趣，通过工作中的满足感弥补较低经济回报，从而滞留在市场中不退出。因此，低利润对服务企业的驱逐力量降低，导致竞争者滞留。

（2）确定新服务的竞争战略

迈克尔·波特提出了三种一般性竞争战略，即成本领先、差别化和集中。这三种竞争战略可以结合到新服务的推广中加以分析。

成本领先战略要求企业具有有效规模的设备、严格的成本控制、不断创新的技术。无法做到低成本的企业将在竞争中受挫。新服务可以通过如下途径达到成本领先地位：①寻找低成本顾客，服务某些顾客比服务其他顾客花费更少，他们就可以成为新服务的目标顾客；②顾客服务标准化，标准化可以使新服务惠及群体扩大，获得规模经济收益；③提升服务自动化水平，在给顾客带来便利的同时减少服务传递中人的因素，增加自动化手段比重，可以降低交易成本；④提升非现场服务作业的比重，对于不一定非要顾客在现场的服务，将服务交易和服务作业分离，可以享有规模经济、低成本设施场地、避免顾客直接参与服务过程等好处，降低成本。

差别化战略是创造一种能被感知的独特服务。可以通过品牌形象、技术、特性、顾客服务等方式实现差异化。差异化战略并非忽略成本，但其主要目的是培养顾客忠诚度。新服务可以通过如下途径实现差异化：①使无形服务有形化，为了使顾客接受无形服务后能留下较长时间的印象，可以设法将顾客对服务的印象与某些有形物品联系起来，如宾馆住宿后向顾客赠送印有宾馆名称的纪念品；②将标准服务定制化，定制化服务能围绕特定顾客需求展开,赢得顾客满意;③降低顾客感知风险,缺乏新服务购买信息使许多顾客产生风险感而减少购买量,使顾客获得较多相关信息,能建立起信赖关系从而促进服务需求;④控制服务质量,通过培训员工、制定详细服务规程等手段控制服务质量。

集中战略通过深入了解顾客具体需求更好地为某特定目标市场服务,是成本领先战略和差别化战略在细分市场的应用。针对新服务实施集中战略的前提是,与那些目标市场广泛的服务企业和服务相比,新服务可以更有效地服务于范围狭窄的目标市场,从而通过更好地满足顾客需求和/或降低成本,在狭小目标市场内实现差别化。

(3)服务战略的总体要求

企业要开发出好的服务战略,应该做好以下几点:

首先应将服务战略和企业的营销战略结合起来。企业在制定营销战略时,要充分考虑服务在价值链上的作用。企业参与行业竞争究竟靠什么获胜?是产品领先、技术领先、成本领先,还是服务领先?对工业品制造企业、消费品生产企业和社会服务企业来说,客户服务的地位是不一样的。小型企业、中型企业和大型企业在考虑服务定位时也有差异。企业的产品结构、渠道状况、市场布局、人员结构、管理水平也影响着服务定位。例如,海尔采取"服务"领先战略已经经过市场证明是完全正确的,服务已经成为其营销战略的一部分,各种营销策略也是完全符合此服务战略定位的;春秋航空的服务战略定位也是与其低成本战略密切配合的。无论制定什么样的服务战略,最好在制定营销战略时就考虑服务战略,在服务战略定位时也要考虑营销战略,将营销战略与服务策略有机结合起来。

其次是在客户细分的基础上制定服务战略。制定服务战略时,要充分考虑客户细分情况。客户的服务需求是有差异的,服务是需要成本的,客户对企业的价值也是不一样的。要认真分析企业产品针对的目标市场,分析不同产品需要的服务支持,分析不同客户的不同服务需求,不能无差异地开展服务活动。关于客户细分,一是按照客户需求的服务内容不同进行细分;二是按照客户的价值不同进行细分。把客户的服务需求差异找出来,然后再把客户特征描述出来,服务战略就有了针对性,客户服务的质量就会提高,企业服务成本与效益的比例就会趋于合理。

再次是建立服务文化,倡导全员服务理念。服务是一种企业文化。一种好的文化,能激励企业员工保持良好的工作心态,塑造团队良好的工作氛围,提升员工工作的质量和效率,从而保证企业健康、和谐、持续的发展。如果构建服务战略时,必须考虑服务的文化内涵和服务理念的灌输。

最后是服务战略需要制定完善的服务体系来保障实施。服务战略一旦形成,如何保证服务战略落地就至关重要。除了建立企业服务文化外,还要建立成套的服务策略。例如,企业应提供哪些服务内容,服务方式如何,做出如何的服务承诺,服务操作规范是怎么样的,服务满意度评价体系是怎样的,服务组织、服务人员和服务设备应该如何保证服务战略落地等。没有完善服务体系保障的服务战略是空中楼阁。除了制度上建立服务体系,细节决定服务成败,还需要很强的执行力加以贯彻,特别是基于客户接触点的服务行为质量提升是关键环节。

(4)确定顾客需求

要想提供给顾客优质的服务,必然要准确了解顾客需要什么样的服务,以及顾客对企业现在的服务有什么不满。否则，盲目提供新服务一方面会传递一些多余服务，浪费企业资源，另一方面顾客需要的一些服务却不能满足。

顾客需求的服务大致可分为三类：购买过程中的服务、使用过程中的服务（如售后维修服务等）以及一些咨询服务等。具体来说包括以下几个方面：信息与咨询、操作演示和操作、情感性需要、订货、账单处理与付款、交货期和地点、售后服务以及一些超越这些范围之外的服务需求。

企业了解顾客需求的方式有很多，比如问卷调查、电话访问、组织顾客座谈、田野调查法等。还有一种方法是从企业内部了解，由于服务于顾客的员工直接和顾客接触，因而他们深知顾客的服务需求和抱怨，能提出一些建设性的意见。

（5）认识信息技术在服务竞争中的作用

信息技术有助于新服务取得竞争优势，其作用主要表现在如下方面：

设置技术障碍。市场上存在许多低技术门槛的服务，信息技术有助于提高新服务竞争者的进入门槛。如订票系统可以给票务中介设置进入门槛、会员积分系统可以帮助新服务积累顾客忠诚度、电子商务手段可以减少新服务传递的中间环节从而有助于取得低成本优势。

提升竞争力。信息技术的使用有助于提升服务效率，增强竞争力。信息技术尤其是电子商务的应用不仅使服务企业能够提升服务行为管理效率，而且为服务企业构建针对特定顾客的专家系统创造了条件。此外，信息技术能够收集和分析大数据资源，不仅可以帮助企业改善服务模式，而且数据本身就可以成为商品。

应用信息技术帮助竞争的同时，也要注意防止滥用信息技术可能产生的妨害公平、侵犯隐私、削弱竞争等问题。

（6）服务质量的管理

主要应从以下两方面构建服务质量战略：

一是服务人员的管理。对于顾客来说，服务员工是公司的化身。如果员工工作认真负责，那么顾客会认为整个公司都具备这种对顾客负责的态度。相反，如果服务员工工作疏忽、不负责任，顾客会认为公司的生产和管理活动也是这样。服务人员的管理包括许多方面。主要有：对服务人员的严格挑选，对服务人员的不断培训，对服务人员的激励等。由于服务是一种情绪劳动式的辛苦工作，而且过程复杂，很多东西需要长时间才能把握，因而企业一定要建立合理的人力资源开发和使用战略和制度，降低员工流失率，激励他们更好地为顾客服务。

二是服务本身的质量管理。服务结果的好坏，最终取决于顾客的评价，即服务质量的高低。只有通过服务质量的有效管理，企业才能知道提供的顾客服务是否符合顾客的服务需求以及与竞争对手相比是否处于优势地位，才能评估服务人员对服务工作负责和投入程度。服务质量管理的内容包括：服务标准的设立，服务内容的制定，服务结果的反馈，以及服务质量的评估等各项内容。

6.4.2 新服务开发过程

1. 服务蓝图

顾客常常会希望提供服务的企业全面了解他们同企业之间的关系，但是，服务过程往往是高度分离的,由一系列分散的活动组成,这些活动又是由无数不同的员工完成的,因此顾客在接受服务过程中很容易"迷失",感到没有人知道他们真正需要的是什么。为了使服务企业了解服务过程的性质,有必要把这个过程的每个部分按步骤地画出流程图来,这就是服务蓝图。服务蓝图直观上同时从几个方面展示:描绘服务实施的过程、接待顾客的地点、顾客雇员的角色以及服务中的可见要素。它提供了一种把服务合理分块的方法,再逐一描述过程的步骤或任务、执行任务的方法和顾客能够感受到的有形展示。

服务蓝图包括顾客行为、前台员工行为、后台员工行为和支持过程四个主要部分,由三条分界线分开(如图 6-2 所示)。

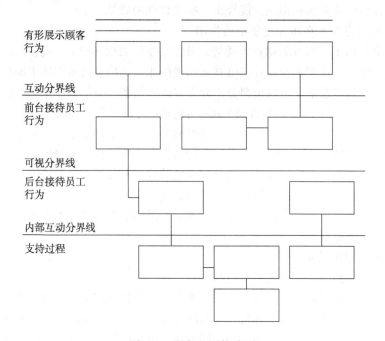

图 6-2　服务蓝图构成图

第一条是互动分界线,表示顾客与组织间直接的互动。一旦有一条垂直线穿过互动分界线,即表明顾客与组织间直接发生接触或一个服务接触产生。

第二条分界线是极关键的可视分界线,这条线把顾客能看到的服务行为与看不到的分开。看蓝图时,从分析多少服务在可视线以上发生、多少在以下发生入手,可以很轻松地得出顾客是否被提供了很多可视服务。这条线还把服务人员在前台与后台所做的工作分开。

第三条线是内部互动线,用以区分服务人员的工作和其他支持服务的工作和工作人员。垂直线穿过内部互动线代表发生内部服务接触。

蓝图的最上面是服务的有形展示。最典型的方法是在每一个接触点上方都列出服务的有形展示。

建立服务蓝图的过程的基本步骤包括:

(1)识别需要制定蓝图的服务过程

蓝图可以在不同水平上进行开发,这需要在开始时就达成共识。例如快递服务蓝图,可以在基本快递物流概念水平上建立,此时无须列出基于细分市场的变量或特殊服务,也可以基于特定快递物流业务(如24小时速达)概念水平建立,此时需要描述特定快递业务及其相关的账目系统、互联网辅助服务、储运业务等。特定服务蓝图与基本服务蓝图具有某些共同的特性,但也各有特色。总之,识别需要绘制蓝图的过程,首先要对建立服务蓝图的意图做出分析。

（2）识别细分顾客对服务的需求

市场细分的一个基本前提是,每个细分部分的需求是不同的,因而对服务的需求也相应变化,这时需要为细分顾客建立相应服务蓝图。在抽象或概念水平上,各种细分顾客纳入一幅蓝图中是可能的。但是,如果需要达到不同水平,开发单独的蓝图就一定要避免含糊不清,并使蓝图效能最大化。

（3）从顾客角度描述服务过程

该步骤包括描绘顾客在购物、消费和评价服务中执行或经历的选择和行为。如果描绘的过程是内部服务,那么顾客就是参与服务的雇员。从顾客的角度识别服务可以避免把注意力集中在对顾客没有影响的过程和步骤上。该步骤要求必须对顾客是谁达成共识,有时为确定顾客如何感受服务过程还要进行细致的研究。如果细分市场以不同方式感受服务,就要为每个不同的细分部分绘制单独的蓝图。

（4）描述前台与后台服务人员的行为

画出互动线和可视线,然后从顾客和服务人员的观点出发绘制过程、辨别出前台服务和后台服务。对于现有服务的描绘,可以向一线服务人员询问其行为,以及哪些行为顾客可以看到,哪些行为在幕后发生。

（5）把顾客行为、服务人员行为与支持功能相连

画出内部互动线,随后识别出服务人员行为与内部支持职能部门的联系。在这一过程中,内部行为对顾客的直接或间接影响方才显现出来。从内部服务过程与顾客关联的角度出发,它会呈现出更大的重要性。

（6）在每个顾客行为步骤上加有形展示

在蓝图上添加有形展示,说明顾客看到的东西以及顾客经历中每个步骤所得到的有形物质。可以将服务过程的照片、幻灯片或录像等作为展示手段。

2. 新服务定位

服务蓝图无法充分体现服务需求的复杂性和多样性。新服务开发无法涵盖服务蓝图的全部内容,因此需要在服务蓝图的基础上对新服务进行定位。服务定位是服务企业根据市场竞争状况和自身资源条件,建立和发展差异化竞争优势,以使自己的服务产品在消费者心目中形成区别并优越于竞争产品的独特形象。

（1）新服务定位的原则

① 重要性原则,即差异化需求对顾客极为重要。
② 显著性原则,即新服务同竞争对手服务之间具有明显差异。
③ 沟通性原则,即新服务差异性能够很容易地为顾客认识和理解。
④ 独占性原则,即这种差异很难被竞争对手模仿。
⑤ 可支付性原则,即促使目标顾客认为因差异而付出额外花费是值得的,从而愿意并

有能力购买这种差异化服务。

⑥ 盈利性原则，即企业通过差异化新服务能否获得更多利润。

（2）新服务定位的基本步骤

① 明确定位层次。在服务企业的不同发展时期，新服务定位层次会有所侧重。有时会强调服务行业定位或企业定位，有时强调服务产品组合定位，有时则强调个别服务产品定位。

② 寻找顾客关注指标。为了保证定位的准确性和有效性，应当在定位之前明确顾客到底在关注哪些指标。有时可能会发现顾客关注的指标非常繁杂，这种情况下可以先将所有指标列在一张清单上，然后逐步去掉顾客较为不关心的项目，直至清单上只留下两个项目为止。

③ 建立坐标系，标出竞争对手位置。以确定的两个指标为轴，建立一个坐标系。坐标系的原点表示市场的平均水平，正区间表示高于市场平均水平，负区间表示低于市场平均水平。建立坐标系以后，根据竞争对手服务产品的情况，将竞争对手的位置标在坐标系上。

④ 根据本企业资源情况和顾客偏好以及拟采取的定位策略，确定新服务定位。

3. 新服务开发过程

理论上对新服务开发过程有多种认识，形成了多种模型，如"门径管理"模型、迭代过程模型、Scheuing-Johnson 模型、过程周期模型等。这些模型在实际应用中均需要评价适用性，不能机械照搬。综合这些模型，并与新产品开发过程对比，可以发现新服务开发的一般过程主要包括以下阶段：

① 概念设计阶段。创意在这个阶段中很重要。要考虑新服务的重点是服务内容还是服务过程。创意可能来自顾客或者在与顾客接触中产生。要明确服务目标、服务顾客定位等。

② 分析阶段。要考虑服务的财务分析、服务过程的资源分析等，即分析新服务的盈亏平衡点、未来收益等经济指标，以及分析服务技术的先进性与合理性、服务资源的可利用性等。

③ 开发和试运行阶段。该阶段中需要进行详细的服务内容与服务过程设计，包括服务资源规划、服务人员培训、服务检验和初步运行。

④ 全面开业服务阶段。在试运行之后，服务设施和服务过程都已经经过检验并可以全面投入运行。

4. 新服务开发方法

（1）服务接触矩阵

如何将一个服务系统在生产功能方面与其他服务系统区分开？在设计新服务时，顾客接触程度是一个重要概念。顾客接触是指顾客亲自出现在服务系统中。顾客接触程度将一个服务系统在生产功能方面与其他服务系统区分开。顾客接触程度可以用顾客出现在服务活动中的时间与服务总时间的百分比表示。

顾客接触是服务产品生产和制造产品生产的最大区别。顾客接触程度不同，服务效果就不同，因此在设计新服务时需要考虑顾客接触问题。图 6-3 是通过服务流程—顾客接触矩阵划分出六种不同顾客接触程度的服务系统，分别是信件联系、网络和在线接触、电话接触、面对面规范接触、面对面宽松接触、面对面顾客化接触。

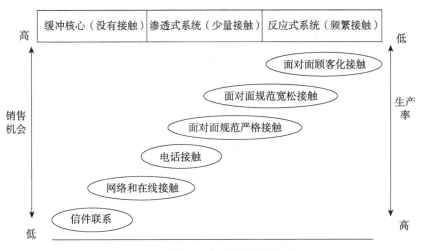

图 6-3 服务流程—顾客接触矩阵

不同接触程度的服务系统在销售机会和生产率方面表现不一样。一方面，从销售机会来讲，随着顾客接触程度提高，销售机会增加，反之，随着接触程度降低，销售机会下降；另一方面，从生产率来讲，随着顾客接触程度增加，生产率下降，反之，随着接触程度下降，生产率提高。

顾客接触程度不同，对员工的技能、管理工作重点、服务技术也有不同要求，如图6-4所示。顾客接触程度较低时，要求员工的书面处理能力和动手能力，对口头和沟通能力要求低，随着顾客接触程度提高，更多地强调员工的沟通能力、问题判断能力等。顾客接触程度低的管理重点在于文书性、例行性工作，工作程序设计和服务规范执行等。顾客接触程度高时，管理重点在于分析和处理顾客差异性需求，处理例外和突发工作。顾客接触程度低时，一般可采取自动化程度较高的办公系统支持服务流程，提高生产率，但当顾客接触程度高时，需要人性化的团队工作，增加与顾客的沟通和协调。

低			顾客接触程度			高
员工能力	行政能力	客服技巧	沟通能力	作业程序能力	业务能力	问题诊断能力
管理重点	资料处理	需求管理	电话营销	流程控制	产能管理	顾客组合
服务技术	办公自动化	排程技术	信息存储	电子互连	自助式设备	顾客/员工小组

图 6-4 顾客接触程度对员工能力、管理重点、服务技术的要求

（2）新服务开发的典型方法

按照顾客接触程度的不同，新服务开发有三种典型方法：第一种是生产线式方法，顾客接触程度低；第二种是顾客合作式方法，顾客接触程度有限；第三种是个体维护式方法，顾客接触程度高。

① 生产线式方法

这是一种较为极端的方法。该方法为保证稳定的服务质量和高效运转，服务工作被例行化，且被置于受控环境中完成。典型代表是麦当劳按照严格工作程序完成服务过程，例如生产线一线。这种方法成功的关键在于：限制员工自主权；服务流程中的劳动分工；积极采用技术设备替代人力；服务项目标准化。

② 顾客合作式方法

对大多数服务系统而言，当顾客出现时服务才开始。顾客不是被动的接受者和旁观者，有需要时顾客可以成为积极的参与者。顾客参与服务过程不仅可以通过用顾客劳动代替员工劳动而提高生产率，而且顾客参与可以帮助服务企业跟踪和分析需求变化，及时调整服务资源的使用方案。

③ 个体维护式方法

这种方法注重向顾客提供满足其个性化需求的服务内容。服务过程设计追求完全根据不同顾客的要求提供差异化服务。

6.5 新产品和新服务开发管理

案例导入：产品突变引发消费者抗拒

20世纪80年代，可口可乐公司一度面临着竞争失利的局面，市场销量被曾经远远甩在后面的百事可乐超越。而且另一种含糖可乐——健怡可乐的市场份额也不断攀升，直接威胁可口可乐市场地位。经过消费者测试，可口可乐公司将这一切主要归因于对手采用了更甜的配方。

1985年可口可乐公司终于痛下决心，仿效竞争对手，更改这个"错误"，推出更甜配方的新可乐，并在随后几天停止传统可口可乐的生产，以防两种产品的自相残杀。没想到这一行为却激怒了买不到传统可口可乐的消费者。新可乐一时成了众矢之的、短命产品，遭到消费者一致抵制。可口可乐公司不得不改弦更张，恢复原来产品的生产。事实上，可口可乐公司在推出新可乐之前也经过上万次的各类消费者测试，然后才依据有理有据的测试结果，推出以为可以迎合消费者口味的新可乐。然而种种科学测试却单单忽视了消费者对于可口可乐公众认知的调查和分析。成立于世纪早期的可口可乐某种程度上已成为美国的象征，是美国人民日常生活中的一部分，如同空气那样不易察觉却又不可缺少。单单为迎合口味而断然停止生产传统可口可乐，如同贸然切断某种精神依托，粗鲁而简单，消费者的愤怒可想而知。

麦当劳也曾于20世纪推出一款招牌汉堡，声称是专门针对成年人口味而打造和设计的，这款汉堡与儿童无关。然而，麦当劳给消费者的联想就是欢乐和家庭，这种排斥儿童的汉堡毫无疑问与麦当劳一贯标榜的形象定位有出入。而且区分大人小孩的新产品增加了消费者选择的难度和复杂性，有悖于麦当劳便捷的宗旨。结果花费麦当劳大量心思研制并寄予重望的招牌汉堡未能成为招牌，黯然收场。其实麦当劳推出成人专用的招牌汉堡前也是通过大量消费者调查，在得到人们肯定答案后才做出决定。然而理性的数据未能替代消费者对麦当劳的感性认知，消费者拒绝行为改变！

6.5.1 新产品开发周期管理

1. 新产品开发周期

新产品开发周期一般包括五个阶段：产品决策阶段、设计阶段、试制阶段、定型投产阶段、持续改进阶段。

（1）产品决策阶段

本阶段是通过对所开发产品的市场需求、技术发展等情况的调研，结合本企业人力资源、设备和工艺水平、生产能力、资金能力等具体情况，进行技术经济分析和项目管理分析，做出是否进行产品开发的决策以及对开发的目标、过程、风险、资源等进行初步规划。

本阶段的活动主要是产品策划和项目策划。产品策划的任务包括：

① 提出产品开发设想或建议

通常由企业的销售部门根据市场形势和市场预测，组织与产品有关的部门对市场信息中的产品需求信息进行评审，产品开发等部门根据技术进步和质量改进的工作研究结果，形成产品开发信息。在产品开发信息中，需充分阐述顾客的需求情况，提出产品开发和改进建议。

② 建议评审及产品策划

根据顾客需求分析报告、试制任务书、基准产品分析报告、产品主要故障模式、新产品相关信息等输入信息对产品开发建议进行评审及生成产品策划报告。

③ 批准项目启动

根据产品策划结论，下达产品的开发指令。产品开发指令的内容应包括：指定开发和试制管理人员并明确其职责、预期投产时间及生产纲领等。之后产品开发经理根据产品开发指令及产品开发建议书，编制产品开发任务书。

项目策划的任务包括：

① 确定项目目标及初始方案

初始方案的内容包括：产品的结构方案、产品技术描述、同步开发方案、初始特性明细、初始材料清单。

根据初始方案形成初始的过程规划方案（含初始过程流程图、物流方案、环保方案、项目预算等）、初始供应商名单、市场营销准备方案等支撑材料，汇总为项目实施方案书。

② 项目风险评估

在确定项目初始方案过程中，项目组针对项目目标、进度、历史数据、供应商资源、技术方案、制造可行性、保障服务等进行产品项目实施的风险分析，识别项目的"瓶颈"环节和主要风险，形成项目风险分析报告。对项目风险分析提出的问题，应确定对策，在编制项目计划和配置资源的时候要予以重点考虑，在项目进展过程中要进行重点跟踪。

③ 确定项目工作任务和项目组组织结构

根据项目实施方案进行任务分解和责任归属，并建立相应的组织结构。项目组的组织结构可采用矩阵式组织结构，如图 6-5 所示。矩阵式组织结构形式是在直线职能式垂直形态组织系统的基础上，再增加一种横向的领导系统，它由职能部门系列和完成某一临时任务而组建的项目小组系列组成，从而同时实现了事业部式与职能式组织结构特征的组织结构形式，一般适用于协作性和复杂性强的项目组织活动。

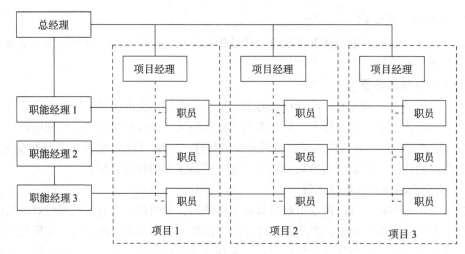

图 6-5 矩阵式组织结构

④ 确定项目计划和项目评估计划

批准后的项目计划应向所有相关人员发放。为了监控项目实施，已经事先制订项目评估计划，即项目组通过项目例会的形式对项目状态进行报告和确认，对关键任务要形成里程碑报告并通报相关人员。

（2）设计阶段

本阶段主要是通过设计和确定总体技术方案、设计计算、必要的试验和设计评审，完成全部图样和设计文件。设计阶段一般分为初步设计、技术设计和工作图设计三个步骤。

初步设计一般指总体方案设计。根据产品技术任务书或产品开发项目建议书的要求，对产品开发的技术路线、工作原理、结构布局、关键技术的解决途径及满足标准化综合要求的措施等提出完整技术方案。总体设计方案完成后，应对其进行评审，确认是否能满足相关文件提出的要求。技术设计是根据总体技术方案，对具体零部件和线路进行设计计算，并进行试验，验证其性能是否满足总体方案的要求。软件设计则应进行程序框图和流程图设计、编程、软件功能测试等。在此基础上，编制技术设计说明书。技术设计说明书以及技术设计过程中编制的其他技术文件和图样，应经过评审确认后才能作为工作图设计的依据。工作图设计是指完成产品所有零部件、线路、软件的全部图样、技术文件、程序框图和程序清单等文件，并经过评审后供试制、生产、检验、供销、管理使用。有些文件将随机出厂供用户使用。

（3）试制阶段

本阶段是经样品（机）试制和小批试制，通过型式试验和用户试用，验证产品图样、设计文件和工艺文件、工装图样的正确性、产品的适用性、可靠，并完成产品鉴定或用户验收。

试制阶段的工作可分为样品（机）试制和小批试制两个阶段进行。

样品（机）试制阶段的工作主要包括：组织或参与修订产品标准；参与样品（机）的

型式试验，对产品标准进行第一次验证；审查提交样品（机）鉴定的技术文件及图样的完整性、准确性、符合性、有效性；出具标准化审查报告；参加产品样品（机）试制鉴定会，报告样品（机）试制阶段的审查结论和建议。小批试制阶段的工作主要包括：对提交工艺方案设计和工装设计评审的必备图样及技术文件的完整性进行标准化审查，提出结论意见；参加工艺评审；参与工装验证；针对产品标准在样品（机）试制阶段出现的问题进行研究分析并作出修订；进行小批试制阶段工艺、工装等图样和技术文件的标准化审查，并出具审查报告；参加产品小批量试制鉴定会。

（4）定型投产阶段

本阶段是完成正式投产的准备阶段。定型投产是在小批试制基础上完成的，主要目的是进一步完善产品工艺文件，改进、完善并定型工艺装备，配置必要的生产和试验设备，确保应达到正式生产的条件和具备持续稳定生产合格产品的批量生产能力。

本阶段主要工作包括：确认定型投产的全部产品图样及设计文件、工资文件和工装图样的有效性；完成产品标准报批、发布，必要时进行产品标准备案；产品制造过程中的标准化服务，如安全生产、工序管理、检测试验、运输包装等方面的标准实施与咨询服务；收集产品质量和涉及标准化方面的信息，并对这些信息进行加工整理，作为产品标准修订和完善的依据。

（5）持续改进阶段

本阶段是指在产品生命周期内对产品、过程或体系的不断改进。本阶段的工作主要有：确定产品质量信息标准化管理要求；参与产品改进方案的评审和验证工作；确定产品改进的技术文件及图样的标准化要求并进行标准化审查；确认产品改进的有关技术文件和图样的有效性；参与产品改进的效果评价和验证。

2. 新产品开发周期的管理要点

产品设计工作的质量是决定产品设计和质量水平的关键。产品设计阶段不仅有大量技术工作，还有许多设计管理工作。只有从产品设计和开发全过程进行管理控制，才能保证产品的设计质量，为产品的制造和生产管理提供必要条件，才能使最终产品满足顾客要求。

（1）技术文件控制

产品技术文件规定了产品设计的要求，既是产品设计成果，又是产品开发和设计各阶段的设计输入和设计输出的具体化和定量化，是企业建立正常生产秩序，以及正确使用和维护产品必不可少的。

由于行业不同，产品的复杂程度、产品类型、结构型式差别较大。因此，在产品设计和开发各阶段对技术文件和图样的完整性要求也不一样。企业应根据自己的实际情况，制定适用于本企业产品设计和开发各阶段技术文件和图样完整性的标准，对产品技术文件及图样方面的要求作出规定，确保设计文件的质量，满足产品设计、采购、制造、检验、使用和维修的要求。

（2）设计控制

企业的产品设计和开发控制一般包括：产品设计和开发策划、输入、输出、评审、验证、确认、更改等。企业应视情况确定其产品设计和开发的控制管理要求和程序。

① 产品设计和开发的策划

产品设计和开发过程是决定产品固有特性的关键环节。设计和开发策划是确保设计达到预期规定目标的有效手段。企业在产品设计和开发策划中，应根据各产品的特点、企业能力及以往经验等具体情况，明确划分产品设计和开发过程的阶段，规定每一阶段的工作内容和要求；应根据确定的设计开发阶段，明确规定设计开发各阶段需开展的适当的评审、验证和确认活动；应规定各有关部门和人员在参与设计开发活动中的职责和权限；对参与设计开发的各有关部门、人员之间的接口关系进行规定并加以管理，确保其各负其责，又能保证工作有效衔接，信息及时准确交流；产品设计和开发策划的输出可以采用文件形式，也可以采用其他形式。

② 设计评审

产品设计和开发的评审是为了确保产品设计开发活动的适宜性、充分性、有效性以及达到规定目标所进行的系统活动。设计评审活动的主要工作内容有：确定产品设计和开发评审的目的；确定产品设计和开发评审的要求；确定初步评审、技术评审、工作图评审的具体内容并实施。

③ 设计验证

设计验证是通过提供客观证据，对规定要求已得到满足的认定。设计验证活动的主要工作内容有：确定产品设计和开发验证的目的；确定产品设计和开发验证的要求；选择或建立验证方式、方法；取得验证结果，决定需要采取的措施，将结果和措施记录并保存。

④ 设计确认

设计确认是通过提供客观证据，对产品能够满足特定的预期用途或应用的认定。设计确认活动的主要工作内容有：确定产品设计和开发确认的目的；确定产品设计和开发确认的要求；选择或建立确认的方式、方法；取得确认结果，决定需要采取的措施，将结果和措施记录并保存。

⑤ 设计更改

设计更改是指对产品设计和开发的决策阶段、设计阶段、试制阶段、定型投产阶段的评审、验证、确认的设计结果的更改。企业应根据产品的类型、结构特点制定"产品设计和开发更改办法"的企业标准，对更改程序、更改原则、更改权限等作出规定，以规范企业产品设计和开发更改过程，确保更改质量。

6.5.2 新服务开发周期管理

新服务设计开发与有形新产品开发相比有自身特点：服务的过程与服务本身必须同时开发；服务运营缺乏类似于专利权的法律保护；整套服务内容构成了开发过程的主要产出；服务很多方面常常取决于员工所接受的培训；很多服务组织提供的服务是连续无休的。因此，新服务开发过程（NSD）不仅涉及最终服务的交付，还包括服务过程本身。服务内容与服务过程很难分离开，NSD 必须同时设计服务内容及其传递过程，其管理重点应集中在如何传递服务的流程上。

根据顾客沟通与定制化的程度（顾客接触度）和劳动力密集程度与服务提供的及时性两个维度，得到服务过程矩阵（图 6-6）。劳动力密集程度低的服务组织通常是资金密集型的，且需要很高的固定成本，很难根据需求的变化调整其服务能力，所以在开发中必须注重如何构建有效的获取和分析需求信息的流程，避免需求高峰期和需求低谷。劳动力密集程度高的新服务对员工素质的要求很高，开发中必须注重构建有效的员工招聘、培训、薪酬设计、考核等流程。

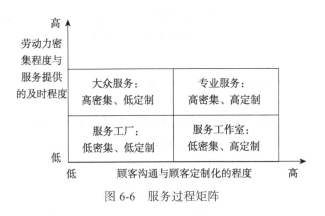

图 6-6　服务过程矩阵

按照提供的服务内容的变化程度和服务传递过程的变化程度，得到图 6-7 的服务分类矩阵。

图 6-7　按内容和过程变化程度的服务分类矩阵

粉饰型新服务在服务内容和服务传递方面都没有太大变化，推出的新服务与原来的服务相似。这种新服务对企业现有服务的运营影响较小，只能对现有服务起到粉饰和点缀作用，如学校新增课程、快递公司新增送货线路等。开发这种新服务比较容易，需要投入的资源较少，管理难度不大，只需要在现有服务管理系统基础上适当延伸即可。

多样化新服务提供全新服务内容，而服务传递方式变化很小，即利用同样的服务资源提供更多的服务，如旅游景区推出足以吸引游客的新项目。开发这种新服务需注意资源供给被摊薄后能够保证新旧服务质量不受影响。

创新型新服务在服务内容和服务传递过程上都与原来的服务不同，是全新服务内容和全新服务过程的结合。开发这种新服务需要创新思维，因此开发管理上需要借鉴创新管理的相关理论和经验。

渠道开发型新服务的服务内容变化不大，但服务传递过程发生了变化，采用了新的传递方式。这种新服务一般都与服务技术变化有关，通过新技术改变服务传递方式。开发管理上要注意采用新技术是否对现有服务传递系统产生挤出效应或降低现有服务资源的运行效率。

6.5.3 相关管理工具和技术

在新产品或新服务的开发过程中，除 IPD 方法外，还有其他一些成熟的工具与技术可供使用，以下介绍几种其他的新产品（服务）开发管理工具。

1. 门径管理

门径管理系统（stage-gate system，SGS）是由罗勃特·G.库珀（Robert G. Cooper）于 20 世纪 80 年代创立一种新产品开发流程管理技术。门径管理因其将创新流程划分成由一系列阶段和入口组成而得名。门径管理的基本思想是把项目做正确和做正确的项目。它是一种来自于实践工作的流程，该流程可以成功而快速地把新产品从构思推向产品上市，在美国、欧洲、日本的企业有比较广泛的应用，如图 6-8 所示。

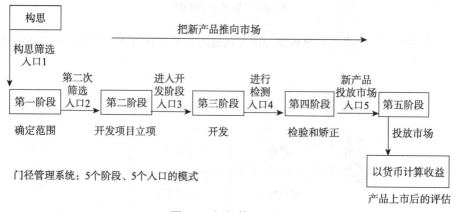

图 6-8　门径管理系统

在整个系统中，各个入口作为质量控制检测点，决定开发活动是否能够向流程的下一个阶段推进。每一个入口有着相似的结构，都包括一套被要求的交付标的物、项目据以判断是否放行的准则、确定的产出或结果。入口指标通常由各个不同职能部门的高级管理人员制定，他们拥有项目下一个阶段所需要的资源。每一个阶段都由一组预先规定的、跨职能的、同时进行的活动组成。

门径管理的优势主要表现在：

（1）新产品开发的风险控制

首先，门径管理作为一个多阶段的新产品开发流程，每个阶段都有一个入口作为决策点，随着项目进展，加深了对技术风险和市场风险的认识，风险在每个阶段逐渐降低。其次，由于门径管理在各个入口处引入了更好的项目评估，及早发现潜在的可能失败的项目，并把更多的时间、精力和资源用于市场研究、定义产品以及顾客测试等重大的与成功有关的活动上，提高了新产品开发的成功率，降低了新产品开发的风险。

（2）项目的组合化管理

门径管理将做正确的项目纳入新产品开发流程，即有效的项目组合化管理，其最重要的目标就是保证项目的组合和资源的分配都能反映企业的总体战略。门径管理流程在每一个阶段都有一个入口，这些入口有一套严格的评估体系，能够淘汰低劣的项目，并评出优先顺序，提高项目组合的整体质量，改善项目组合中的项目平衡状况和项目组合的战略一致性，从而实现组合化管理。

（3）合理安排有限的资源

门径管理能选准重点，做好优选工作，并将强硬的生杀决策观点引入新产品开发流程中。将劣质项目剔除后，稀缺资源被重新分配到真正有价值的项目，从而将有限的资源集中在最好的项目上，避免了因太多不成功的新产品项目而分化企业有限的资源，导致有价值的项目得不到足够的资源。

（4）缩短新产品开发周期

门径管理流程可以降低开发时间受到开发复杂性的影响程度，并且减少企业内部的相互干扰。其最终结果是对于简单的项目来说，门径管理可以缩短约 1/3 的项目周期，而对于复杂项目而言，缩短的周期可大大超过该比例。

（5）跨职能开发团队

多功能团队对新产品及时而有效的开发至关重要，门径管理要求每一个重大的新产品项目都有一个真正的跨职能部门的项目团队，拥有来自不同职能部门的积极参与、敬业的团队成员。这些团队成员从日常工作中解脱出来专注于新产品开发项目。项目团队得到上级管理层授权，对其自身行为后果负责的同时使报酬与成果挂钩。团队领导将获得支配团队资源的正式权威。

2. 产品及周期优化法（PACE）

PACE 是集成产品开发（IPD）方法的理论基础。PRTM 公司创始人迈克尔·E. 麦克哥拉斯（Michael E. McGrath）在编写的 *PACE-Product And Cycle-time Excellence* 一书中全面系统地介绍了 PACE 的理论和知识体系，他认为产品开发是 21 世纪的商业主战场，今后将是"研发生产率年代"，即新产品是可以批量开发出来的，企业将更多地关注新产品开发的资源管理、项目管理、技术管理与产品战略。

PACE 的基本思想是：

① 产品开发是由决策流程来推动的，是一个可以管理、改善的流程，并非只有靠天才和运气。

② 产品开发过程需加以定义和实施，以保证企业相关人员都能有共同的认识，知道如何协调与配合。

③ 产品开发是一个包括产品战略愿景、产品平台战略、产品线战略、新产品开发 4 个层次和 3 级进度的结构化流程，需纳入一个逻辑流程框架中，问题必须通过综合的方法来解决，孤立而零散的改进方式是不可取的。

④ 在 4 个流程演进的每个阶段都需要按部就班，将下一阶段的某一要素过早地引入现阶段毫无意义。

⑤ 产品开发需在一个公共决策流程中予以管理，高层管理者的管理重心就是决策和均衡开发进程的关键点。

⑥ 产品开发项目小组与管理高层需建立新的组织模型，产品开发团队应有一位经授权

的产品经理和若干跨职能的成员，管理高层转为产品审批/管理委员会。

⑦ 强调设计手段及自动化开发工具必须有起支持作用的基础设施才能发挥效力。

PACE 认为产品开发要关注七个核心要素，包括阶段评审决策、建立跨职能的核心小组、采用结构化的开发流程、运用各种开发工具和技术，此外还要建立产品战略、进行技术管理、对多个产品及资源的投入进行管道管理。

3. 产品价值管理模式（PVM）

产品价值管理（PVM）是基于盈利模式、产品管理理论以及门径管理理论于 2002 年创立的产品开发和产品管理模式，在欧洲、美国、日本被许多中小企业及全球知名品牌企业采用。PVM 详细介绍了盈利模式及其设计方法，以顾客、需求和市场为焦点，以竞争和利润为导向，从企业愿景、战略落实到产品规划，围绕产品管理和产品生命周期轴线，讨论了新产品从概念构思到商业化的整个过程，强调基于商业模式的价值链和价值流分析，合理的战略与严密的评价程序是产品创新（开发）的可靠保证。

（1）PVM 的基本思想

① 做正确的事：战略决定方向，模式决定绩效，强调产品规划和产品管理。

② 正确地做事：流程决定方法，关注产品需求分析、产品策划、技术开发和营销组合管理。

③ 正确地做成正确的事：能力决定成败，项目管理是成功的保证。

（2）PVM 的核心内容

① 重视盈利模式和价值链分析，认为"成功基于优秀的组织，卓越源于非凡的盈利模式"。强调产品规划和产品管理，把研究重心从具体的产品开发层面提升到产品价值和战略层面。

② 需要有效的产品开发流程入口管理和决策评审，把产品开发流程和市场管理流程有机地融合在一起，以减少没有价值的产品浪费有限的企业资源。

③ 突出产品需求分析、产品概念和营销组合的协调，以实现顾客价值，发挥企业资源的组合优势。

④ 强调项目管理对于产品研发的核心作用，主张产品管理实行产品经理制。

⑤ 关注技术开发平台建设、核心技术开发和成本价值工程，认为系统化的思维方式是改善研发绩效的正确途径。

⑥ 认为企业就是经营核心竞争力，倡导 R&D 策略联盟，企业间的竞争将转向产品管理的竞争。

 本章小结

新产品指的是基于新构思，采用新技术、新设计、新工艺、新方法，获得全新产品功能或明显改善原有产品性能或功能，使消费者获得新体验的产品。新服务是服务企业根据市场的现有或潜在需求，结合本企业发展策略，通过服务内容变化和服务方式变化，向企业现有顾客或新顾客提供的能够产生价值增值的服务产品。新产品开发战略是指通过改良现有产品或开发新产品实现经营意图的战略。新产品开发战略包括产品战略愿景、产品平台、产品线、产品开发项目四个层次，包括准确定位推动力、确定开发方向、选择战略类型、规划新产品出路等内容。新服务开发战略包括认识新服务所处的竞争环境、确定新服务的竞争战略、服务战略的总体要求、确定顾客需求、认识信息技术在服务竞争中的作用、服务质量的管理等方面的内容。新产品和新服务的开发可以划分为几个阶段，应该对这些阶段加以管理。我们可以依据新产品或新服务开发的生命周期来进行管理。新产品开发周期一般包括5个阶段：产品决策阶段、设计阶段、试制阶段、投产阶段、持续改进阶段。新产品开发周期的管理主要着眼于技术文件控制和设计控制两方面。新服务设计开发与有形新产品开发相比有自身特点。新服务开发过程（NSD）不仅涉及最终服务的交付，还包括服务过程本身。服务内容与服务过程很难分离开，NSD必须同时设计服务内容及其传递过程，其管理重点应集中在如何传递服务的流程上。集成产品开发（integrated product development，IPD）是一套行之有效的产品开发的模式、理念与方法。除IPD方法外，还可以借助一些管理工具辅助新产品和新服务的开发工作，包括门径管理、产品及周期优化法（PACE）、产品价值管理模式（PVM）等。

关键概念

新产品指的是基于新构思，采用新技术、新设计、新工艺、新方法，获得全新产品功能或明显改善原有产品性能或功能，使消费者获得新体验的产品。

新服务是服务企业根据市场的现有或潜在需求，结合本企业发展策略，通过服务内容变化和服务方式变化，向企业现有顾客或新顾客提供的能够产生价值增值的服务产品。

思考题

1. 试举出一些生活中的新产品和新服务例子，并比较它们的长处与短处。
2. 如何看待和理解新产品（新服务）创新原则和创新过程的关系？
3. 如何理解一套系统有效的管理方法对新产品开发的重要性？
4. 新产品开发和新服务开发的重点和难点有何异同？

案例分析

上海大众的产品开发项目流程

经过多年发展，中国汽车市场已经成为全球发展最快的市场。整车企业间的竞争日趋激烈。竞争加剧使产品价格不断降低，投放新产品带来的科技附加值成为各大汽车厂商追求更多利润的内在动力。产品要不断投放上市，表面上看产品开发的周期缩短，但由于产品开发周期已经处于压缩的极限，所以新产品上市时间快，在很多情况下只有通过平行开发多个新产品来实现。由于资金预算缩减，且各种稀缺资源的供应额度有限，汽车企业必须在资源限制下同时开展多个项目、多个新车型的开发，保证企业可持续的竞争力，这对汽车研发的项目管理提出了很高的要求。

上海大众汽车有限公司通过基于同步工程概念的项目组织机构、开发流程更改控制流程以及基于成熟度分析的项目管理方法，保证了汽车研发这样一个庞大系统工程的高效运转。

一、同步工程（SE）及项目组织机构

同步工程（SE）又称并行工程，是"对整个产品开发过程实施同步、一体化设计，促使开发者始终考虑从概念形成直到用后处置的整个产品生命周期内的所有因素（包括质量、成本、进度和用户要求）的一种系统方法。它把目前大多按阶段进行的跨部门（包括供应商和协作单位）的工作尽可能进行同步作业。"同步工程的目标是提高质量、降低成本、缩短产品开发周期。同步工程在美国、德国、日本等一些国家中得到广泛应用，其领域包括汽车、飞机、计算机、机械、电子等行业。

上海大众在2000年年初成立产品经理部，实施产品经理负责制的管理模式，产品经理对产品从诞生到退出整个生命周期负责。每个相关部门确定一位负责产品改进工作的基层领导担任本部门的项目协调，参与公司产品开发项目小组，并在产品开发过程中实施部门间的协调。产品经理负责制的实施实现了对项目的有效管理和控制，使各产品项目的时间进度、产品质量达到规定的要求。产品经理制在直线职能制组织的基础上，融入矩阵制组织的优点，在职能制机构专业分工的基础上，增强了企业管理的柔性。

上海大众从2005年起建立了更细化的同步工程项目组织机构，除了横向部门的合作，还按照汽车构造概念增加了纵向专业组设置，分成5个专业组：动力总成组、电器组、底盘组、车身组、装备组。

二、产品开发流程和更改控制流程

1. 基于同步工程的开发流程

采用同步工程后，各活动的紧前、紧后关系发生变化，关键路径也相应调整。通过合理调配不同项目间以及同一项目内部的富裕时差问题，有效解决资源冲突问题。传统的开发流程将所有的开发工作串行进行，车型开发周期长。上海大众以桑塔纳3000超越者为契机，把"同步工程"引入开发流程核心，在项目前期开发及后期批量开发中每一部分工作尽可能提前开始，加大并行工作力度，大大缩短了产品开发周期。

借鉴德国大众先进的产品设计经验，结合上海大众的管理机制，制定产品批量开发流程。它主要包括6个阶段：车身主模型制作、结构设计、试制试验、批量试生产、小批量生产及批量投产。在批量开发阶段，零件设计和车身模型制作同时展开。在数控模型认可结束后，开始进行车身主模型的制造及试制样车的制造。通过解决样车试制中出现的问题，零件设计得到进一步优化。车身主模型认可后，零部件结构设计同时完成，进入试验阶段。批量开发最重要的节点为车身主模型验收，验收通过后，零件及整车经过严格的试验认可，开具批量采购认可，产品即可进入生产阶段。

2. 开发流程和更改控制

汽车的开发是一项非常巨大的系统工程，参与项目的人员多，项目的周期长，为此在项目中设置了很多大的节点来阶段性地监控项目。其中包括的主要节点有：产品规划启动

(PPS)、产品规划状态报告（SBP）、战略性项目准备（SP）、项目定义（PD）、项目决策（PE）、造型决策/设计任务书1（DE/LH1）、首辆虚拟样车（V1PT）、含规划批准书（P批准书）、数字式数控模型（DDKM）、数控模型/设计任务书2（DE/LH2）、含采购批准书（B批准书）、启动批准书（LF）、批量试制开始（PVS）、零批量开始（OS）、起步生产（SOP）、上市（ME）。

由于项目的跨度很长，节点很多，在每一个节点都有可能发生一些边界条件的变化，譬如在项目决策阶段汽车的造型效果可能需要大的调整，在试验阶段由于原有设计方案无法满足既定法规要求，更改、变化将一直贯穿项目。只有建立高效的流程和计算机系统才能保证将变更信息传递给所有相关人员，以便相关人员对更改后果作出准确评价，最终批准该更改。

目前上海大众在更改控制上采用了"AVON"软件系统，此前主要关注的是B批准之后的更改控制，随着市场竞争的愈发激烈，开发周期不断缩短，目前从P批准之后就开始了更改控制，建立了有效的更改控制流转流程。

三、过程管理和成熟度分析

1. 过程管理

任务思维和过程思维在企业中往往表现为指导思想和安排工作等方面的差别。一类项目组织忽视项目管理过程只重视产品，只看到有形成果，于是在这些项目组织里，凡是在短期内不能够形成有形成果的活动都不予承认，项目管理人员把与过程相关的工作看成次要的工作甚至是可有可无的工作。相反，另一类项目组织重视过程，这类项目组织的管理者能够从项目管理全局高度观察取得的成绩和存在的问题，看到这些成绩和问题对项目、组织、团队成员等各方面的影响。有形的具体事务仅仅是项目工作全局中的一部分，过程文件成为推动过程的工具，过程本身被当作完成项目管理工作的一种规范化手段。

如果项目管理有了明确的过程，并且大家认真遵循，就会给整个工作带来好处：人员的活动和小组的目标协调一致；各项活动之间能互相协调，避免冲突；根据每个小组成员对过程成果的贡献客观评价个人的工作；小组的成功及成绩可以得到延续和重复，小组工作对于个人的依赖性降低到最低限度，小组的新成员按共同过程进行培训，小组活动体现出一贯性。

在汽车研发这样一个复杂的系统工程中，短期内可能不能够形成有形成果。所以无论是项目管理者还是企业领导者都应该具备过程管理的思维，这样才能实现项目的可持续发展，保证项目成员的持续高度热情。

2. 成熟度分析

由于汽车研发项目时间跨度长，而且包含众多相互关联的子任务，必须加强过程管理，保证项目进展及时得到修正，保证项目按质按量完成。上海大众汽车有限公司在新产品的研发过程中，在主要的里程碑节点都增加了成熟度分析测评。

大众集团根据汽车研发的特点以及长期的项目管理经验，设定了10个成熟度测评大项：产品状态、功能实现、可生产性、质量体系、采购状态、销售市场的规划、财务/成本、重量、认可状态和文档、项目进度。此外，在每个测评大项之下还设置了2~8个2级测评点，每个2级测评点下，还设置了1~6个3级考核点。针对每个3级考核点，详细描述考核要求，同时要求所有考核指标必须量化。从过程管理的角度出发，每个 3 级考核点都定义相应的任务执行者和结果的接收方，从而提高考核的客观性，也增加了部门之间的合作、信任。

在综合考虑所属 3 级测评点的基础上，需要对每个 2 级测评点进行红绿灯状态的测评；之后根据经验定义 2 级测评点的权重系数，综合定义成熟度 1 级测评大项的红绿灯状态。根据项目所处的里程碑节点不同，3 级考核点的内容会相应发生变化，但 1 级和 2 级测评项保持不变。

项目成熟度测评作为一种有效的项目管理手段，为企业项目管理水平的提高提供了一个评估与改进的框架。借助项目成熟度模型，企业可找出研发中的缺陷并识别项目的薄弱环节，通过解决对项目状态改进至关重要的几个问题，形成对研发能力的改进策略，从而稳步改善企业的研发能力和项目管理水平。

请思考：你认为的汽车新产品开发管理重点与上海大众的关注点有何异同？从上海大众管理复杂新产品开发的方法中得到什么启发？

参考文献

[1] 蔺雷，吴贵生. 新服务开发的内容和过程[J]. 研究与发展管理，2005, 17(2): 14-19.
[2] 陈志祥. 生产与运作管理[M]. 机械工业出版社，2015.
[3] 詹母斯 A. 菲茨西蒙斯，莫娜 J. 菲茨西蒙斯著. 服务管理：运作、战略与信息技术（第三版）[M]. 张金成，范秀成译. 机械工业出版社，2003.
[4] 辛春林，彭乔，苏颖. 新服务开发的过程、模型和影响因素——研究现状与研究视角探析[J]. 软科学，2013, 27(9): 131-134.
[5] 徐延庆. 新服务开发的发展趋势研究[J]. 当代经济管理，2010, 32(6): 23-26.

第7章 创建新企业

 学习目标

1. 了解创建新企业的阶段;
2. 掌握创业融资和风险投资的基本知识;
3. 理解商业模式的构成要素和选择商业模式的步骤与原则;
4. 了解创业企业风险防御方法与策略;
5. 了解危机的类型和危机管理的阶段;
6. 理解企业的生命周期;
7. 熟悉企业成长中的问题和企业成长管理;
8. 了解新创企业并购战略的类型。

 本章关键词

融资(financing)
风险投资(venture capital)
商业模式(business model)
风险防御(risk prevention)
危机管理(crisis management)
企业生命周期(corporate lifecycles)
企业成长管理(growth management of enterprise)
并购(merger and acquisition)

7.1 创建新企业的方式和阶段

> **案例导入:李维斯**
>
> 大家都知道牛仔裤的发明人是美国的李维斯。当初他跟着一大批人去西部淘金,途中一条大河拦住了去路,许多人感到愤怒,但李维斯却说:"棒极了!"他设法租了一条船给想过河的人摆渡,结果赚了不少钱。不久,摆渡的生意被人抢走了,李维斯又说:"棒极了!"因为采矿出汗很多,饮用水很紧张,于是别人采矿他卖水,又赚了不少钱。

> 后来卖水的生意又被抢走了，李维斯又说："棒极了！"因为采矿时工人跪在地上，裤子的膝盖部分特别容易磨破，而矿区里却有许多被人抛弃的帆布帐篷，李维斯就把这些旧帐篷收集起来洗干净，做成裤子销量很好，"牛仔裤"就是这样诞生的。李维斯将问题当作机会，最终实现了致富梦想，得益于他有一种乐观、开朗的积极心态。

7.1.1 创建新企业的方式

常见的创建新企业的类型可以分为如下几类：

（1）自主型创业

自主型创业是指创造者个人或由几个创造者组成的创造团队，白手起家独立创建新企业的过程。自主型创业充满挑战和刺激，个人的想象力、创造力可以得到最大限度的发挥。如果是个人独创，优点是新建企业的产权清晰，创业者可以按照自己的意愿运营和发展企业。当然个人的智慧和才能是有限的，一定程度会阻碍企业的发展，此外创业者需要独立承担一切责任、成本和风险，也很难形成优秀的管理团队。如果是几人合伙创建新企业，好处是可以分享创业者智慧、才能、理性和资源；合伙人共同承担创建成本和风险。当然合伙创业也存在一定的弊端，比如说合伙创业往往会遇到产权纠纷的问题；常常会产生利益矛盾；常常会产生中途离场者；在管理和运营问题上一旦产生分歧，最终可能会导致团队解散。

（2）企业附属创业

企业附属创业，又称为母体脱离，是指一家已经相对成熟的公司，公司内部管理者从母公司中脱离，创建一家新的独立附属公司的创业活动。公司附属创业的动力来源于三个方面：第一，每个公司的发展都要遵循一定的生命周期，一个企业在不断变化的环境中，通过创建一家新的公司，能够更好地改善企业经营模式，促进创新产品市场化、商品化。第二，建立一家新的公司，能够提高公司运行效率和反应速度，使其能对市场变化做出更快的反应，同时还能保持企业的创新活力。第三，通过创建新企业能够更好地吸引社会资本的投资。基于以上三个方面的动力，创建附属新公司已经越来越受到现代成熟企业的青睐。

（3）企业内部创业

企业内部创业，也称公司创业，是指已进入成熟期的公司为获得持续的利润和长久的竞争优势而进行的活动。企业内创业的驱动力来自企业内部的创新。著名管理学家德鲁克指出："现代企业，特别是大型企业，在这个迅速变化的创新的年代除非获得创业能力，否则无法生存。"关于企业内部创业的定义有很多，普遍接受的定义是：企业内部创业是指为了获得创新性成果而得到组织授权和资源保证的企业创业活动。本质上是企业将创业精神融入公司内部，鼓励员工在企业内部像企业家一样做事，培养创造内部企业家，营造创新气氛，以保证企业的创新活力。目前，越来越多的知名企业开始把创建内部创业体系纳入公司发展规划之中。企业正是通过这样二次创业、三次创业乃至不断地创业，不断发现问题、调整和修正自己的战略目标，企业的生命周期才能不断地在循环中延伸。

7.1.2 创建新企业的阶段

创建一个新的企业，一般来说要经历这样几个阶段：识别创建新企业的机会、制订商业计划并决定企业结构、获取创业所需的各种资源、企业发展并获利。

1. 识别机会

创业机会是指创业者可以利用的商业机会，因此，创业机会也被称为商业机会。发现、识别创业机会是创业的第一步，那么如何在众多机会中寻找可以发展的创业机会呢？许多创业者失败的原因在于他们误以为自己已经获得了创业的机会，接下来只要发展机会即可，但是事实上，他们只有对新企业的模糊想法，没有清晰的概念和定义。通常情况下，关于创建一个新企业的想法来源包括如下这些方面：

① 对现有产品或服务想要进一步调整或者做进一步的延伸，比如要增加某些附加功能等。

② 为现有的产品或者服务开辟不同的市场或者创建新的市场。

③ 对现有的产品或者服务利用不同的价值点，比如说西部航空公司把"低成本"这个价值发挥极致而创造新的价值。

④ 为现有的产品或者服务增加附加价值。比如说滴滴打车，为原来互不信任，互不认识的黑车和用车需求者创建一个交易平台。

⑤ 完全开发新的产品或者服务。基于发明或者技术，实现突破性创新，创建新的产品或者服务。

第 4 章已经详细介绍了创业机会的分类、影响创业机会识别的因素和识别创业机会的方法。机会识别阶段的关键问题是将科学知识和市场洞察力综合起来的能力，这是基于技巧、经验、洞察力、个体才能和环境的结合，这种能力会随着创业者社会资本的增加而提升。

2. 制订商业计划

这个部分在第 5 章中已经详细描述了，这里再次强调制订商业计划的关键问题。

商业计划书，是企业为达到招商融资和其他发展目标，根据一定的格式和内容要求而编辑整理的一个向受众全面展示企业目前状况和未来发展潜力的书面材料，通常包括从企业成长经历、产品服务、市场营销、管理团队、股权结构、组织人事、财务、运营到融资方案等一系列内容。商业计划书包括企业筹资、融资、企业战略规划与执行等一切经营活动的蓝图与指南，其目的不仅在于为投资者提供一份创业的项目介绍，向他们展现创业的潜力和价值，并说服他们对项目进行投资，也是企业自身的行动纲领和执行方案，能够帮助创业者摆脱自欺行为，将抽象含糊的目标转化为更加明确的运营需求。很多时候人们认为商业计划书是用来申请风险基金的，其实商业计划书是为了预测企业的成长率并做好未来的行动规划。

对于新创企业来说，商业计划书主要用于确定企业机遇的性质和内容、说明计划利用这一机遇进行发展所要采取的方法、确定最有可能决定企业是否成功的因素、确定筹集资金的方法和途径等。商业计划书把促使创业者致力于创建企业的理想和希望具体化了。作为新创企业的蓝图，商业计划书在本质上是一座沟通理想与现实的桥梁。商业计划书首先把计划中的创业或经营活动推销给创业者自己。在做一份商业计划书的同时，创业者心目中会对自己要做的事情有越来越深入的了解。撰写商业计划书应首先弄清楚读者是谁，而不要一味地从创业者的角度去撰写商业计划书，无须过分强调商业计划的技术性。

没有标准的商业计划书，但是一般情况下，商业计划书的撰写是有一套格式的，大致包括这样一些内容：产品、市场、技术、生产、营销、人力资源以及可能的财务估算。

阅读材料：商业计划书模板示例

一、封面

×××公司（或×××项目）商业计划书

编号：
日期：

公司基本信息：地址、邮政编码、联系人及职务、电话、传真、网址／电子邮箱等。

保密

本商业计划书属商业机密，所有权属于××公司（或××项目持有人）。所涉及的内容和资料只限于已签署投资意向书的投资者使用。收到本计划书后，收件方应即刻确认，并遵守以下的规定：

1. 在未取得××公司（或××项目持有人）的书面许可前，收件人不得将本计划书之内容复制、泄露、散布；

2. 收件人如无意进行本计划书所述之项目，请按上述地址尽快将本计划书完整退回。

二、目录

正文目录。

三、正文

第一部分　摘要

公司简单描述；公司的宗旨和目标（市场目标和财务目标）；公司目前股权结构；已投入的资金及用途；公司目前主要产品或服务介绍；市场概况和营销策略；主要业务部门及业绩简介；核心经营团队；公司优势说明；目前公司为实现目标的增资需求；融资方案（资金筹措及投资方式）；财务分析。

第二部分　公司介绍

公司的宗旨；公司简介；各部门职能和经营目标；公司主要管理团队。

第三部分　技术与产品

技术描述及技术持有；产品状况及研发情况；产品生产情况。

第四部分　市场分析

市场规模、市场结构与划分；目标市场的设定；产品消费群体、消费方式、消费习惯及影响市场的主要因素分析；目前公司产品市场状况、产品所处市场发展阶段、产品排名及品牌状况；市场趋势预测和市场机会；行业政策。

第五部分　竞争分析

行业垄断情况；细分市场的竞争者市场份额；主要竞争对手情况；潜在竞争对手情况和市场变化分析；公司产品竞争优势。

第六部分 市场营销

概述营销计划；销售政策的制定；销售渠道、方式、行销环节和售后服务；主要业务合作关系状况；合作标准及政策；销售队伍情况及销售福利分配政策；促销和市场渗透方式；产品价格方案；销售资料统计和销售记录方式，销售周期的计算；市场开发规划和销售目标，预估中长期销售额和市场占有率。

第七部分 投资说明

资金需求说明；资金使用计划及进度；投资形式；资本结构；回报／偿还计划；资本原负债结构说明；投资抵押情况；投资担保情况；吸纳投资后股权结构；股权成本；投资者介入公司管理之程度说明；定期向投资者提供的报告和资金支出预算；支付中介人手续费。

第八部分 投资报酬与退出

股票上市；股权转让；股权回购；股利。

第九部分 风险分析

资源风险；市场不确定性风险；研发风险；生产不确定性风险；成本控制风险；竞争风险；政策风险；财务风险；管理风险；破产风险。

第十部分 管理

公司组织结构；管理制度及劳动合同；人事计划；薪资、福利方案；股权分配和认股计划。

第十一部分 经营预测

公司 3~5 年销售数量、销售额、毛利率、成长率、投资报酬率预估。

第十二部分 财务分析

财务分析说明；财务数据预测。

四、附录

3. 创业资源获取

创建新企业的核心资源就是创业资金。创建一家新企业所需要的资金的主要来源包括：自有资金、家庭和朋友、天使投资人、银行贷款以及政府计划。建立一个新企业的初始资金一般不会是问题，几乎所有的储蓄来自个人储蓄或者是家庭和朋友的借贷，初建阶段很少会有专业的资金对新企业进行注资。专业的金融投资机构对于初始资金是不感兴趣的，因为初始资金风险高、资金少，他们不值得花费过多的时间和精力去评估和监管这样的企业。不过，正因为资金的需求量不大，因此，一般个人储蓄、亲朋好友的借款或者抵押贷款就可以解决初始资金了。第三轮的巩固和发展资金比较容易得到专业投资者的青睐，因为这个时候，企业已经具有良好的发展和销售记录，并且投资者也可以看到自己资金的退出策略。

新企业如果想要成长，可能需要每三年进行一次财务重组，每一个阶段对财务都有不同的需求：

- 用于创建的初始资金。
- 用于企业成长的第二轮资金。

- 用于巩固和发展的第三轮资金。
- 成熟或者退出。

风险投资者对有良好记录和强大的商业计划的企业感兴趣，但作为回报，一般它们要求取得股份或者管理岗位。大多数风险投资者寻求约 5 年后可盈利的方式，但是大多数科技型企业的创业者为了维持企业的独立掌控，而不愿意"上市"，于是许多创业者选择卖掉企业再重新创建一家新企业。

科技型企业与一般的新建企业不同，因为在短期内，企业没有能够市场化的产品，因此，企业的初始资金不能像其他企业一样来自于个人储蓄或者亲朋好友的借贷。科技型企业的现金流由许多因素决定，这些因素由技术和市场的属性决定，比如，通常来讲，生物技术企业比电子或者软件企业需要更多的启动资金，因为产品的研发周期更长。从这个方面来讲，这些新建企业可以在孵化器组织中进行更多的开发工作，但是也会产生知识产权的问题。对于新建企业来说，最难的资金问题是为了发展和成长的第二轮资金注入。在这个阶段，说服风险投资者注资企业将是一个非常耗时且受挫的过程。这个时候，专业的投资者会从创业者的实力、个性、正式的商业计划及产品的商业和技术价值方面对企业进行评估。我们将在下一节分析新建企业融资问题。

4. 收获价值

现实的情况是，很大一部分新创企业都无法成长和壮大，统计数据显示，40%的企业一年内破产，60%的新企业坚持不了 2 年，只有 40%的幸存者能够撑过 2 年。破产的原因一般有糟糕的财务控制、缺乏管理能力和经验、没有过渡、增长或者退出策略。

新创企业可以通过一些方法来创造附加值和促进企业增长：通过额外的销售和多样化策略来实现有机增长；收购或者兼并其他公司；将业务出售给其他公司；高度重视设计和创新；广泛的外部联系，包括同研究机构、大学、供应商、客户甚至是竞争对手。除了财务指标上的收获，那些成功的新建企业的价值收获还可能包括创新与创业过程中积累的知识、企业的成长以及可持续竞争优势的培育，下一章将对这个问题展开描述。

7.2 创业融资

案例导入：Yahoo！的融资估价

1995 年 Yahoo! 在未获得风险投资前，只是杨致远和他的伙伴——两位穷学生的业余爱好，他们在 Web 上提供免费的服务，作为一种新兴媒体，当时 Yahoo!拜访总数就已突破百万大关。这样惊人的商业机会使美国 Sequoia 风险投资基金合伙人麦克凭着灵敏的商业嗅觉很快认识到了 Yahoo!的价值，并对其估价 400 万美元，以后的事实证明这个估价太过保守。1996 年 4 月，Yahoo!正式上市，股价开盘报 24.5 美元，最高值到 43 美元，当天收盘价是 33 美元，Yahoo!市值 8.5 亿美元，是一年前 400 万美元的 200 多倍，风险资本通过上市退出。

所谓融资，就是资金融通的简称，其概念有广义和狭义之分。广义的融资是指资金在持有人之间流动、以余补缺的一种经济行为，它是资金双向互动的过程，不仅包括资金的融入，也包括资金的融出。狭义的融资主要是指资金的融入，也就是指一个企业资金筹集的行为与过程，即公司根据自身的生产经营状况、资金拥有状况以及公司未来经营发展的需求，通过科学的预测和决策，采用一定的方式，通过一定的渠道向公司的投资者和债权人筹集资金，以保证公司的正常生产需求、经营管理活动需要的理财行为。本书介绍的创业融资的"融资"仅指创业企业融入资金的行为，属于狭义的融资范畴[①]。

7.2.1 创业融资概述

1. 融资渠道

融资渠道是指资金来源的方向与通路，体现着资金的源泉和流量。创建新企业属于一种高风险的活动，往往无法依靠传统的融资渠道与方式解决创业所需的资金。认识创建新企业所需融资渠道的种类及每种渠道的特点有助于企业充分开拓和正确利用融资渠道。目前，我国企业融资渠道主要有以下几种：

（1）国家财政资金

国家财政是指国家对于企业的投资。国有企业的资金来源大部分是由国家拨款方式投资形成的。在市场经济中，国家调控宏观经济的发展，产业结构和升级由国家来调控，从长远战略的角度出发，国家会根据这些调整和未来的发展对一些产业给予支持。所以，符合国家长远战略规划的新创企业将可能得到国家财政的资金支持。

（2）银行信贷资金

银行对企业提供的贷款，是各类企业重要的资金来源。银行一般分为商业性银行和政策性银行。前者为各类企业提供商业性贷款，后者主要为特定企业提供政策性贷款。银行信贷资金有居民储蓄、单位存款等经常性的资金源泉，贷款方式多种多样，可以适应各类企业的多种资金需求。对于新创企业而言，没有可以用来从银行取得贷款的资产抵押，没有在银行建立信用体系，同样缺少愿意为新创企业提供担保的企业或个人，这些原因都会使新创企业取得银行贷款比较困难。

（3）非银行金融机构资金

非银行金融机构主要包括信托投资公司、租赁公司、保险公司、证券公司和企业集团的财务公司等。它们有的承销证券，有的融资融物，有的为了一定目的而聚集资金，这都可以为一些企业直接提供资金或为企业融资提供服务。这种融资渠道的财力比银行虽要小，但具有较强的灵活性，可以满足新创企业的多样化需求，在互联网和信息技术高速发展时代具有巨大的发展潜力。

（4）其他企业资金

企业在生产经营过程中，往往形成部分暂时闲置的资金，同时为了一定的目的也需要互相投资。这也为融资企业提供了资金来源。

---

① 程水源. 创业理论与实践[M]. 北京：中国科学技术出版社，2007.

（5）民间资金

企业职工和城乡居民的剩余货币可以对企业进行投资，形成民间资金渠道，为企业所利用。创业者的启动资金除了自己和家人的积累外，主要来自亲朋好友的借款。这需要创业者通过个人信用取得新创企业需要的资金。

（6）企业自留资金

企业经营形成的内部资金，主要是计提折旧、提取公积金和未分配利润所形成的资金。在国家政策法规的范围内，新创企业可以利用这些资金来满足企业发展的需求。

（7）外商资金

外商资金是外国投资者以及我国香港、澳门和台湾地区投资者投入的资金，是外商投资企业的重要资金来源[1]。

2. 融资方式

融资方式是指企业筹措资金所采取的具体形式，体现着资金的属性。研究、认识融资方式的种类及每种融资方式的属性，有利于企业正确地选择融资渠道和进行融资组合。目前，我国企业可使用的外部融资方式主要有：直接吸引投资、发行股票、发行债券、银行与非银行机构借款、商业信用、租赁融资，此外，企业还可以利用内部融资（计提折旧和留用利润等）方式进行筹资。目前，我国企业融资方式主要有以下几种：

（1）吸引直接投资

机构或个人对新创企业进行直接投资，拥有新创企业的一定股权，然后在新创企业经营成熟后，通过一定的退出方式来获取较高的收益回报。这种融资方式是新创企业进行融资的主要方式，创业者取得了资金、实现了新创企业的发展；而投资者在推出过程中获得了较高的收益回报。但是，这种方式对于新创企业和创业者要求较高，高收益伴随着高风险，所以进行直接投资的机构或个人对于投资十分谨慎，根据自己的经验和方式进行论证之后，才能决定是否投资。

（2）发行股票

能够发行股票的企业一般经历了一定的发展，并且取得了优异的经营绩效，得到了基本市场投资人的关注。此外，创业者可以通过发行股票的方式取得企业进一步发展所需的资金。此种方法仅适用于少数创业企业。

（3）银行贷款

向银行贷款需要企业具有进行抵押的资产，如生产设备、厂房等。那些已经开始生产运营，并且经营基本正常的企业，在资金短缺的情况下可以采用这种融资方式。

（4）商业信用

企业在商品购销活动中因延期付款和预收货款所产生的借贷关系。延期付款（如应付账款和应付票据）同预付账款都是在商品交易中因取货与付款在时间上的差异而产生的信用行为，从而为企业提供了筹集短期资金的机会[2]。

---

[1] 梁巧转，赵文红. 创业管理[M]. 北京：北京大学出版社，2007.
[2] 张光辉. 创业管理概论[M]. 大连：东北财经大学出版社，2006.

（5）发行债券

企业可以通过发行企业债券的形式取得企业需要的资金。《中华人民共和国公司法》对于公司发行债券有严格的规定。新创企业往往不符合发行企业债券的规定，发行难度会比成熟企业大很多，因此通过发行债券来进行融资的机会并不多。利用这种融资方式进行融资的企业一般都相对成熟且公司规模比较大。就程序条件而言，企业发行证券必须按规定予以审批。

（6）租赁融资

如果创业者创建的是一个生产企业，则需要大量的资金来创建厂房、购买生产设备，购买原材料，这样才能生产出符合创业者创业目的的产品。对于创业者来说，一次支出这样一笔资金是不容易的。从这个角度来说，租赁融资这种方式可以比较好地解决这个问题。创业者不仅取得了用于生产的机械设备，而且不需要一次性支出一大笔费用，只要支出一定的租金即可。当然，对于资金充裕的创业者来说，一次性购买回避每月缴纳租金，可以得到更低的购买价格。

3. 融资方式与融资渠道的配合

企业的融资方式与融资渠道有着密切的关系。一定的融资方式可能只适用于某一特定的融资渠道，但同一渠道的资金可以采取不同的方式取得，而同一融资方式又往往适用于不同的融资渠道。因此，创业者应研究和了解创业融资的渠道和方式，并将二者合理地配合起来。融资方式与融资渠道的配合情况见表7-1。

表7-1 融资方式与融资渠道的配合

	吸引直接投资	发行股票	银行借款	商业信用	发行债券	租赁融资
国家财政资金	△	△				
银行信贷资金			△			
非银行金融机构资金	△	△	△		△	△
非其他企业资金	△	△		△	△	△
民间资金	△	△			△	
企业自留资金	△	△			△	△
外商资金	△	△			△	△

4. 企业融资类型

企业从不同融资渠道和用不同融资方式筹集的资金，由于具体的来源、方式以及期限等的不同，形成不同的类型，不同类型资金的结合，构成企业具体的融资组合。企业的全部资金来源通常可分为自有资金与借入资金、长期资金与短期资金、内部融资与外部融资、直接融资与间接融资等类型。

（1）自有资金与借入资金

企业的全部资金来源，可以按资金权益性质的不同区分为自有资金和借入资金。恰当的控制二者的比例关系，是融资管理的核心内容。

① 自有资金

自有资金也可称为自有资本或权益资本，是企业依法筹集并长期拥有、自主调配运用的资金来源。根据我国财务制度，企业自有资金包括资本金、资本公积金和未分配利润。按照国际惯例，一般包括实收资本（或股本）和留存收益两部分。自有资金具有以下属性：

a. 自有资金的所有权归属企业的所有者，所有者凭其所有权参与企业的经营管理和利润分配，并对企业的经营状况承担有限责任。

b. 企业对自有资金依法享有经营权，在企业存续期内，投资者除依法转让外，不得以任何形式抽回其投资的资本，因而自有资金被视为"永久性资本"。

c. 企业的自有资金是通过国家财政资金、其他企业资金、民间资金、外商资金等渠道，采用吸收直接投资、发行股票等方式筹措形成的。

② 借入资金

企业的借入资金也可称为借入资本或债务资本，是企业依法筹措并依约使用、按期偿还的资金来源。借入资金包括各种债券、应付债券和应付票据等。借入资金具有下列属性：

a. 借入资金体现企业与债权债务关系，它属于企业的债务，是债权人的债权。

b. 企业的债权人有权按期索取本息，但无权参与企业的经营管理，对企业的经营状况不承担责任。

c. 企业对借入资金在约定的期限内享有使用权，承担按期付息还本的义务。

d. 企业的借入资金是通过银行、非银行金融机构、民间等渠道，采用银行借款、发行债券、商业信用和租赁融资等方式筹措取得的。借入资金有的可按规定转化为自有资金，如可转换为股票的公司债券。

（2）长期资金与短期资金

企业的资金来源可以按期限不同分为长期资金和短期资金，两者构成企业全部资金的期限结构。合理安排企业资金的期限结构，有利于实现企业资金的最佳配置和融资组合。

① 长期资金

长期资金是指需要用期限在1年以上的资金。企业要长期、持续和稳定地进行生产经营活动，就需要一定数量的长期资金。一般划分标准是：需用期在1年以上5年以内的资金为中期资金；5年以上的资金为长期资金。企业需要长期资金的原因主要有：购建固定资产、取得无形资产、开展长期投资等。长期资金通常采用吸收直接投资、发行股票、发行债券、长期借款和融资租赁等方式筹措。

② 短期资金

短期资金是指需用期限在1年以内的资金。企业由于生产经营过程中资金周转的暂时短缺，往往需要一些短期资金。企业的短期资金一般是通过短期借款、商业信用等方式来进行融通。企业的长期资金和短期资金有时亦可相互融通，比如，用短期资金来源暂时解决长期资金需求，或者用长期资金来源临时解决短期资金不足。

（3）内部融资与外部融资

企业的资金来源可以分别通过内部融资和外部融资来形成。企业应在充分利用内部资金来源之后再考虑外部融资问题。

① 内部融资

内部融资是指企业内部通过计提折旧而形成现金来源和通过留用利润等增加资金来源。其中，计提折旧并不增加企业的资金规模，只是资金的形态转化，为企业增加资金来源，其数量的多寡由企业的折旧规模和折旧政策决定；留用利润则增加企业的资金总量，其数量是由企业可分配利润和分配政策（或股利政策）决定。内部融资是在企业内部自然形成的，一般不需要花费融资费用。

② 外部融资

外部融资只是在企业内部融资不能满足需要时，向企业外部筹集形成资金来源。初创时期的企业，内部融资的可能性是很有限的；成长阶段的企业，内部融资也往往难以满足需求。于是，企业就要广泛开展外部融资。企业外部融资的渠道和方式很多，本章所介绍的融资渠道和融资方式基本上都适用于外部融资。外部融资通常需要花费融资费用，如发行股票和债券需要支付发行成本，取得借款需要支付一定的手续费等。

（4）直接融资与间接融资

企业的融资活动按其是否以金融机构为媒介，可分为直接融资和间接融资。

① 直接融资

直接融资是指企业不经过银行等金融机构，直接与资金供应者协商借贷或发行股票、债券等融集资金。它是不断发展的融资形式。在直接融资过程中，资金供求双方借助于融资手段直接实现资金的转移，而无须银行等金融机构作为媒介。

② 间接融资

间接融资是指企业借助银行等金融机构进行的融资活动。它是传统的融资形式。在间接融资形式下，银行等金融机构发挥中介作用，它预先聚集资金，然后提供给融资企业。间接融资的基本方式是银行贷款，此外还有非银行金融机构借款、融资租赁等其他形式。

③ 直接融资与间接融资的差别

直接融资与间接融资的不同主要体现在以下几个方面：

a. 融资机制不同。直接融资依赖于资金市场机制，以各种证券作为载体；而间接融资则既运用市场，也运用计划或行政机制。

b. 融资范围不同。直接融资具有广阔的领域，可利用的融资渠道和方法较多；而间接融资则比较少。

c. 融资效率和融资费用高低不同。直接融资的手段较为复杂，所需文件较多，准备时间长，故融资效率较低融资费用较高；而间接融资手续比较简便，过程简单，比如银行借款只需通过申请、签订借款合同和办理借据即可，故融资效率较高，融资费用较低。

d. 融资意义不同。直接融资能使企业最大限度地利用社会资金，提高企业知名度和资信度，改善企业的资本结构；而间接融资则主要满足企业资金周转需要[①]。

7.2.2 风险投资

风险投资是创办新企业的一种重要资金来源，是以承担风险为前提，以获得最大的资

[①] 葛宝山，姚晓芳. 创业融资——理论与实务[M]. 合肥：中国科学技术大学出版社，2003.

本增值为目的。它的目的不是对投资企业股份的占用和控制,而是在投入的资本获得理想的增值后转让其他产权并撤出该企业,进行其他的投资。

1. 风险投资的含义

风险投资(venture capital, VC),也可称为风险资本。广义的风险投资泛指一切具有高风险、高潜在收益的投资;狭义的风险投资是指以高新技术为基础,生产与经营技术密集型产品的投资。根据美国全美风险投资协会的定义,风险投资是由职业金融家投入新兴的、迅速发展的、具有巨大竞争潜力的企业中的一种权益资本。从投资行为的角度来讲,风险投资是把资本投向蕴藏着失败风险的高新技术及其产品的研究开发领域,旨在促使高新技术成果尽快商品化、产业化,以取得高资本收益的一种投资过程。从运作方式来看,是指由专业化人才管理下的投资中介向特别具有潜能的高新技术企业投入风险资本的过程,也是协调风险投资家、技术专家和投资者的关系,利益共享,风险共担的一种投资方式[①]。简单地说,风险投资就是将资本投入那些具有很大潜能和广阔市场前景的企业或机构,并承担巨大风险的活动。

风险投资具有以下几个特点:

① 风险投资是没有担保的投资;
② 风险投资是高风险与高收益并存的投资;
③ 风险投资是以高科技中小企业为主要服务对象的投资;
④ 风险投资是一种流动性小、周期长的投资;
⑤ 风险投资是一种与科技紧密结合在一起的投资;
⑥ 风险投资追求投资的早日回收,而不以控制被投资公司所有权为目的。

2. 风险投资者

(1)风险资本家

他们是向其他企业家投资的企业家,与其他风险投资者一样,通过投资来获得利润,但不同的是,风险资本家所投出的资金全部归其自身所有,而不是所托管理的资本。

(2)风险投资公司

风险投资公司的种类很多,但大多数公司主要通过风险投资基金来进行投资,这些基金一般以有限合伙制为组织形式。

(3)产业附属投资公司

这类投资公司往往是一些非金融行业公司下属的独立风险投资机构,它们代表母公司的利益进行投资。这类投资者通常将投资投向一些特定的行业。和传统投资一样,产业附属投资公司也同样要对企业递交的投资建议书进行评估,深入企业调查并期待得到较高的回报。

(4)天使投资者

天使投资者是指具有丰厚收入并为初创企业提供启动资本的个人。天使投资者的投资

---

① 百度百科:风险投资[DB/OL]. http://baike.baidu.com/link?url=bLeCOaR5aWX2_ko7ovFfk4pf6y9J1SEJ6rTTZ-FpvkgoXPHnwGEQqvyj7jJGMR1vF8C3g7t9mGKTAwZFCFCb0NK.

通常会要求获得被投资企业的权益资本。风险投资是新创企业的主要融资手段。虽然新创期的所需资金不多,但由于风险大,一般情况下规模也比较小,而且需要花很多时间管理,投资周期较长,因此其他风险投资涉足较少,天使投资者解决了这一问题。他们主要投向构思独特的发明创造计划、创新个人或新创企业,因此天使投资者成为资本市场不可缺少的重要组成部分[①]。

3. 如何吸引风险投资者

(1) 了解风险投资者的所思所想

任何一家投资公司都不会选择那些不具备成功条件的企业进行投资。风险投资者必然会努力寻找本身素质高的创业者。创业者的领导能力、创新能力、专业能力、个人修养、个人成就以及天赋等都是风险投资者考虑的主要条件。

(2) 考虑风险投资者的偏好

在高技术领域具有领先优势的公司,比如软件、药品和通信技术领域,如果风险企业家有一项受保护的专利技术或产品,那么他的企业就会引起风险投资公司更大的兴趣。这是因为高技术行业本身就有很高的利润,而领先的或受保护的高技术产品服务更可以使风险企业很容易地进入市场,并在激烈的市场竞争中立于不败之地。

(3) 区域因素

一般的风险投资公司都有一定的投资区域,这里的区域有两个含义:一是技术区域,风险投资公司通常只对自己所熟悉行业的企业或自己了解的技术领域的公司进行投资。二是地理区域,风险投资公司所资助的企业大多分布在公司所在地的附近地区,这主要是为了便于沟通和控制。一般地,投资者自己并不参与投资企业的实际管理工作,他们更像一个指导者,不断地为企业提供战略指导和经营建议。

(4) 小公司

大多数风险投资者都偏爱小公司,这是因为:一方面,小公司科技创新效率高,有更多的活力,更能适应市场的变化;另一方面,公司规模小,需要的资金量也小,风险投资公司所承担的风险也就有限。小公司的发展空间相对更大,因此同样的投资额可以获得更多的收益。此外,通过创建一个公司而不是仅仅做一次投资交易,可以帮助某些风险投资家实现他们的理想。

(5) 经验

现在的风险投资行业越来越不愿意去和一个缺乏经验的风险企业家合作,尽管他的想法或产品非常有吸引力。在一般的投资项目中,投资者都会要求风险企业家要有从事该行业工作的经历或成功经验,如果一个风险企业家声称他有极好的想法,但他又几乎没有在这一行业中的工作经验。投资者就会怀疑这个建议的可行性。

4. 如何选择风险投资者

(1) 业界的信誉

投资人进行风险投资,是将自己的资金投资于新创企业或快速成长的新型企业,在承担极大风险的基础上,为融资人提供长期股权投资和增值服务,培养企业快速成长,数年

---

① 梁巧转,赵文红. 创业管理[M]. 北京:北京大学出版社,2007.

后再通过上市、兼并或其他股权转让的方式撤除投资，以取得高额投资回报。因此，风险投资者在业界的信誉就成为新创建企业选择的主要条件，这也是关系到能否顺利完成创业到资本运作的过程。

（2）资金实力

对于风险投资公司的选择，比较它们的注册资本外，还要看风险投资公司的股权结构，最好是多元化、基金化。从国外的风险投资发展来看，股权多样化是风险投资的发展趋势，股权多样化有利于扩大资金规模。

（3）运作程序

风险投资公司都设有搜索投资机会的系统。初审时，风险投资者根据创业企业提交的商业计划书，对项目进行初次审查，并挑选出少数感兴趣的项目作进一步的考察；然后进行再审，对通过初审的项目进行进一步的研究；第三部进入内部研讨，风险投资者及行业专家、市场专家对通过再审的项目进行研究，决定是否需要进行面谈或回绝。了解对方的运作程序，有助于判断风险投资者的商业经验和能力。

（4）管理团队

管理团队必须是积极进取且努力不懈的专业人员。在资本市场、金融市场及资讯科技领域具备丰富的经验，致力于为顾客提供专业及客户为本的服务精神，能透过瞬息万变的市场环境及应用最佳的科技解决方案，提供个性化的服务，为客户创造更高的回报。

7.3 商业模式选择

案例导入：凡客诚品（Vancl）的服装销售模式

Vancl 于 2007 年 10 月成立，它是一家通过互联网销售服装的企业。2008 年，Vancl 开业第一年销售额就达到了 3 亿元，并且在这一年完成了三轮融资，融资规模达到 3000 万美元。对一个电子商务企业来讲，这样的成长速度是非常惊人的。

Vancl 为什么能够在电子商务领域异军突起，原因就在它的商业模式上。Vancl 对服装进行了重新定义，它找到了一个精准的目标顾客群——懒男人。懒男人这个词不是贬义词，它是指过去很多男士懒得逛街，很多男士一进百货商场就头皮发麻，恨不得抓件衣服就仓皇逃跑。所以 Vancl 针对这些怕逛街的懒男人们创办了互联网男士服装销售模式。这样切入男性服装市场使它取得初步的成功。2009 年夏天，Vancl 又强势进入女装市场。它在网上推出一种革命性产品，叫内衣外衣一体化，即穿一件衣服，内衣外衣都解决了，而且只要 59 块钱。在夏天的时候，女士是愿意接受的——女性只有一个时间点不太讲究穿衣的长短，就是夏天。对客户群的准确把握，还使 Vancl 改变了服装消费的模式。从过去顾客买一件衬衣往往要穿两年，到顾客一次买上五件穿一个季度的消费模式。Vancl 正是通过这种重复购买，薄利多销保证收入稳定增长。凡客诚品卖衬衣、T 恤、裤子、皮鞋、裙子等都能让消费者不断实现重复购买。这是如何做到的呢？

A. 客户体验：货到试穿

不仅在产品上重新定义了客户的购买习惯，同时在客户体验上，Vancl 也进行了非常重大的突破。正是因为它在客户体验上的突破，使它的网络销售得以成功。当然，这样会增加物流公司的管理难度，在一定程度上增加成本，但同时也树立了竞争门槛。后来者如果不跟进，客户就不认可，如果跟进，可能就会把后来者拖垮。

B. 品质控制：线头

细节与执行力的微小元素往往成为成败分水岭的关键点。比如影响服装品质感的线头问题，传统服装在店面销售时就处理了，而电子商务必须在送货前进行检查。Vancl 把关注细节贯彻到品牌的每一个执行环节中去，甚至到了苛刻的地步。Vancl 要求一批员工在发货之前仔细检查，剪掉线头，并用玻璃纸包装好。创业者说："我希望是这样，假如说有挑剔的用户，他真的拿到权威机构去检验的时候，发现原来真的是高士线，最好的线。"

7.3.1 商业模式的基本概念

资源能力学派认为，企业要保护其竞争优势，必须以稀有或难以流动（流动性差）的资源能力为基础，建立隔绝机制。但资源能力往往分散掌握在不同的利益主体手上，其市场化程度、流动性都在增强。而且稀有、流动性差的关键资源能力，只是维持持续竞争优势的必要条件，而非充分条件。因此，企业拥有稀缺、流动性差的资源能力，并不一定形成竞争优势。20 世纪 70 年代，施乐建立在黑白复印机市场上的优势，有一部分源于其超强的服务能力，这种服务能力以现场维修为基础，以广泛的销售商网络为依托。但佳能公司推出小型复印机，质量可靠，很小损坏。结果是，施乐的资源能力优势——超强服务能力，并不构成对佳能的竞争优势。这是因为佳能采取完全不同的商业模式，从而定位和提供的客户价值不同，佳能优良的产品设计，降低了施乐服务能力和销售网络的价值。

企业如何建立和更长久地保持竞争优势？管理学大师彼得·德鲁克曾说过："当今企业之间的竞争，不是产品之间的竞争，而是商业模式之间的竞争。"商业模式一词第一次出现在 20 世纪 50 年代，但直到 20 世纪 90 年代才开始被广泛使用和传播。商业模式是一种包含了一系列要素及其关系的概念性工具，用以阐明某个特定实体的商业逻辑。目前尚无对商业模式的权威定义。依时间先后，商业模式有早期的经济类、中期的运营类和近期的价值类三类定义。

早期的经济类定义将商业模式看作企业的盈利模式（Morris, 2005），即指企业创造利润的逻辑，相关的决策变量包括收入来源、定价方法、成本结构和预期收益等；中期的运营类定义认为商业模式是一种结构设置，以便企业能够通过内部流程和基础结构设计来创造价值（Morris, 2005），相关的决策变量包括产品服务提供方式、管理流程、资源流、知识管理、物流等；2005 年后的价值类定义认为商业模式就是企业如何向顾客传递价值，并从中获取收益（Teece, 2010），相关的决策变量包括价值创造、价值网络、价值传递、价值实现、竞争优势等。上述商业模式定义的演化过程表明对商业模式研究的重心已从早期关注财务、利润最终转向关注战略和价值。为便于学习，这里采用清华大学雷家骕教授的定义：商业模式是一个企业如何利用自身资源，在一个特定的包含了物流、信息流和资金流的商业流程中，将最终的商品和服务提供给客户，并收回投资、获取利润的解决方案。

商业模式是新企业开发有效创意的重要环节，是新企业盈利的核心逻辑。但上述关于商业模式定义中，单从经济逻辑、运营结构和价值传递等任何一个方面都无法真正说明为什么企业的商业模式有效，并且难以模仿。要想抓住商业模式的本质就必须将这三方面综合起来考虑，正是这三方面的相互融合和相互促进，企业才能获得一种根植于自身的独一无二的商业逻辑。

商业模式本质上又是企业创造价值的逻辑。而价值是通过顾客、伙伴、企业的合作而被创造出来，包括顾客价值、伙伴价值和企业价值。从层次上看，顾客价值、伙伴价值和企业价值三者处于不同层次——顾客价值是基础，伙伴价值是支撑，企业价值是目标。

（1）顾客价值。价值主张和价值网络的共同作用就形成了顾客价值。顾客价值是企业实际提供给顾客的特定利益组合，对于企业来讲必须要围绕价值主张构建价值网络，价值网络为价值主张服务；同时，企业在提出价值主张的时候，也必须要考虑价值网络，即价值主张必须具有现实可操作性。

（2）伙伴价值。价值网络和价值维护的共同作用就形成了伙伴价值，而伙伴价值是指企业实际提供给伙伴的特定利益组合。对于企业来讲，要想维护价值网络的高效运转，必须要与伙伴共同创造和共同分享价值，实现"共赢"。不同形态价值网络中，伙伴的讨价还价能力不同，因此伙伴价值的高低同时取决于价值网络和价值维护两方面的作用。

（3）企业价值。价值维护和价值实现的共同作用就形成了企业价值，而企业价值是指企业实现的最终盈利。对于企业来讲，利润水平的高低不仅取决于自身，而且取决于伙伴和竞争对手的情况。

7.3.2　商业模式的构成要素和分类

商业模式是一个整体的和系统的概念，而不仅仅是单一的组成因素，如收入模式、向客户提供的价值、组织架构等都是商业模式的重要组成部分。商业模式的组成部分之间必须有内在联系，这些内在联系把各组成部分有机地关联起来，使它们互相支持，共同作用，形成一个良性的循环。商业模式本质上是若干因素构成的一组盈利逻辑关系的链条，其中价值主张和价值维护可归为战略方向方面，价值网络可归为运营结构方面，价值实现可以归为经济逻辑方面（图 7-1）。

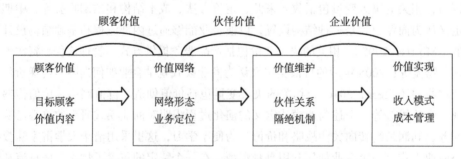

图 7-1　商业模式构成因素及其盈利逻辑关系链条图

具体而言，商业模式的构成要素主要有：

（1）价值主张，即企业通过其产品和服务向消费者提供的价值。价值主张确认企业对消费者的实用意义。

（2）消费者目标群体，即企业瞄准的消费者群体。这些群体具有某些共性，从而使企业能够针对这些共性创造价值。定义消费者群体的过程也被称为市场划分。同时还需要确立企业同其消费者群体之间建立和维护联系的方法和途径。

（3）营销渠道，即企业接触消费者的各种途径，需阐述企业如何开拓市场，涉及企业的市场和分销策略。

（4）核心能力，需要确定企业资源及其活动之间的配置关系，并促使企业拥有独特且有力地执行其商业模式的能力和资格。核心能力可能来自运行有效的合作伙伴网络、被有效控制的成本结构、维持收入持续增长的途径等。

（5）项目拓展空间，伴随用户规模、品牌价值、市场份额方面的成长，拓展创业项目价值空间的方向和可行性。

商业模式的核心是资源的有效整合，具体体现在以下五个方面：

（1）以价值实现为灵魂。创业企业借助商业模式进行价值创造、价值营销和价值提供，在客户价值最大化中实现企业价值最大化。商业模式应该回答一系列问题：向哪些客户提供价值，向客户提供什么样的价值，怎样为客户提供价值等。对创业者而言，在资源有限的情况下应尽量实施轻资产经营，通过科学配置各种资源，以最少投入的商业模式实现企业价值最大化。

（2）以占领客户为中心。商业模式必须以客户为中心，由企业本位转向客户本位，由占领市场转向占领客户，必须立足以客户为中心，为客户创造价值。从消费者的角度出发，认真考虑顾客所期望获得的利益，只有把竞争的视角深入为用户创造价值的层面中，才能进入游刃有余的竞争空间。

（3）以经济联盟为载体。当今科技的高速发展和产品的日益复杂化，无论企业实力多么雄厚，单独控制所有产品和所有技术的时代已一去不复返。传统价值链中可挖掘的潜力已越来越少，向组织内部寻找有效的生产力提高的来源也越来越难。商业模式应留出充足的对外接口和设计有效的联盟协作机制，将非核心业务外包，致力于打造企业核心竞争力。

（4）以应变能力为关键。如果说商业模式决定了企业的成败，应变能力则是商业模式成败的关键。应变能力是企业面对复杂多变市场的适应能力和应变策略，是竞争力的基础。选择商业模式时应充分认识到时间成本的重要性，通过个性化定制做到随需而变。

（5）以信息网络为平台。随着互联网的迅速崛起，全球经济网络化、数字化已成为时代主旋律，网络经济正以经济全球化为背景，以现代信息技术为手段，深刻影响着人类经济和社会的发展。商业模式必须重视信息网络的力量，脱离信息网络平台，企业将无竞争力可言。

企业通过对各种要素进行设计以及要素之间的不同组合方式形成了不同的商业模式。这些商业模式大致可以分为两类：

（1）运营性商业模式

运营性商业模式是指企业的运营机制，它能够解释企业怎样持续不断获取利润，运营商业模式创造企业的核心优势、能力、关系和知识。重点解决企业与环境的互动关系，包括与产业价值链环节的互动关系。首先需要明确企业处于什么样的产业链中、在链中处于何种地位、企业结合自身资源条件和发展战略应如何定位。其次要有盈利模式，即企业从哪里获得收入，获得收入的形式是什么、这些收入以何种形式和比例在产业链中分配、企业是否对这种分配有话语权。

确认运营性商业模式的步骤包括：首先，寻找企业所有的收入来源；其次，发现企业吸引和保留每一个收入来源的能力，列出支撑这些能力的关键因素，明确企业向客户提供的价值；再次，明白企业怎样能持续不断地向客户提供这些价值，列出保证做到这一点的关键因素；最后，列出企业经营活动所产生的可以扩展和利用的优势、能力、关系以及有效知识。

（2）策略性商业模式

策略性商业模式是在运营性商业模式的基础上更进一步，是对运营性商业模式加以扩展和利用，表现一个企业在动态的环境中怎样改变自身以达到持续盈利的目的。策略性商业模式涉及企业生产经营的方方面面，主要涉及企业经营的几个方面：业务模式，即企业向客户提供什么样的价值和利益，包括品牌、产品、服务等；渠道模式，即企业如何向客户传递业务和价值，包括渠道倍增、渠道集中/压缩等；组织模式，即企业如何建立先进的管理控制模型，比如建立面向客户的组织结构，通过企业信息系统构建数字化组织等。

确认策略性商业模式的步骤包括：第一，确定一个最重要的优势，包括能力、关系、知识和有形资产等；第二，列出计划要开发的其他辅助的优势；第三，确认在扩展利用这些优势的时候所创造的新的收入来源、向客户提供的价值和成本结构；第四，确认使企业能够在盈利的情况下创造这一切的关键因素。

7.3.3　商业模式选择

商业模式和商业战略既有共性又有区别。共性在于商业模式与商业战略具有相似的研究领域和目标，商业模式是商业战略生成的基础，商业战略是在商业模式基础上的行为选择。区别主要体现在以下几方面：

（1）商业模式是面向现实的、（相对）静态的、（相对）离散的价值创造方式，商业战略则是面向未来的动态的、连续地完成从决策到实现的过程。

（2）商业模式关注内部结构和价值实现，商业战略更多地关注外部环境和竞争优势。

（3）商业模式主要包含结构体系和价值体系，而商业战略则包含目标体系和行动体系。

（4）一般来说，在某个时段，企业只有一个商业模式，但可能同时存在多个商业战略。商业模式作为企业价值创造的基础地位总是存在的，不管其是否被企业有意设计，而商业战略并不永远存在。比如捕捉商业机会的初创企业未必有战略，却一定要有商业模式。但企业遇到重大情况需要采取行动时，则必定需要战略指导。

1. 成功的商业模式的特征

（1）成功的商业模式要能提供独特价值。这个独特价值可能是新的思想，更多时候它往往是产品和服务独特性的组合。这种组合或者可以向客户提供额外的价值，或者使客户能用更低的价格获得同样的利益，或者用同样的价格获得更多的利益。

（2）商业模式是难以模仿的。企业通过确立自己的与众不同，如对客户的悉心照顾、无与伦比的实施能力等，来提高行业的进入门槛，从而保证利润来源不受侵犯。比如人人都知道戴尔公司是直销的标杆，但很难复制戴尔的模式，原因在于"直销"的背后，是一整套完整的、极难复制的资源和生产流程。

（3）成功的商业模式是脚踏实地的。企业要做到量入为出、收支平衡。这个看似不言而喻的道理，要想年复一年、日复一日地做到，却并不容易。现实当中的很多企业，不管是传统企业还是新型企业，对于自己的钱从何处赚来，为什么客户看中自己企业的产品和服务，乃至有多少客户实际上不能为企业带来利润、反而在侵蚀企业的收入等关键问题，都不甚了解。

2. 选择商业模式的步骤

选择商业模式的思路应该从企业现有资源以及市场竞争的实际情况出发，以满足顾客需求为出发点，充分考虑社会资源的整合优化，确立为顾客、合作伙伴提供最大化的价值，这是选择商业模式的重点。至于企业盈利，则是客户价值最大化之后的必然产物，并且企业盈利的多少与创造的客户价值、伙伴价值的大小成正比。选择商业模式可从以下几个步骤展开：

（1）价值发现是起点。通过分析找到未被满足的市场需求或发现新的市场机会，明确未来的目标。这是选择商业模式的起点，也是价值主张的关键基础。

（2）提出价值主张，即企业能为客户创造什么价值。这是让顾客了解产品和服务的窗口，企业需要给顾客一个最容易理解和接受的价值主张，诸如更好的质量、更高的附加值、更低的价格等，以确定未来将向客户提供的业务价值，实现产品和服务的战略定位。

（3）构建价值网络。从本企业实际出发，以核心能力为基础整合社会资源，围绕利益相关者和价值链上下游伙伴，构建价值网络，巧妙配置资源使之最优化利用，确保价值主张能得到全面落实。

（4）适时价值维护。在创造顾客价值的基础上，要为股东及合作伙伴等利益相关者创造价值，就必须得到价值链伙伴的有效支撑，通过正式制度安排和非正式制度安排，明确企业与伙伴之间的资源交换、信息交流、利益分配等方面的关系，以维持价值网络参与者之间的长期合作关系。同时，通过设置模仿障碍，使模仿者无法进入行业，或虽然能够进入行业，但由于先占优势的存在，使模仿者很难对先入企业的价值创造活动造成威胁。

（5）确保价值实现。通过制定产品服务营销策略，确立企业获取利润的方式，包括解决好"凭什么收费""对谁收费""怎么收费"的收入模式问题，同时要对经营活动中产生的成本进行严格的管理和控制，确保企业持续盈利的最终实现。

3. 选择商业模式的方法

（1）参照法

参照法是以国内外商业模式作为参照，根据本企业的有关商业权变因素如环境、战略、技术、规模等不同特点进行调整，确定企业商业模式的方向。采用参照法时一定要根据自身情况加以调整和改进，在借鉴基础上创新地探索出符合本企业特点的商业模式。许多企业选择商业模式时都是通过参照法进行的，如腾讯参照新浪等建立门户网站、易趣模仿了

eBay、当当网是国内最早复制亚马逊商业模式的企业、卓越网则基本复制了亚马逊和当当网的商业模式等。

（2）相关分析法

相关分析法是在分析某个问题或因素时，将与该问题或因素相关的其他问题或因素进行对比，分析其相互关系或相关程度的一种分析方法。相关分析法需要根据影响因素与商业模式一一对应确定企业的商业模式，利用相关分析的方法可以找出相关因素之间规律性的联系，研究如何降低成本达到价值创造的目的。如亚马逊通过分析传统书店，在网上开办电子书店、eBay 网上拍卖也来自对传统拍卖方式的分析对比。

（3）关键因素法

关键因素法是以关键因素为依据确定商业模式的方法。关键因素法主要有五个步骤：①确定商业模式的目标；②识别所有的关键因素，分析影响商业模式的各种因素及其子因素；③确定商业模式不同环节的关键因素；④明确各关键因素的性能指标和评估标准；⑤制订商业模式的实施计划。

4. 选择商业模式的要点

（1）商业模式应能盈利：这里并非要求一个商业模式从运行开始就盈利，但应在尽量短的时间内实现盈利。如果超过目标时间很久还没有盈利，就需要考虑是否对现有商业模式进行调整。

（2）商业模式应能自我保护：通常利用进入壁垒实现自我保护。这些壁垒包括专利、品牌、排他性的推销渠道协议、商业秘密以及先行者优势等。

（3）商业模式应容易启动甚至自启动：容易启动或者自启动的商业模式能够大大降低创业初期的生存成本从而提高创业成功率。

（4）商业模式应可调整：依赖大量客户或合作伙伴的商业模式远没有可以随时自行调整的商业模式灵活和有独立生存能力。

（5）商业模式可考虑是否具有财务退出的可能性：该要点并非必须，但如果通过实施商业模式能够吸引投资人出资，创业者就能提升其将创业成果套现的可能性。

5. 选择商业模式应遵循的原则

选择商业模式需遵循一定原则，包括客户价值最大化原则、持续盈利原则、资源整合原则、融资有效性原则、组织管理高效率原则、创新原则、风险控制原则等原则。

（1）客户价值最大化原则

商业模式能否持续盈利与能否使客户价值最大化有必然联系。不能满足客户价值的商业模式即使盈利也是暂时的、偶然的，不具有持续性。反之，能使客户价值最大的商业模式即使暂时不盈利，但终究也会盈利。

（2）持续盈利原则

企业能否持续盈利是判断商业模式是否成功的唯一外在标准。持续盈利是指既要"盈利"，又要具有可持续性，而不是一时的偶然盈利。

（3）资源整合原则

要优化资源配置，有进有退、有取有舍，获得资源利用的整体最优。在战略层面，资源整合是通过组织协调，把企业内部彼此相关但分离的职能，把企业外部既参与共同使命又拥有独立经济利益的合作伙伴整合成一个为客户服务的系统，取得 1+1>2 的效果。在战术层面，资源整合是根据企业发展战略和市场需求对有关资源进行重新配置，以凸显企业核心竞争力并寻求资源配置与客户需求最佳结合点，通过制度安排和管理运作增强企业竞争优势，提高客户服务水平。

（4）创新原则

成功的商业模式不一定追求技术突破，还可以是对某一个环节的改造，或是对原有模式的重组、创新甚至颠覆。商业模式的创新贯穿于企业经营的整个过程中，在企业经营的每一个环节上的创新都可能成为好的商业模式。

（5）融资有效原则

商业模式需要考虑融资模式。企业生存和发展需要资金，资金已经成为所有企业发展中绕不开的障碍和"瓶颈"。解决了资金问题将有助于企业掌握经营主动权。

（6）管理高效原则

商业模式要考虑企业科学实用的运营和管理系统，解决系统协同、计划、组织和约束问题以及制订科学的奖励激励方案，让员工分享企业成长果实。

（7）风险控制原则

商业模式必须考虑抵御风险的能力。风险既可以指系统外风险，如政策、法律和行业风险，也可以指系统内风险，如产品的变化、人员的变更、资金的不继等。

7.4 创业风险防御与危机管理

> **案例导入：企业风险与危机应对**
>
> "康泰克"事件、"三株口服液"事件、"可口可乐"事件以及举国关注的三菱"帕杰罗"汽车信任危机、"瑞典红牛"事件等无不在时刻提醒企业界：在企业成长过程中危机无处不在、无时不有。无论是享誉世界、规模庞大的跨国公司，还是那些无视默默无闻为数众多的中小企业，都面临危机的困扰、难以摆脱危机的侵袭。如何化解危机，甚至将危机转化为企业的机遇，成为新创企业迫在眉睫的问题，危机管理因此引起了企业界的关注。面对危机，各个企业的态度往往大不相同，有的步步为营、小心谨慎，有的处变不惊、游刃有余，有的无所适从、手忙脚乱。其实危机并非灭顶之灾，只要处理得当，往往可以化险为夷，甚至在公众中树立"敢于承担责任"的良好企业形象。

7.4.1 创业企业风险防御

任何一个企业，都会面临一定的风险。对于新创企业而言，风险产生的损失是相对巨大的。这是由于新创企业缺乏经验和管理基础，风险承受能力较弱，一旦出现损失，打击可能是致命的。第 5 章里对创业风险的内容、识别与评估做了介绍。本节进一步对新创企业成长过程中的风险防御进行阐述。

1. 风险防御的方法

总的来说，风险防御包括风险回避、风险转移、风险减轻和接受风险四种基本的方法。

（1）风险规避。风险规避是指通过变更项目计划，从而消除风险或消除风险的产生条件，或者保护项目目标免受风险的影响。

（2）风险转移。风险转移是指设法将风险的结果和对风险应对的权利转移给第三方，如外包、参加保险等。

（3）风险减轻。风险减轻就是化解风险，是指设法将某一负面风险事件的概率及其后果降低到可以接受的限度，如及早采取措施，可以降低风险发生的概率或风险对项目的影响。

（4）接受风险。风险接受实际上是一种积极的防御方法，就是事先制订一个风险的应急计划，一旦风险发生，就可以按实施风险应急计划去执行[1]。

2. 风险防御的策略

根据不同条件、不同环境或者不同的问题可以选择不同的对策。在风险应对策略中，根据风险发生概率的高低，后果损失的大小，可以组成一个思维空间：①概率发生高，后果损失小；②概率发生低，后果损失小；③概率发生高，后果损失大；④概率发生低，后果损失大。

针对这四种风险情况，可采取不同的应对策略：①针对发生概率高、损失比较小的风险，可以采用化解风险或者是风险减轻的措施；②针对风险发生概率比较高、后果损失比较大的风险，可采用规避风险策略，如变更项目计划，尽量消除风险产生的条件；③针对发生概率比较低、后果损失比较大的风险，设法将风险转移；④针对发生概率比较低、后果损失也比较小的风险，可以接受或承担，因为它本身不会对目标产生太大的影响。图 7-2 表示常见的四种风险防御策略。

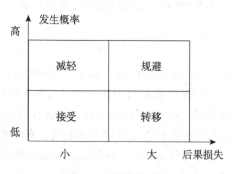

图 7-2 风险防御策略

当然，风险防御策略并不是一个绝对的概念。风险和收益往往存在对应关系，通常情况下，风险越大收益越高。如果一味地规避高风险，可能也就放弃了获得高收益的机会。具体采用什么样的风险防御策略，要根据企业所在的环境和不同的目标要求与企业相关负责人对风险的承受度决定[2]。

---

[1] 程水源. 创业理论与实践[M]. 北京：中国科学技术出版社，2007.
[2] 张光辉. 创业管理概论[M]. 大连：东北财经大学出版社，2006.

7.4.2 创业企业危机管理

在企业危机管理领域，不同学者给危机赋予不同的定义。芬克（1986）把危机定义为：在确定的变化逼近时，时间的不确定性或状态。巴顿曾把危机定义为：惊奇、对重要价值的高度威胁、需要在短时间内做出决定的特定状态。斯格等人同样对危机做出了定义：一种能带来高度不确定性和高度威胁的、特殊的不可预测的、非常规的一系列事件。本书认为，危机是指危及企业形象和生存的突发性、灾难性事件，它通常会给企业带来较大损失，会导致企业陷入困境乃至破产。危机作为一种事件，具有四种特征：重大危害性或破坏性、不可预测性或不确定性、爆炸性或放大性、可变性或弹性。

1. 危机管理的内涵

危机管理的概念最早是由美国学者在20世纪60年代提出的。在20世纪80年代，由西方一些跨国公司将危机管理引入企业管理中。对危机管理的研究目前仍处于发展中，学者们的看法也各种各样。Fink认为企业危机管理是：对于企业前途转折点上的危机，有计划地消除风险和不确定性，使企业更能掌握前途的艺术。Henslowe对企业危机管理的定义为：组织发生紧急情况的处理能力。Heath认为企业危机管理是危机管理者如何减少企业危机情况的发生，如何做好应对危机的准备工作，如何规划以及如何培训员工以应对危机局面，并从中很快恢复。邱毅认为企业危机管理是组织体为了降低风险情况所带来的威胁所进行的长期规划与不断学习、反馈的动态调整过程。根据学者们对企业危机管理的定义，可以将企业危机管理分为广义和狭义两种。广义的企业危机管理是指企业管理人员在危机意识或者危机观念的指导下，依据危机管理计划，对可能发生或已经发生的企业危机事件进行预防、识别、控制、协调处理和恢复的全过程，可分为事前、事中和事后三个阶段。狭义的危机管理就是通常所说的危机处理，是指对企业危机进行控制、处理和恢复的过程，只包括事中和事后两个阶段。本书采用广义的企业危机管理定义。认为企业危机管理，就是指企业在经营过程中针对可能面临或正在面临的危机，就危机预防、危机识别、危机控制、协调处理和事后恢复等行为所进行的一系列管理活动的总称[①]。

危机管理的主体即危机管理者，他们是风险评估者、危机预警体系建立者、危机防范措施采取者、危机处理和危机控制的主要承担者。危机是由风险转化而来，因此危机管理的主体不仅仅是企业的高层管理或者是企业的危机管理部门。基于危机产生的风险点很多，企业的中层、基层管理人员都是危机管理的主体。危机管理的客体即危机管理的对象。鉴于企业管理的目的和企业危机管理的目的相同，因此，本书认为危机管理的客体与企业管理的客体具有共性，只是从范围大小来看，危机管理的客体比企业管理的客体要小得多[②]。如图7-3所示。

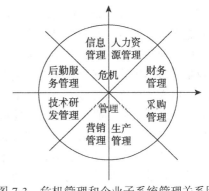

图7-3 危机管理和企业子系统管理关系图

---

① 周永生. 现代企业危机管理[M]. 上海：复旦大学出版社，2007.
② 周德文，张建营，张振宇. 中小企业风险防范与危机管理[M]. 北京：中华工商联合出版社有限责任公司，2009.

危机管理具有以下几个方面特性：
① 危机管理追求的是社会大众的利益；
② 危机管理具有可预防性；
③ 危机管理的外部环境是开放的、非竞争的；
④ 危机管理的处理具有应急性；
⑤ 危机管理依法行政，以强制力作为管理的基础；
⑥ 危机管理的对象和预测具有不确定性；
⑦ 危机管理的控制具有不确定性；
⑧ 危机管理受公众的监督和约束；
⑨ 危机管理具有综合性的特点；
⑩ 危机管理具有国际性[①]。

2. 危机的类型

（1）产品危机：产品是企业参与市场竞争的主要载体，如果企业在生产经营中，其产品在结构、质量、品种、包装、更新迭代速度等方面与市场需求脱节，产品缺乏竞争力，造成产品大量积压，甚至完全被市场淘汰，企业可能被迫停止运行。

（2）决策危机：企业决策者在生产经营方面选择的战略或策略的失误所造成的危机。例如，决策者在产品定价决策上可能低估了竞争对手能力，或过高估计了目标顾客的接受能力。当竞争对手采取低价策略时，本企业则碍于自身的生产条件、技术和规模的限制，无法压低产品价格，使企业的产品销售困难。

（3）信誉危机：企业信誉反映了社会公众对企业的整体印象和评价。在很多情况下，它超过了产品对消费者的吸引力。消费者在众多企业生产的几乎无差异的产品面前，选择的依据主要是企业的信誉。企业由于在产品质量、包装、性能以及售后服务等方面与消费者产生纠纷，甚至导致消费者的重大损失，使企业整体形象严重受损、信誉降低，进而被要求巨额赔偿，甚至被责令停产。

（4）财务危机：企业在投资、融资上的决策失误，或受股票市场的非正常波动、贷款利率和汇率的调整等不利因素的影响，或应收账款因债务人破产而无法收回，或内部子公司破产等原因而导致企业资金入不敷出，若企业无法寻觅更好的融资渠道，则不可避免地导致企业资金断流，财务难以维持，最后造成企业瘫痪。

（5）突发性危机：这是指人无法预测和人力无法抵抗的强制力量，如地震、海啸、洪水及暴风自然灾害、战争、火灾、重大工伤事故和交通事故等造成巨大损失的危机。这类危机不以人的意志为转移，一般属于"天灾"型事件，会影响公司的生产经营活动和业务的开展。因此，公司必须对自己所处地的自然和人文环境有清楚的认识，尤其是对那些可能出现的突发性危机要做好心理准备和应对策略[②]。

（6）人才危机：掌握企业核心技术、商业机密的人员以及生产经营方面的骨干突然流失，使企业的生产经营活动难以继续，从而造成巨大损失[③]。

---

① 肖鹏英. 危机管理[M]. 广州：华南理工大学出版社，2008.
② 周春生. 企业风险与危机管理（第2版）[M]. 北京：北京大学出版社，2015.
③ 梁巧转，赵文红. 创业管理[M]. 北京：北京大学出版社，2007.

3. 危机管理的五个阶段

危机管理从危机防御开始划分为五个阶段：危机预防、危机识别、危机控制、协调处理和事后恢复。

（1）危机预防

美国专家奥古斯丁认为，预防是控制潜在危机花费最少、最简便的方法。这个阶段，企业应该把所有可能会对商业活动造成麻烦的时间——列举出来，分析他们可能产生的后果，并且估计进行预防所需花费的费用。在这一阶段，管理者必须竭尽全力减少风险；当不得不冒险时，就必须确保风险与收益相称。如果风险无法避免，就必须有恰当的保障机制[1]。

（2）危机识别

此阶段的任务是确认预想的危机是否是真的危机，管理人员必须分清问题的性质，采取不同的方法加以处理。公众的感觉往往是引起危机的根源，而危机管理者或者组织负责人却往往为他们想象的危机忙碌很长时间后才发现，真正的危机就在自己身边。危机管理者应多听公司各个层次人士的看法和建议，并与自己的看法相互比较认证，从而使危机的判断更加准确。如1994年年底的英特尔公司芬腾芯片发生危机，其实引发这场危机的根本原因是英特尔将一个危机处理问题当成了一个技术问题来简单对待了，随之而来的媒体报道是毁灭性的，不久之后，英特尔在其收益中损失4.75亿美元[2]。

（3）危机控制

危机控制是危机管理者监督、监察有关活动，保证危机管理活动按照危机应对计划进行，并不断纠正各种偏差的过程。从管理学讨论的一般控制类型来看，危机管理中的控制手段也可分为前馈控制、同期控制和反馈控制[3]。它贯穿危机管理的整个过程。

（4）协调处理

协调处理是指在危机爆发阶段和持续阶段中，为减少危机的伤害而采取的处理措施。危机爆发后对企业实际伤害的大小，以及企业能否将危机转化为机会，最终要看直接的危机处理有效程度。协调处理一般可以分为隔离危机、处理危机、消除危机后果、维护组织形象和危机总结等工作内容。危机总结是协调的最后一个阶段。如果一个公司在危机管理的预防、识别、控制以及协调处理的其他各阶段都处理得完美无缺，那么协调处理的最后一项工作危机总结就可以提供弥补部分损失和纠正混乱的机会。隔离危机、处理危机和消除危机后果这三项内容是针对危机的直接危害而实施的，是危机处理的基本工作内容。三项内容之间有比较明显的先后顺序。维护组织形象这一职能是要消除危机对组织社会形象产生的不良影响，尽管它是危机的间接危害，但在危机的爆发阶段和持续阶段始终存在。危机总结是整个危机管理的最后环节，对于组织提高危机管理水平有重要意义。

（5）事后恢复

危机恢复一般有两个目的：一是恢复危机造成的损失以维持企业的生存和连续经营；二是抓住危机带来的机会，为企业崛起作准备。当危机基本得到控制时，企业经营秩序得

---

[1] 何海燕，张晓甦.危机管理概论[M].北京：首都经济贸易大学出版社，2006.
[2] 赵冰梅，刘晖.危机管理务实与技巧[M].北京：航空工业出版社，2007.
[3] 肖鹏英.危机管理[M].广州：华南理工大学出版社，2008.

以相对平缓。但这并不意味着危机过程已经结束，而是企业危机管理进入一个新阶段：危机恢复期。在危机恢复期，企业危机管理的重心将由控制危机事件本身，转移到企业经营秩序的恢复和危机问题的根本解决上来。由于这个阶段是从企业经营秩序的失衡走向有序的时期，所以这个阶段仍属危机管理的过程。这一阶段，公开的冲突被制止了，但是如果原来引起危机的根源问题没有得到解决，危机局势只是被强制地控制，危机仍然会以其他变异的方式，或选择时机再次发生，其强烈程度也许会超过上次危机。

4. 企业风险与危机的关系

风险不等于危机，只有在风险防范不善时，造成的危害达到较大的程度时，危机才会发生。危机都是由风险转化而来，危机的早期都体现为风险。也就是说，风险的存在是导致危机发生的前提，对风险进行有效评估和管理，可以防范危机的发生。如果对各种风险熟视无睹，或者对于已经认识到的各种风险不采取有效措施，风险就会演变成危机。总结风险与危机的区别如下：

① 对企业危害的大小不同：风险危害较小，且一般不会造成企业破坏或资产被查封等影响企业生存的情况；危机则往往会给企业造成重大损失或者影响企业的生存。

② 发展演化过程不同：风险会以直接方式成比例发展，发展过程不剧烈；危机则以爆发方式发展，以几何方式发展变化，危害性不可预测。

③ 形成的原因不同：单一因素即可导致风险的产生，而造成危机产生的因素较多，较为复杂，不利于识别，因此更难以控制。

④ 风险的范围广，危机的范围小[①]。

7.5 新创企业的成长

案例导入：内蒙古蒙牛乳业有限公司

内蒙古蒙牛乳业有限公司1999年7月成立，短短三年多时间，年营业额由1999年的4365万元增长到2002年的21亿元，在全国乳制品企业中的排名由1116位上升为第4位。新创立的前三年，蒙牛在内蒙古地区扶持和发展了养牛户十万多个，增加奶牛近20万头以上。蒙牛以销售收入急速增长，名列2001年度"中国成长百强企业"第一名。

7.5.1 企业的生命周期

新企业从提出构想到创办、发展和成熟，存在一个类似人类成长的生命周期。Scott 和 Bruce（1987）将新建小企业划分为创立、生存、成长、扩张和成熟期五个成长阶段，其间高层管理者角色、管理风格和组织结构不断演化。Timmons 和 Spinelli（2004）将创业企业

---

① 周德文，张建营，张振宇. 中小企业风险防范与危机管理[M]. 北京：中华工商联合出版社有限责任公司，2009.

划分为初创、高成长、成熟期和稳定等阶段，并对初创至成熟阶段的变化进行了分析。本书采用泰毕[①]（Tyejee，1984）等对创业企业投资阶段进行的划分，认为一个企业的成长可分为萌芽阶段、创建阶段、发展和扩张阶段、成熟阶段、衰退或再成长阶段，如图7-4所示。

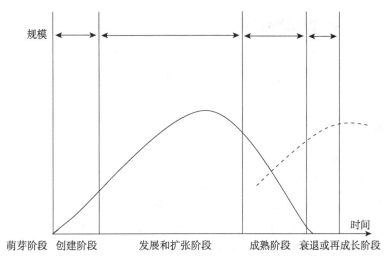

图7-4　创业企业生命周期

第一阶段：萌芽阶段（seed）。一般是以科技成果或创意为基础的一个产品或者服务构想，产品的发明者或创业者需要投入相当的资金进行开发研究，以验证其创意的可行性，并作相关的潜在市场分析。

第二阶段：创建阶段（startup）。产品开发成功后，创业家着手成立企业并进行试生产。在这一阶段，资金主要用于购买生产设备，产品开发以及销售等。这一阶段资金需求较大，但由于企业没有过去的经营记录，企业从银行获得贷款的可能性非常小，大部分创业企业的夭折也在此阶段，因此，此阶段投资的风险也是最高的。创业资本一般在这一阶段开始进入。创业期的长短因产业不同而有所差别，一般来讲，创业期短至6个月，长至四五年。

第三阶段：发展和扩张阶段（expansion）。创业企业初期产品上市，为进一步开发产品和加强行销能力，则需要更多的资金，但由于企业距离其股票上市还太早，若从金融机构融资，则需创业家个人的保证以及担保，因此上述渠道筹集资金仍然非常困难，而创业资本的参与正好可以弥补此缺口。

第四阶段：成熟阶段（mezzanine）。指创业企业达到了一定经营规模，开始具有较稳定的市场份额，企业出现较大盈利，企业经营状况接近上市公司审查的要求条件并计划在公开市场上筹集资金。

第五阶段：衰退阶段或再成长阶段。创业企业步入成熟后期的发展，成为正常发展企业，创业资本不断退出。图7-5是国外关于新创办的企业在两年、四年、六年内死亡的统计。

---

① 谢科范，晏文胜. 创业企业生命周期与多阶段融资方式分析[J]. 科学技术与工程，2004，（4）：303-306.

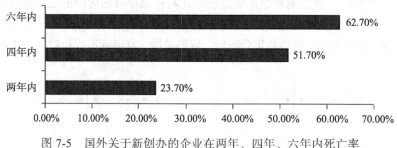

图 7-5　国外关于新创办的企业在两年、四年、六年内死亡率

7.5.2　企业成长

1. 企业成长的本质

对于创业者而言，如果不能在创业后的一定期间内使企业健康地成长起来，将可能导致创业的失败。新古典经济学派创始人、经济学家阿费里德·马歇尔在著作《经济学原理》中指出："一个企业成长、壮大，但以后也许会停滞、衰亏。其过程是生命力与衰亏力之间的平衡均衡。"成长是一个适者生存、自然淘汰的过程，在传统企业理论中，成长的目标在于利润最大化，边际成本等于边际收益是追求者一直不变的基本原理；企业成长由市场环境完全竞争到垄断竞争或不完全竞争。经理型企业理论的主要代表人物之一的马里斯认为：管理的主要目标是企业规模的增长。近几年对企业成长的研究认为：企业成长表现在企业结构变化和企业创新方面。本书认为，企业成长是指企业在利润性和社会性相统一的基础上，在多目标结构引导下，与企业的经营结构、组织结构、空间结构和技术结构等变化相适应的企业规模增长的机制和行为。这主要包含以下几层含义：

（1）企业的利润性和社会性的统一

现在的企业早已超越了单纯的利润追求，美国早在 20 世纪 30 年代就提出了企业社会责任问题。企业应有确保利润、生存和成长、履行社会责任等多重目标，并力图使这些目标均衡实现。

（2）企业内部结构发展变化是企业成长的核心内容

企业成长理论存在内部化、实用化、机制化和结构化的趋势。结构化体现在注重企业内部经营结构、组织结构和空间结构的发展变化。这里经营结构指企业内部各活动之间的比例关系、相互的技术经济联系及互相作用。组织结构指企业内部各部门、各单位之间的组织设置及权利、责任分配、信息流通和决策过程的相互关系和结构特征。空间结构指企业各个业务、各单位在地理空间上的分布及相互关系特征。企业的成长过程实质上是企业内部结构变化的过程。

（3）企业成长是一种增长的过程

企业成长包括质与量两个方面：企业成长的主导趋势应体现为规模增长，体现为企业要素、成员方面量的增加，其中包括销售额的增长、利润的增加等。质的增长是指上述企业结构特征的发展与创新。企业质与量的成长是动态的互相促进、互为条件的。一方面，质的成长是量的成长的基础和条件，企业经营结构、组织结构、空间结构和技术结构的更新和完善,意味着企业内部更趋向于优化资源配置,企业才能获得长期稳定的量的增长。特别是新创企业的竞争,表面上是产品、市场的竞争,但背后实质上是企业核心竞争力的较量。质的成长的重要方面在于提高技术创新能力,意味着企业核心竞争力提高。另一方面,量的成长也是质的成长的条件。量的成长为企业积累进一步成长的资源,为质的成长提供物质保证。量的成长也是质的成长的目的之一,如企业经营结构的调整与技术结构的改变,目的也在于追求更多的利润、寻求更多的投资回报[①]。

2. 企业成长过程中存在的问题

不管创业者是否察觉,企业眼前的成功值得喜悦,但同时也将面临下一个发展阶段所产生的问题与挑战。新创企业成长过程中的所面临的问题是呈几何级数递增的,往往超出许多创业者的想象。为了充分了解企业成长过程中管理任务的艰巨性,避免陷入困境,不管是创业者还是企业普通员工,都应该对企业成长过程中的问题有所了解。邱杰尔和路易斯(1983)将影响新创企业成长的因素分为两大类:一类是组织问题,另一类是企业个人问题。组织问题包括财务资源、人力资源、系统资源和经营资源的等问题;企业个人(拥有者或创业者)问题包括企业个人目标与企业目标的协调、经营能力、管理能力和放权程度等问题。创业企业成长不同阶段常见问题见表7-2。

表7-2 创业企业不同成长阶段的常见危机与症状

创业前阶段(创建前的3年)
创业者: ● 关注焦点。企业创始人是否是一个致力于公司建设和真正的创业者,还是仅仅是个发明家、业余技术爱好者或其他?   ● 销售。创业团队是否具备企业经营所必需的销售和签约技能,是否能按时完成计划?   ● 管理。创业团队是否具备必要的管理技能和相关经验,是否有一两个领域负担过重?   ● 所有权。是否就所有权和权益分配达成了关键性决议,创业团队成员是否完全赞同?   商机: ● 关注焦点。企业的经营真正是受到用户、客户和市场(需求)驱动的,还是受创造欲所激发的发明驱动的?   ● 客户。是否根据具体的姓名、住址和电话号码进行了客户确认,是否对购买水平进行了估计,业务是否仅仅停留在设想阶段?   ● 供应。是否了解获得供应品、零部件的成本、利润和交付周期,是否了解关键人员?   ● 战略。进入战略是毫无目的,还是有恰当定位和目标的?   资源: ● 资源。是否已确认了所需的资本来源?   ● 现金。企业的创始人是否已经耗尽了现金和自有资源?   ● 企业规划。创业团队是否已将企业规划制定妥当,还是在进行中?
创建和生存期(第0~3年)
创业者: ● 领导层。最高领导的地位是否已经得到认可,还是创始人仍在争夺决策权或坚持在所有决定上的平等地位?   ● 目标。创始人是否共同拥有一致的目标和工作风格,还是一旦起步随着压力的增大就出现冲突和分歧?   ● 管理。创始人是否预见到了由亲自做到管理到放手,即决策权和控制权的转变,这种转变是企业按时完成计划的必要条件,是否为此做好了准备?

---

① 陈德智. 创业管理(第2版)[M]. 北京:清华大学出版社,2007.

续表

商机:	
	• 经济因素。是否能按时完成给予客户的经济利益和回报？
	• 战略。公司是否仅有单一产品，并且不指望有所发展？
	• 竞争。市场上是否有原先未知的竞争对手和替代品出现？
	• 分销。按计划及时获得经销渠道是否存在意外情况和困难？
资源:	
	• 现金。企业是否由于没有制定企业规划（以及财务计划）而过早地出现现金危机？
	• 时间表。企业规划的预算和时间估计是否与实际有明显偏差？企业是否有能力根据计划按时配置资源？
成长初期（第 4～10 年）	
创业者:	
	• 做还是管理。企业创始人是否仍然停留在做的阶段，还是已经进入根据企业规划对结果进行管理？创始人已经开始对关键问题下放权力了，还是仍然保持对所有重大问题的否决权？
	• 关注焦点。企业创始人的观点仅仅是停留在操作层面的，还是同时正在进行着一些战略层次的认真思考？
商机:	
	• 市场。是否按计划准时取得重复销售收入和新客户销售收入，是由于与客户的有效沟通，还是出于工程技术、研发或规划小组的努力？公司是否保持其销售优势的基础上不断向市场导向转变？
	• 竞争。客户的流失，或者没有完成销售计划是否被简单地归因于价格或质量，而忽视了客户服务因素？
	• 经济因素。销售毛利是否开始萎缩？
资源:	
	• 财务控制。会计和信息系统以及控制是否跟得上企业发展得速度，是否能及时发挥作用？
	• 现金。公司是否总是处于现金短缺的状态或濒临现金短缺，是否没人关心企业现金流，没人关心会在什么时候由于什么原因缺少现金以及应该如何处理这种情况？
	• 联系。公司是否建立了持续发展所需要的外部联系网络（如与董事、联系人等）？
成熟期（第 10～15 年）	
创业者:	
	• 目标。企业的合作伙伴在控制权、目标、基本伦理和价值观上是否存在冲突？
	• 健康状况。企业创始人的婚姻、健康或情感是否出现危机现象？
	• 团队合作。企业发展到了管理者阶段，是否形成了为"大目标"奋斗的团队建设理念，还是仍然在公司控制权上冲突不断，甚至有可能导致分裂？
商机:	
	• 经济因素/竞争。使企业顺利发展到这一阶段的产品/服务是否由于更新换代、竞争者的钩心斗角、新技术的产生或来自境外的竞争而在经济性上遭受无情的打击，以及是否已有了相应的应对计划？
	• 产品延伸。公司主打新产品的上市是否失败？
	• 战略。公司是否在高速成长的市场上由于缺乏战略性的界定，而盲目地对任何商机都抓住不放？
资源:	
	• 现金。企业是否又面临现金短缺的困境？
	• 发展/信息。是否由于信息系统、培训和培养新经理计划的滞后而使企业的成长失去控制？
	• 财务控制。财务控制是否仍落后于销售？
收获期/稳定发展阶段（第 15～20 年）	
创业者:	
	• 继任/所有权。处理管理权更替和棘手所有权问题的相关机制是否已经落实？
	• 目标。企业合伙人之间在个人目标、财务目标以及财产的问题上出现冲突和分歧？企业创始人中是否已有人感到厌倦或疲惫不堪了？他们是否正在试图改变某些观点和做法？
	• 创业热情。不断识别和追求商机来创造新价值的热情是否有所减弱？是否开始出现热衷于追求势力范围、追求地位和权利的现象？

> **商机：**
> - 战略。企业中是否有创新精神和振作精神，还是开始出现懒散气氛？
> - 经济性因素。核心的经济性因素和商机的持久性是否遭到破坏，从而导致企业的盈利性和投资回报几乎降低到《财富》500强企业的水平？
>
> **资源：**
> - 现金。现金短缺问题是否通过增加银行借款和财务杠杆融资的手段得到解决，因为企业创始人不愿意或者不能同意放弃股权？
> - 会计。是否已经考虑到并着手解决会计和法律问题，尤其是与企业财富积累、不动产和税务计划有关的方面？收获概念是否已成为长期规划的一部分？

3. 创业企业的成长管理

成长犹如一把"双刃剑"，是极富挑战的严酷过程。新创企业在很多方面有别于规模大、组织结构完善的成熟企业，它面临唱独角戏、时间管理、伦理管理和构建学习型组织等方面的诸多挑战。倘若管理新创企业的能力不足，不仅影响其健康成长，还会致使其夭折。因此，积极应对新创企业成长中特有的这些管理挑战，显得十分重要。

（1）有效授权

处在企业生命周期的萌芽期至创建期的新创企业，基本上可以说创业者即企业、企业即创业者，这两者是合二为一的。这个时期的创业者所有事情都自己做主，事必躬亲属于正常现象。这是因为小型企业大多数企业规划和运营活动都是由企业所有者独自完成的。这种综合征源于企业家的独立性，正是这种独立性在最初的时刻帮助企业家创立了企业。然而，随着新创企业发展得比较完善，各种管理制度得以建立，更专业、更复杂的决策使创业者越来越感到力不从心，虽然做到了亲力亲为，但仍错过很多关键性业务，出错率越来越大，甚至不亲自督阵，工作毫无起色。当出现这种现象时，创业者就不能再唱独角戏了，应转换管理角色——由自己做事转变为管理他人做事。"在众多可能发生的转型当中，最难实现并对企业发展影响最大的转型莫过于从企业家独自创建并管理公司，转向与职业经理人共同管理、正常运营公司。"正如德鲁克所言："管理者的任务，就是要充分运用每一个人的长处，共同完成任务。"实施有效授权，不仅可以让创业者腾出较多时间做策略性的思考，还有助于为员工提供学习新的技巧和专长的机会，有助于帮助和引导员工实现自我管理，激励他们为企业的发展目标而努力工作。

因此，从一个激情、创造、灵活的创业者转变成为正确运用管理技能的管理者，有效授权是其必须学会的管理能力。创业者只有不断地提高有效授权的管理能力，才能将个人能力及精力用于完成更多的职责，达到"无为而治"的管理境界，从而避免陷入唱独角戏的尴尬局面。可见，有效授权是促进新创企业转型发展的推动力。

（2）时间管理

德鲁克认为："时间是一项限制因素。……在我们称之为'工作成就'的生产程序里，最稀有的资源，就是时间。""时间的节约，以及在不同的生产部门之间有计划的分配，在共同生产的基础上仍然是首要的经济规律。这甚至在更加高得多的程度上成为规律"。"真正的经济——节约——是劳动时间的节约（生产费用的最低限度——和降到最低限度）。而这种节约就等于发展生产力。"可见，如何有效管理时间是新创企业在成长过程中必须应对的挑战。时间管理要求用技巧、技术和工具帮助创业者高效地完成工作并实现企业预期目标，要求创业者事先规划好该做什么事情而不该做什么事情。时间管理并不是要求创业者把所有事情做完，而是要求创业者如何更有效地利用时间——做更有价值的事情。倘若创业者做事目标不明确，缺乏做事优先顺序，有头无尾、没有条理，把简单的事情复杂化，不善于有效授权，对不重要的事情没有学会拒绝，创业者就应学习时间管理的技巧，提高时间管理的能力。

首先，时间管理的艺术在于做正确的事情要比把事情做正确更重要。时间管理的重点不在于管理时间，而在于如何配置时间资源。创业者要根据自己的能力和时间将事务性工作进行成本与收益的排序，将收益高—成本低的事务，优先放在最佳时间里去完成，这样可以充分发挥时间资源的价值最大化，避免时间资源的低效配置；把成本高—收益低的事务放在最后来考虑，有时间就做，没有时间就学会放弃。因此，优秀的创业者常常会对企业各项日常活动进行评估，筛选出优先事项，以便在最佳时间内实施。其次，高效的时间管理艺术要求创业者创建企业工作流程。一旦新创企业的工作流程建立，就可以将机械性的、重复性的日常工作交给下属去完成。创建工作流程模块的工作方法可以为创业者节省大量时间资源。最后，高效的时间管理艺术要求创业者必须始终着眼于外部世界。创业者只有提高时间管理水平才能把更多的时间和精力集中在外部世界的市场动态上，才能把更多的时间和精力集中在企业目标规划、组织设计以及激励措施的重要领导职能上，才能思考和制定企业长期发展的战略目标。由此可见，高效的时间管理艺术是提高新创企业经济绩效的重要保障。

（3）伦理管理

伦理作为人类的创造物，作为人类精神性活动的一种基本样式，其存在的理由就在于由伦理的功能所提供的价值。伦理作为人类的自我发展在个人欲望的满足与社会秩序的和谐之间的一种平衡机制，既是人类自我实现的方式，也是社会矛盾的调解方式和调节社会关系的手段，它为人们的生活、创造以及交往活动提供必要的秩序，提供适应环境、改造环境和自我完善的方式。然而问题在于，新创企业作为市场经济中的竞争主体，是"纯经济动物"，"只要能在商业竞争中获胜，采取一些不正当手段也是可行的"，"商业是一个伦理自由区，信守伦理的公司将难以生存"。这些言论肆无忌惮地冲击着新创企业的道德底线。面对这些挑战，创业者需坚守企业道德底线，勇于承担企业应尽的社会责任。切忌不能偏执于把创业活动仅仅理解为一个创造财富的过程，要从企业"内部"而不是从"外部"产生适应社会需要的伦理道德规则，把伦理道德和社会责任纳入创业活动的"考量"，实现伦理道德与经济决策的有机结合。也就是说，创业者只有用道德罗盘指引新创企业前进，才能创造"交易中的信任、亲密和可预测性的成分。你那样做（不道德）不会获得好的名声。而且，如果你真那样做了（不道德），最后顾客会不再与你做生意"。创业者在任何时候、任何地点都不能挑战企业道德底线，一旦为了获取最大利益或超额利润，不惜逃避或违犯各种制度和规范，最终将危及企业的生存。从"三鹿三聚氰胺有毒奶粉事件"中，我们不难发现，一个企业忽视伦理管理，丧失社会责任，就会招致破产的厄运。可见，伦理管理是企业安身立命的"保护神"。创业者只有坚守责任感和诚实正直的品格，努力提升构筑企业伦理管理的能力，才能从容自如应对来自伦理道德方面的巨大挑战，才能提高企业经济活动决策中的伦理质量，促进新创企业健康成长。新创企业的伦理管理要求创业者妥善处理好与消费者、员工、股东等利益相关者的关系。因为"公司的本质和目标不在于它的经济业绩，也不在于它形式上的准则，而在于人和人之间的关系，包括公司成员之间的关系和公司与公司外部公民之间的关系"。消费者是企业获得销售利润的重要来源，员工是促进企业发展最活跃的因子，股东是企业赖以生存和持续成长的基础。企业本质上是社会的"公有物"，就其工作和事业的内容来说，具有社会属性。新创企业如果仅仅是从利益中来、到利益中去，最终难逃衰亡的宿命，伦理管理是促进新创企业健康成长的关键因素。

（4）构建学习型组织

彼得·圣吉认为："公司要想保持竞争优势，唯一的办法就是要能够比竞争对手学得更快。……一个学习型组织最大的好处在于它能帮助人们迎接变化。因为学习型组织的成员知道如何预测即将出现的变化（这和试图预言将来不一样），并且知道如何创造想要的变化，所以能够随机应变。"企业竞争优势的获得往往取决于创业者是否始终具备构建学习型组织的能力。对于新建企业来说，必须通过建立学习型组织，投入一定的时间学习新知识、新技术。"管理发展的本质特征应该是，将学习带回工作场所，从而对组织产生影响。"构建学习型组织，要求企业充分发挥每个员工的创造能力，形成一种全员学习的氛围，并通过学习，使自身价值得以实现，组织的核心竞争力不断增强，最后实现组织的远景目标。

建立学习型组织，通过不断地学习创新，才能保持每个员工在发展阶段保持创新精神和积极进取的姿态，不为常规所束缚，始终保持对市场需求的敏感性。因此，成长中的新创企业只有始终保持求新、求变、求发展的学习心态，才能建立起发展阶段所需的各种社会资源网络，更好地应对变化的环境趋势，以创造新价值的方式为新企业创造利润，才会使新创企业的核心竞争力得以提升，在竞争中获得又好又快的发展。构建学习型组织是新创企业获得竞争优势的重要途径。

7.5.3 企业的收购与兼并

对于处于发展和扩张期的企业来说，获得企业成长最根本的途径有两条——内部管理型战略，也就是产品扩张战略和外部交易型战略，即资本扩张战略。企业通常选择收购和兼并来完成扩张。

1. 收购与兼并的内涵

收购与兼并是企业扩张和价值创造的途径，不仅是企业增长的手段，而且还包含着组织资本增长的选择对象。许多企业都偏好通过并购的外延增长方式来达到增长目的。

（1）收购

收购是指购买一家企业的全部或部分。创业者扩大企业规模的方式是收购现有企业。收购是一种通过购买现有企业进入新市场或新产品领域，实现企业扩张的有效途径。收购可以是购买完整的一家公司，也可以是购买企业的一部分。被收购的公司被完全吸收，而不独立存在。新创企业成功的基础是使新创企业作为一个整体保证其资源集中于业主。无论购入的企业是将成为新创企业的核心，还是补充企业发展所需的能力，如分销渠道、销售能力或生产能力等，创业者都必须确信它符合企业总的发展方向和企业现有的发展战略，以求为企业创造长远的价值。

对于创业者而言，收购一家现存的企业有诸多优点：

① 已有的形象和经营业绩。收购一家正常运转的企业最大的优点在于被并购的企业拥有已经建立的形象和经营业绩记录。如果该企业适应力较强，创业者只需利用现有的客户基础，实施目标战略，就可能获得成功。

② 已有的客户基础。在收购现存企业的情况下，因为被购入的企业管理者已经很熟悉当地情况，因此创业者不必担心新客户开发问题。

③ 已有的市场营销框架。影响一家被收购企业价值的最重要因素之一是它已经建立的营销渠道和销售组织。供应商、批发商、零售商以及制造商的销售队伍，对创业者来说是非常重要的资产，因为这一组织已经能够高效地发挥作用。

④ 成本。收购现有企业的实际成本也许要低于其他的扩张方式。

⑤ 获得雇员。在收购过程中，现有企业的员工对收购者而言可能是一项重要的资产。因为他们懂得如何经营，并确保业务能够成功运营。

⑥ 更多的创新机会。创业者不需要花费大量的时间去寻找供应商、雇用新员工，或者创造顾客知名度，他可以将更多的时间用在评价扩张机会或强化现存业务上[1]。

对于创业者而言，收购一家现存的企业也存在一些缺点：

① 经营业务记录不统一。大多数待售企业的经营记录混乱、业绩低下，甚至亏损。检查这些记录并请重要的委托人依据未来盈利潜力评价这些盈利记录非常重要。

② 对自己的能力过于自负。有时创业者也许会认为自己能在别人失败之处获得成功，但实际上，即使创业者能带来新的思路和高超的管理技能，有些因素也是不可改变的。这时，企业往往不可能获得成功。因此，在开始着手收购活动之前，创业者必须进行客观的自我评价。

③ 关键员工流失。通常，当企业被收购时，关键人员也会纷纷离开。关键人员的流失会对企业造成巨大的损失，尤其当购买对象的价值体现在人员的努力成果上时更为明显。创业者在收购谈判时，应与全体员工面对面接触，以了解他们的意图，确保留下关键员工。

④ 高估收购价格。实际购买价格有可能由于企业已经建立的形象、客户基础、渠道成员或供应商意愿而被估计过高。假如收购价格过高，投资回报率就会过低，这会令创业者无法接受。在购买一家企业时，要争取估计所需的投资、收购后能获得的潜在利润以及建立合理的回报率，这对调整投资决策非常关键[2]。

（2）兼并

兼并即两个或两个以上的企业合并成为一个企业。兼并与收购非常类似，以至于很多时候，两个概念可以相互替代。兼并是指两个或更多的企业根据双方或多方的利益组成一个新的公司[3]。收购是指企业通过部分或全部购买另一家公司成为一个控股公司，收购公司要承接被收购公司全部或相关部分债务和债券。兼并的优缺点与收购类似。

---

[1] 卢旭东. 创业学概论[M]. 杭州：浙江大学出版社，2001.
[2] 初明利，于俊如. 创业学导论[M]. 北京：经济科学出版社，2009.
[3] 李志能. 创业学[M]. 上海：复旦大学出版社，2006.

2. 新创企业并购战略的类型

根据新创企业并购（兼并与收购）的不同功能或根据并购涉及的产业组织特征，可以将并购分为三种基本类型：横向并购战略、纵向并购战略和混合并购战略。这三种类型是并购战略应用较为广泛的划分方式。

（1）横向并购战略

横向并购战略指的是企业并购与其处于同一行业的竞争者的行为。横向并购可以有效地增强企业生产的经营能力、扩大市场份额和减轻行业竞争压力；同时又有利于加强企业核心竞争力，不会带来企业经营管理的困难；还可以使企业在更广阔的范围内整合资源。

（2）纵向并购战略

纵向并购指的是企业并购其某一种或多种产品和服务的供应商和分销商以及配送渠道等的行为。企业通过纵向并购可以使供应链在采购、生产、物流与销售等各环节之间相互协调，形成有机联系的系统，达到纵向整合业务范围的目的，从而控制价值链上的其他重要环节，降低企业的生产成本和交易费用。但也应注意，企业并购规模扩大后，随之而来的是企业内代理成本的上升。这不可避免地产生企业内部组织费用的上升，并购后企业规模与企业成本费用将是 U 形曲线。因此，纵向并购应是基于企业成本与效益为基础的并购。

（3）混合并购战略

混合并购是指生产经营的产品或服务彼此没有关联的企业的并购。混合并购可以是企业以较快的速度进入新的产品生产与市场经营的领域，降低企业单一市场业务风险。混合并购不但可以实现企业品牌、形象等优势资源的延伸，还可以充分利用企业过剩生产能力，提高企业资源利用率。混合并购也有两面性，证券投资组合理论认为，证券组合数量越多，企业投资风险越小。然而在到达一定数目后，再增加证券组合数目对降低企业风险则没有明显的作用[①]。

本章小结

常见的创建新企业的方式有自主型创业、企业附属创业和企业内部创业，会经历识别机会、制订商业计划、获取资源和收获价值等几个阶段。创建新企业的融资渠道包括了国家财政资金、银行信贷资金、非银行金融机构资金、其他企业资金、民间资金、企业自留资金、外商资金等渠道，可以通过吸引直接投资、发行股票、银行贷款、商业信用、发行债券、租赁融资等方式获得资金，风险投资是初创企业尤其是高新技术企业获得资金的重要来源。商业模式是一个整体的和系统的概念，本质上是若干因素构成的一组盈利逻辑关系的链条，其构成要素包括价值主张、消费者目标群体、营销渠道、核心能力、项目拓展空间等。商业模式和商业战略既有共性又有区别。成功的商业模式具有三个特征，即能提供独特价值、难以模仿、脚踏实地，其核心是资源的有效整合。选择商业模式可以遵循一定的步骤，按照一定的要点和原则，通过参照法、相关分析法和关键因素法等方法进行。新创企业可通过风险规避、风险转移、风险减轻和接受风险四类方法，根据风险发生概率

---

① 程水源. 创业理论与实践[M]. 北京：中国科学技术出版社，2007.

高低和损失程度大小的不同情境采取不同的风险防御策略。危机由风险转化而来，但风险不等于危机。危机管理可以分为五个阶段，企业在不同阶段应采取积极措施做好危机管理。企业的发展也存在一个类似人类成长的生命周期，经历萌芽期、创建期、发展和扩张期、成熟期和衰退或再成长期。每个阶段都存在常见的危机和症状，因而需要通过有效授权、时间管理、伦理管理和创建学习型组织进行创业企业的成长管理。对于发展和扩张期的企业来说，还可以通过并购实现扩张和成长。

关键概念

融资是指资金的融入，也就是指一个企业资金筹集的行为与过程，即公司根据自身的生产经营状况、资金拥有状况以及公司未来经营发展的需求，通过科学的预测和决策，采用一定的方式，通过一定的渠道向公司的投资者和债权人筹集资金，以保证公司的正常生产需求、经营管理活动需要的理财行为。

商业模式是一种包含了一系列要素及其关系的概念性工具，用以阐明某个特定实体的商业逻辑。单从经济逻辑、运营结构和价值传递等任何一个方面都无法真正说明为什么企业的商业模式有效，并且难以模仿。商业模式是一个整体的和系统的概念，本质上是若干因素构成的一组盈利逻辑关系的链条。

企业危机管理是指企业在经营过程中针对可能面临或正在面临的危机，就危机预防、危机识别、危机控制、协调处理和事后恢复等行为所进行的一系列管理活动的总称。

企业成长是指企业在理论性和社会性相统一的基础上，在多目标结构引导下，与企业的经营结构、组织结构、空间结构和技术结构等变化相适应的企业规模增长的机制和行为。

思考题

1. 企业融资有哪些渠道？企业融资的类型有哪些？
2. 如果你是一位创业者，应如何选取和吸引风险投资者？
3. 如何理解彼得·德鲁克的话："当今企业之间的竞争，不是产品之间的竞争，而是商业模式之间的竞争。"
4. 论述面对不同的风险情况时，企业应采取哪些风险防御策略？
5. 危机管理分为几个阶段？每个阶段如何进行危机的管理与控制？
6. 简述企业生命周期分为哪几个阶段？各个阶段的特征有哪些？
7. 什么是企业成长？企业成长过程中存在的问题有哪些？如何进行企业成长管理？
8. 企业收购与兼并的内涵是什么？有哪些类型？

Facebook 的与众不同

2014 年第一季度财务报告

北京时间 2014 年 4 月 24 日凌晨，Facebook 发布了截至 3 月 31 日的 2014 财年第一季度未经审计财报。报告显示，Facebook 第一季度营收为 25.02 亿美元，比去年同期的 14.58 亿美元增长 72%；净利润为 6.42 亿美元，比去年同期的 2.19 亿美元增长 193%。Facebook 第一季度每股美国存托凭证摊薄收益为 0.25 美元，比去年同期的 0.09 美元增长 178%。不计入股权奖励支出及相关的工资税支出（不按照美国通用会计准则），Facebook 第一季度每股美国存托凭证摊薄收益为 0.34 美元，比去年同期的 0.12 美元增长 138%，这一业绩超出分析师此前预期。财经信息供应商 FactSet 调查显示，分析师平均预期 Facebook 第一季度每股收益为 0.24 美元，营收为 23.6 亿美元。受财报影响，Facebook 股价在纳斯达克盘后交易中上涨近 3%。

从财务报告可以看出 Facebook 是一家成功的公司，那么它到底为什么可以做到这样。

Facebook 的特别之处是什么

为什么在 Facebook 交友会更容易？Facebook 与传统的 BSP（blog service provider）到底有什么不同？是因为它有横竖两个导航吗？是因为它有个主人信息的聚合页面吗？Facebook 为什么成功？又有哪些不足？Facebook 商业上的成功使它混乱的设计成了皇帝的新装，即使觉得看不懂也不敢去说。让我们拨开网页上那些纷繁的视觉表现，来看看藏在网页背后骨架——信息构架（information architecture，IA），我们将获得一个全新视角，这种种疑问将迎刃而解。

传统的博客服务提供商（blog service provider，BSP），比如 Qzone、新浪博客、网易博客……他们提供的博客服务，不仅仅是为每一位注册用户提供了一个属于自己的 Blog 空间，还有用于 Bloger 间彼此交流的平台。也就是说，信息构架是：个人空间+社区平台。

"个人空间+社区平台"是什么样子的？

一个个的 Blog 彼此独立存在，再由一个社区平台将这些 Blog 聚合一起，通过内容聚合在一起。

左上角的第一个表示主人，主人可以看到 BSP 提供的所有服务，其中的 B、D、E 是他自己已经使用了的。

而下面一个个的是其他人的 Blog，其他人的 Blog 包含的内容各不相同，有的用了相册，有的用了日志，有的用了视频……目前多数的 BSP 都是简单地把 ABCDEF 呈现给客人，不管主人用不用。

图 1 中右半部分是社区平台，以内容为维度，展示内容，进而展示用户。比如，A 代表日志，社区平台上会有个日志栏目，其中展示出很多有意思的日志，要看这篇日志，就到达另外一个人的 blog 了。交流实现了，所谓平台，价值也就在于此。

Blog 原本就是一个个独立的，有了 BSP 提供 Blog 服务后，才出现了社区平台，让用户能更方便的找到其他人。不仅仅是自己写给别人看，更可以方便地找到志同道合的人，让众多 Bloger 形成一个社区。

这样的结构有好处：

（1）结构清晰。这结构我一说，你就明白了。估计我不说，你也能明白。

（2）扩建容易。这是针对 BSP 来说的。要添加一项新的服务，可以分成两个步骤来进行，在个人 Blog 中提供功能是一步，在社区平台上提供交流是另外一步，如果开发资源有限，可以不必同时做。比如，要提供一个视频服务，可以先在个人空间中提供给每个用户上传、展示视频的功能，暂时社区平台上没有视频方面的聚合内容也没关系，等有精力了再做不迟。

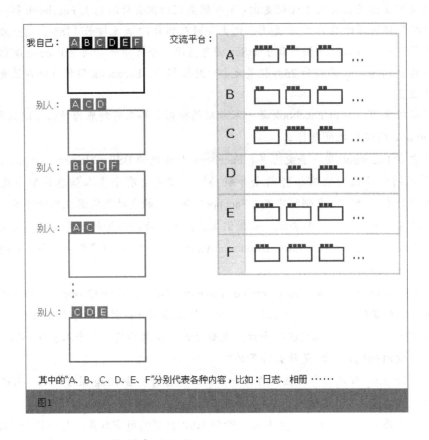

图1

这种"个人+社区平台"模式的缺点：

各个 Blog 之间的沟通比较困难。每个 Blog 都属于个人，要从一个 Blog 进入另外一个 Blog 有两条路：

（1）通过 Blog 中的好友、留言作者名称。我在一个 Blog 中留了言，阅读到这个留言的人就可以通过这个留言的作者名进入我的 Blog。

（2）页面最上面的类似"进入社区平台"的链接。

这两个渠道的能量都很有限。空间中的好友是主人自己添加的。这个空间主人要是人缘差，没好友，没人留言，那第一条路就没了。"进入社区平台"链接只是个链接，点之前什么都看不到，我干嘛要去点？点了能有什么有意思的？

上面说的这种是传统 BSP 的信息构架。搞清楚了这个我们再来看另外一种比较新鲜的构架——Facebook、myspace……的构架。

Facebook 的构架和"个人+社区平台"有个显著区别：主人信息是打散到社区平台的各个栏目中，因为这个区别，我在这里姑且给这种构架起个名字——"一体式"。

来看看"一体式"的结构，如图 2 所示：

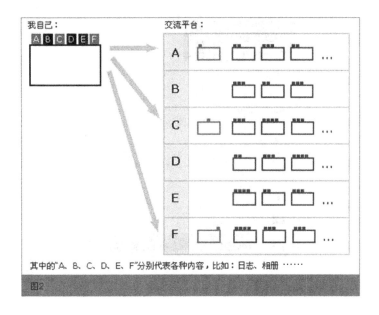

图2

既然主人页面中有个"日志"，社区平台也有个"日志"，那就合并成一个好啦。"我自己"就没啦，全部的构架就只剩下一个按内容分类的结构了。因为主人的信息是打散到各个 ABCD……栏目中，这就需要给主人一个自己有关所有自己的聚合页面——主人的首页。方便用户查看所有与自己有关的所有信息，如图 3 所示：

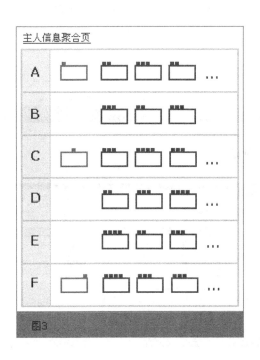

图3

真实页面是这样的，如图4所示：

图4 logo和旁边的小房子就是"主人信息聚合页"

打开网站中的一个栏目，比如，打开C，会显示为如图5所示：

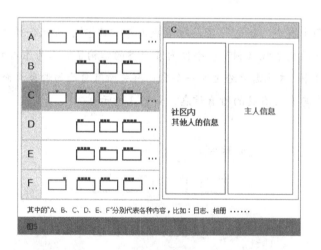

真实的网页如图6所示：

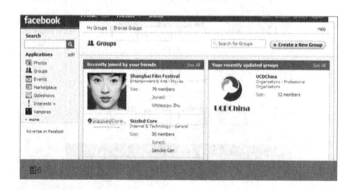

进入某一个人的空间中，别人的这个空间也不再是一个独立的小网站了，而是只用右侧来显示某个人的信息。左侧的内容分类导航则固定不变，如图7所示：

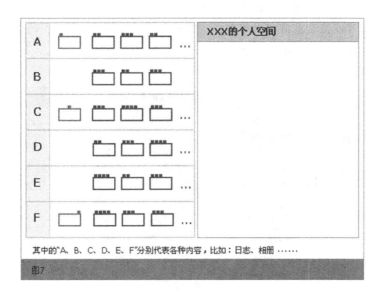

图7

真实的网页如图8所示：

图8 美女哦~~

这种信息构架的好处：

优点一：我自己的信息和别人的信息联系的十分紧密，当我查看我的相册时，直接就看到了其他人相册的一些信息。要了解其他人不再需要跳到单独的社区平台上了。这显然增进了互相的交流，所以在类似Facebook这样的网站交友更容易。

优点二：提供了专门给主人的主页，于是可以提供更多专门给主人看的信息：谁最近又上传了照片啦，谁要加我为好友啦，谁又和谁成为好友啦……东家长、西家短，可以向

第7章 创建新企业

主人唠叨很多八卦。这些信息显然也有助于用户之间的沟通。

"一体化"模式的缺点：

缺点一：展示其他人的空间信息变得很受局限。

只有右侧栏可以显示当前空间的内容。当前空间（某个客人空间）的信息不能再做页签式的导航了。也就是说，不能显示成图9这样：

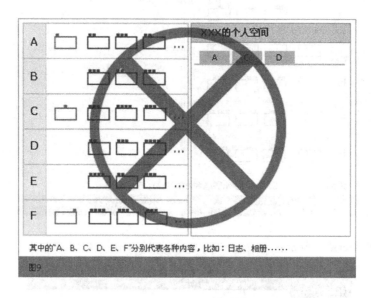

图9

因为在左侧已经出现一套ABCDEF了，再在右侧出现当前空间主人的ACD，就混了，"要看这个人的A栏目内容，到底要点哪个A？"

关于这个主人的信息有很多很多，又不能用页签式的导航，要展现这么多信息自然吃力。当前主人的空间的二级栏目就只能加个"返回首页"的链接了，像图10这样：

图10 又~又是美女哦~~

这种"返回首页"类型的导航没有明确地展示出当前页面在网站中的位置，用得多了，看着就比较晕了。

缺点二：给主人自己的导航比较混乱。

上面提到需要给主人一个首页，用于显示所有和他相关的信息。除此以外，主人还需要知道别人看自己会是个什么样子。Facebook 就给这两个页面分别起名叫：home 和 profile：

看到的效果就是我有两个主页，一个是给我自己用的，另一个是别人看到的样子。也就是说，主人模式首页和客人模式首页。

主人模式或客人模式又有很多共同的功效，比如有好友在我的相册里写了一条评论，我可以在 home 页中查看到，点击后进入相册：

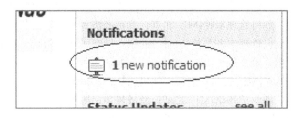

也可以在 profile 中主动点击进入相册发现这条新评论：

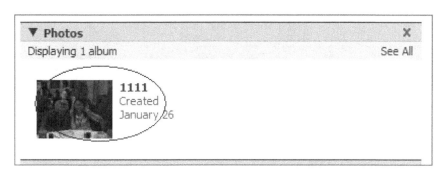

这两个主页再加上上面提到的"返回首页"链接，实在就是够乱的了。

对比两类构架：

对比两类比较典型 SNS 的信息构架模式，可以看出，第一种"个人空间+社区平台"模式，结构简单，但交流不畅。在越来越强调用户间互动的大潮下，这样的结构显得心有余而力不足。第二种"一体化"模式，个人信息与公共信息浑然一体，在用户交流方法提供了更多的引导，但也是因为这个"浑然一体"，使导航起来比较痛苦，结构看上去混乱，用起来迷糊。我相信，即便是除去英文这个语言因素，也没有谁敢说自己一上来就能很顺手地使用这个网站，总是得要学一阵子，还不见得能学明白。

请思考：Facebook 做了哪些创新？如何评价 Facebook 的创新？该公司采取了哪些措施管理创新？

参考文献

[1] 程水源. 创业理论与实践[M]. 北京：中国科学技术出版社，2007.
[2] 梁巧转，赵文红. 创业管理[M]. 北京：北京大学出版社，2007.
[3] 张光辉. 创业管理概论[M]. 大连：东北财经大学出版社，2006.
[4] 葛宝山，姚晓芳. 创业融资——理论与实务[M]. 2003.
[5] 百度百科：风险投资[DB/OL]. http://baike.baidu.com/link?url=bLeCOaR5aWX2_ko7ovFfk4-pf6y9J1SEJ6rTTZFpvkgoXPHnwGEQqvyj7jJGMR1vF8C3g7t9mGKTAwZFCFCb0NK.
[6] 周永生. 现代企业危机管理[M]. 上海：复旦大学出版社，2007.
[7] 周德文，张建营，张振宇. 中小企业风险防范与危机管理[M]. 北京：中华工商联合出版社，2009.
[8] 肖鹏英. 危机管理[M]. 广州：华南理工大学出版社，2008.
[9] 周春生. 企业风险与危机管理（第2版）[M]. 北京：北京大学出版社，2015.
[10] 何海燕，张晓甦. 危机管理概论[M]. 北京：首都经济贸易大学出版社，2006.
[11] 赵冰梅，刘晖. 危机管理实务与技巧[M]. 北京：航空工业出版社，2007.
[12] 陈德智. 创业管理（第2版）[M]. 北京：清华大学出版社，2007.
[13] 卢旭东. 创业学概论[M]. 杭州：浙江大学出版社，2001.
[14] 初明利，于俊如. 创业学导论[M]. 北京：经济科学出版社，2009.
[15] 李志能. 创业学[M]. 上海：复旦大学出版社，2006.

第8章 价值创造与可持续发展

学习目标

1. 了解企业知识的内涵及特征；
2. 理解知识创造以及适宜知识创造的企业组织；
3. 熟悉知识管理的实施与评估；
4. 熟悉知识产权及企业知识产权战略；
5. 了解创新与绩效的关系；
6. 掌握新常态背景下创新创业的特点与时代价值。

本章关键词

知识（knowledge）

知识创造（knowledge creating）

知识管理（knowledge management）

知识产权（intellectual property）

绩效（performance）

新常态（the new normal）

8.1 创新中的知识创造与管理

> **案例导入：飞利浦的知识管理**
>
> 荷兰皇家飞利浦电子公司是欧洲最大的电子公司，也是全球最大的电子公司之一。但随着资讯技术的发展，飞利浦公司主管认识到，他们之前建立的通信系统已经无法满足公司高效率通信的需求。公司认为，优秀的群组软件平台不应只能提供简单的资讯共享，而应该能够把资讯转化为知识。
>
> 发觉知识、共享知识、传递知识的重要性已经深入飞利浦公司的决策层，为了实现这些知识管理的基本功能，公司引进了多个知识产品，部署企业级的知识系统，构建能够和统一通信平台相结合的知识库等，使所有人员都可以根据权限，取阅知识库中

> 的资讯。特定的员工可以通过特定的流程，把相关的决策工作直接送到有关部门，并根据最新的决策开展业务，从而改变过去相对低效率的日常业务方式。

8.1.1 企业知识

基于知识的观点，知识是构成企业的独特资源，它是维持企业竞争优势的一种最有价值的资源，企业持久的竞争优势有赖于开发和积累有价值的知识的能力。企业知识是企业最重要的资源和生产要素，其内涵涉及以下三个方面：一是企业知识主要包括技术性知识和制度性知识两大类，前者用于协调企业中人与物的关系，后者用于协调企业中人与人之间的关系。二是企业知识是企业成员共享的知识。企业知识不能被认为就是组织成员知识的加总，企业中个人知识的简单加总并非企业的知识，被成员充分共享的知识才是企业的知识。组织为成员提供组织目标、行动规范等共有知识以协调异质性个人的集体行动。组织离开共有知识对组织成员的行动进行协调，其行动便充满了随意性，组织学习是实现组织知识共享的有效途径。三是企业是一个能够运用知识和创造知识的有机体，组织运用和创造知识的能力依赖于组织成员运用和创造知识的能力。企业可以发挥其组织分工与协调的功能，为组织成员提供促进学习的环境和机制，为知识运用和创造提供相应的组织条件和可能性。知识活动终究是由组织中的个体成员承担的，组织中的个体才是知识运用、创造的最重要载体和承担者。

作为企业的一种生产要素，知识与其他实物性生产要素之间存在质的不同，具有如下特性：

1. 非独立性

知识必须借助于一定的介质存在，企业知识也同样不能脱离介质而存在，无论这种介质是人脑动态介质，还是文件、手册图纸、磁盘等静态介质。前者是唯一具有能动作用并产生新知识的介质，后者是有效传递制度、规章、档案、技术资料等明示知识的必要手段。知识不能像其他实物性生产要素那样以独立的形态存在，它是与其他的实物性生产要素融合在一起的。具体而言，即企业的存量知识可以通过产品、技术、流程、规章、惯例等加以体现，而企业的新知识是企业成员能动性智力活动的结晶，必须通过人脑而产生，然后转化为产品、技术等可表达的成果，借助于企业的有形实物、文档和员工的头脑等载体而存在。企业知识的运用和产生（创造）不能离开人脑这一知识的内源性依据，也无法脱离其产生载体或传播载体而独立存在，这就是知识的非独立性特征。

2. 边际收益非递减性

在传统的生产函数理论中，劳动、资本等生产要素被投入生产经营活动，随着投入的增加，无论是劳动的边际收益，还是资本的边际收益，都呈现下降趋势。知识要素的投入则不然，知识要素并没有服从边际收益递减规律，随着投入的持续增加，边际收益不但不会减少，反而会逐渐增加。边际收益的非递减性表现在促使其他生产要素生产能力的提高，促使新产品和新工艺的出现，劳动组织与流程调整和改善等方面，最终实现企业价值的增加和效益的提高。

3. 增值的可持续性

传统经济高度依赖有形的实物资源，实物资源具有独占性，不能与他人共享，受到稀缺性规律的约束，资源的产出可持续性下降。作为无形资源的企业知识则不同，知识具有无限发展的可能，能够被源源不断地创造出来，只会越来越丰富。知识不具有排他性，一个人拥有的知识不排除他人也同样可以完整地拥有，知识可以与他人共享，使用价值不会随着使用人数的增加而下降，反而能够在生产、传播和使用过程中不断地丰富、充实和发展，知识具备可持续的、无限增值的特性。知识被作为资源投入企业与实物性资源结合，促使企业具备更强的生产能力、经营能力和技术能力。不过，由于知识性生产要素具有潜在不连续的固有属性，知识的改进可能是累积性的，也可能是整体规范式的改变，预期的产出有可能是一种不连续的产出，价值的产生也因此是非线性的。

另外，知识价值的可持续性还受知识扩散程度的影响，因为知识分享不影响知识的使用价值，但是会影响知识的价值。分享会降低知识的稀缺性，使知识的潜在经济价值的实现变得不确定。充分编码的、抽象的知识流动顺畅，扩散性越强，企业对知识的独占越困难，从中获取价值的难度也越大；没有充分编码的、默示的知识流动缓慢，不容易扩散，企业从中获取价值就较为容易。企业可以通过持续地从事企业的知识创新，实现知识的创造和转化，进而不断地从中获取经济价值[①]。

8.1.2 知识创造与企业组织

1. 知识创造

学者们通过多年的研究表明，企业不仅仅是"应用"和"加工"知识，更重要的是在"创造"知识，知识创造是企业具有竞争优势的最重要的源泉。Nonaka & Takeuchi（1995）认为知识创造是企业的一种创造新知识，吸收新知识使这种新知识贯穿于组织的整体能力中的创新活动，它体现在组织的产品、服务和系统之中。

在 Nonaka & Takeuchi 群体知识创造四种知识转换模式的基础上，Hunsook 开发出群体知识创造的五阶段模型（Hunsook，2002）[②]，共享隐性知识、创造概念、检验概念、建立原始模型、跨层次知识的交流共享，其模型如图 8-1 所示。

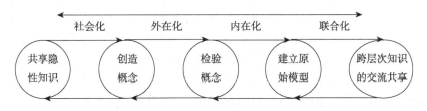

图 8-1 群体知识创造的五阶段模型示意图

第一阶段：共享隐性知识。组织自身是不能创造知识的，组织中个人所掌握的隐性知

---

① 戈黎华. 知识创造与创新型企业组织[M]. 北京：知识产权出版社，2011.

② Hunsook, Oh. The relation between work environment factors and organizational knowledge creation process[D]. University of Minnesota，2002.

识是群体知识创造的基础，它主要是凭个人经验而获得，是难以用文字表达的，是尚未挖掘的新知识的源泉，分享隐性知识是群体知识创造的关键步骤。

第二阶段：创造概念。通过交流隐性知识进行群体思考，将隐性知识转化为明晰的概念，然后用文字表达出来。

第三阶段：检验概念。在新概念建立之后，组织必须对新概念进行全面的检验和甄别。对企业而言，常用的检验标准包括成本、盈利率以及产品对公司发展有多大利益等，检验的标准可以是定量的也可以是定性的。

第四阶段：创立原始模型。将经过检验的概念转化为有形的、具体的原始模型，这是一个复杂的过程，要求组织内部各个成员通力合作，共同建造一个新的组织概念模型，这个模型是通过将新创造的显性知识同已有的显性知识相结合而产生的。

第五阶段：知识的跨层交流。群体知识创造是一个不断自我完善、自我提高的永无止境的过程。原始模型开发出来后，尚需要通过不断的循环、交互作用和螺旋发展过程才能不断完善，这称为知识的跨层交流，这种交流既可以发生在组织内部，也可以发生在组织之间。

群体知识创造模型是一个渐进的、多维的模型结构，这五个阶段交互作用，螺旋发展，正是通过这种螺旋上升的过程创新才得以不断产生[1]。Drucher（1993）认为确定和开拓新知识的来源为持续竞争优势的获得提供了基础。目前关于知识创造能力与组织绩效的关系，国外一些学者已经作了部分实证研究，研究表明，知识创造能力是通过对企业资源和能力的整合及改善与组织绩效相联系的，通过资源整合，可以实现单个企业无法实现的协同效应，提高组织绩效。因此，面对快速变化的外部环境，企业应当注重通过组织学习等途径获得、积累并整合各种知识，不断开拓新的知识，优化企业的知识资源结构，提高企业的知识创造能力，从而为企业获得持续的竞争优势奠定基础。

2. 适宜知识创造的企业组织

衡量企业组织是否适宜知识创造的关键在于企业是否依据知识的特性协调知识分工。本书从以下四个方面阐述适宜知识创造的企业组织内涵。

（1）知识是企业组织的核心资源

在适宜知识创造的企业中，知识成为企业组织的核心资源，对于企业的重要性超越了资本、土地等其他所有的实物性生产要素，这种作用集中表现在知识要素对其他生产要素的凝聚和驱动。资本、土地等实物性生产要素与知识要素相结合就能转化为现实的价值或生产力，这种结合可以节约其他要素的投入，改变其他资源的质量，促进企业经济效率的提高。企业中实物性生产要素的稀缺也可以通过改变资源、要素的结合方式和要素所有者相对报酬等组织性知识的投入加以解决。知识充当企业配置其他资源的手段。知识要素的投入遵循边际产出递增的规律，成为支持企业快速成长和保持持续竞争优势的决定性因素。

（2）知识的运用和创造成为企业组织的核心活动

在适宜知识创造的企业中，知识创造是企业发展和获取持续竞争优势的源泉，知识的

---

[1] 吴翠花. 企业知识创造能力理论与实证研究[M]. 北京：知识产权出版社，2008.

运用和创造成为企业的核心活动。协调企业的知识分工、促进企业的知识运用和创造是企业的基本功能，随着知识分工与协调的不断深化，技术性知识和制度性知识之间的交互作用推动知识创造功能的实现。知识创造并不仅仅指技术性知识的创造，还包括制度性知识的创造，它们共同构成企业知识活动的核心内容。技术性知识创造是企业知识活动的核心，是指与新产品的制造、新工艺过程或设备的首次商业应用等有关的知识活动，包括产品性知识创造和工艺性知识创造，目的是发现和控制新的原材料、开辟新市场、生产出新产品以提高企业的市场竞争力、盈利水平乃至可持续发展能力等。制度性知识创造是指随着企业组织知识分工深化而引起的协调方式变革及相应的协调性知识的产生，涉及对组织中人与人之间责、权、利关系的调整，间接地作用于生产过程。企业制度性知识创造的根本作用就在于通过改变企业产权结构和组织结构，为技术性知识创造提供合理的制度保障，形成有效的技术进步的激励约束机制和实现机制。

（3）由知识创造推动企业组织持续创新和企业价值增值

创造知识并不是适宜知识创造企业的目的，而是其实现创新的途径，适宜知识创造企业的核心任务就是通过不断地把新知识运用于企业实践而实现持续创新。持续创新是企业通过知识的持续创造和共享而推动技术创新、制度创新不断持续的过程，是企业实现持续成长和赢得持续竞争优势的必要条件，也是企业组织的核心任务。企业组织的知识具有非收益递减和增值可持续的特性，正是知识要素边际收益递增的特性决定了企业组织价值增值的可持续性。知识本身不具有排他性，可以与他人共享，具有无限发展的可能，能够被源源不断地创造和扩散，知识具有成为企业无限增值的生产要素的可能性。

（4）**企业组织实行柔性分工协调机制**

适宜知识创造的企业是一种柔性组织，组织的柔性反映组织通过对自身组织机制的不断调整，有效适应知识活动的需求，增强应对环境动态变化的能力。组织柔性有助于组织保持利于创造性思考问题和解决问题的环境。分工协调机制是企业组织的核心机制，在适宜知识创造的企业组织中，企业运用更加柔性的方法协调分工。

外部环境快速变化的情况下，单一的职能化分工已经不能满足多样化问题解决的需要，同一任务的解决往往需要借助于互联网信息系统共享相关信息，需要具备专业技术和专门知识的人共同参与协商。与传统组织分工不同，新型柔性组织中的分工赋予组织以更多的适应性和灵活性，高度复杂性、专业性和难以编码化的知识被组合在一起，知识互补和知识扩展的要求得到满足。组织协调中明确的行政指令和行为规范减少，更多地依赖协商、信念、价值观等非正式规则的柔性协调机制。只有柔件协调机制才可以有效地协调个体间专业性、复杂性、互补性、差异性巨大的知识分工，使知识个体间较为容易地形成共享和交互学习的机制，降低知识的转移成本。组织内部的柔性协调表现为柔性团队的构建，企业把原来科层制组织的上层和基层之间的各个职能部门进行分解和弱化，把决策权分散到工作小组的层次上，从而形成了一个中间细小的组织结构，这种组织有任务小组、技术创新小组、项目小组等形式。组织之间的柔性协调表现为以一个组织为中心构建专门的网络系统，结成多种形式的联盟，随时针对市场需求灵活调整工作内容，应对快速变化的组织环境。这种跨组织的柔性协调发展出外包、网络组织、知识联盟、模块化组织等多种形式。

3. 适宜知识创造的企业组织评价原则

（1）以基于知识的组织设计理论为指导原则

基于知识的组织设计权变理论认为，环境、战略、文化、规模等权变因素都会对组织结构的设计造成影响，所以没有一成不变的、普遍适用的组织模式。而环境、战略、文化、规模等权变因素其实是企业面临的知识约束，它们对组织结构的影响可以看作组织的知识存量、知识特性发生的变化引起组织设计和组织结构特性也发生相应的变化。所以，知识与组织结构的匹配是评价组织结构先进性的关键所在。

（2）系统性原则

作为具有先进性的企业组织系统，其构成要素涉及组织结构的集权（分权）程度、正式化（规范化）经营程度、有效沟通程度、组织结构与知识特性匹配程度、信息技术支持程度和经营绩效等方面。因此，必须以系统理论为指导，视先进性评价为一个系统，恰当选择评价系统的主要构成要素，并正确把握各要素之间的相互关系。

（3）可操作性原则

在确定适宜知识创造的企业组织先进性的评价指标体系时，既涉及定量分析又涉及定性分析，因此，要坚持可操作性原则，保证各项数据的可获得性，使最终的评价模型具有科学性。

（4）合理有效性原则

在适宜知识创造的企业组织先进性评价中，应以足够的指标来描述企业组织结构的现状，但评价指标又不能太多，否则会造成评价、统计和获取数据的困难，把设定合理的评价理论假设作为一个必要的选择。所以，在确定指标体系时，合理有效成为我们应坚持的一项重要原则。

（5）组织适应性与普遍性相结合的原则

在评价适宜知识创造的企业组织先进性时，除了注重适宜知识创造的企业组织的先进性以外，还要照顾一般性企业自身知识活动开展和知识能力的评价，这样才能增强指标体系的适应性，较广泛地评价企业组织适应知识经济要求的程度。

（6）定性与定量相结合的原则

适宜知识创造的企业组织先进性的表现特征大多属于陈述性特征，不便或不适于直接用数字予以反映，因此，只能将定性指标与定量指标结合起来，在最终环节设定定量指标，从总体上对企业组织的合理性与有效性进行基于定性分析的量化描述[①]。

根据适宜知识创造的企业组织内涵和评价原则，可以设计一套该类组织先进性的评价指标体系，对其进行评估，表 8-1 即为样表。

8.1.3 知识管理

知识管理的理论与方法非常多元化，到目前为止，这个词还没有一个定义明确而取得共识的概念，不同领域不同角色对知识管理强调的侧重点各有不同，概念内涵也自然有所差异，其中比较有代表性的定义有：

---

① 戈黎华. 知识创造与创新型企业组织[M]. 北京：知识产权出版社，2011.

表 8-1　适宜知识创造的企业组织先进性评价体系

适宜知识创造的企业组织先进性评价指标体系	分权化 U_1	U_{11} 企业高层负责战略层面决策制定的程度
		U_{12} 员工非重大工作事务前无须请示上级同意
		U_{13} 企业鼓励员工自己酌情处理工作中遇到问题的程度
		U_{14} 企业中层负责提供支持服务
	正式化 U_2	U_{21} 本企业正式原则和程序涉及恰当的范围
		U_{22} 缺乏正式的书面规则可遵循时，员工是否按照企业共享价值观和企业战略取舍
		U_{23} 员工在企业工作遵循规则的程度
		U_{24} 每个员工的绩效都有完善的书面考评记录
	连通性 U_3	U_{31} 组织成员认同开发型共享心智模式程度
		U_{32} 员工间是否存在能触及思维方式和价值观的交流并能够与企业知识分享战略保持一致
		U_{33} 企业是否能够从客户和合作伙伴处自如地获取信息并能够相互分享知识经验
		U_{34} 在企业中，能够与任何需要的人很容易地交流，而无须考虑职务与级别
	知识与组织结构的匹配性 U_4	U_{41} 知识情景依赖性与组织结构正式化的匹配程度
		U_{42} 知识默示性与组织知识分权化的匹配程度
		U_{43} 知识共享性与组织结构连通性的匹配程度
	信息技术 U_5	U_{51} 使来自不同部门的员工可以一起协作的程度
		U_{52} 促进企业不同部门和职能领域的员工交流的程度
		U_{53} 促进员工寻找和获得工作所需要的信息和知识的程度
		U_{54} 有利于企业系统存储信息和知识的程度
	经营绩效 U_6	U_{61} 资本收益率
		U_{62} 总资产收益率
		U_{63} 营销收益率

资料来源：部分参考 Sue Pulendran Richard Speed Robert E.Widing Ⅰ Ⅰ, 2000, pp. 119-144；林山，黄培伦，蓝海林. 组织结构特征与组织知识创新的关系研究. 北京：经济科学出版社，2005：94.

① 知识管理是通过知识共享，运用集体的智慧提高应变能力和创新能力。

② 知识管理是对知识进行管理和运用知识进行管理的学问。

③ 知识管理是当企业面对日益增长的非连续性环境变化时，针对组织的适应性、组织的生存及组织的能力等重要方面的一种迎合性的措施。本质上，它嵌含了组织的发展进程，并寻求将信息技术所提供的对数据和信息的处理能力以及人的发明和创造能力这两者进行有机的结合。

④ 知识管理是关于有效利用公司的知识资本创造商业机会和技术创新的过程。

⑤ 美国生产和质量委员会对知识管理所下的定义为：知识管理应该是组织有意识采取的一种战略，它保证能够在最需要的时间将最需要的知识传送给最需要的人。这样可以帮助人们共享信息，进而将通过不同的方式付诸实践，最终达到提高组织业绩的目的。

这些定义都强调了以知识为核心和充分发挥知识的作用。简单地说，知识管理就是以知识为核心的管理，它是通过确认和有效利用已有的和获取的知识，并通过对各种知识的连续性管理，提高企业的创新能力和创造价值的能力，以满足企业现有和未来需要的一种过程。知识管理的出发点是把知识看作最重要的资源,把最大限度地获取和利用知识作为提高企业竞争力的关键。知识管理的主要任务是要对企业的知识资源进行全面和充分的开发以及有效的利用,这也是知识管理区别于其他管理的一个主要方面。

1. 知识管理的实施

企业可以考虑从以下一些方面入手实施知识管理。

(1) 设立知识主管

知识管理以创新为目的,创新没有先例可循,且常常是集体智慧的结晶,是一种有组织的活动,企业要想实施知识管理,有必要设立有权威的知识主管,统筹知识管理活动。知识主管应该有相当的地位。弗拉保罗曾解释说:"知识主管的地位居于首席执行官和信息主管之间。他(或她)对于商业运作过程的作用就如同信息主管对于技术开发的作用。"在许多率先实行知识管理的企业中,知识主管的级别相当于副总裁一级,他们的主要职责是负责对企业的知识资源根据企业的发展规划和战略进行统一的管理,以保证企业的持续发展。但是也有些企业把知识管理视为信息管理的延伸,从而试图把信息主管错误地改为知识主管,这一做法就在不知不觉中把知识管理的工作重点放在了技术和信息的开发上,而不是放在创新和集体的创造力方面。

知识主管既是知识管理的重要参与者,又是知识管理活动的组织管理者,其工作重心是保证将组织的智力资产最终转化为能为组织带来利润的知识产品。陶氏化学公司的智力资产主管把知识主管的管理工作分为六个步骤:

第一步,要说明知识在企业中所扮演的角色;

第二步,对竞争对手的策略及其知识资产进行评估;

第三步,将自己的知识档案加以分类,看总共有哪些,已投入使用的有哪些;

第四步,进行评估,估算出本公司的知识资产值是多少,怎样最大限度地增加它们的价值;

第五步,进行投资,辨明如何用开发知识的办法来缩小与竞争对手的差距,进而击败他们。与此同时,调动研究与开发工作,寻求新的专利技术;

第六步,把本公司的新技术档案加以集中。

(2) 建立知识型企业组织机构和知识共享机制

企业实施知识管理是为了充分开发和有效利用企业的知识资源,这就要求企业必须打破传统的金字塔形组织结构,建立起柔性、反应快捷的知识型企业组织结构。知识型企业组织结构鼓励员工之间知识的交流与共享,并且有切实的条件作保证。团队式的工作小组使任何一位员工的想法、建议或意见都能得到广泛的交流,学习成为一种日常的、自觉的事情。在这样的组织结构中,知识的产生与传播速度、知识资源的积累与扩大速度,以及最终企业技术创新和管理创新的速度都会大大加快。许多企业都建立了企业内部网,利用现有或自行开发了办公管理系统以实现知识共享,而信息技术尤其是群件技术、电子邮件、网络等又为这种共享的实现提供了技术支持。各个企业员工之间交流的方式大致有电话、语音信箱、电子邮件、会议、非正式活动等。为使各个部门之间相互了解彼此的工作,安达信中国区的总裁每隔一个月就在全体员工的会议上通报基本情况。用友的 BBS 必须以真实姓名发布信息,长天的热点话题讨论区从对公司的建议到公司门口橘子质量的好坏都有涉及。培训也是知识共享的一个重要组成部分，在线培训便是许多企业采用的一种典型的做法。

（3）营造环境，促进知识的开发、利用和交流

企业实施知识管理，管理者必须要努力创造一种环境，在这种环境中，企业员工能够自愿地交流与共享知识，开发与利用企业的知识资源去进行创新。这种环境的营造包括硬环境的营造和软环境的营造两个方面。硬环境的营造包括建立起知识型企业的组织结构，完善企业的知识网络，建立起鼓励员工参与知识交流与共享机制和鼓励员工创新的各项企业制度。软环境的营造是要创造出一种鼓励学习、鼓励知识的交流与共享、崇尚创新的企业文化氛围。软环境的营造可以促使企业的知识资源得到更加充分和有效的开发和利用，尤其对员工创造潜力的发挥有着不可低估的作用。

信息技术的发展为知识的开发、利用和交流开创了简单快捷的通道，扩大了共享的范围，并极大地降低了传播的成本。比如安达信公司的员工全球联网，不同地域的六万多人共享着基于 Notes 的庞大数据库。数据库的主要分类根据不同工业划分，比如制造业、农林业、能源业等，以下又可以细分，比如能源业还有石油、天然气等；另外还可以功能划分，比如做供应链有专门的数据库；还有根据安达信的核心能力划分，包括做策略、做金融流程、做信息技术、做转变管理四个方面的数据库。公司内部研究机构所做的报告、外请专家的研究结果及公司人员有价值的文章也会在这里查询到。安达信内部网络其实关键是人的网络，他们的专家共享机制是这样的：如果项目涉及能源业，那么负责亚太地区能源业的合伙人会知道安达信的能源业专家在哪里、正在做什么项目、有没有时间到中国来帮助做这个项目。在网络上，可以找到这些专家的联系方式，也可以在网上和专家讨论怎样来做项目，分享他们头脑中的知识。

（4）建立递增收益网络

收益递减规律是对经济活动的传统解释。这个规律表明，随着用于提高资源效率的投资越多，到一定阶段后，其获得边际效益将越低。管理的主要职责就是这些稀缺资源的配置——今天出售得多，明天能出售得就少，而市场份额是衡量成功的重要标志。但是这种收益递减规律并不能解释比尔·盖茨为什么能成为全球最富的人之一，而网络化的首要经济规律——收益递增规律——能够解释。这个规律说明，在提高资源效率方面投资越多，边际效益将越多（在经过一段特定的适应期后）。这种效应在传媒业、电脑业、移动电话业和软件业普遍存在，这些行业在许多国家里都是新兴产业。在全球性的知识经济中，管理的主要职责就是为公司内外的知识资本创造良好的环境并大力加以培育，这就需要把企业的客户和合伙人看作公司网络的成员，向微软公司和联邦捷运公司学习，它们采取渐进手段耐心播下了以较低的成本使用它们产品的网络的种子，一旦这些网络建成并往往成为事实上的行业标准，公司的收入、利润、股东收益就将大增。

2. 知识管理的评估

知识管理的评估并不是一件很容易的事，判断知识管理的普及水平及对组织的影响就如同评估营销、员工发展或其他的管理活动对组织的贡献这些问题一样复杂，然而，要想使知识管理真正能产生作用，知识管理的评估就是必须的。

APQC（美国知识管理研究会）通过对许多实施知识管理的客户的基准研究，确认出

一些基本的评估方法，以及这些评估方法对组织的影响。结果发现，对知识管理评估的需求在公司的业务发展周期过程中遵循着钟形曲线的发展模式。比如在早期的知识管理实施阶段，并不需要正式的评估方法。随着知识管理的工作越来越系统化和更广泛，对知识管理的评估需求将稳步增加。但后来，随着知识管理工作日益成为一种制度，对某项知识管理的评估需求将减少，公司将需要一种新的评估知识密集型业务流程运作是否有效的方法。下面我们通过对知识管理实施阶段的研究来说明如何评估知识管理的价值。

第一阶段：进入知识管理

在这一阶段，组织中的某些人对于知识管理非常感兴趣，并对组织实施了知识管理后的前景充满了信心。于是他们试图利用机会来证明知识管理对于组织的价值，他们创立了一个远景来激励其他的员工也行动起来，共同探索如何利用知识管理来为组织和员工创造价值。在这一阶段若想评估知识管理，公司管理层的所有成员必须懂得从事知识管理的价值，但在这个阶段做到这一点很难，因此最有效的说服管理层实施知识管理的方法是找到组织内部面临的最大问题，比如说发现组织内存在过多的重复劳动，在某些业务领域知识流失问题严重等。总之，要暴露出知识管理能迫切需要解决的问题，发现知识管理的需求，比如可以通过对公司重要相关利益人的访谈，发现组织因为没有实施知识管理而导致的时间、精力、金钱的浪费现象。第一阶段主要是大力宣扬知识管理的潜力，一旦让所有的人都投身其中，就有必要建立具体的评估措施。

第二阶段：探索和试验

在第二阶段实施过程中，必须考虑在组织内制定一个实际的知识管理定义，并考虑它的应用。同时也有必要从公司经费中争取更多的资源。知识管理试验小组活动为了显示出知识管理的概念和功效，还应开始专注于知识管理原则的发展。在第二阶段，随着知识管理活动在组织内多个方面的不断升级，对它的评估需求也随之出现。而评估主要出现在三个领域：逸事（成功的故事），定量（增长），定性（主要是从逸事中得到的推断）。此时必须要确认哪些因素不应在第二阶段评估。由于大多数的管理活动都是由财务业绩驱动的，因此可以能够衡量的财务指标为主，如生产力的提高、销售的增加、管理成本的降低，等等。虽然知识管理的活动能产生财务效果，但并不是在早期，因此，这一阶段的评估不应放在财务收益的回报率上，重点应放在那些能充分开拓组织中知识管理实践活动的措施方面，发展组织的知识管理战略，评估组织在知识管理意识方面的进步，并试用不同的知识管理概念。

在这一阶段，简单的评估方法是很关键的，此类评估手段有：

（1）对于知识管理进展的评估：可以评估公司在知识管理的赞助和支持方面取得的进展。比如在多大程度上获得了高层领导对于知识管理的支持？招募了多少既能成为知识管理的支持者又能担任知识管理项目的实施者成员？获得了多少次在决策者面前进行演示的机会，获得了多少反馈，等等。

（2）评估缺口：在前两个阶段的早期工作中，应该完成对组织内知识和知识地图的评估，以决定目前已经完成了哪些知识管理工作，哪些任务还未完成，并且确认该使用哪些评估方法，某些时候还应决定这种评估方法的价值，是否该继续使用。

（3）按照基准来评估：以其他的组织实施知识管理的情况作为本组织的基准将是一个说服领导赞助的工具。将本组织发起知识管理的级别层次与其他组织的同级别进行比较，比如目前有多少组织正开展知识管理，它们的资金来源、人员配置及结构是怎样的。这些评估方法将有助于向管理层推广知识管理。若经理觉察到支持知识管理能引起其他组织的注意，他们就倾向于支持；若本组织的知识管理还没有其他组织开展得深入，管理层也将有动力提供更多的资源；若本组织的知识管理处于其他组织的前面，管理层也会增加对活动的支持，以维持领导的地位，这将有助于发展隐性知识共享的路径。

第三阶段：发现并进行知识管理试点

这一阶段是正式的知识管理实施。它的目标是通过实施一些实验性项目，帮助组织获取那些可以在公司范围内转移的经验，以实现在更大的范围内进行知识管理。第三阶段的评估手段将融合早期存在的知识管理评估手段，包括定性、定量的。只不过手段的应用更精确，更专注于经济战略的实现。这里的关键是确保组织能察觉到实施知识管理后的直接商业价值，最重要的是建立一种机制来获取在知识管理实验项目中获得的各种经验。此外，在知识管理范围扩大而加速发展的阶段，建立对知识管理项目实施的子项目评估手段也是有益的，这些评估包括过程、文化、内容、信息技术、人员等各方面。

这一阶段可以评估的方面有：

- 评估商业价值，记载从每个项目中获得的无形和有形的商业价值。
- 根据搜索率和重复使用率来评估一段时间内有多少信息转化为知识。这一评估不仅包括定量的指标，还必须包括其他定性的指标，比如网站的点击次数、每次点击的时间、IP地址是否是重复用户的地址、网站被访问的频率、有多大比率的点击是重复用户带来的、什么指标可以说明重复用户已变成了稳定的客户，等等。
- 评估文化影响，评估方法的重点要放到如何评估逸事、如何进行绩效审查等方面。
- 记载实践社区运作的有效性。根据已有的资料，决定哪些因素有助于有效的实践社区建设，并将它与那些未成功的实践社区进行相关性分析，找出可以利用的经验以建设最佳的实践社区，改善现有的实践社区。
- 评估知识获取和编辑的所有权。
- 评估项目管理的有效性和预定的结果。

第四阶段：扩展知识管理

当组织到达第四个阶段时，知识管理已证明能够产生较大的价值，而且能成为组织活动的重要部分，其他部门对于知识管理的支持也日益高涨。这种高吸引性是祸福参半，能够投入知识管理项目的成本和资源需要进行正式的投资回报率的分析评估。这阶段的组织将在多个业务领域实施项目，因此有必要评估每个知识管理项目对于整个组织的适用性，也就是决定哪些知识管理的项目组合将对组织的成功产生较大的影响。这些评价标准包括：

- 有效性：整个业务过程是否因为实施了知识管理而高度有效或仅仅是普通的改善。
- 扩散性：知识管理合理地实施了吗？项目和知识管理是否被充分地理解了。
- 编码：由于将知识编码化是代价不菲的事，组织应该限制吗？这种限制是否可见和被人理解？

在这一阶段,知识管理将有可能成为组织的核心战略的一部分,当组织试图决定这一点时,合理的评估手段就变得十分困难。因此这一阶段必须重新叙述评估方法,组织不仅应评估知识管理项目是如何实施的,还应明确知晓业务指标与知识管理项目之间的关系。此外,公司还可以利用各种复杂的价值评估手段来评估知识环境。如衡量员工和经理的价值,看他们是否匹配。为了从整体上监察知识管理系统的运作,还有必要进行知识管理完备性的评估以确定流程是静止的、混乱的,还是正向最优状态转变。西门子公司评估了四个方面和16个知识管理的驱动因素,并将每一方面的评估结果画成图表,以确定目前公司的知识管理状况。

第五阶段:知识管理制度化

在某些方面,第五阶段是上一阶段知识管理实施的延续,然而它还是在以下三个方面与第四阶段有显著的不同:

- 除非知识管理已嵌入组织的商务模型中,否则它不会发生;
- 组织结构必须重新调整;
- 知识管理的能力已成为公司正式的绩效考评的重要部分。

知识的共享和使用也已经成为组织的业务运作方式,并成为组织核心能力的一部分。目前,只有很少的组织达到这一步。同第四阶段一样,第五阶段的评估手段不用来证实知识管理的价值,而是用来检查知识管理的进展,并持续监察与知识管理相关文化的发展。在这一阶段中,知识管理也不再是一个项目,因为公司的业务已经紧紧地与它结合起来,成为不可缺少的部分[①]。

8.2 知识产权与企业发展战略

案例导入:专利之争

三星电子与苹果公司的"专利大战"始于2011年4月,苹果以三星智能手机抄袭苹果产品为由向美国加利福尼亚州一家法院提起诉讼。三星则反诉苹果侵犯自己传输数据视频和存储数码图片的专利。伴随着触屏智能手机的发展,苹果和三星的专利纠纷也日渐加剧。双方之后在德国、英国、法国、韩国、日本和澳大利亚等9个国家展开专利侵权诉讼。这两家全球智能手机市场的"领头羊"已经花费数亿美元的诉讼费,在四个大陆针对彼此发起诉讼,主要目的还是希望在规模庞大的智能手机市场夺取更大的份额。专利大战无论对苹果还是三星而言都是百害而无一利的,双方已经于2014年同意在美国以外撤销所有针对对方发起的专利诉讼,包括澳大利亚、日本、韩国、德国、荷兰、英国、法国和意大利。

类似于三星与苹果之争的情况,也在逼近中国企业。2011年以来,在三星与苹果专利大战持续升温的同一时间段,中兴通讯已在美国遭遇了6起"337调查"。2014年以来的4个月里,中兴通讯已经连续赢得了3起"337调查"终裁胜利。目前,中兴通

---

① 侯贵松. 知识管理与创新[M]. 北京:中国纺织出版社,2003.

讯在全球提交的专利申请已超过 5.2 万件，通过《专利合作条约》(PCT)途径提交的国际专利申请连年保持在全球企业前列，业务遍布全球 160 多个国家和地区。在专利布局的基础上，中兴通讯已深谙国际知识产权竞争的规则，构筑了抵御各种知识产权风险的基础。专利纠纷乃至诉讼已经越来越多地成为企业在市场竞争中的一种常用手段。我国企业应认真从各种案例中总结经验，吸取教训，增强专利运用能力，开展专利运营与布局。

8.2.1 知识产权概论

在科技进步日新月异，知识产权竞争风起云涌的今天，任何国家及其企业的发展，既绕不开知识产权，更离不开知识产权。知识产权已经成为当代国家与国家之间的重要战略性资源，也已经成为当代企业与企业之间的重大核心竞争力。从苹果三星专利之战，我们可以看出知识产权对于企业成败的重要意义，它已成为当今全球竞争的一个缩影。我国正面临产业结构的转型升级，国家提出了知识产权战略，各级政府对知识产权的重视也达到前所未有的高度，很多企业通过制定相关知识产权制度、设立专门知识产权部门等方式来推进自身知识产权管理的发展。从 2014 年最高人民法院知识产权审判庭公布的数据来看，我国知识产权管理方面暴露的问题日渐增多：仅 2013 年全年，最高人民法院共新收各类知识产权案件 594 件，比 2012 年增长 65.46%，案件数量呈现猛增势头，增长率创 2009 年以来新高；专利等技术类案件增幅较大，所涉法律问题深度触及专利基本制度和基本理念，所涉技术事实愈加前沿和复杂，市场价值和利益更加巨大……[①]

1. 知识产权的概念

知识产权（intellectual property），也称"知识财产权"，指"权利人对其所创作的智力劳动成果所享有的财产权利"，一般只在有限时间内有效。各种智力创造比如发明、文学和艺术作品，以及在商业中使用的标志、名称、图像和外观设计，都可被认为是某一个人或组织所拥有的知识产权。知识产权从本质上来说是一种无形财产权，它的客体是智力成果或者知识产品，是一种无形财产或者一种没有形体的精神财富，是创造性的智力劳动所创造的劳动成果。它与房屋、汽车等有形财产一样，都受国家法律的保护，都具有价值和使用价值。有些重大专利、驰名商标或作品的价值也远远高于房屋、汽车等有形财产。知识产权通常是国家赋予创造者对其智力成果在一定时期内享有的专有权或独占权。[②]

不同组织对知识产权保护范围的界定如表 8-2 所示：

根据《建立世界知识产权组织公约》（1967 年）的规定，可以将知识产权分为两类。一类属于文学产权（literature property），是以保护人在文化、产业各方面的智力创作活动为内容的，包括著作权和发明权；另一类则是工业产权（industrial property），是以保护产业活动中的识别标志为内容的，主要包括商标权和商号权等，其中商标权又可分为以保

---

① 中华人民共和国国家知识产权局，知识产权是发展的重要资源和竞争力的核心要素——解读 11 月 5 日国务院常务会议精神，http://www.sipo.gov.cn/zcfg/zcjd/201411/t20141121_1035528.html.2014-11-21.

② 百度百科，知识产权[EB/OL]. http://baike.baidu.com/link?url=Qq6Dg_jVwmSCDhts2qw1gY2EJQ_VivAOxgBEKzmykFmiU2wFZOoCUubpEvJ-maaatqs_r-MeZxNGZZgzamu05EyX7adHPMtvTxs82HP20M7.2015-08-22.

表 8-2　各组织对知识产权保护范围的界定①

世界知识产权组织（World Intellectual Property Organization，WIPO）——《建立世界知识产权组织公约》	①文学艺术和科学作品；②表演艺术家、录音和广播的演出；③在人类一切活动领域内的发明；④科学发现；⑤外形设计；⑥商标服务标记、商号名称和牌号；⑦制止不正当竞争；⑧在工业、科学、文学或艺术领域内其他一切来自知识活动的权利。
世界贸易组织（World Trade Organization，WTO）——《与贸易有关的知识产权协议》	①版权与邻接权；②商标权；③地理标志权；④工业品外观设计权；⑤专利权；⑥集成电路布图设计权；⑦未披露过的信息的保护。
国际工业产权协会（AIPPI）在"东京大会"上对知识产权的界定②	①创造性成果权（发明专利权、集成电路权、植物新品种权、Know-How权、工业品外观设计权、版权、软件权）；②识别性标记权（商标权、商号权、其他与制止不正当竞争有关的识别性标记权）。
我国《民法通则》中对知识产权的界定	①著作权（文学、科学和艺术作品、计算机软件等）；②邻接权（出版物、演出、录音录像以及广播电视节目）；③发现权（科学发现）；④专利权（发明、实用新型、外观设计）；⑤发明权和其他科技成果权（发明、科学技术进步、合理化建议、技术改进）；⑥商标权（商标以及服务标记）。

护和促进精神文化为主的著作权与以保护和促进物质文化为主的专利权。值得注意的是，《建立世界知识产权组织公约》中所列举的知识产权所保护的范围是广义的知识产权保护范围，事实上，各国的知识产权立法并没有把上述对象都列为本国的知识产权法的保护范围，但由于该公约已有 160 多个国家参加，因而也可以认为大多数国家已经在原则上同意这种范围。我国法律规定的知识产权范围，主要是从智力成果的角度出发，因而将发现权纳入知识产权范围，而未将反不正当竞争纳入知识产权范围。我国理论和实践中比较一致的看法是知识产权划分为工业产权和版权，即主要包含专利权、商标权和版权。

虽然不同组织对知识产权的界定范围并不一样，但从其内涵和界定范围我们仍能看出它们具有的共同特点：无形性、专有性、地域性和时间性③，以及获利性、常见性和复杂性等。随着科学技术的不断发展，逐渐出现了一些难以用工业产权和版权来保护的新的智力成果，如计算机软件、集成电路布图设计等，同时也产生了如卫星、电视、网络等新的传播方式。针对这些边缘保护的客体兼有版权和工业产权的特点，各国不断探索其保护途径，由此也产生了一些专门的法律，如《集成电路知识产权条约》（WIPO）、《半导体芯片法》（美国）等。随着经济的发展、科学技术的进步以及民主与法律的完善，知识产权的保护范围将会进一步扩大与完善。

2. 知识产权制度

知识产权制度是智力成果所有人在一定的期限内依法对其智力成果享有独占权，并受到保护的法律制度。没有权利人的许可，任何人都不得擅自使用其智力成果。知识产权制

---

① 柯涛，林葵. 知识产权管理[M]. 北京：高等教育出版社，2004.
② 郑成思.《知识产权论》（修订本）[M]. 北京：法律出版社，2001.
③ 维基百科：知识产权.

度的建立与完善是保护科技成果、文化艺术成果的重要依托，是科技与经济密切结合以及科技成果商品化、产业化和国际化的必然结果，也是时代发展的必然趋势。在知识经济时代，知识经济的建立依赖于知识的创新、生产、传播和应用，各国企业之间的竞争逐渐转变为各自所拥有的知识产权的竞争。无论是维护知识创新者利益，还是促进知识的传播和利用，都离不开切实有效的知识产权制度。知识产权制度在现实生活中的意义，主要表现在以下几个方面：

（1）知识产权制度激励创新

创新本身是具有冒险性的活动，创新者并不能保证创新一定成功。同时，创新的要素和结果具有公共物品属性，创新者在创新成功后难以阻止其他人对创新成果进行剽窃。这两种特征制约着创新活动的开展。在这种情况下，出台能够为创新成果提供法律保护，使权利人得到合理市场回报，为创新成果转移转化搭建法律桥梁，推动创新资源合理高效配置，促进全社会创新效率不断提高的法律制度就显得尤为重要。知识产权制度依法保护知识产权创造者或拥有者在一定期限内对这种知识产权享有排他性的独占权，任何侵犯具有知识产权的创造者或拥有者权益的个人或组织都会受到法律的制裁。这样，就能保证创新者在某一技术或某一产品上形成市场独占，创新者由此获得了在同行业中的竞争优势，他们可以通过转让、技术许可、产品销售或实施生产而收回投资、取得经济利益。通常这种经济利益会比投资大得多，从而激发创新者的创造性。以制药企业为例，因为药品研发投入高，周期长，如果没有知识产权保护，绝大多数制药厂会选择放弃研制新药。在日本，1940年至1975年35年间，仅创制了10种新药，而1975年开始对药品实施专利保护后，至1983年8年间就创制出了87种新药。

（2）知识产权制度调节公共利益，促进公平竞争

世界正处于知识经济时代，全球经济的概念更重要的是知识、信息和人才的流通，各国综合国力和经济的竞争在很大程度上转化为知识、信息和人才竞争，集中体现为知识产权的竞争。因此，知识产权保护与竞争存在极为密切的内在联系：知识产权制度的最高价值目标就是实现公共利益。就知识产权而言，公共利益指的是社会公众能够分享创造性智力成果，能从接触和使用这些成果中受益。公共利益的实现对知识的传播与扩散、科技与文化的再创造意义重大。正如世贸组织的《与贸易有关的知识产权协议》（TRIPs）第8条所规定的：①在制定或修改其法律和规章时，各成员可采取必要措施来保护公共健康和营养，促进对其社会经济和技术发展至关重要部门的公共利益，只要这些措施符合本协定的规定。②只要符合本协定的规定，必要时可以采取适当措施来防止知识产权持有人滥用知识产权或采取不正当的限制贸易或严重影响国际技术转让的做法。知识产权制度是权利和义务的平衡，是知识产权权利人合法权益与社会公共利益的平衡。知识产权制度作为市场经济制度的重要组成部分，主要是规范知识与技术的公平竞争市场。[①]它是自由竞争的市场经济的产物，在一个规范有序和公平竞争的经济下，必须防止过度保护造成的损害公平竞争的行为。

---

① 柯涛，林葵. 知识产权管理[M]. 北京：高等教育出版社，2004.

（3）知识产权制度促进科技经济信息交流

产权制度在保护知识创造者的正当权益、调动创新积极性的同时，还具有向社会公开创造内容的功能。保护与公开意味着其他创新者可以利用这些智力成果信息，在科技研究或立项之前准确把握国内外的发展现状，从而避免重复研究、节约费用和时间。据世界知识产权组织研究报告，全世界最新的发明创造信息中，90%以上都是首先通过专利文献反映出来的。在研究开发工作中如能充分利用专利文献信息，不仅能提高研究起点，而且能节约经费60%，节约时间40%。[①]随着信息网络的发展，知识在世界范围内的传播、扩散速度大大加快，各国获取知识成果、进行交流与合作的机遇大大增加。知识产权制度是各国在参与知识成果交流与合作的过程中共同遵守的行为准则。很难想象如果没有知识产权制度以及相关的国际公约，知识成果如何顺利进行交流与合作。在知识经济时代，引进知识成果，促进国际间双边、多边的知识成果的交流与合作，必将更加依赖于知识产权制度。

（4）知识产权制度保护投资

科技成果的取得需要经过一系列基础研究、应用研究、开发研究的复杂过程，这其中每一项研究都需要投入大量的资金。因此，知识产权的价值实现需要创业投资和创新投资的支持，反过来，创业和创新投资的发展也离不开知识产权制度的支持和有效的知识产权保护机制。对于高新技术企业而言，竞争优势就是其技术领先优势和一定时期里的技术垄断优势，通过其技术优势地位和好的营销策略创新建立起品牌优势，从而在未来市场竞争中获得优势地位。这种优势地位的实现涉及知识产权保护的各个方面。比如，专利权、版权、商标权，等等。企业想通过差异化来获得竞争优势，没有知识产权的保护，差异化很快就会被竞争对手模仿甚至取代。知识产权制度通过确认成果属性，保障所有人的合法权益，保护专利、商标、厂商名称、服务标记和制止不正当竞争等方式，维护投资者的利益，维护市场的公平和有序竞争，并用法律规范人们的行为，促使社会形成尊重知识、尊重人才、尊重他人智力劳动成果的良好社会环境和公平、公正的市场竞争机制。

8.2.2 企业发展战略选择

1. 知识产权与企业的关系

在知识经济时代，知识产权所代表的知识资产是经济发展的主要动力来源。人们尤其是企业家们越来越意识到企业拥有知识产权的重要性。不论高科技行业还是传统行业，都必须依赖创新知识来增强并维护其竞争力。此外，企业在掌握知识产权以后，还要懂得增值利用，如证券化、专利化等，真正发挥知识产权的最大价值。可以说，知识产权是企业最宝贵的财产之一，并对企业的生存与发展产生直接的影响。

企业开发的新产品与新服务都与知识产权有关。事实上，我们在日常生活中所使用的每件产品或服务都是一连串创新的成果。从CD播放机到VCD、DVD再到蓝光播放机，无论是设计的改变、产品外观和性能，甚至是新产品的零部件、品牌名称、商标改变都离不开创新，而这些都受到知识产权的保护。很明显，无论企业生产哪种商品或提供哪种服务，

---

① 柯涛，林葵. 知识产权管理[M]. 北京：高等教育出版社，2004.

都有可能要利用不止一种的知识产权。因此，企业应系统地考虑对其所创造出来的知识产权进行保护和管理，以长远的眼光策划和实施知识产权战略，给企业最核心的无形资产以最有力的保障，并发挥其最大价值。相对的，企业想要利用他人的知识产权，需要考虑利用的方式，以规避知识产权纠纷带来的昂贵的诉讼费用或赔偿费用。

知识产权对中小企业与传统企业都有很大影响。知识产权不止和大企业或高科技企业相关，它同样和中小企业、传统企业息息相关。中小企业或传统企业手里的客户名单、资料、销售情况等有价值的商业资讯常常被管理者忽视或滥用。企业家或管理者需要重视这些隐形资产并通过商业机密的方式加以保护。企业应该善用知识产权，建立完善的知识产权保护策略，避免那些"钻空子"的行为。若能够善用知识产权，就可以在商业发展和竞争策略的各个层面协助企业强化其竞争力。

总之，知识产权管理是建立现代企业制度的要求。[1]企业间的公平竞争和知识产权保护以及创新的发展都离不开知识产权管理措施的完善。市场经济的正常运行也有赖于知识产权的保护制度。世界知识产权组织总干事阿·鲍格胥说："人类的智慧是一切创作和发明的源泉。这些智慧的成果是人们美好生活的保证。每个国家的责任是对这些创作和发明进行精心的保护。"

2. 我国企业知识产权管理存在的问题

由于我国知识产权制度起步较晚，在涉及企业知识产权管理方面还存在许多问题。

首先，企业自身知识产权管理存在问题。我国企业是在较短时间内迅速发展成长的，企业管理层在日常经营活动中更多地强调有形资产的使用和管理，对知识产权管理重视度不够，知识产权意识薄弱。国内除了少数企业对知识产权有比较规范的管理之外，绝大多数企业还没有认识到配置知识产权管理专业人员及专业机构的重要性，缺乏严密的组织和规范的规章制度。从企业管理战略层面来看，多数企业并没有制定长期知识产权发展战略。缺乏战略高度的规划，企业将很难保证创新的持续进行，甚至导致专利使用率、商品化程度低，还很容易陷入专利"陷阱"。

其次，企业知识产权管理缺少有利的外部环境。我国1980年才加入世界知识产权组织。虽然已经制定较为全面的知识产权保护体系，但统一的知识产权发展战略仍待制定实施。我国《专利法》《商标法》等与知识产权保护相关法律体系在实际操作过程中仍有不足之处。地方知识产权行政管理机构和中介机构还不健全。这些问题都是制约企业知识产权战略发展的重要因素。

3. 各国企业知识产权管理比较

（1）美国企业的知识产权管理

得益于强有力的法律体系，美国可以说是全世界知识产权保护最好的国家。近几十年来，美国不断根据国家利益和企业竞争的需要，完善专利法、版权法、商标法等一系列法律体系，不论是政府还是企业都对知识产权的保护非常重视。美国企业将与知识产权相关的科技人员管理、创新研发以及专利申请、签订、实施、申诉等一系列环节都纳入了知识产权管理工作中，形成了以不断完善的立法为依托，以专利为基础的战略性全面知识产权

---

[1] 柯涛，林葵. 知识产权管理[M]. 北京：高等教育出版社，2004.

管理制度。根据美国的知识产权法律制度,科技人员在受雇期内的工作过程中获得的任何发现、创意、发明、公式、程序、著作以及商业秘密等,不论是否取得专利权、商标权、著作权等,其知识产权均归公司所有。①例如,微软等许多企业都通过知识产权归属协议与员工约定知识产权的归属问题,员工只要从公司内部取得的信息、成果,都应将这些信息和成果的知识产权移交公司。美国是专利创始国,企业运用专利战略已有80多年的历史。一些大企业在制定专利战略时对专利许可和实施的典型做法是,绝不转让关键技术,而只在风险小,回报高的情况下转让20%的重大技术,其余一般技术则视情况发放专利许可证。美国企业的知识产权管理已经形成了一套较为系统完善的管理模式,如IBM公司专门设有知识产权管理部门,每年在自主知识产权研发上花费几十亿美元,可见其对知识产权的重视。

(2)日本企业知识产权管理

日本企业界普遍重视知识产权的保护和管理工作,他们的观念是"知识产权是企业的发展支柱",共同的特点是知识产权保护意识非常强,特别是一些驰名大公司,在企业内部均设有一套完整的知识产权管理机构,负责本企业专利、商标的申请、授权后的管理,以及专利技术的应用、实施、转让等。例如,丰田公司通过设置知识产权部长办公室、总务室、第一专利室和技术部等部门完善知识产权组织形式,对知识产权业务进行分组管理,以取得知识产权并有效利用专利、商标、外观设计、半导体芯片、技术秘密、服务标记,协调与其他企业的知识产权的关系,协调国内外知识产权纠纷;对研究开发和产品开发提供专利服务活动,进行与知识产权相关的情报管理及利用工作,签约和管理各种技术合同,奖励发明和对外观设计等创新活动。

(3)德国企业知识产权管理模式

德国在世界高新技术转让中居世界第一位,而德国的发明创新能力也高踞世界前列,如德国的西门子公司拥有国内外有效专利70000件,每年维持费数量相当可观。德国作为欧洲最大的技术转让国,其企业界对知识产权的战略思想是要利用专利权垄断技术市场,使其产品在国内外市场上处于竞争优势,以保持和提高企业在国际市场中占有的份额。以德国拜耳公司为例,其设有专利委员会和专利处,二者是平行的组织机构。专利委员会由生产、科研、技术应用和专利处联合组成,其职责是分析判断哪些发明项目可以向国外申请专利;去哪个国家申请,对已获权的专利进行管理;根据专利项目登记表,决定哪些项目的专利权需要维持,哪些可以放弃。专利处受公司总部直接领导,下设两个科,一个是专利科,另一个是许可合同和技术协调科。专利科的主要职责是申请专利直至授权专利的管理;申请专利前和产品投放市场前的专利信息的调查,若发现相同技术,就设法买下他人的专利权;处理专利纠纷,一是协商解决;二是通过诉讼裁决。专利科技业务上与各级法院有联系。许可合同和技术协调科负责许可合同工作,包括专利许可、技术秘密及技术合作。②

4. 企业制定知识产权战略要点

知识产权管理就是一个企业或其他经济组织乃至国家对其所拥有的知识产权资源进行

---

① 金永红,慈向阳. 国外企业知识产权管理战略分析及其启示[J]. 中国科技论坛,2007(3):118-121.
② 现代企业知识产权管理制度比较研究[EB/OL]. http://blog.sina.com.cn/s/blog_511bf9010100904u.html.

有效的计划、组织、领导和控制，以实现最佳经济效益和提高国际竞争力的过程。①企业应当依据自己的不同情况制定具有本企业特点的知识产权管理制度。企业知识产权战略的产生和发展是企业战略管理发展的一个重要阶段。发达国家的企业知识产权战略管理已经发展到了比较成熟的阶段。②通过对其经验的借鉴，可知企业知识产权战略制定应注意以下几点：

第一，设立专门机构，配备专门知识产权管理人员。

企业知识产权的管理工作涉及知识产权的设计、投资、产生、使用、转让、形成收益等，每个环节都关系到企业内部和外部的诸多因素。③因此，企业可以依据自身条件设立负责知识产权管理事务的专门部门，或者明确由专门人员来管理知识产权事务。一些国际大公司，如丰田，都在企业内部配备了拥有数百人之多的知识产权机构。知识产权管理人员可以分为四个层级：第一层级是创造知识产权的人员，如研发人员、工人等，他们将他们的知识进行自觉的贮存和传播；第二层级是知识产权管理部的技术人员，他们对公司的全部知识产权进行收集、整理和输入数据库；第三层级是知识产权管理部的专职人员，即知识产权项目经理。他们针对知识产权管理中的不同方面，对知识产权进行管理；第四层级即公司CKO，他是知识产权管理的主管，总体负责公司知识产权管理工作。除此之外，企业还可建立专家组，邀请企业在职人员、退休人员、消费者等成员组成，为企业的知识产权战略或其他经营管理提供智力援助。

第二，制定知识产权战略的同时也要完善知识产权管理制度。

一个国家的知识产权战略是与知识产权制度紧密联系在一起的，知识产权战略就是有目的、有效地利用知识产权制度的一种谋略，其内容主要包括知识产权创新、保护和利用。④企业实施知识产权战略也需要系统建立并完善与知识产权相关的管理制度，不断强化知识产权的基础建设，将知识产权工作纳入统一的企业考核中。企业知识产权管理制度，既包括知识产权管理战略的提升，还包括重要的管理规章制度的运作等，表8-3列出了一些规章

表8-3　企业知识产权管理制度内容

类型	具体内容
知识产权基础制度	商标制度；专利制度等
知识产权保密制度	知识产权相关员工的保密制度；知识产权相关信息的保密制度；知识产权管理资料保密制度等
知识产权检索与检验制度	建立知识产权信息网络平台；专利文献检索与专利信息分析制度；知识产权检验制度
知识产权激励与奖励制度	知识产权激励制度；知识产权奖励制度
知识产权教育与培训制度	新进员工知识产权教育制度；知识产权培训制度
知识产权评估制度	对企业知识产权制度的评估；知识产权评估制度
知识产权侵权纠纷应对制度	侵权保证金制度；侵权诉讼制度

---

① 柯涛，林葵.知识产权管理[M]. 北京：高等教育出版社，2004.

② 叶京生. 知识产权制度与战略：他山之石[M]. 立信会计出版社，2006: 244-247.

③ Alejandro Zentner. Demand and Supply Responses of Digital Goods Protected by Intellectual Property Rights to Advances in Digital Technologies[D]. Doctor of Philosophy, the University of Chicago, 2005: 82-101.

④ 叶京生. 知识产权制度与战略：他山之石[M]. 立信会计出版社，2006: 78-85.

制度的具体内容。这些制度的建立有助于企业对知识产权的工作流程、权利保护、绩效考核和教育培训等方面加以规范化。

第三，创新投入也是知识产权战略中的要点。

知识产权战略本身并不能完全确保企业的科技开发成功的必然性。一个企业想要从知识产权战略中获益，创新能力是至关重要的。企业无论是通过技术引进发展自主知识产权，还是通过创新来发展自主知识产权，都必须提高创新能力才能获得持续的发展。创新能力决定了企业的消化吸收和应用引进技术的水平的高低。可见，创新与企业的经营发展密切相关，创新又与专利、商业机密、商标等知识产权密切相关。因此，创新是企业制定发展战略必须考虑的因素之一。创新能力的提高是依靠大量的研发投入来实现的，只有通过各种渠道和方式加大企业的科研投入，提高创新能力，企业才能实现知识产权的目标。

第四，知识产权战略要系统化

全面而完善的知识产权管理系统是有效实施知识产权战略管理的根本。在战略的制定上，要充分考虑企业自身的特点和实际，把创造知识产权、保护知识产权、有效利用和管理知识产权，特别是知识产权价值的最大化作为整体战略考虑。[1]知识产权战略要同企业的整体发展战略相匹配，并且随着知识产权管理意识的不断强化贯穿于整个管理体系中，使各个管理层次的管理者和员工对战略的理解和认识保持一致，从而实现对知识产权全面有效的管理。[2]

5. 企业知识产权战略模式选择

知识产权战略指作为技术创新主体的企业在进行技术创新活动时，运用专利及其他知识产权制度的特性和功能，从法律、经济和科技的角度，对有关技术创新知识产权的获得、保护、实施和管理等所做的总体安排和统一谋划，是企业从自身条件、技术环境和竞争态势出发做出的企业技术创新知识产权工作的总体部署，以及为实现创新目标而采取的有关知识产权的根本对策。企业应选择合适自身发展的知识产权战略模式。一般来说，企业建立知识产权战略主要有以下四种模式：

① 进攻型战略模式，即以拥有和主动开发自主知识产权为核心，抢占本行业知识产权发展的制高点，垄断或扩大市场。

② 防御型战略模式，即紧跟本行业知识产权发展方向，稳定、持续地推出具有自己企业特点的知识产权，以求抵御对手的强大攻势，保护自己已有的良好市场状况，这种模式中，商标及品牌战略会产生较为重要的作用。

③ 跟进型战略模式，主要通过研究已有的先进技术，通过技术对比与分析，结合自身特点开发新技术和新产品，这种模式要求企业有较强的捕捉和搜集最新信息能力。

④ 混合型战略模式，从企业和市场的实际情况出发，综合采用进攻、防御和跟进各种方式的战略，这种企业一般不强调有特别鲜明的自身特点。

在当今知识经济的时代，企业之间的竞争更多的是经营策略和模式的竞争。企业的知识产权战略是企业经营策略的一个重要组成部分，对企业的发展起到至关重要的作用。正

---

[1] 包海波. 日本企业的知识产权战略管理[J].科技与经济，2004(2)：41-45.
[2] 谢颖. 全球化背景下我国知识产权战略构想[D].东南大学硕士学位论文，2005:27-29.

如微软负责知识产权政策和战略的副总裁马歇尔·菲尔普斯（Marshall Phelps）在《烧掉舰船》一书中所说："归根到底，知识产权已经成为现代公司财富的主要来源。今天，知识产权和其他无形资产已经占到全世界所有上市公司市场资本总额的80%以上。而商标、著作权和专利权和技术性知识现在成为这些无形资产中最为重要的部分。"微软的成功则是牢牢把握了对于知识产权必须进行有效管理这一重要方面。企业知识产权战略的制定和实施直接关系到企业的生存和发展，从目前来看，我国企业的知识产权管理还任重而道远。

8.3 创新与绩效

案例导入：中集集团的创新绩效评价体系

中集集团通过落实创新绩效评价体系，显著提升了各下属企业加强技术创新的积极性、主动性，中集在产品的开发、专利标准和行业地位等方面拥有了显著的国际地位，并且掌握了行业的核心技术，不断引领世界集装箱行业的技术发展方向。仅2009年，新产品开发600多项，新增销售收入100多亿元，较上年增长103%，占产品销售总收入的40%。下图为集团创新绩效评价结构图：

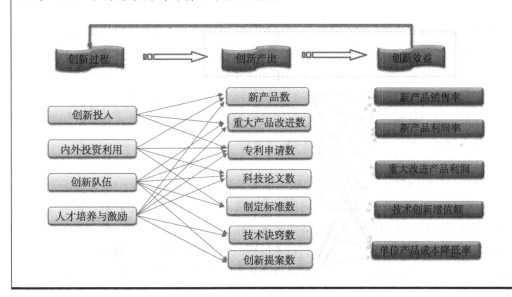

技术创新需要投入大量的资金，同时，技术创新的投资又属于风险性投资，企业需要对技术创新的经济效果加以评价，才能使企业知道技术创新的投入为其带来的利益多少，帮助企业进行客观有效的创新管理。组织掌握创造新知识过程的能力已经被证明是一种提高组织商业绩效的主要因素。知识创造能力的提高可以促进组织绩效的大幅度提高。创新活动就是知识整合和创造的活动，由此可知，创新活动对于组织绩效的提升有正向影响。但在创新管理过程中，应辩证对待创新与绩效的关系。

提高产品或服务创新度有助于提升企业的整体绩效。先进的技术对企业获得财务绩效有着显著的促进作用，尤其体现在利润总额和新产品的销售上。但是，一个企业的高技术标准对企业的新产品开发的数量和专利的申请并没有实际的帮助。创新度并不是越大越好，它与企业的技术积累和能力有关。如果只是纯粹追求突破性创新的形式，或纯粹只追求高技术标准，付出的成本可能会远远大于带来的收益。从绩效角度来看，利用创新的重要性远远高于创新的产生。

组织整体绩效的改变受多种因素影响，如市场环境、竞争对手状况以及对创新的管理，等等。如何在诸多因素共同作用下衡量创新的成效呢？研究者大多采用技术创新绩效的考核来反映创新的贡献大小。技术创新绩效是企业绩效的一个组成部分，它用来衡量企业实施技术创新活动为企业带来的效益（主要在新产品的收益中体现），包括经济效益、社会效益和科技效益等各方面的综合。企业技术创新绩效评价是对企业的创新效果和效率进行检验与测评，使企业科学地认识自身的技术创新状态，分析影响企业技术创新绩效的主要因素、技术创新资源的使用效率，从而逐步改进创新管理，以获得更好的经济效益和社会效益。

企业技术创新绩效评价的作用表现为：

（1）有利于创新决策合理化。在企业决定是否要进行创新以及进行何种创新时，事前的创新绩效评估起着关键性的作用，合理的创新绩效评估指标有利于作出合理的创新决策。

（2）有利于减少盲目创新的风险。技术创新风险大，但一旦成功，其收益也很高。合理的技术创新绩效评估指标综合考虑了收益和风险的匹配，其标准体现了高风险高报酬，从而有效降低了盲目创新的风险。

（3）有利于正确度量创新实施效果。正如任何一项活动的实施效果都要用一定的指标来反映，企业技术创新活动的实施效果也要通过特定的指标——技术创新绩效指标来衡量。这是技术创新绩效评估指标的本质属性。经济效益是技术创新的出发点和归宿，也是检验技术创新实现与否和实现程度的基本准则。

（4）是企业管理的要求。技术创新管理就是对技术创新活动的各投入要素进行有效的协调和控制，以得到最佳的效果，而控制需要有指定标准（也即指标），效果也需要用指标来衡量，这就需要制定出合理的评价指标来判断技术创新活动的实施效果。合理的技术创新绩效评估指标有助于明确技术创新活动的责、权、利关系。

（5）有利于活跃企业的技术创新。技术创新的成功往往伴随着超额的垄断利润，对技术创新实施效果进行有效的评价，既可以激励企业内部的创新活动，同时也可以激发其他企业的创新行为。

创新绩效的考核评价指标体系应结合企业实际进行设计，通常包括如下几个方面：①创新体系建设，可从技术管理体系、创新的组织管理、创新文化建设、创新平台建设等几个维度考核。②创新保障机制，可从创新人才管理、创新奖励制度、创新投入经费管理、创新活动管理等几个维度考核。③市场运作，可从创新项目计划、创新项目实施、创新成果评价、创新成果市场效益等几个维度考核。在实际操作过程中，企业可结合战略目标、行业性质、企业规模以及创新活动的特性等各方面因素，设计一套创新绩效评价的指标体系，评估创新活动实施效果，为企业发展决策提供更科学的判断依据。

8.4 "新常态"和创新创业

> **案例导入：董明珠的困扰**
>
> 61岁的董明珠和25岁的王锐旭，年龄相差了36岁。几个月前，他们都曾走进中南海，成为国务院总理李克强的座上宾。全国人大代表董明珠身后是有着年销售额上千亿元的格力电器帝国，而"90后"的王锐旭凭着上大学时的一个好创意，为自己年轻的公司拿到了上千万元的融资，目前公司估值过亿元。2014年，我国GDP站在了增速7.4%的台阶，一些习惯了GDP"八九不离十"的机构给出了悲观的评价，认为中国经济进入下行通道，但董明珠和王锐旭感受到的却是中国经济从高速增长进入中高速增长新常态后的另一种活力和变化。董明珠接受了中国青年报记者的采访，她一如既往地快人快语："2014年格力的营业收入有1400亿元，比上一年增加200多亿元，哪里有什么经济的冬天？"事实上，7.4%这个简单的数字背后有人欢喜有人愁。格力这样以消费品为主的制造业企业依然保持了快节奏的发展，但一些高污染高能耗的行业在产能过剩和节能减排的双重压力下，无疑进入了"严冬"。在钢铁行业，有的企业1吨钢材的利润甚至不足1元，连一根冰棍都买不到。国人在日本抢购电饭煲、马桶盖的新闻一直困扰着董明珠：国人在境外抢购的商品价值过亿元，为什么不把这些钱留在国内买国货？

8.4.1 "新常态"下的创新创业

所谓经济的"常态"是一个经济体运行的"经常性状态"或"稳定性状态"的简称。这里隐含了一个时期或阶段的概念，即所谓经济的"常态"应该是一个经济体在"某一特定时期或阶段"内运行的"经常性状态"或"稳定性状态"的简称。依此定义，"经济新常态"应是相对于"上个时期或阶段"经济运行的状态而言的，或者是相对于"历史时期或阶段"经济运行的状态而言的。人类社会经济的发展受到诸多因素的影响，这些因素不仅在维度上难以穷尽，而且在内涵或形式上也无法完全控制或重复。从这个意义上说，有别于"上个时期或阶段"的经济运行状态，一旦趋于稳定，并可以维持一段时间，那就是经济运行的"新常态"。我国经济"新常态"的主要特点有：

（1）从高速增长转为中高速增长。年均经济增长速度放缓，但仍将保持在7%~8%的中高速。与中国改革开放前32年年均增长9.9%的高速增长阶段相比较，年均增长速度回落2~3个百分点。但与世界其他国家或全球经济增长速度相比，这一增长速度仍处于领跑状态。根据国际货币基金组织（IMF）2014年10月的预测，2014—2019年世界经济年均增长速度将为3.9%，其中发达国家为2.3%，新兴经济体为5%。

（2）经济结构不断优化升级。在中国经济新常态下，经济发展方式的亟需改变，要告别不顾资源短缺、竭泽而渔、破坏性开采的粗放型发展，告别忽视环境保护的污染性发展，告别透支人口红利、社会保障体系建设滞后的透支性发展，正在逐步转入遵循经济规律的科学发展，遵循自然规律的可持续发展，遵循社会规律的包容性发展。发展的主要动力正在逐步转向依靠转型升级、生产率提升和开拓创新。

（3）从要素驱动、投资驱动转向创新驱动。经济增长的驱动因素正由要素和投资驱动转向创新驱动。经济增长结构发生变化，生产结构中的农业和制造业比重明显下降，服务业比重明显上升，服务业取代工业成为经济增长的主要动力。需求结构中的投资率明显下降，消费率明显上升，消费成为需求增长的主体；内需与外需结构发生变化，内需占比增加。2012年，消费对经济增长贡献率自2006年以来首次超过投资。从2014年前三个季度数据看，最终消费对GDP增长贡献率达48.5%，又比上年同期提高2.7个百分点。

在"增长速度换挡期、结构调整阵痛期和刺激政策消化期"三期叠加的新形势下，"大众创业，万众创新"成为经济发展的新引擎。而随着"互联网+"思维在社会各个领域的深入和渗透，众创、众包、众扶、众筹等新模式正促进生产与需求对接，传统产业与新兴产业融合。"双创"汇聚资源推进了分享经济成长，大力推动了创新驱动发展新格局的形成。

1. 创新创业驱动经济增长

第一，创业创新能培育出新的经济增长点，有利于打造稳定中国经济增长的"新引擎"。一方面，创业活动可以将我国目前大量科技创新成果变为现实的产业活动，推动创新的产业化。另一方面，新一轮创业浪潮不断推动新产品、新服务的涌现，创造出新的市场需求，形成了很多新兴业态，比如"互联网医疗""在线教育""互联网金融"等新兴业态，成为新的经济增长点。

第二，创业创新能推动我国产业结构优化升级。当前我国制造业面临着产能过剩、资源利用率低和结构不合理的问题，将创新的思维和技术运用到产品研发设计、生产制造、经营管理、销售服务等环节，有助于以生产者、产品和技术为中心的制造模式加速向社会化和用户深度参与转变，推动产业向纵深发展和工业转型升级。此外，以"互联网+"为代表的创业创新催生了一大批新型的现代服务业企业，激烈的竞争促进了我国服务业的升级发展，加速了产业结构的高级化。

第三，新一轮创业创新浪潮的兴起，有利于以创业带动就业，更好地发挥市场在促进就业中的作用，缓解就业难困境。目前我国就业压力巨大，大学生就业难问题愈演愈烈，农民工就业不稳定。我国不仅需要顶天立地的大企业，更是需要铺天盖地的小企业，才能撑起人口大国的就业。此外，高速城镇化需要创业带动就业形成产业支撑。城镇化的关键在于实现农民工市民化。"市民化=稳定就业+公共服务+安居及观念转变"，通过创业增加就业机会、提升就业稳定性是市民化的重要前提。

2. 创新创业新的模式

中国的创新创业与全球特别是美国的创新创业正在直接地、快速地融合。现在越来越多的中国公司把研发的初级阶段放在美国，比如放在硅谷。美国的创业中心实际上是一个全球人才的集聚地。这就正在形成一种新的创新创业模式：在硅谷做最初研发，之后在中国进行进一步开发，并充分利用中国市场 N 的力量。在网络中有个梅卡菲定律（Metcalfe's Law），即网络效应的平方法则：网络价值=N 的平方。因此在互联网时代，N 的力量不是 N 的线性关系，而是 N 的平方关系，这就把 N 的力量更加放大了。美国有三大全球性的创新创业聚集地：硅谷/旧金山湾区、波士顿、纽约。前两者存在很长时间了，而纽约是新兴的。纽约作为金融中心，在金融危机以后金融业受到较大打击，但随后出现了一批创新创业企业，纽约的创新创业是与纽约的商业中心、广告中心、媒体中心相关的创新创业，所以跟硅谷不一样。在中国也有三大主要创业创新的聚集地区：深圳、北京、上海/杭州。未来这六个地区将很可能是全球创业创新的聚集地。虽然目前中国的这三个地区还没达到美国的水平，但是未来发展速度会非常快。

新一轮创业创新浪潮由创业、创新和创投"铁三"联合驱动，"众创""众包""众筹"等新的商业模式、投资模式、管理机制等多方面创新相互交织。当前，"大众创业，万众创新"的创业浪潮正表现出创业、创新、创投三者紧密结合的新格局。一方面，创新与创业是一对孪生兄弟。成功的创业要能使创新投入产生经济效益，创新成果转化成产品。在互联网时代，市场竞争越来越激烈，企业只有根据市场的变化，不断创新商业模式、管理机制，不断提升技术研发水平，才能获得利润得以生存。比如小米科技采用多元合伙的创业模式，即"天使投资+研发团队+外包生产+物流销售团队"同时协作。我国依托高新技术开发区、经济技术开发区和大学科技园，建立大批创业"孵化器"，促进企业与高校、科研机构的产学研合作，促进科技成果转化，鼓励各类科技人员以技术转让、技术入股等形式转化科技创新成果，进行科技创业。另一方面，创业创新的联动离不开创投的支持。创业创新过程具有资金投入高、市场风险高等特征，这与创业投资风险偏好特点相匹配，新一轮创业浪潮使创业与创新、创投形成"铁三角"。创业投资具有要素集成功能、筛选发现功能、企业培育功能、风险分散功能、资金放大功能，能够在企业成长的不同阶段支持企业创业创新，发掘有价值的科技成果并加快推动技术的产业化。国家建立了新兴产业创业投资引导基金和国家中小企业发展基金，利用政府资金的杠杆作用，撬动社会资本参与新兴产业发展，有效引导创业投资向创业企业的初期延伸。同时，创业投资机构也开始全程参与创业公司的发展，逐步承担从种子期的天使投资到早期投资的 VC、成熟期及后期投资的 PE 所做的工作，创业投资从投机化向"天使化"逐渐发展，"众创""众包""众筹"等新的商业模式、投资模式、管理机制等多方面创新相互交织。

8.4.2 创新与创业的经济社会价值

1. 创业活动关系民族生存和振兴

创业活动是产生先进生产力和新经济形态的源泉，而成功的创业，往往都是由激烈的市场竞争将创业者和他的企业逼到"置之死地而后生"的情况下才实现的。新创企业一般规模小、实力弱、技术水平低、人才缺乏，生存能力脆弱，50%~60%的新创企业生存时间不超过 5 年。新创企业要在强手如林的竞争夹缝中求得生存和发展，不得不在创新、改革、经营管理等方面奋力把工作做到极致的水平。创业者必须在自己的企业中创造出一种最先进的微观生产力系统，开发或引进、采用最先进的生产和管理技术，开发出最受消费者欢迎的特色产品，形成竞争对手难以取代的优势生产能力。创业者还必须创建一种更为进步、合理的微观生产关系系统，建立最能促进生产发展和效益提高的利益关系体系及相应的制度规范，创造最灵活的运转机制，使企业内部人与人的利益结合和分工协作、相互影响关系成为最能调动全体人员劳动积极性和创造性的典范。创业者还要力求创造一种新的企业文化，不仅向企业内外展示它有能力走在社会文化财富生产的最前沿，更重要的是它必须有效地增强文化软实力，并尽最大可能把一切积极的文化成果转化成经济实力的增长。为了在艰难和风险中生存，新创企业必须比那些有竞争优势的企业更多一些竞争力，比发展得好的企业发展得更好一些。它只有在生产水平、利益关系、体制机制、文化创造等许多方面都做到了极致或近乎极致，就有条件在核心竞争力和发展模式方面成为领先者。大量的新创企业由于做不到这些，所以很难生存下去。而如果一个新创企业做到了这些，就等于诞生了一个在现阶段更为先进的生产力与生产关系、经济基础与上层建筑相统一的微观社会系统，它无疑会因此而较快成长壮大，甚至发展成巨大的企业、企业集团、新兴行业，成为地区、国家的增长极。它在成长过程中所创造的那些先进的微观生产力、利益关系、基本制度、运行机制、精神文化等，随其发展壮大而不断得到充实、提高、推广，逐步扩展到全社会，对宏观的经济社会系统产生辐射、带动、改造、提升作用，成为引领社会经济发展的宝贵财富和撬动社会变革的杠杆，这个新创企业因此就成为一种新经济、新文化、新文明甚至新革命的摇篮。

最近二三十年中，在美、日、英、德、法等主要经济大国发展中发挥支柱和基础作用的大型企业、企业集团、跨国公司，大多数都是由19世纪到20世纪期间创办的中小企业成长起来的，这些企业的创业史同时也是这些国家成为经济大国、世界强国的发展史和世界经济的现代化变革史。如果没有当年的通用电气、贝尔电话（美国电报电话公司）、杜邦、IBM、可口可乐、福特汽车、惠普、苹果、微软、松下、索尼、丰田、壳牌、西门子等数以千计的白手起家、由小到大的创业企业，而今的世界500强及其所代表的经济强国的实力以及全球经济发展的新特点、新趋势等，都是难以想象的。中国19~20世纪的民族资本主义创业发展，尤其是新中国成立后和改革开放以来所进行的大规模创业发展，产生出了一批又一批代表国家所拥有生产力水平和经济实力、体现民族振兴希望的大型骨干企业。中国和一批发展中国家所走的创业发展道路，各有其民族特点、地区特点和时代特点，但所遵循的规律与发达国家是相同的。正是无数的创业企业以及从中产生的大型骨干企业，成为近两个世纪推动电气技术革命和电子信息技术革命并将其先进技术成果转化为现实生产力和社会财富爆发式增长的主力军，带动了一批又一批国家和地区从落后走向富强。可以说，创业的短期效果主要是创造不断增长的企业数量、物质财富和宏观经济总量，而其长期效果则是创造富裕的国家、强大的民族和新的世界。

由新创企业到社会文明摇篮的发展轨迹，体现了近代以来创业活动推动经济发展和社会进步的一种普遍规律，这就是：先进的生产力、生产关系、经济形态和社会文化形态，最初往往是在新创企业和创业能力强大的企业中萌生、成长并逐步扩展到全社会的。企业家的创业和再创业是一种建造微观财富增值源泉的创新活动，是宏观社会里亿万人从事的各不相同但密切相联系的创造性活动的一种浓缩形式，同时也是未来宏观经济社会实现更高水平发展的胚芽。创业的直接效果是创办新的企业，增加企业的数量和宏观经济的总量，但创业的战略意义和历史积淀则是创造新的生产力和创建新的经济社会形态，推动一个民族甚至全人类新的生产力和新的经济社会形态的产生、发展而获得振兴。推动创新和创业，是推动经济和社会的发展、变革、转型、升级的直接途径，也是实现民族振兴的必经之路。

2. 创业是国家和地区经济持续健康发展的基础性战略

创业者的有效创业数量越高，中小企业数量增加就越快，从这些企业中成长起来的大中型企业的数量也越多。不断增多的新创企业具有满足多样性、特殊性社会需求，以及深化产业分工、缓解经济衰退的破坏性作用、消除垄断造成的许多弊端、合理开发利用资源等功能，在促进经济增长加快的基础上，能够有效推动经济结构和经济社会运行发展模式趋于合理、进步。创业活动是经济机体的一种生长机制，通过不断生长新的微观细胞为行业、部门、地区、国家等宏观系统的新陈代谢和结构演变奠定基础。创业活动所创办的数量巨大和有生有灭的中小企业，使经济和社会机体的代谢功能保持着一种充分竞争、适者生存的旺盛状态，有利于克服垄断性弊端和结构关系、体制机制中的僵化、停滞趋向，对解决诸如大企业病、收入差别过大、金融结构僵化、小微企业融资难等问题提供了基础条件。此外，我国企业数量和宏观经济在2001—2011年的增长情况，印证了创业与两年后的经济增长正相关程度更高的观点是基本正确的。2003—2011年经济年均增长为10.7%。即使在受国际金融危机冲击最严重的2009年，经济增速依然达到了9.2%。但从2011下半年起，由于国内外经济形势更趋严峻，受此影响，全国新设企业增速放缓，内、外资注册资本出现双下滑趋势，2012—2013年上半年，新设企业增速下降幅度增大，下降速度有所加快，相应地，GDP增速降至2012年的7.8%和2013年上半年的7.6%。

有关研究表明，平均每名创业者可带动28人就业。世界主要国家实现充分就业的主渠道，就是增加企业尤其是中小企业的数量。随着经济的发展和升级，传统的就业岗位不足以承担巨大的经济容量和发展规模，只有通过创业活动，扩大各类企业特别是中小企业的就业容量，才能创造不断增多的新工作岗位，并提高就业结构水平。美国平均每个企业雇员为5人，日本为11人，欧盟为6.4人。世界大多数国家和地区的中小企业都提供了近50%以上的就业岗位，如美国53%的就业岗位和65%的新增就业岗位就是由中小企业提供的。德国和韩国中小企业提供的就业岗位更是高达78%和87.7%。欧盟中小企业就业人数约占私营经济部门就业人数的67%。日本中小企业从业人员占非一次性产业从业人员的81.4%。改革开放以来虽然经济保持持续快速发展，中小企业提供了80%以上的就业岗位，但仍不能满足就业需求。2012年仅城镇需要就业的劳动力就达2500万人，未来5~10年失业率仍不容小觑。要实现政府提出的到2020年全国就业总量达到8.4亿、失业率控制在社会可承受的水平、社会总体上处于比较充分的就业状态的目标，推动创业、增加企业特别是中小企业、小微企业的数量是主要途径。创新创业型社会群体的规模越大，创新创业活动越密集、越发达，社会进步的"底气"就越足。

3. 创新创业是加快传统经济转型升级的重要战略途径

要使经济增长和发展冲出经济周期的下行、低迷阶段，就必须改变经济开发的对象和方式，开发利用那些赋存丰富且相对开发不足的非常规资源，其中最重要的，就是开发利用全民的创造力资源。要将传统的资源消耗型、投资驱动型经济转变为创新驱动型经济，最根本的就是开发蕴藏在社会深层的创造力，包括开发每个社会成员和社会组织、每种社会关系和社会生活领域中蕴含的创造潜力，把这种潜力转变为以全民创造性劳动为主导的先进生产力、优越的发展方式和高端产业快速发展的效果。

心理学家揭示，所有人都具有创造性的天赋、特质、潜力，而那些敢于和善于创新创业的企业家所具有的被心理学家称为"整合性创造力"的能力，对国家和地区的宏观经济社会发展具有非常重要的战略意义。这种创造力能够通过整合不同要素和不同组织的功能，将各种创造性和非创造性要素、能力整合、转变为超个体的群体创造行为，使人的创造力不仅以几何级数的速度增长和扩大，而且发生质的飞跃和提高，形成企业的财富增值过程。那些善于创业和再创业的企业家所具有的核心特质，如追求成功的动机、勇于承担风险和自信的意识、坚强的意志、创新能力、研究和解决问题的能力、组织和合作能力等，是一种难得的战略性资源，凭靠这种特质，企业家能够将他们所需要的一切要素和条件以及他们所能调动和掌控、运用的资源和经济社会变动、发展带来的各种机会、条件甚至难题，进行创造性的组合、整合、融合、统一，形成一个个新企业的萌生、发展过程，把分散在不同个人、不同群体身上的潜能转化为企业数量的增多和物质财富的不断增值，形成创造性的经营管理之道——企业创新。企业创新的实质，就是按照财富增值原则进行的集成创新。

所以，推动创新创业，开发企业家的创新创业潜力，就能形成吸引全社会创新要素向创业企业聚集的"磁极"，把社会各领域分散分布的创新要素聚合为成千上万新创企业的集成创新，不仅为社会的全面、深化创新提供了强大推动力，而且使社会创新通过密集的企业集成创新发生质的变化和提高，使社会创新、全民创新最终转变为物质财富有效增值的创新。相反，创业不活跃、企业家人才资源开发不足的地区和国家，即使拥有可观的科技创新、思想创新、制度创新、政策创新等资源和成果，这些资源和成果往往过多地消耗其物质财富而不能最大限度地转化为财富的增值，并且较快为其他地区和国家特别是创业活跃的地区和国家所利用，转变为对原创新地区和国家的竞争压力。这就是为什么创业活跃、企业和企业家人才密集的行业、地区、国家，其经济发展总是又快又好的原因。

4. 推动创业是实施创新驱动型发展战略的必然选择

现代社会的创业活动，所创之"业"越来越普遍地成为知识化、信息化、无形化的产品和产业，其中知识、专利、品牌、商标、概念、设计方案等精神产品所占比例迅速增大，而其价值、附加价值却越来越高。这就使创新与创业之间越来越没有明晰的界限，尤其是在微观层面上，创新与创业往往是紧密相结合或融合为一体的。科技创新、文化创新、制度创新、管理创新只有转化为全民的创业活动，转化为新创企业和再创业企业数量的增多和企业实力的快速增长，转化为各个领域创业活动的普遍化、密集化、高级化，才能形成推动经济社会健康发展的现实力量；企业只有不断支持和强化以科技创新为主的全面创新，才有越来越深厚的创业发展源泉。创新达到一定的成功程度，就成为一种创业。而创业的每时每刻，都在通过不断的创新思维和创新实践来实现。所以创新型企业，同时也是具有创业特征的企业；创业型企业，其素质必然是创新型企业。可以把创新和创业密集度较高的企业称为创新—创业型企业。千千万万创新—创业型企业构成的合力，就是宏观经济高质量发展和向创新驱动型经济转变的基础推动力。

补充阅读1：马化腾给创业者的一封信——《用创新的方式去突破，才具竞争力》

亲爱的合作伙伴：

这个盛夏，我们刚好一起走过了两年的开放之路。

腾讯开放平台白皮书的大量数据表明，开放平台已是用户与内容，用户与开发者之间互惠互利的最佳桥梁。这两年，腾讯开放平台出现很多很有意思的互联网应用，深受用户喜爱，不仅获得收入，也给腾讯带来了增值，取得了三方多赢。

过去的一年，为了快速响应用户需求，腾讯调整了组织架构，我们需要从大公司变成小团队，全面拥抱移动互联网，打造优秀的产品和平台，创造对用户有价值的整合服务，重塑小公司的创业特质和创业激情。

所以，在开放两周年的今天，我想以创业者面对创业者的方式，和大家分享几个感受：

1. 创新思维

互联网的竞争生死时速，用创新的方式去突破，才具竞争力。

在 PC 互联网，QQ 首次把通信、社交、平台化三者一体地建立起来，这是我们亚洲互联网企业在全球互联网行业的一次创新。在移动互联网，微信引入朋友圈和轻 APP 的模式也是全球第一个。我们觉得未来互联网世界或许不需要域名，不需要注册一个网址，只需要一个号码或二维码一扫，所有的服务都可以提供和实现。

创新，才是我们永葆青春的方式。

互联网从来不论资辈，没有先来后到。无论是应用还是平台，无论是员工还是管理者，都应该敢于挑战、勇于试错。正是因为不断地尝试，经历过失败，才能深入学习，才能宽容失败，才能理解多样性。新的挑战带来新机会和新活力，实时激发我们个人及团队的灵感。

2. 创业精神

有志向创业或准备创业的同学常常思考这个问题："我适合创业吗？"

选择"创业"，其实是选择了这个生活方式，与你所在的家庭、职位、平台、环境没有特别大的关系。发现自己的兴趣、渴望、理想，专注地去发挥自己最擅长的那个部分，就是有梦想有行动力的创业者，在哪都能创造和贡献自己的价值。这也是我们国家我们民族重点倡导的创业精神。

在腾讯开放平台百万开发者中，我们看到个人创业者达到 70%，中小企业超过 96%，小而美的中小团队服务着三亿用户，创新创业的风气深入人心，创业精神已成普世价值观。

最近和创业者接触，我也常常被问这样的问题："这是最好的时代吗，现在创业还有机会吗？"

不少媒体和创业者曾认为，腾讯、百度、阿里这样大企业的存在，使中国创业机会减少，创业的风险和成本很高。

我们知道，创业不是件容易或轻松的事，中小创业者在产品、资本、人才、管理、品牌、营销等资源十分有限，却要与大公司直接竞争，人们都用"九死一生"来形容创业的艰难。幸运的是，我们遇上了开放平台。开放平台提供一个无风险零成本的创新创业机会，大大降低了创业门槛，还提供丰富的能力和资源，创业成功率翻倍。

开放的移动互联网，演变出了新的商业模式，是 2013 年最受关注的创业机遇。通过微信公众平台、QQ 生活服务平台，所有的线下商户、个人、草根团队已能成为内容和服务供应商，真正迎来了创业者的春天。

3. 创造价值

用户价值，是互联网产品的立身之本。

从 QQ 的第一个产品经理开始，我们就坚持用户价值至上的原则。当腾讯做开放平台的时候，我们不仅关注平台对开发者创业者的价值，关注应用内容的健康度，也关注着整体产业生态链、创业的生态圈。

比如，一边提升社交平台的增值服务，一边发展社交平台的广告模式，同时做好全程的管理和协调，才能确保用户、创业者和平台之间的利益长期均衡。

共创美好新生态是期许，更是承诺。

未来，我们是永远的合作伙伴。创业者与腾讯有更多的合作空间，不断地实现产品互联、业务共享、多网互动或内容互相授权。

未来，我们有所为有所不为。一方面，在专业领域深耕细作，打造最好的用户平台；另一方面，培育产业链，让更多的腾讯合作伙伴走向成功。

未来，我们进一步开放思维。向互联网产业的更高境界迈进，共同构建一个跨屏的跨界的新生态系统，与各位合作伙伴一起培育这片森林。

互联网的明天，承载着十多亿用户的期盼，我们创业的蓝海无限。希望所有合作伙伴与我的同事一起扎根中国，放眼世界，拥抱变化，拥抱未来，创造有价值的互联网服务，让亿万用户生活更美好！

因为我们正青春，我们有激情有兴趣去探索，我们有理想有信心再携手。

谢谢你们！

——马化腾　2013.7

补充阅读 2：腾讯打造的众创空间

在"大众创业，万众创新"的社会热潮下，众创空间改变着中国的创业模式，以众创空间为载体的创业创新成为中国经济发展的新引擎。中国信息通信研究院产业与规划研究所日前以腾讯众创空间为研究蓝本，首次系统地阐明众创空间的经济和社会价值。根据《腾讯众创空间经济社会价值报告》（以下简称报告）的研究表明，截至 2015 年年底，腾讯众创空间为创业者节约超 150 亿元资源投入；2015 年直接为创业者带来收益约 125 亿元，对经济增长的总贡献量达 490 亿元。创业者作为众创空间生态的服务对象，也是创业创新的主体和动力源泉。报告指出，为激活更多创业者，腾讯众创空间在传统产业融入"互联网+"的过程中提供零件、工具和平台，与各地政府共同打造"孵化+投资+产业资源"的立体化全要素孵化加速平台，全面覆盖从基础资源、开发能力到推广运营，从创业活动初创期、成长期到飞跃期的全方位和全流程。截至 2015 年 10 月，腾讯已在全国建成 25 个线下众创空间，总面积超过 50 万平方米，并在北京、天津、上海建成 5 万平方米的产业园，打造成为"线上+线下"立体化的孵化加速基地。此外，腾讯也与中国最大的共享办公空间 SOHO3Q 达成战略合作，共同为初创企业打造理想的创业场所。报告总结了腾讯众创空间的四大核心优势：一是开放自身成熟的全平台资源，为创业者解决核心问题；二是联合政府、地产商、产业园区等，提供覆盖广、性价比高的联合办公场所，引入产业扶持政策；三是搭建第三方服务平台，提供便捷创业运营一站式服务；四是先后打造融资、人才、培训、媒体等联盟，解决创业所需的人、钱、资源、成长等要素，助力加速创业。

腾讯众创空间作为创业者和创业资源之间的连接器，不仅为创业者带来诸多价值，还促进供给侧改革，优化需求侧结构，助力产业转型升级。腾讯众创空间连接了"线上+线下"

的全要素立体化服务，汇聚各方优势，通过探索全新运作模式形成独特优势，开创了中国孵化器的新时代。

本章小结

知识构成企业的独特资源，是企业重要的生产要素，具有非独立性、边际收益非递减性和增值的可持续性。知识创造能力通过对企业资源和能力的整合与改善，能够提高组织的绩效。在一个适宜知识创造的企业组织中，知识是其核心资源，知识的运用和创造是其核心活动，这样的企业组织实行柔性分工协调机制，由知识创造推动其价值增值和持续创新。对企业知识应加以管理，企业可以从设立知识主管、建立组织机构和共享机制、营造环境、建立网络等几个方面着手实施知识管理，可以按照阶段对知识管理工作加以评估。知识产权则成为企业与企业之间的核心竞争力，对企业的生存和发展产生直接影响，企业可通过实施知识产权战略谋求竞争优势和更好的发展。创新活动对组织整体绩效的提升有正向影响，可以通过技术创新绩效评价来衡量创新的贡献大小，此外，对创新绩效的评价也有利于创新决策合理化，并刺激技术创新活力。在我国进行经济新常态的时代背景下，创新创业也出现了新的模式，如加速了与全球特别是美国创新创业的融合，形成了创新、创业和创投的铁三角联合驱动。创新创业是当前我国经济转型升级的重要战略途径，推动创业活动也是实施创新驱动发展战略的必然选择，能够促进国家和地区的持续健康发展，而最重要的是创业活动通过创建更先进的生产力与生产关系、经济基础与上层建筑的微观系统推动了社会文明进步，关系到民族生存和振兴。

关键概念

知识创造是企业的一种创造新知识，吸收新知识使这种新知识贯穿于组织的整体能力中的创新活动，它体现在组织的产品、服务和系统之中。

知识管理是以知识为核心的管理，它是通过确认和有效利用已有的和获取的知识，并通过对各种知识的连续性管理，提高企业的创新能力和创造价值的能力，以满足企业现有和未来需要的一种过程。

知识产权，也称其为"知识财产权"，指"权利人对其所创作的智力劳动成果所享有的财产权利"，一般只在有限时间内有效。

知识产权战略指作为技术创新主体的企业在进行技术创新活动时，运用专利及其他知识产权制度的特性和功能，从法律、经济和科技的角度，对有关技术创新知识产权的获得、保护、实施和管理等所做的总体安排和统一谋划，是企业从自身条件、技术环境和竞争态势出发做出的企业技术创新知识产权工作的总体部署，以及为实现创新目标而采取的有关知识产权的根本对策。

思考题

1. 企业创新中的知识创造过程是怎样的？请简要描述。

2. 一个适宜知识创造的企业组织有什么样的特征？
3. 企业应该如何开展知识管理？如何对自身的知识管理进行评估？
4. 企业为什么要重视知识产权？企业应该如何制定知识产权战略？
5. 为什么要对创新绩效进行评价？可以从哪些方面进行评价？
6. 论述中新常态背景下，我国为何大力推动"大众创业 万众创新"？创新创业有哪些新的模式？

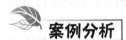

好立方的蜕变

■文/高金平

好立方，一个用废旧集装箱改造而成的"农村超市"，变废为宝，让农村市场对接现代商业，让农民获得就业机会和享受便利，形态独特，吸引众多眼球。无奈，好立方碍于营收模式，得不到投资者临门一脚的肯定……那么，好立方能实现蜕变，获得资本最终的青睐吗？

好立方。这个名字是不是似曾相识？北京有个水立方，杭州有个好立方，这就是创意。但杭州这个好立方是干百货超市的，这个老板叫陈建华。

陈建华，浙江一私营企业老板，今年37岁，白手起家，在干好立方之前的主业是干包装企业，专做食品的包装，像康师傅方便面的包装盒子就是他做的，在全国几个城市都有包装厂，年销售收入近30亿元，每年净利润2亿元，比较稳定。但陈建华意识到这个产业到"天花板"了，因为大的食品企业都是他的客户，公司的增长要随着食品企业的增长而增长，市场的成长空间很有限。

这样的发展无疑相当于一条腿走路，一定要有相关的产业相辅相成或形成支持，陈建华想到了向下游B2C流通行业延伸。因此，两年前，他把包装企业交给CEO管理，自己则开始了第二次创业，"好立方"商标就是在这样的情形下注册的。

废弃集装箱"再就业"好立方要经营的是百货超市，而开超市首先需要场所，要么租房子，要么买房子，又或者自己建房子，但好立方既不租不买也不建房子，而是把超市开进了用废旧的集装箱改造的场所内，典型的小超市；其次，大家知道超市要开在人流量大的地方，一般开在城镇里，但好立方把超市开进了村子里。然而，结果却证明好立方的生命力很强，很不可思议。集装箱开进了哪个村，哪个村的小商店统统关门，因为好立方的品类齐全，具有极强的市场吸引力，极大地聚集了人气。

什么叫农村城市化？这就叫农村城市化，把超市开到农村去，极大地方便了农民购物。过去，农民到城里买双鞋，来回的路费可以再买一双袜子，况且好立方的价格并不比城里超市高。

好立方也就引起了浙江省委的重视，2010年9月，浙江省商务厅颁布文件，承认了利用农村空闲地放置集装箱用地的合法性，将一直困扰好立方的"房产证"问题在区域内得到了解决。省里还发文通告，要求工商、税务、烟草等部门在政策允许的范围内给好立方开绿灯。浙江省工商总局即按指示，要求全省工商所给好立方完成工商登记要当天完成，并把此作为工商系统内部考核指标。同时浙江电视台农村节目还天天给他免费做广告。

浙江省政府的支持，无疑是陈建华的"强心针"，随即给好立方又追加了5000万元的投资。

那么，这样的超市收入如何呢？

一个这样的超市在一个村一年的毛收入在60万~200万元，因为没有中间环节，毛利率达到30%，当然，其运输、人工等管理费用也很高，但即便如此，盈利能力仍非常强。陈建华算了一笔账，整个浙江省的毛收入能达到300万~500亿元。为此，陈准备产业化管理、规范化运作，将来好把这个公司打包上市，然后用募资的资金把这个模式复制到其他省份去。

但同时陈建华觉得单枪匹马干得累，准备找一个合作伙伴，后来和一个德国的著名超市对"上了眼"。陈建华看中这个德国超市的管理经验，因为自己这么大的产业需要有经验的来管理，而这个德国超市则看中了好立方的商业模式和大陆的农村市场。于是，好立方和这家德国超市坐下来谈起了战略合作。

"卡位"营收方式找到了"另一半"，就差最后的签字了。想不到的是，双方"谈恋爱"谈了一年半，合同始终不能签下来。因为，彼时的好立方尽管模式好，创意新，但公司是亏本的，开一个亏一个，为什么？原来存在一个天大的麻烦，那就是税收问题。因为要想规范化操作，和德国方合作，那么，所有村里直营超市的组织形态必须是子公司或分公司，也就是说，进货一定要有发票，不然所得税没办法解决。

众所周知，小规模纳税人销售额达到80万元以上就变成一般纳税人了，就需要有增值税专用发票。所以，小商品提供者，像生产圆珠笔之类的厂商的都不肯开发票的，如果一定要开发票，这些中小企业供应商只能去代开，那进货价格就贵了。而原来能实现的30%的毛利是在不开发票的情况下的。也就是说，如果没有变通的方法，这个买卖就做不下去。

这时，陈建华的财务总监出了个主意，他说："老板，你把你的身份证给我，我拿你的身份证到工商所把开在所有村里的超市都办成个体户，就成了。"农村里一个小商店办个体工商户是不需要建账的，一个月交几百块的定额税就够了。

但陈建华没有接受这个方案，因为这种方式是"做生意"的方式而不是"做企业"的方式，与其这样做不如不做。从税务角度来说，财务总监说的方法是对的，利用了个体户和公司制企业的税制不同，但属于有深度没高度，老板的高度在于他是个企业家，是要做大公司，产业化、规范化运作，不想走个体户路线。

由于没有进行个体户化方案，公司还是一直在亏，虽然陈建华深信可以找到一个商业模式，但一直没找到，最后只能依靠包装厂频繁向好立方输血，像一个无底洞。德国人也想不通，会计师、律师找了无数都找不出好的解决方案，最后居然还找跨国的咨询机构。结果可以预料，中国的税法纷繁复杂，中国人都看不懂，还把它翻译成外文……

由于亏钱，而且未能引入资本。好立方一度到了是关还是继续维持的关键时刻。

好立方破茧重生转机还是在于商业模式的改进，好立方最终进行了颠覆性的变化，获得了重生。

首先，把公司做成"直营店+加盟店"的形式，注册一个好立方连锁经营公司，直营店开在城里作为形象展示和管理中心，核心功能是管物流。同时，把所有农村里的超市搞成个体加盟，一个村找一个人来做加盟，条件是加盟者出2万元获得加盟，保证一年可赚5万元。按照年利润50万元，给加盟者5万元还剩有45万元收入，但出2万元每年赚5万元的条件，这在农村是具有很大诱惑力的。

改变后的好立方是怎么赚钱的呢？

直营店在城里面主要赚买卖差价，而所有农村里的超市，好立方有几个赚钱的点子，第一，加盟费，"特许经营费+管理费"。第二，物流费，所有的进货渠道由好立方掌握，好立方安排统一进货，加盟商要支付物流费和委托代购的手续费。加盟商也乐于其成，因为好立方的运输效率最高，成本最低。第三，向供应商收费，比如有个毛巾厂，若跟好立方合作，那么这个毛巾厂的毛巾就可以卖到整个浙江省的所有加盟店。好立方有渠道优势，就像苏宁电器那样，可以收进场费、商品预存费、仓储费、保管费、商品陈列费、上架费、条码制作费、再加广告宣传费……。第四，广告费，好立方的物流配送有很多卡车，可以卖车身广告。第五，将来发展壮大了，好立方可以把产业链纵向延伸，卖自己的毛巾，找个加工厂贴"好立方"的牌子。

此外，由于供应商供给加盟店仍然都没有也不需要开发票的，所以当好立方的直营店索要发票就很容易被接受了。毕竟，供货商把给全省加盟店的供货价格增加一分钱，同时把给直营店的供货价格减少三分钱，还是可以做到的。由此，好立方公司的账变得干干净净，可以放到太阳底下晒。

如此安排，在账目上，好立方的收入就不会有300亿~500亿元，直营店只有几十亿元，其他的都是好立方的特许经营管理费、手续费、运费、佣金等，这块至少还有70亿元，好立方的毛利率还是很高的，仍然会受到资本市场的青睐。

而且颠覆后的好立方玩的是轻资产的管理模式，过去好立方在一个村，至少要发两个人的工资，一万个村就要签两万份劳动合同，交两万份养老保险，发两万个人的工资，劳动密集型的，分分钟被拖死。好立方现在搞个体加盟，加盟者自己给自己发工资，实际上也等于是赚了两份高工资，但好立方变轻松了，只要在直营店和管理公司各配几十人就足够了。

其次，现在好立方不买集装箱了，那是加盟商的固定资产，得加盟商自己买，每个集装箱通过好立方来代买，好立方从中还可以赚3000元，因为拥有统一的进货渠道并且还要改装后出售。

最后，因为这个搭建起来的渠道平台和品牌效应，好立方获得强势地位，可以占用供货商的现金，压款三个月就有三个月的现金流，从而不用再像之前一样需要去贷款提现金了。

结果，好立方的招牌出去了，这样的画面出现了：农民没来，村支部书记和村长都来了，最多一天来了几十个村支书来签加盟合同。

所以，一个好的商业模式可以让一个濒临倒闭的企业起死回生。

总的来说，好立方的商业模式是根据战略来走的，加盟商的战略是发财，好立方给制定了一个发财的商业模式；好立方的目的是发展，所以制定了一个发展的商业模式。

有了战略之后，又有了个好创意，"好立方"这三个字就是创意，然后才有商业模式。

与之相伴的是要成立哪些公司，决定于集团的组织架构，各个公司股权结构怎样安排。接着，则需要研究业务流程和交易结构，以及相关法律主体的会计税务模拟，最后才是拟定合同，交付执行。

然而，很多老板都习惯先办起来再说，千万不要这样，这如同把自己的公司当作实验品。好立方经过改进之后，上述的德国超市已经同意"联姻"，3000万股占比20%股权，融资了1.2亿元，9000万元作为资本公积，这部分资本公积金就可以弥补前期的大部分亏损数额。

一句话，改进后的好立方，充分考虑了资金的运用，利用加盟者自己的资金和供货商资金，在这个商业模式里面，连锁加盟是战略，组织结构交易结构是战术，后面的执行是技术。

（案例来源：高金平. 资产重组的会计与税务问题. 北京：中国财政经济出版社，2014.）

请思考：结合好立方的案例，请思考商业模式的创新如何给企业带来持续的竞争优势。

参考文献

[1] 戈黎华. 知识创造与创新型企业组织[M]. 北京：知识产权出版社，2011.

[2] Hunsook, Oh. The relation between work environment factors and organizational knowledge creation process[D]. University of Minnesota，2002.

[3] 吴翠花. 企业知识创造能力理论与实证研究[M]. 北京：知识产权出版社.

[4] 侯贵松. 知识管理与创新[M]. 北京：中国纺织出版社，2003.

[5] [美]伊查克·爱迪思. 企业生命周期[M]. 北京：中国社会科学出版社，1997.

[6] [美]唐纳德·F. 库拉特科、杰弗里·S. 霍恩斯比. 新创企业管理：创业者的路线图[M]. 北京：机械工业出版社，2009.

[7] 贺迎九. 试论新企业的成长管理[J]. 科技创业月刊，2013. 6.

[8] 《企业家日报》[N]. 2013-10-12.

[9] 陈世清. 求是网. 2015. 6.

[10] 池仁勇，叶成雷. 产品创新度与企业绩效的关系研究[J]. 科技管理研究，2012. 2.

[11] 钱颖一. 经济新常态与创新创业新常态[J]. 中国党政干部论坛，2015. 11.

[12] 柯涛，林葵. 知识产权管理[M]. 北京：高等教育出版社，2004.

[13] 郑成思. 《知识产权论》(修订本)[M]. 北京：法律出版社，2001.

[14] 叶京生. 知识产权制度与战略：他山之石[M]. 上海：立信会计出版社，2006: 244-247.

[15] Alejandro Zentner. Demand and Supply Responses of Digital Goods Protected by Intellectual Property Rights to Advances in Digital Technologies[D]. Doctor of Philosophy, the University of Chicago, 2005: 82-101.

[16] 包海波. 日本企业的知识产权战略管理[J]. 科技与经济，2004(2): 41-45.

[17] 谢颖. 全球化背景下我国知识产权战略构想[D]. 东南大学硕士学位论文，2005: 27-29.

第9章 学会管理创新

 学习目标

1. 了解开启创新与创业的关键因素,掌握创新与创业的内在关联;
2. 理解创新能力提升的关键;
3. 了解企业家精神;
4. 了解创新审计的应用;
5. 学会管理创新。

 本章关键词

创新能力(innovation capability)
企业家精神(entrepreneurship)
创新审计(innovation audit)
管理创新(managing innovation)

9.1 开启创新与创业

> **案例导入:三星的成功**
>
> 在1993年三星还默默无闻的时候,三星认为伟大的设计可能会使三星公司从一个无名小卒一举跻身世界顶级品牌之列。在三星的创新设计战略下,公司通过多种途径提升自己的设计能力,如与IDEO公司及其他顶级咨询公司合作;建立三星创新设计实验室;员工外派学习,以便跟上其他行业发展潮流。这种投入获得了回报:自2000年以来,三星公司在美国、欧洲和亚洲的各项顶级设计大赛中一共荣获100多项大奖,在美国《商业周刊》发表的2010年度"世界最具革新精神的企业"排名中,三星电子位居第11位。
>
> 三星这种基于设计和技术创新的模式,逐渐形成一个别人无法模仿的平台,以自主创新为基础的三星产品为三星取得世界领先提供了巨大动力。

9.1.1 创新与创业的内在关联

本书的主体部分从过程视角对创新与创业管理要点做了描述，最后我们再来回顾一下创新与创业的内在关联。哈佛商学院创业管理教授 Teresa Amabile 指出，创意是原创（original）点子，而创新则表示这些创意点子是有用（useful）和可行的（feasible）。因此，创意行为常是个人表现，而创新经常需要工作团队的集体成就，尤其是跨功能的科技整合。再者，将创新的技术、产品或其他服务，形成标准的操作模式以及市场经营机制，就是创业（entrepreneurship），而发生的层次则在组织或产业领域。[①] 基于以上的界定，创新和创业都需要一定的刺激因素，激发独特的点子产生，进而衡量这个独特的点子是否会创造价值，如果能够创造价值，那么我们就可以将之应用于企业创新中。在第 2 章中我们已经介绍了创新与创业二者之间的关系，实质上，创新和创业是一对紧密联系又互不相同的概念，两个范畴之间存在本质上的契合与内涵上的包容。创新是以新思维、新发明和新描述为特征的一种概念化过程，它是人类特有的认识能力和实践能力。而创业是人类社会生活中一项最能体现人的主体性的社会实践活动，它是一种劳动方式，是一种需要创业者组织、运用服务、技术、器物作业的思考、推理、判断行为。创新是创业的基础，而创业推动着创新。

创新需要创业，新技术或新发明能不能转化为产品，能不能产业化和市场化，还要有一个创业的过程。创新的价值在于将潜在的知识、技术和市场机会转变为现实生产力，实现社会财富的增长。要实现这种转化，其根本途径就是创业。可以说创新只是完成了一半，如果没有创业，这一半可能就半途而废。创业需要创新，创新可以使产品更具竞争力，使企业走在别人的前面，甚至左右整个行业的走向。只有在创业的过程中持续不断的创新，不断寻求新的模式和新的思路，才能获得创业的成功。可见，知识经济时代，创新与创业正在成为不可分割的联动行为，推动着社会经济和文明不断进步。

9.1.2 开启创新与创业的关键因素

根据 IBM "2006 全球 CEO 调查"显示，企业提升获利的关注焦点已由 2004 年的"降低成本"转变为"增加创新"；同时也显示产品、服务与市场创新仍是企业创新的根本，并有大约八成的 CEO 认为业务与科技整合十分重要。另外，近三成的 CEO 表示将专注于"业务模式创新"。可见，企业经营的重心已从短期的降低成本、增加利润转变为追求不断的创新所带来的长期成长。组织如何靠创新获利、如何有效率创新，已成为目前全球企业的新焦点。这其中有难得的机遇，但更多的是严峻的挑战。在科技日新月异、市场诡谲多变、竞争日益激烈的今天，企业除非获得更高的品牌认知度、更低的成本、关键客户群以及更广泛的市场，否则无法在竞争中生存下去。无论是创新还是创业，都需要掌握其关键影响因子，才能将脑中的新点子真正变成现实，并且能够为社会创造更高的价值。开启创新与创业的关键因素主要有：人的因素（个人特质、内在动机等），环境因素（内部环境、外部环境），其他社会性因素（人口、社会关系网络等）（如图 9-1 所示）。

1. 人的因素

企业家和管理者的认知发展会受个人异质性的影响，而认知发展会影响个体知觉和

---

① 刘世南. 创意创新创业：智慧工程的理论与实践（第二版）[M]. 高雄：丽文文化，2011.

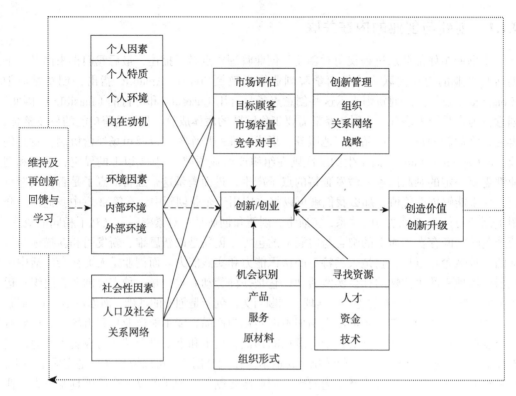

图 9-1 创新及创业管理模型

解释环境信息的能力与态度。创新和创业者通常会面对复杂程度较高的难题,特别是在未能成为该领域专家的初始阶段,这一阶段,个体面对大量复杂、困难、信息不完全并且相互关联的问题而做出决策时,就需要使用认知捷思策略,促使其快速辨识并抓住机会。当创新创业者具备某些专业技能后,掌握全局结构的能力和对创新创业绩效的评估能力就会随之增强,可以避免在决策上的失误。认知上的不同极大程度上影响着创新和创业意图,这与个体异质性有关,包括个性特征、成长环境、教育水平等。第 3 章已经介绍了创业者动机和素质,这里再介绍一下影响创新和创业的两个个人因素,即个人特质和内在动机。

(1) 个人特质

20 世纪中后期,社会及学术界开始对个人特质情有独钟,大量的文章提出了"你拥有正确的特质吗?"或类似效果的文字。其中绝大多数都有一个自我评估的测验,有些测验根据不可靠的行为分析区分了创业家与非创业家的不同。依据的就是 David McClelland 的著作《追求成就的社会》The Achieving Society 所提出的与非创业家相比,创业家追求成就的需求更高,并且他们会适度承担风险。[①]但事实上,这些测验并不可信。无论是企业家还是员工,创业者还是非创业者,只要能够在自己的工作上获得成功,我们就可以称为成就者。成就者不一定就是创新者,更不一定是创业家。

以创新和创业家性格特质为基础的研究,虽然无法完整解释创新和创业的原因,但仍

---

① Willian Bygrave,Andrew Zacharakis. 创业管理,台北:华泰文化,2010.

可以为我们展示创新者和创业家们的独特魅力所在。创新和创业家们确实具备一些特质，例如，Shane 认为冒险特质（risk-taking propensity）、暧昧容忍度（tolerance of ambiguity）、顺从需求（need for conformity）、控制幅度（locus of control）是影响创业活动的重要因素[①]，创业家比非创业家具有更高的内心控制信念（internal locus of control），也就是说他们有强烈想要控制自己命运的欲望。[②]勇气（courage）、独立思考判断（independence of thought and judgment）、诚实（honesty）、坚毅（perseverance）、好奇（curiosity）、愿意冒险（willingness to take risks）是具有高创新意愿的人格特质。[③]

知识水平及智力水平也是创新和创业的基础。虽然并不是所有创业者都有较高的学历，安德鲁·卡耐基、亨利·福特等这些高中辍学的成功者反映了这一点。但是，以大部分 CEO 为例，教育水平确实影响了创新和创业的开展。我们仍要认识到，教育确实能为创业者形成一个有说服力的个人背景，尤其是所受教育和创新或创业领域有关系时。从所受教育类型和品质来看，越来越多的企业家具有强烈的意愿接受财务、市场营销、管理方面的高等教育。

我们可以用 10D 来补充说明创业家所具有的重要特质，创新和创业者通常对自己事业的未来有强烈的愿景（或梦想 dream），是个行动者（doers），具有果断（decisiveness）的决策能力，并有决心（determination）以及奉献（dedication）精神为企业付出，热爱（devotion）所做的事业，注重细节（details），希望自己掌管命运（destiny）；虽然变得有钱不是他们的主要动机，但是他们认为金钱（dollars）也是衡量他们成功的标志；成功后他们会将所有权分配（distribute）给对企业成功有帮助的重要员工。[④]

（2）内在动机

内在动机（intrinsic motivation）是一种不能用传统内驱力和强化作用解释的先天性动机，是一切行为的动力。内在动机是好奇心、探究活动等的源泉。内在动机主要有三种内驱力引起：好奇心、好胜心和互惠。吸收能力理论认为，当面对技术机会窗口时，具有良好知识基础的人更容易看到创新的前景。在自己技术能力相关性较强的领域，会表现出更强烈的欲望。任何创新都是建立在已有技术基础之上的，即使是突破性创新，也不需要完全改变原有的技术。但实际上，内在动机会颠覆这种观点，虽然这种情况比较少见，但有些人喜欢在自己不熟悉的领域创业：Wayne Huienga 连续在不相关的领域内创业并且取得了成功。他最先以废物处理公司（Waste Management）进入垃圾处理产业，接着以百事达录影带出租店（Blockbuster Video）进入娱乐产业，然后在汽车销售业中成立汽车公司（Auto Nation），同时他也是佛罗里达马林鱼棒球队（Florida Marlins）最初的球队老板，该球队曾在 1997 年美国大联盟冠军赛（World Series）中赢得冠军。[⑤]动机倾向是影响创新的个人因素。[⑥]企业家对新发展事业的愿景引导了创新或创业行为，诸如对工作本身的喜好、对解决问题的渴望等发自内心的驱动力促使他们去发现、咨询和自我挑战。创新和创业者进行

[①] Shane, J. B. . A cognitive categotization model for the study of intercultural management. Academy of Management Review, 15(4), 626-645.

[②] Brockhuas, R. Risk-taking propensity of entrepreneurs. Academy of Management Journal, 23, 509-520, 1980.

[③] Torrance, E. P. and Goff, K. Fostering academic creativity in gifted students. ERIC Digest, E484, ED321489.

[④][⑤] William Bygrave, Andrew Zacharakis. 创业管理，台北：华泰文化，2010.

[⑥] Siau, K. L. Group creativity and technology. Journal of Creative Behavior, 29(3), 201-216.

创新的内在动机较强烈，会设定个人企图达成的高目标，包括公司成长、利润以及未来财务报账等。由动机转变为决定创新组织、转变发展方向的行为是创新和创业的关键因素。创新通常由内在动机驱使。[1]我们在此讨论三种内在动机：内在成就动机、内在创新动机和内在创业动机。

内在成就动机一般包括三种内驱力：认知内驱力、自我提高内驱力和附属内驱力。认知内驱力是促使个体了解知识、阐述与解决问题的需要，这种内驱力通常来自遗传性的好奇倾向。好奇倾向在最初的时候并不是一个真正的动机，个体只有通过实践，才能将这种潜在的动机表现出来，而学习就是其中一种实践方式。自我提高的内驱力，是个体凭借自己的工作能力而赢得相应地位的需要，它不直接指向学习任务本身，而是指向成就。自我提高的内驱力随着年龄增长而增长，到了青少年时期，通常会成为成就动机的决定性部分。附属内驱力，是为了获得认可而表现出来的一种做好工作的需要。麦克利兰（David. C. McClelland）认为，具有强烈成就需求的人渴望将事情做得更完美，提高工作效率，获得更大成功，他们追求的是在争取成功的过程中克服困难、解决难题、努力奋斗的乐趣，以及成功之后的个人的成就感，他们并不看重成功所带来的物质奖励[2]。高成就需要者喜欢设立具有挑战性的目标，不喜欢凭运气获得成功，他们喜欢接受更具有挑战性的任务和工作，会更倾向于冒险行为——创新创业。

内在创新动机，是形成和推动创新行为的内驱力，是引起和维持主体创新活动的内部心理过程，是产生创新行为的前提。任何创新主体的内在创新动机都不尽相同，它具有多元化，这与创新者的价值取向有关，也与组织文化背景和创新者素质有关。有些人喜欢冒险，喜欢一切新鲜的事物，他们对某种创新目标有强烈的欲望，创新的这种心理需求被认为是人的需求的最高层次。内在创新动机受到年龄、生理等特点的影响，人在不同的阶段的创新心理需求波动很大，导致创新行为的不同。创新内在动机会受到经济条件的影响，即创新经济性动机。创新主体为了解决最基本的生存需求而将创新视为一种谋生手段，所以不排除创新主体对创新报酬的追求和渴望；也有创新主体的经济性动机表现在追求更高的回报，即为个人利益的增加而创新，并努力追求创新的成功；具备高度责任感的创新主体会因为对社会和企业的责任而选择创新，他们会因为做出某种贡献而感到满足，这是一种创新使命意识。许多创新主体是为了追求成功获得成就感，创新工作取得成功或解决了难题，从中得到的乐趣和心理满足远超过物质上的激励。正因如此，具有成就感的创新主体更容易在艰苦的创新过程中保持顽强的进取心[3]。

创业动机是一种内驱力，是引发创业行为的先导因素，刺激着个体进行创业活动。创业动机可以看成一种自发性意愿，个体发现市场机会开发该市场等一系列过程中存在需要层次理论，将创业动机进行层次分类：当生理需求得到满足时，个体为了能够实现自我和发展事业进行创业，这是一种带有自尊和自我实现需求的满足；若生理需求没有得到这么一种"意愿"去支配整个过程，而该意愿就是"创业动机"[4]。心理学家们根据马斯洛

---

[1] Amabile, T.M. A model of creativity and innovation in organizations. Research in Organizational Behavior, 10, 123-167.
[2] 百度百科：成就动机理论.
[3] 百度百科：创新动机.
[4] Shanea, S., Edwin, A. L. and Collins, C. J. Entrepreneurial motivation[J]. Human Resource Management Review, 2003, 13: 257-279.

的需要层次理论，将创业动机进行层次分类：当生理需求得到满足时，个体都能够实现自我和发展事业进行创业，这是一种带有自尊和自我实现需求的满足；若生理需求没有得到满足，创业则是为了解决温饱问题和维持生计。该理论构想与"推式"和"拉式"创业动机具有共同的核心思想[1]。所谓"推式创业动机"是源于一种环境压力的负面或被动的反应，如遭遇公司裁员、金融危机、对工作条件不满等因素[2]。而"拉式创业动机"可理解为追求独立、自由、自我实现、提高社会地位等个人内在价值的实现。[3]在本节，指的是"拉动因素"，即源于个人内在追求。Julie Aigner-Clark 创立小小爱因斯坦公司（The Baby Einstein Company）是因为她发现没有适合自己女儿年龄的可以帮助她分享她对艺术、古典音乐、语言及诗歌的爱的产品；因为想要组织家庭并在家工作，Sandra Kurtzig 便成立了 ASK 电脑公司，之后成为年营业额 40 亿美元的企业[4]。

2. 环境因素

人是社会性群体，各种动机的形成、发展和变化都受社会政治、经济和文化的影响和制约。所以，仅了解个人因素对创新和创业的影响远远不够，还需要对内外部环境因素有所了解，才能够更好地进行创新和创业。由于科技进步和网络发展影响，人们、社会与企业的生存模式发生了很大变化。企业家对于环境中有利条件的知觉，会影响创新和创业的意图，进而促进新事业的创造。研究表明，特定的社会因素与经济特征会影响创新和创业行为与活动，环境会刺激企业家的创业意图与创业决定。例如，人口经济学（population economics）的观点认为，创业是依据企业家对经济条件的评估而产生的经济活动；社会学的观点亦认为创业活动与创业行为会受到社会特征与社会情境的影响。国家对创新产业的补助、赋税减免以及知识产权的保护会提高企业对创新活动的意愿；国家文化差异也会影响人们对创新的态度；创新人才的聚集、完善的知识分享平台，也会潜移默化影响创新的发展。

（1）内部环境

从创立新企业开始，创新就伴随企业的左右。从企业内部环境来说，公司组织内部开放的文化、管理阶层的支持与鼓励、创新人才的选拔和培训，以及财务支持等层面均为创新得以延续和发展的关键内部环境因素。

创新文化是孕育创新创业的基床。快速变化的环境中，富有创新的内部文化对公司来说更具有竞争力，也能吸引更多的人才。公司在制度上给予适度的自由、避免过多的评论，可以鼓励更多的员工保持好奇心，使其具有探索、想象、质疑和验证质疑的机会。鼓励创新并容忍失败的企业文化会促进员工对待工作的正面态度，此组织下的员工更愿意创新、沟通和改变。当然，并不是所有企业从一开始就拥有勇于创新的组织文化，好的组织文化需要企业的培育和塑造。通过管理阶层对创新的重视程度让员工逐渐了解创新的重要性，并建立有效的激励制度促进员工的创新习惯是一种不错的手段。企业家可借此提出新观念

---

[1] 厉校麟，女性创业动机变迁与当代女性创业动机和创业态度的研究，浙江理工大学硕士学位论文，2013.

[2] Hanifa. United Arab Emirates female entrepreneurs: motivation and frustrations[J]. Equality Diversity and Inclusion: An International Journal, 2011, 30(5): 409-424.

[3] Sarri, K. and Trihopoulou, A. Female entrepreneurs' personal characteristics and motivation: a review of the Greek situation[J]. Women in Management Review, 2005, 20(1): 24-36.

[4] William Bygrave, Andrew Zacharakis. 创业管理. 台北：华泰文化，2010.

来制造新产品或服务，透过创新的推广，以创新的愿景来激励员工，并且尽其所能来促使创新的成功。

首先，管理阶层的支持与鼓励是创新创业产生的推动力。管理层决定企业的中长期发展战略，在创新和创业的开展过程中具有决定性的主导地位。创新很难在管理层思维僵化守旧的环境中大量产生和存在，因此，管理阶层的支持与否，直接影响创新创业能否顺利进行。其次，若公司的组织层级过于繁复不够弹性，也会丧失创新的时效性。有效推动管理层的创新意识的提高，并构造有利于公司创新和创业的组织结构，使组织激发和保持创新精神和活力，有利于不同部门的人员合作与沟通，促进新项目或新事业的开展。

人才的选拔和培训是创新创业取得成功的关键。研究型和技术型人才的数量和质量，决定了企业从事创新创业活动的难易程度。制定合理的选拔标准并定期更新选拔标准和程序有利于促进创新创业方面取得成功。公司在选拔人才之后，还要定期组织员工培训，通过企业提供的资源与培训，员工可以吸收专业领域内的前沿知识，寻找创新的机会和灵感。适当的激励政策可以帮助企业吸引和留住人才，保证创新创业的人才储备。

财务支持是创新创业有效开展的物质基础。企业进行创新和创业需要耗费大量的资金，因此，必须有充足的资金作为后盾，否则创新创业很有可能由于资金的匮乏而夭折。筹备充足的资金、设立专项资金制度、完善财务监管体制等措施都可以帮助企业的创新创业过程更加顺利。

3M 集团，素以勇于创新闻名于世。在其创立近百年的历史中，就开发出五万多种高品质产品，涉及领域包括工业、化工、电子、通信、交通、汽车、安全、医疗、建筑、文教办公及家庭消费品等。世界上每天有 50%的人直接或间接接触到 3M 产品。这与它的组织结构、知识创新和管理创新是分不开的。在组织结构方面，3M 采取不断分化出新分部的分散经营方式，组织新事业开拓组或项目工作组，每组成员均来自不同专业。3M 致力于创造一个有利于创新的内部环境，它不但包括硬性的研发投入，如投资约 7%的年销售额用于产品研究和开发，这相当于一般公司的两倍，更重要的是建立了一个有利于创新的企业文化。3M 公司的正式宣言就是"要成为世界上最具有创新力的公司"。公司尊重员工，给员工自由创新的机会，在这种文化氛围下，知识分享变得更加容易，每个人都愿意共享自己所掌握的信息。

> 3M 公司的企业文化
> 容忍失败才是鼓励创新——3M 公司的核心价值观
> 不轻易扼杀一个怪想法——3M 公司的核心价值观
> 时间与资金的支持是创新的土壤
> 新事业开拓组是创新的组织保证
> 独特的奖酬制度保证了发明家的忠诚

（2）外部环境

外部经济环境的变化会影响资源流通的快慢，工作机会的多寡，市场的景气程度，从而影响与经济相伴的创业和创新发展。影响创新创业的外部环境有经济环境、政策环境、法律环境、社会环境和市场环境。

经济环境的变化会间接影响创新创业的开展。世界经济增长速度下滑会直接影响出口导向的中小企业创业机会的产生，同时也提高了这些行业的进入壁垒。当发达国家经济增长放缓，美元贬值，国际石油价格和基础商品价格上涨时，新兴国家的通胀压力就会上升。而发达国家进口贸易额下降，新兴国家出口额会降低，就会直接导致出口行业及关联产业的创业机会减少。近年来，我国颇受人民币升值的压力，自2005年以来，人民币对美元的汇率不断上升，由于我国出口企业85%的原料在国内采购，而80%的产品出口国外，人民币大幅升值将严重影响出口企业的发展。以纺织业为例，据央行等部门统计分析显示，人民币每升值1%，纺织行业的利润就会下降2%。显然，人民币的升值，会削弱企业的国际市场竞争力，从而减少创业机会。①经济环境变化对基础原材料价格、劳动力成本等创新创业资源也有很大影响。

政府政策会直接或间接地影响创新创业环境的好坏。政府政策包含财政政策、税收政策、科技研究计划，以及教育培训、政府协助等非财务支持。创新与创业的政策环境越有利、创新和创业越受重视，获得充分创新创业知识的人就越多，就越能促进创新和创业活动、产生更多有利于创新创业的机会。财政支持政策包括财政补贴、政府补助、无偿资助、产业补助，建立创新创业基金，成立财政专项鼓励创业和创新。税收支持政策包括低息贷款、减免税收，以及对国外产品征收较高关税来维护国内创新事业发展等。金融方面的支持政策包括贷款担保、拓宽企业融资渠道、支持上市融资、发展债券融资和设立创新基金等。除此之外，政策上的支持策略还有相关项目支持，包括创新创业项目申报指南，不同项目给予不同的优惠政策等方式。目前，我国正逐步完善扶持企业创新的政策环境。例如，北京成立了一个248重大科技创新工程，内含创业孵化体系和创新服务体系两个方面，主要依靠企业投资和大学、科研院所，可以让创业企业在短时间内获得成长，产品能够尽快商业化。②从长远来看，创新创业的政策支持可以提高国家的产业竞争力。芬兰为了科技发展，20世纪80年代即拟定了国家创新策略，大量成立以应用为主的科技学院。27%的芬兰大学生读理工科，每年为欧洲生产最多的工程博士，而外国留学生到芬兰，也四成是学理工。除了教育，芬兰还专注于投资创新研发，每年研发经费占GDP的3.5%，是全世界第三高。在欧洲科技创新指标最新调查中，芬兰是创新能力的领先者，而美国、英国和爱尔兰只能算是创新的追随者；在创新的表现上，芬兰更位居全世界第1名。③

社会大环境对创新创业也非常重要。社会文化是社会所共有的信念和价值观，不同文化下会激发不同的思维模式与行动。社会鼓励创新，支持创业，以创新创业为荣，那么就会有更多的人去创新和创业。例如，中国在改革开放后开放了小商品市场，成立了股份制企业，制定了许多创新政策，涌现出了很多具有创新风格的企业家。相反社会禁止创新，就会束缚创新的发展。例如欧洲中世纪，受宗教统治的影响极大，创新被视为异端邪说加以禁止和封杀。这一时期，提出太阳中心说的哥白尼受到教皇迫害，宣扬太阳中心说的布

---

① 吴运迪. 当前宏观经济环境对我国创业生态的影响分析. 中南大学毕业论文.
② 李洪：政府如何营造创新创业环境[EB/OL]. 新浪财经网, http://finance.sina.com.cn/economist/jingjixueren/20041225/16581251019.shtml.
③ 陈瑜芬, 刘家桦. 创新管理. 台中：沧海书局, 2010: 90.

鲁诺被活活烧死。此外，社会服务体系的建设在支持、引导和规范企业创新方面发挥很重要的作用。企业需要得到创新创业信息、技术、管理和对外合作等方面的服务，建设完善的社会服务体系可以为企业搭建创新创业优质平台，引导企业顺利开展创新。

法律环境的完善为创新和创业顺利开展保驾护航。近年来，我国政府相继颁布了与企业创新相关的《公司法》《合伙企业法》《个人独资企业法》《中小企业促进法》《反垄断法》《行政许可法》等法律法规。除此之外还有与创新关系最为密切的知识产权保护法，这包括与企业专利、商标、版权、商业机密等相关的《专利法》《商标法》《著作权法》《反不正当竞争法》等相关法律。这些法律法规为企业创新和创业营造了公开、公平的竞争环境，让更多的中小企业可以平等地进入军工、铁路、能源、环保、市政等行业，为企业开拓了更为广阔的创新领域，对推动企业可持续健康发展产生巨大影响。

从创业环境的同心圆架构（图9-2）中可以看出，创业受产业环境的影响，而产业环境又受经济、政策、生态、科技、文化环境的影响，是多因素的共同作用结果。任何一个创新或创业都不可能受单一因素影响演变。此外，创新创业的发生也与地理环境有关。地理上群聚发展可以将有限的资源做最有效的利用，节省资源运送的时间，以及迅速连接人脉网络、整合连接上下游供应商，甚至是咨询或知识相互分享。企业与其他临近大学或研究性机构的相互合作，透过资金补助与知识的相互交流，使学校与企业能够达成共同成长的目标，借此提高彼此竞争力，让创新和创业的想法能够快速成为现实。美国的硅谷、北京的中关村都是典型的例子。

外部环境对创新和创业的影响与个人特质一样重要。良好的环境是创新和创业的"催化剂"和"加速器"。例如国家对创新产业的协助、赋税减免或知识产权的保护措施是否完善，都会影响创新活动的意愿。另外，社会对创业的态度，市场的经济情况及资金获得的有效性，创业网络与创业培育中心也是影响创业的关键因素。我国已经进入新的发展阶段，创新和创业的需求在逐年提升，顺应时代的变化，只有在经济、政策、文化上面优化创新创业举措，才能有利于培育创新创业的外部环境，从而带动创新和创业的进一步发展。

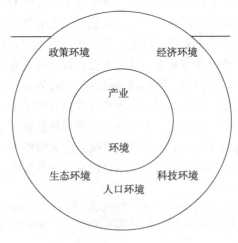

图9-2 创业环境同心圆架构

3. 其他社会性因素

创新和创业除了受经济、政策、文化、地理环境的影响以外,还受其他社会性因素影响。例如,人口变化以及社会关系网络等因素。

(1) 人口

人口因素是一个中长期因素,目前,中国的人口结构正在从量变到质变飞跃的关键时期。这对于创新和创业也许具有深远的影响。截至 2015 年年末,中国人口总数超过 13.7 亿人,是世界上人口第一大国。其中城镇常住人口为 7.4 亿人,占总人数的 54.77%。近年来,出生率降低,老龄化严重,这预示着劳动力市场将日益萎缩。中国的人口结构在今后 20~30 年内会严重老化,其老龄化程度甚至高于如今老龄化世界冠军——日本,由此会引发一系列经济和社会问题。其中有一个重要的影响就是严重削弱创新和创业能力。日本在 20 世纪 50 年代到 80 年代,是世界上最具活力的经济体,但是到了 90 年代,情况发生了逆转,随着人口结构的老化,日本企业的创造能力似乎突然停滞了。现在学术界普遍认为,日本 20 年的经济萧条的根本原因是其创新和创业能力的缺失,而这和日本社会老龄化因素密切相关。90 年代后,随着人口老化,企业中老人的比例越来越高,原本富有创造力的日本企业逐步变得保守。[1]

(2) 社会关系网络

社会关系网络会影响创新和创业者对于机会的察觉与掌握。社会关系网络会为个体提供资源与相互学习的机会。透过关系网络的连接,能够帮助创新及创业个体认识环境的变动及不确定性,降低创新和创业风险。而这种关系网络在人际关系紧密的中国作用尤其明显。高密度的关系网络有助于创新资源的充分扩散。社会关系网络中的有效服务联结机制也可降低创新过程的交易费用,从而使各创新活动突破创新主体的时空限制,增强群体创新能力。企业的社会关系网络涉及三个相互联系、持续互动的组织关系:企业间的关系网络,企业与管理部门之间的关系及企业的社会关系。企业的服务创新与知识扩散过程直接受制于这三种社会关系。[2]研究发现,三年内新企业网络异质性水平与利润负相关,资源可获得性与创业绩效显著正相关;三年以上企业网络规模与利润正相关,这项研究在意大利、瑞典、北爱尔兰和希腊等国家和地区都得到了同样的结论。[3]私营企业家与其亲友的关系,特别是这些亲友的职业地位和权力地位,对他们进入私营经济领域、获得资源和创建企业发展等具有重要作用。[4]一位创业者在被采访时说,他到中关村创立公司前,曾经花了半年时间到北大企业家特训班上学、交朋友。他开始的十几单生意,都是在同学之间做的,或是由同学帮着做的。同学的帮助,在他创业的起步阶段起了很大的作用。这或许可以解释为什么社会关系网络会受到创新与创业者的极大重视。

---

[1] 梁建章, 警惕人口结构严重失衡带来的经济风险[EB/OL]. 新浪财经, http://finance.sina.com.cn/review/hgds/20121228/071414141823.shtml.
[2] 施宏伟,索利娜,基于社会网络的服务创新关系与知识扩散模型[J]. 科技进步与对策,2011,28(18): 141- 145.
[3] Aldrich.H.E, & Rosen, B.Woodwand.W. The impact of social networks on business foundings and profits [M].Wellesley: Babson College, 1987: 154-168.
[4] 李路路, 社会资本与私营企业家——中国社会机构转型的特殊动力[J]. 社会学研究. 1995(6): 46-58.

9.2 创新能力提升

> **案例导入：小米的成功之路**
>
> 既非出身手机世家，也非当热安卓阵营中的兄弟，新生小米却能比肩国际一线品牌，其大红大紫的表现让人们对其刮目相看。在业界，特别是手机界专业人士普遍看衰的情况下，小米手机的预定却火爆异常，始终处于供不应求的状态。我们不得不好奇，小米手机为什么能够在短短几年的时间里成功占领属于自己的市场份额呢？
>
> 营销模式创新。除了运营商定制机，只通过电子商务平台销售，最大限度地省去中间环节，降低终端销售价格。此外，小米从未做过广告，而是依靠MIUI、米聊以及发烧友带动的口碑营销。
>
> 商业模式创新。作为一家互联网公司，小米更在意用户的口碑，通过高配置低价格吸引的几千万的移动互联网用户是其盈利的关键。使用户不仅是自己的手机用户，还是自己的系统的用户，这样发展起来的用户就有价值。
>
> 竞争战略创新。小米找到了属于自己的蓝海：在不靠硬件赚钱的模式上发展手机品牌，软硬件一体化，定位中档市场，价格向下看，配置向高端机靠齐，甚至领先，使其他竞争者无法进入。
>
> 手机是目前人们不可或缺的电子设备，未来所有的信息服务和电子商务服务都要通过这个设备传递到用户手上，谁能成为这一入口的统治者谁就是新一代的王者。而王者必须集硬件、系统软件和云服务三位一体，这就是雷军所说的铁人三项，小米正是奔着这个方向走，这就不难想象为何小米能够引起业界如此关注，并取得这样成绩的原因了。
>
> 资料来源：环球贸易网. 小米的成功源于创新. http://www.sxmx.com.cn/xwzx/cgzd/1100569.html.

创新是人类所有创造性劳动的体现，是人类社会进步的源泉，也是企业永续发展的不竭动力。创新在很大程度上影响着我们的生活，向低碳经济转型以及维持经济增长都需要创新的扶持。伟大的创新家可能会重新定义一个行业，改变我们的生活甚至是我们看待世界的方式。乔布斯就是其中一位代表人物，他是苹果公司富有远见及创造力的天才核心领导者。我们的生活正是由这群极富创造力的人改变，不论是企业还是政府部门，创新还在以各种形式推动着我们的生活。但是我们更应该知道，并不是每一项创新都会获得成功，企业需要持续关注创新的过程，找到促进或阻碍这个过程的因素，以及这个过程在不同行业或不同市场作用方式，对这个过程加以组织管理，以寻找到合适的创新与创业机会，优化资源配置，改造旧企业、建立新企业，创造更高的价值。

1. 企业创新困境的诱因

引发企业创新困境的因素有很多，在此我们主要考虑以下几点：

（1）企业创新主体地位不明显。2015年全球创新百强企业中，中国企业又一次落榜。这表明无论从专利数量、成果、全球化还是影响程度考察，中国企业的创新都不足以跻身全球创新领先者队伍中。虽然近几年企业创新能力不断增强，但在研发投入、专利产出、人才等方面与发达国家的巨大差距预示我们，企业还远远没有成为创新主体。[①]

（2）管理不力导致创新停顿。创新需要企业战略的引导，但多数企业的长期战略指标除了利润指标就是销售指标，对自主知识产权或技术增长指标要求不高，即缺乏明确的知识产权战略目标。这导致企业对创新的投资与对股东回报的投资失衡，出现创新乏力的问题。此外，有些公司的管理制度过于严格和苛刻，可能扼杀员工创新思维。虽然每个制度的出现都是有其合理性和必要性的，但是丧失自主权利的企业氛围会令那些渴望创新却无法满足严格制度化要求的员工望而却步。制度化的公司和制度化的管理方式只能吸收制度化的员工，这很可能导致公司因为缺乏创新要素而丧失市场。"通常来讲，大企业比初创企业保守得多，不愿意做任何未经测试或可能损及未来收益的事"，从事商业咨询的"红色火箭风险公司"合伙人乔治·迪卜指出大企业的创新困境，"投入创新真的需要企业具有独树一帜、敢于冒险的精神"。[②]越来越多的巨无霸公司遭遇体制内创新困境，股东们对利润增长的期望导致企业更多地注重短期利益，而忽视了收益前景不明的研发领域。

（3）资源不足限制企业创新创业的产生。创新是创造性地实现信息、资金、人才等有形或无形资源的重新组合，创新项目资源投入不足可能使企业走进创新困境。信息资源的匮乏将会影响企业创新思维的产生：如果没有通畅及时的信息了解客户的需求，企业就无法对产品做出更进一步的研发。缺乏高层次人才使我国原始性创新能力不足：企业人力资源结构单一、人才流失、创新人才成长机制不完善，使科技人员的作用没有发挥出来，企业创新能力普遍不高。资金不足也使企业创新难以为继：仅仅依靠企业内部资金循环而没有政府财政支持以及金融机构的支持，很容易导致研发项目的中断甚至夭折。

（4）基础技术条件薄弱形成创新壁垒。企业的技术基础和硬件条件比国际领先水平落后，是造成产业能力差距的主要原因。很多企业依靠购买国外技术和设施来提高自身的创新产出，这种依靠外部的拿来主义更加削弱了企业的创新意志。企业创新必须建立在现有的现实基础之上，落后的科技基础设施很难吸引和稳定人才，很难开发出具有前瞻性和战略性的创新产品。

（5）有效需求不足阻碍企业创新能力的发展。需求的发展是企业创新的动力源，需求的波动会对企业创新活动产生影响。[③]国内市场的分割制约了需求的扩大，从而形成了价廉、质低的需求特征，削弱了对创新动力的引致作用。[④]稳定而不足的需求特征弱化了企业进行创新的冲动，不利于企业长期的生存和发展。

2. 跳出困境，提升企业创新能力

数字经济时代瞬息万变，消费者的行为模式也在不断变化，不能与时俱进而遭到淘汰的大企业比比皆是，比如英国百年老牌超市伍尔沃斯、美国昔日第二大书商博德斯公司、

---

① 郭庆存. 强化技术创新主体建设，突破创新体系建设瓶颈：国家创新体系建设的忧思、思考与建议[J]. 中国软科学，2005(7): 25-27.

② 新华网. 不创新，就等死[EB/OL].http://news.xinhuanet.com/world/2015-04/02/c_127646840.htm.2015-4-2.

③ 姚乐. 我国企业创新的三个关键问题[J]. 当代经济，2008(21).

④ 康志勇，张杰. 有效需求与自主创新能力影响机制研究——来自中国1980—2004年的经验证据[J]. 财贸研究，2008(5).

诺基亚、宝丽来、柯达……这些业界传奇纷纷破产关停，都是由于创新能力得不到根本性提升导致的。可见，创新能力提升是企业得以生存的根本所在。企业想要提升创新能力，必须从以下几点入手：

（1）明确主体地位。企业是服务于市场获取经济利益为目标的组织，创新成功与否要看市场是否接受。而企业与市场的联系最为紧密，只有明确企业的主体地位，才能够准确把握创新活动的进程和走向，创新才可以有效开展。强化企业创新主体地位可以从三个方面进行：强化政府对企业创新活动的支持，确立企业市场主体地位，提升企业创新能力。创新活动本质上是一个经济过程。只有充分发挥企业在创新中的主导作用，才能够明确创新目标和措施，走出创新困境。

（2）提升创新战略。首先，企业要对自身的创新能力有一个准确的认识，从长期战略角度提高对自身创新能力的要求，例如，提高创新评价标准、完善创新激励制度、提升企业整体的创新意识和水平、制定知识产权战略。其次，适当放宽企业制度也是行之有效的手段。企业制度是关于企业组织、运行、管理等一系列行为的规范和模式，是在一定历史条件下所形成的企业经济关系，包括企业经济运行和发展中的一些重要规定、规程和行动准则。企业制度松绑将会引导企业思维、技术和组织的创新活动，构建整体创新文化。

（3）集聚创新要素。以聚集和整合创新资源为基础，全力提高创新资源富集水平。在集聚信息资源方面，企业可以以基础数据库建设为基础，以跨部门、跨企业协同应用为驱动，推动信息在各部门、企业、区域之间的共享，提高创新协同水平。在集聚创新人才方面，企业增加创新专业人才的方法有三种：一是自己培养，通过研发实战来培养创新人才，加快创新型人才队伍的建设；二是引进外来人才，通过自主招聘或猎头寻找合适的高素质人才；三是通过并购或合作获得所需专业人才。完善人才培养体系和激励体系将会促进人才的凝聚力和创新动力，甚至吸引外部人才投入。在集聚创新资金方面，企业应适当加大研发投入，设立专项资金。各级政府也应加大创新财政支持，鼓励企业开展创新活动。

（4）强化技术基础建设。以满足创新活动需要为出发点，改造或重构基础设施条件，可以为创新提供良好的环境。这不仅包括企业基础设施的改进，还包括国家科技基础的建设、社会教育基础的提高。科技基础设施的建设和运行，可以衍生新技术、新工艺和新装备，加快创新成果的孕育、转化和应用。

（5）理性认识需求对创新的作用。未知的世界不能用已知的事物来理解，企业需要有勇气开发未知的领域才会领先于追随者。有时候只有产品开发出来，才知道客户到底需不需要这项产品，甚至直到产品上市，客户才发现对这项产品有需求。苹果创始人乔布斯说："消费者并不知道自己需要什么，直到我们拿出自己的产品，他们就发现，这就是我想要的东西。"就像福特说过："如果你问顾客需要什么，他们会说需要一辆更快的马车。"虽然不能否认需求的积极作用，但至少企业应该知道他们可以做得更多。

我国"十八大"报告和《中共中央 国务院关于深化科技体制改革加快国家创新体系建设的意见》政策的出台，不仅从国家战略角度提升了创新的重要性，还引导了企业加快创新步伐。目前各国都在加强创新素质的培养，可以说企业正处于一个创新机遇期，任何企业都没有理由忽视创新、拒绝创新。企业应利用自身条件，结合外界支持，提升创新能力，开创自己的创新发展道路。

9.3　管理创新与企业家

> **案例导入：马云的成功**
>
> 　　马云的一言一行都备受关注，这个互联网大腕的脑子里不时蹦出一个创新点子，让大家觉得不可思议。他能够成功，除了依靠独特的人格魅力、直觉思维、创新意识、独到的眼光，还和他的坚韧、努力、自信是分不开的。
> 　　他的理念是：创新不是为了要打败对手，创新也不是为了挣大钱和更大的名气，创新是为了社会，为了客户，为了明天。基于一种使命感，他推出三年免费的服务模式让阿里巴巴和客户一起创造真正有价值的东西，而这种商业模式的创新让他成功抢占市场。他并不克隆其他成功企业的模式，而是以一种"超传思维"探索更深更大的细分市场——将阿里巴巴定位成"为80%的中小企业服务"。短短几年，阿里巴巴不但成为全国最大互联网公司，还在全世界网络交易中独占鳌头。
> 　　在今天看来，马云的创新是成功的。阿里巴巴引领了中国的电子商务行业。在胡润研究院推出的中国品牌榜百强名单中，马云是唯一一个创造了三个品牌上榜的，包括淘宝、天猫和支付宝。2015 年，马云家族以 1500 亿元人民币位列胡润百富榜第 34 位。

　　全球化使从业的竞争加剧。"旧"的工作在逐渐被"新"工作取代，特别是服务业和知识产业，使面对淘汰威胁的员工惶惶不安。但我们又必须接受这一事实，因为达尔文的生存法则早就告诉我们，适者生存，企业创新和新创企业摧毁过时企业正是驱动经济发展的动力。千变万化的市场催生出具备创新才干和创业勇气的企业家，企业家进行企业创新或是创造新企业的过程又可以为市场注入活力。最终，市场会告诉我们谁才是真正的胜利者。本节，我们将具体来看看企业家如何创业以及如何通过创新来让他们的企业成长。

9.3.1　企业家

　　熊彼特说过："创新是创造性的破坏。"也就是说，创新意味着毁灭自己的过去，创新意味着毁灭这个产业里成功企业的过去。[1] DVD 否定了原本的录影机，数码相机否定了胶片相机。创新就是不断否定过去，直到旧产业毁灭。在目前经济全球化的格局下，创新对于企业的持续发展意义尤为重要。中国改革开放的大方针为许多新企业提供了参与全球竞争的入场券，但是能否屹立于世界企业之林，还要看这些企业能否透过创新实现价值增值。企业家在经济发展的过程中扮演着极其重要的角色，许多创新都是由企业家引起的，企业家是企业的核心要素之一，也是创新与创业的发起人和关键支持者。知识经济时代也是创新和创业的时代，企业家发起的革命正在更新世界经济结构。20 世纪初期，美国约有 50%的工人从事农业及家庭劳务；而 100 年之后，这个数字大约为 4%，这项转变主要来自创新。

　　创新的引擎是创业，将创新的技术、产品或服务形成标准的操作模式和市场经营机制，

---

[1] 张亚勤，张维迎. 创新赢天下. 北京：北京大学出版社，2010.

就是创业。而创业的推动者是企业家。三者的关系是纽带连接的。熊彼特认为经济增长的核心在于企业创新，企业创新的推手是企业家，企业家精神对于创新的成败具有决定性影响。由此可知，创新、企业家、企业家精神实际上是企业成长的主要动力。①企业家精神的研究通常会伴随在创新和创业的研究中，创新和创业是企业家精神的主要表现形式和主要功能。创新和创业只有在企业家精神的统帅下才能最大限度发挥其对国家、社会、经济发展的重大作用。企业家能发现别人看不到的机会，并能在风险和不确定性中做出决策，并打破常规以实现经营管理的创新。这些特质与能力听起来很遥远，但是离每个人都很近。企业家的特质并非天注定，它需要一点一滴的培养，其方法就在个人身边。

1. 企业家的内涵

企业家（entrepreneur）一词来源于法语中的 entreprendre 一词，最早起源于 17 世纪法国的经济学家 Jean-Baptiste Say（1776—1832），当时他提出："企业家是能够把经济资源从生产力较低和产量较小的地方，移转到生产力较高和产量较大的领域，并且提升产值。"②这是有关"企业家"的最早描述。诺曼·斯卡布罗和汤姆·季默尔（Scarborough and Zimmerer）认为："企业家是一位为了获得利润成长，认清机会与结合资源，面对不确定性风险，创造一个将机会转变成财富的新的商业活动者"。③英国经济学家马歇尔认为，企业家是以自己的创新力、洞察力和统帅力，发现和消除市场的不平衡性，创造交易机会和效用，给生产过程提出方向，使生产要素组织化的人。

1934 年，熊彼特（Joseph Alois Schumpeter，1883—1950）赋予企业家创新的能力，认为企业家的作用在于引入新产品，引入新的生产方法，开创新市场，争夺或寻求原材料的来源，创立新的组织形式。④熊彼特认为，企业家是不断在经济结构内部进行"革命突变"，对旧的生产方式进行"创造性破坏"，实现生产要素重新组合的人。他认为市场经济就是企业家经济，他提出企业家精神一词，更把企业家视为资本主义的灵魂、经济发展的推动者。德鲁克也认为，企业家是革新者，是勇于承担风险、有目的地寻找革新源泉、善于捕捉变化，并把变化作为可供开发利用机会的人。

从企业家的定义来看，企业家通常是冒险家和革新者，因此，我们将企业家定义为：担负着对土地、资本、劳动力等生产要素进行有效组织和管理、富有冒险和创新精神的高级管理人才。企业家与一般厂长、经理等经营者之不同，主要表现就在于企业家敢于冒险，善于创新。企业家是经济学上的概念，企业家代表一种素质，而不是一种职务。成功的企业家往往具备创新的能力及创新管理技巧。

企业家依据分类标准的不同有不同的类型。依据财富积累的不同方式可以分为：白手起家型、风投型、职业型三种。白手起家型，顾名思义就是创业初期的财富很少，通过苦苦打拼成就现在的企业；风投型，是抓住一个概念或机遇，外加资本的巨大推动力迅速崛起，这种企业家的目的非常明显，立志于快速成长和致富；职业型企业家，一般是从基础的员工做起，后来成长为大型企业的管理者，他们通常对所在行业有深刻的了解以及经营

---

① 陈瑜芬，刘家桦. 创新管理[M]. 台中：沧海书局，2009.
② 周瑛琪，陈春富，颜如妙，陈意文. 创业管理[M]. 新北市. 普林斯顿国际有限公司，2013.
③④ 吕克明，创业管理[M]. 台北：学贯行销股份有限公司，2007.

的经验。根据企业家的行为模式不同,也可以划分为开拓者、征战者、谨慎者、重效率者、守成者。还有人将企业家分为 5 类:投机型、追求生活方式型、解决问题型、梦想型和改变游戏型。可以用两大类概括在现代企业中企业家的类型:企业所有者企业家和受雇于所有者的职业企业家。第一类企业家又可以分为两种形态:第一种形态是企业家无论如何都想要完成自己想要做的事,如迪斯尼创建迪斯尼乐园。企业家无论如何想要完成自己的梦想,他们不在意企业规模大小,规模即使很小但只要是可以引以为傲的有特色的公司即可,并从此把握独特的成长机会,逐渐发展成为大企业。①第二种形态是一定要把企业扩大到被社会所公认具有规模与名誉的企业家,如华孚色纺股份有限公司的董事长孙伟挺,30 岁辞职,在深圳创立华孚进入色纺纱行业,历经 10 年,先后开拓华南、香港、华东、国际贸易色纺纱市场进而上市。有人说他擅长资本运作,也有人说他精于品牌营销,而他自己却说:"17 年来我只做了一件事——把色纺纱做成了一个新兴产业。"②

2. 企业家的特征

不同的历史时期,企业家具有不同的内涵和外延。在了解企业家的特征之前,我们不妨明确所处时代的特征。知识经济时代以知识决策为导向,在此时期,企业家最根本的素质是以知识创新为主的企业创新。企业家并不需要如比尔·盖茨那样的精通技术,却绝对需要具备能够看穿层层迷雾、看清未来的本领,他们必须了解科技发展的新趋势、未来市场前景。预见未来的能力越强,成为伟大企业家的可能性就越大,成功的概率也就更高。比尔·盖茨在电脑大得需要整个屋子才能装下的时候,他已经预见到了每个桌子上都有一台电脑的未来。正是他这种超前的思考及预测,才创造了微软今天的辉煌。

因此,知识经济时代企业家的本质特征有:

(1)优秀的管理理念。是否具备管理企业的能力是成为企业家的关键,是决定企业长盛不衰的根本性要素。企业家对企业发展的目标有清醒的认识,并能按照既定的计划引领企业的发展。他们虽然不会关注企业运行的每一个环节,但却对企业发生的变化与企业所处的地位有着敏锐的辨识力。企业家明白唯有不断创新,企业才能在市场竞争中存活下来,所以他们会及时创新组织、营造创新氛围、改善企业制度、培育企业创新人才。现代企业家会以知识为本和以人为本相结合的方式管理企业,为充分开发和利用企业的知识资源,进行以创新为目的的生产过程。

(2)强烈的风险意识。风险是企业家得以诞生的必不可少的土壤。商场上突如其来的风浪通常会卷走一些创业者和管理者,而企业家就是在风浪中存活下来的一类人。现代企业家要具有开拓精神,不畏风险。例如,破格录取人才,采纳新建议,采用新技术和新工具,实行现代管理方法等。企业家的风险意识是建立在科学思维的分析研究之上,是专业知识、市场经济知识、资本运作知识、企业管理知识、财会知识、法律知识等的综合思维。同时,风险意识也是对企业家意志的考验,敢于竞争和面对失败,能够从挫折中吸取经验继续奋斗。只有具备了这些知识和技能,才能够识别风险并化险为夷。

简化和抽象问题的能力。这是遇到困难时做出决策的必备条件。企业家在领导庞大企

---

① 百濑惠夫. 创业与创新管理[M]. 台北:五南图书,2006.
② 孙伟挺:有梦想的企业家. http://www.hometex114.com/character/news215576.html.

业运行时常常承受多于常人的压力,他们必须快速处理复杂多面的问题,应对挑战。所以简化和抽象问题的能力是解析出问题关键要点,规划有效策略,在众说纷纭中专注主要矛盾的基础。比尔·盖茨得意的中国门生张亚勤在接受《锋尚之王》节目采访时曾说,他从比尔·盖茨身上学会的最重要的能力就是简化和抽象问题的能力,每次谈话,都会让他感觉思路更为清晰,线索更加明确。伟大的企业家会将繁杂的问题简单化,让自己从日常琐碎中抽身而出。

(3)判断问题的能力。作为一个企业家,最重要的不是提高自身的智慧与能力,而是利用周围的所有资源,做出准确的判断,汲取最重要的营养。企业家最重要的技能是选择哪些人、哪些想法,所以判断力非常重要。在没有完整资料、没有多余时间的情况下,需要根据直觉做出决定,而且这个决定应当在大部分情况下都是对的,这就需要具备不凡的判断力。[①]企业家需要对自己追求的目标有通盘的考量,他们很清楚自己将要进行的方向,他们无时无刻不在寻找机会与致胜的法则,他们必须依靠自己的判断力来发展自己的事业。企业家还要对人事安排和资源配置有自己的见解,最大程度发挥员工与资源的整体效益,辅助实现企业创造最大价值的梦想。杰克·韦尔奇(Jack Welch)曾在卸任通用电子公司董事长时说:"我一生中作对了两件事:一是把对的人放在对的位置上,另一个是把资源用在对的地方。"

(4)坚忍不拔的毅力。在发生经济危机时,资本家可以用脚投票,变卖股票退出企业,劳动者亦可以退出企业,然而企业家却是唯一不能退出企业的人。正所谓"锲而不舍,金石可镂;锲而舍之,朽木不折"。自古成大事者都具有坚忍不拔的毅力,能忍常人之不能忍,做常人之不能做的事。司马迁在《报任安书》中列举了不少成大事者:"文王拘而演《周易》;仲尼厄而作《春秋》;屈原放逐,乃赋《离骚》;左丘失明,厥有《国语》;孙子膑脚,《兵法》修列;不韦迁蜀,世传《吕览》;韩非囚秦,《说难》《孤愤》《诗》三百篇,大氐贤圣发愤之所为作也。"同样,每一个企业家都具有坚韧的毅力,绝不轻言放弃。

(5)激情与乐观。爱迪生用99分汗水加1分灵感浇灌他的每一项发明,能够将乐观与坚韧、求实的精神融合,是逆境中发挥领导力的关键所在。人们通常认为财富的累积才是企业家成功的关键。但是更多的事实证明,他们是被自己对企业和产品的热情所驱动。大多数企业家相信他们能够改变世界,这是一种能使他们在布满荆棘的道路上奋力前行的激励和信念。基于这种热情,企业家会在任何艰难困苦中坚持下去,并相信他们可以克服任何困难。企业家们对待事业的激情可以从平均工作量上看出,通常他们每周的工作量是60~80小时,特别是创业初期,不眠不休是常有的事。成立企业,不可能一帆风顺,总要经历大风大浪才能见到雨后的彩虹。在事情不顺利的时候,企业家通常仍能保持活力与弹性。

(6)自信。企业家需要理想、需要信心去维持一个和别人不同的想法,才能把事情做成。[②]一般来说,企业家对事业的成功充满了信心,均有乐观进取的心态。企业家经常和一些优秀的人才共事,自信能够使他们承认自己的弱点,并寻求协助,而不会过度防御。马云在哈佛演讲时曾说,"我不懂技术,不懂电脑,不明白软件是怎么写出来的。像我这样一

---

① ② 张亚勤,张维迎. 创新赢天下. 北京:北京大学出版社,2010.

个不懂技术的外行人如何领导一个国际网络公司呢？我认为，外行领导内行的关键是尊重内行。我从来不和工程师吵架，唯一的原则就是按照客户的需求去开发新系统"。这种互相理解和尊重的态度，源自他对自己的自信。作为一个领导人，在不同的阶段，或是创业的过程中总是有起有落。自信能够冲破各种阻碍能够使他们不断调整自己，内心要知道自己在做什么、需要什么，从而不断尝试新的事情。

（7）实践力。没有所谓没有出路的工作，只有所谓没有出路的思维。心中所想的要付诸实践才可能成为现实，企业家通常也是这样热爱自己所从事的工作，从点滴小事做起，完成令人刮目相看的成果。企业家知道自己所从事的工作对自己及社会的意义，相信自己的努力会给社会带来良好的影响，所以他们勇于迈出第一步，并懂得坚持，最终获得正面的效果。好点子人人都有，大师之所以是大师，就是因为他们有勇气与信念去落实。[①]理查德·贝奇（Richard Bach）曾说："再厉害的点子，若是没有落实，也只是中看不中用。"

（8）沟通的技巧。企业家通常也是演说家，因为他们有能够让人信服的沟通技巧，他们的沟通技巧带动了周围人的能量的提升、追求卓越的热情、创新的步伐以及改善行事风格。语言是有感染力的，企业家需要以身作则影响组织文化的形成。企业家通常具有说服力，可以让任何外界的媒体、分析师、股东等相信自己的判断。企业家自身的沟通能力会激励员工共同努力追求企业的目标，赢得员工的信任和同理心。

（9）领导力。领导力并不是什么复杂的技巧，不是只有哈佛毕业生和社会名流才能懂。事实上，只要是人，都可以展现出领导力。而领导力最基本的就是自我领导力。心理学家罗洛·梅（Rollo May）说："就长远来看，找到内在的核心力量，就是我们对他人的贡献。"目前我们所处的社会瞬息万变，领导力已成为企业家最重要的关键技能。不论别人是如何评价你的，企业家们大多会选择坚定自己，因为他们的领导力是不受环境影响的，最可靠最强大的力量。罗宾·夏玛（Robbin Sharma）认为实现领导力需要五个原则：IMAGE（创新、精通、忠于自我、胆识、伦理），他认为这五个原则就是领导力的核心。

9.3.2　企业家精神

1. 企业家精神的内涵

世界著名的管理咨询公司埃森哲，曾在 26 个国家和地区与几十万名企业家交谈。其中 79%的企业领导认为，企业家精神对于企业的成功非常重要。全球最大科技顾问公司 Accenture 的研究报告也指出，在全球高级主管心目中，企业家精神是组织健康长寿的基因和要穴。正是企业家精神造就了"二战"后日本经济的奇迹，引发了 20 余年美国新经济的兴起。从 20 世纪 80 年代以来，社会各界尤其是学术界，从多个角度对企业家精神进行了解释，这使企业逐渐对企业家精神给予了更多的重视，同时也在一定程度上导致了企业家精神的定义十分模糊。

Gartner 用德尔菲法对企业家精神的概念进行了研究，认为其内涵主要体现在企业家的个人特征和行为结果两个方面。[②]熊彼特认为市场经济就是企业家经济，他创造出"企业家

---

① 罗宾·夏玛. 唤醒心中的领导者, 台北：天下文化，2010.
② Gartner w b. What are We Talking about When We Talk about Entrepreneurship[J]. Journal of Business Venturing, 1990, 5(1): 315-328.

精神"一词，更把企业家视为资本主义的灵魂、经济发展的推动者。企业家在企业成长和对社会影响中发挥不小的作用，是企业成功与否的关键。彼得·德鲁克承继并发扬了熊彼特的观点。他提出企业家精神中最主要的是创新，进而把企业家的领导能力与管理等同起来，认为"企业管理的核心内容，是企业家在经济上的冒险行为，企业就是企业家工作的组织"。

企业家具有特殊的管理、组织和协调生产活动的能力，他们的这种能力常被称为企业家才能，并被作为有别于资本、土地和普通劳动的第四种生产要素，通称为"企业家精神"。[①]企业家通常都对创新和创业具有强烈的愿景，同时也具有坚强的意志力以及不屈不挠的精神。他们甚至可以利用先天不足的资源来使其发挥最大的经济效用，建立稳固的企业基础，并逐步迈向成功之路。在市场竞争过程中，创新主体自身决策并结合外在市场的选择构成了市场选择机制。在这一过程中，企业家将发挥重大的作用。企业家不仅要通过分析数据，对市场未来做出预期，还要针对市场反应，适时作出调整以适应市场环境变化。可以说，企业家是创新的决策者。美国是当今世界科技发展水平最高和最具创新活力的国家，其关键在于企业家精神广泛根植于经济文化价值理念之中。

2. 企业家精神的内容

企业家精神不是来自企业，而是来自诸如松下幸之助、本田和盛田昭夫这些亚洲大公司的创始人，来自联合利华、戴姆勒、布兰森这些欧洲企业的创始人，来自沃特森、迪斯尼和沃尔顿这些美国传奇企业的创始人，同样也来自上千万个默默无闻但为经济增长贡献的小企业主。综观成功创业的企业家们的创业和守业，我们不难发现，企业家精神不是源自严密管理的官僚企业，伟大的企业家都拥有如下几种精神：创新精神、冒险精神、合作精神、敬业精神、学习精神、执着精神、诚信精神和创业精神。

创新精神是企业家精神的灵魂。企业家和普通从业者最根本的区别就是创新思维、能力和勇气。领导者总是会不停地问自己："今天我能改善什么？"并借此不断锻炼自己的各项技能。他们都致力于让自己甚至整个社会变得更加美好，在这个过程中，不断塑造企业。创新代表价值的增值，停止意味着倒退。创新精神是一种勇于抛弃旧思想旧事物、创立新思想新事物的精神。同时创新精神又要以遵循客观规律为前提，只有当创新精神符合客观需要和客观规律时，才能顺利地转化为创新成果，成为促进自然和社会发展的动力。创新精神提倡新颖、独特，同时又要受到一定的道德观、价值观、审美观的制约。

冒险精神是企业家的天性。发挥领导力必须拥有过人的胆识、毅力与勇气，也必须有比平凡人更胆大、冒险的梦想。企业家通常有极大的意志力去坚持自己的想法，他们必须在信息不足的情况下做出决策。最聪明、最优秀的领导者拥有不将失败列入考虑的心态，将别人眼中的危机视为转机，在别人安于现状时遇见更美好的世界，这种胆识只有具有远见的人才会拥有。而企业家推陈出新的胆识，会使他们达到更高的成就。冒险精神可以让企业家勇于尝试，做他人不敢做的事情。

合作精神是企业家精神的精华。正如艾伯特·赫希曼所言：企业家在重大决策中实行集体行为而非个人行为。尽管伟大的企业家表面上常常是一个人的表演（one-man show），但真正的企业家其实是擅长合作的，而且这种合作精神需要扩展到企业的每个员工。企业

---

① 吕克明. 创业管理. 台北：学贯行销股份有限公司，2007.

家既不可能也没有必要成为一个超人（superman），但企业家应努力成为蜘蛛人（spiderman），要有非常强的"结网"的能力和意识。西门子是一个例证，这家公司秉承员工为"企业内部的企业家"的理念，开发员工的潜质。在这个过程中，经理人充当教练角色，让员工进行合作，并为其合理的目标定位实施引导，同时给予足够的施展空间，并及时予以鼓励。西门子公司因此获得令人羡慕的产品创新纪录和成长记录。①

敬业精神是企业家精神的动力。企业家会让自己所做的事情达到炉火纯青的地步，处于行业的领先地位。因为他们知道，只有达到领先，才能在这个快速变化的时代成为领导者。而敬业的第一步，就是对自己的要求要高，也就是企业家创业前的雄心壮志。当对一件事情达到精通的地步，身边的竞争者也就变少了，成功也就在所难免。这或许并不是企业家的专职，任何人在做任何事情的时候都秉承这种观点，都可以发掘自身的潜力，达成与众不同的成果。建筑师罗伯特·米尔斯（Robert Mills）以希腊神庙做底、埃及方尖碑在上的古典建筑的融合方式设计的华盛顿纪念碑，在一片争议声中历时40年，最终建成。

学习精神是企业家精神的关键。荀子曰："学不可以已。"彼得·圣吉在其名著《第五项修炼》说道："真正的学习，涉及人之所以为人此一意义的核心。"学习与智商相辅相成，以系统思考的角度来看，从企业家到整个企业必须是持续学习、全员学习、团队学习和终生学习。日本企业的学习精神尤为可贵，他们向爱德华兹·戴明学习质量和品牌管理；向约琴夫·M. 朱兰学习组织生产；向彼得·德鲁克学习市场营销及管理。《哈佛商业评论》中曾刊登过一篇叫作专家是怎样炼成的（The Making of an Expert）的文章，探讨从运动员到音乐家等各项领域的顶尖人才，如何缔造出杰出的表现。研究结果显示，世界级的专家都有一个共同的特点，就是他们都花了大约一万小时来锻炼自己的技能。②

执着精神是企业家精神的本色。英特尔总裁葛洛夫有句名言："只有偏执狂才能生存。"这意味着遵循摩尔定律的信息时代，只有坚持不懈持续不断地创新，以夸父追日般的执着，咬定青山不放松，才可能稳操胜券。在20世纪80年代诺基亚涉足移动通信，但到90年代初芬兰出现严重经济危机，诺基亚未能幸免遭到重创，公司股票市值缩水了50%。在此生死存亡关头，公司非但没有退却，反而毅然决定变卖其他产业，集中公司全部的资源专攻移动通信。坚忍执着的诺基亚终于获得了移动通信领域的成功。虽然，在如今的手机市场诺基亚已经雄风不再，但其正在谋求重生。这一鲜活的例子一方面说明市场的残酷，不创新则等待灭亡；另一方面也证明了企业家的坚毅执着，不轻言放弃。企业家不理会旁人的杂音，执着于自己所看准的事情，才能更大程度上发挥领导力。执着也会使企业家在工作中发挥自己的热情，对自己的事业有绝对的信心而不受干扰。

诚信精神是企业家精神的基石。高速发展的世界更需要拥有职业操守、为他人服务、贡献社会的企业家。企业家绝对不能做任何会玷污品德与名誉的事。我们或许还记得三鹿集团的"三聚氰胺"事件。自发现到处理，三鹿集团在短短半年多的时间就从一家经营半个世纪的奶制品领先企业沦落到破产。曾被世界品牌实验室评为中国500个最具价值品牌之一的"三鹿"品牌彻底被自己打败。以德养生，以德养心，以义获利——中国传统经商文化的商道中人修身之本，或许能拯救很多企业道德事件中已然破损的商业伦理。众所周

---

① 企业家精神. http://wenku.baidu.com/view/22ee0a3a87c24028915fc369.html.
② 维基百科："企业家精神". http://wiki.mbalib.com/wiki/企业家精神.

知，社会才是企业利润的真正来源。每一个有智慧的企业家，都要清晰地认识到这一点。[①]

创业精神是企业家精神的心声。创业精神的概念最早出现于 18 世纪，其含义一直在不断变化，经济学家约瑟夫·熊彼特将创业精神看作一股"创造性的破坏"力量，是一种首创精神或创新精神。当今大多数经济学家认为，创业精神是在各类社会中刺激经济增长和创造性就业机会的一个必要因素。创业精神的载体是人，最具创业精神的是创业者，企业家与创业精神密不可分。创业精神更多的是把握机会和不断创新，通过企业家的创业和创新活动，推动社会和经济的不断发展。创业精神和创新精神具有一定的重合，企业家追求创业的主题一定是创新——新产品、新服务或新的商业模式。企业家永远在找寻新趋势和新机会，在原企业基础上不断创新，甚至继续创立新企业。

3. 企业家精神在创新中的重要性

企业家精神体现在每个时代、每个国家、每个社会阶层的不同企业主身上。可以说，企业家精神是维持企业家不断调整竞争战略以适应千变万化的外在环境的基础。熊彼特是创新理论的开拓者，他认为企业之间的竞争不是价格上的竞争，而是创新竞争，而企业家精神是创新行为的重要原因。这一点，关于创新竞争的观点得到了众多学者的支持。道琼斯高级顾问、百度网络技术有限公司创立者李彦宏，在搜索引擎发展初期，他作为全球最早研究者之一，最先创建了 ESP 技术，并将它成功的应用于 INFOSEEK/GO.COM 的搜索引擎中。GO.COM 的图像搜索引擎是他的另一项极具应用价值的技术创新。在他领导下，百度不仅拥有全球最优秀的搜索引擎技术团队，同时也拥有优秀的管理团队、产品设计、开发和维护团队；在商业模式方面，也同样具有开创性，对中国企业分享互联网成果起到了积极推动作用。[②] 可见，企业家精神是引领企业创新创业的关键，没有企业家精神的支撑，企业拥有再多资源和条件都是枉然，即使能够成功也是一时的。

企业家精神体现了一种创新活动行为过程，而非企业家的人格特质。虽然创业常常是以创立新公司开始，但企业家精神不一定只存在于新事业中。每一段成功企业家的故事都有鲜为人知的艰辛过程，需要强有力的精神力量来支持他们走下去。这种精神或者是一种责任感："我的责任就是为公众提供卓越的产品，丰富他们的生活，并带去乐趣。如果我们公司的利润下降、收入减少，就说明了我们没有履行我们的社会责任。"松下电器创始人松下幸之助如是说。伟大的企业家在他们的工作中展示了两种品质：热爱自己的事业，全心投入；敢于面对结果，无论好坏，但总是表现出祸福与共。一个企业家会面对公司的祸福，同样也要和自己的员工一起担当，与员工同舟共济是必须的承诺。

坎迪隆（Richard Cantillion）和奈特(Frank Rnight)两位经济学家，将企业家精神与风险（risk）或不确定性(uncertainty)联系在一起。没有甘冒风险和承担风险的魄力，就不可能成为企业家。企业创新风险是二进制的，要么成功，要么失败，只能对冲不能交易，企业家没有别的第三条道路，所以创新需要企业家精神中的冒险精神予以支撑；创新还是不确定的，市场上的波动可能会阻碍创新的步伐，所以创新还需要企业家精神中的执着和自信。在美国 3M 公司有一个很有价值的口号："为了发现王子，你必须和无数个青蛙接吻。""接

---

① 重塑企业道德与信仰型企业家. http://finance.eastmoney.com/news/1622，20141212456581581.html，2014-12-12.
② 中国改革开放 30 年创新人物. http://finance.jrj.com.cn/2008/12/2400223151175.shtml.

吻青蛙"常常意味着冒险与失败，但是，"如果你不想犯错误，那么什么也别干"。同样，对 1939 年在美国硅谷成立的惠普、1946 年在日本东京成立的索尼、1976 年在中国台湾成立的 Acer、1984 年分别在中国北京、青岛成立的联想和海尔等众多企业而言，虽然这些企业创始人的生长环境、成长背景和创业机缘各不相同，但无一例外都是在条件极不成熟和外部环境极不明晰的情况下，他们敢为人先，第一个跳出来吃螃蟹。

创业和创新一样需要不断探索和发现新知，要有敢为人先的勇气，不怕挫折的精神。创新未必创业，但创业必须创新。德鲁克曾经说过，"企业家都从事创新，创新是展现创业精神的特殊工具"。

汉庭 CEO 季琦谈创业与足球的共性

① 必须要有激情；
② 始终在移动中寻找目标；
③ 一个人也能玩，玩真的就得团队作战；
④ 对手有时候决定你的表现；
⑤ 有些球输在裁判身上；
⑥ 有永远的球队，没有永远的球星；
⑦ 好球队必有球迷，他们决定球队的价值；
⑧ 球队的目标是赢，但输球不输人，赢得球迷也是大胜利！

资料来源：季琦：成功创业者具有三大特质. http://finance.591hx.com/article/2012-07-10/0000215909s.Shtml.

9.4 创新审计

案例导入：创新审计的应用

北京一家木业公司专门从事地板、木门、仿古家具等木制产品的开发、设计、生产和销售。公司成立 20 年来，产品由单一的地板扩展到木门、家具、木楼梯及各类木业产品的多样化生产。通过努力，已发展成为华北地区规模最大的实木地板生产基地。公司专门进行创新审计来判断创新的改进方向。

审计目标：发现创新问题，改进创新战略。

审计过程：首先收集企业和行业的相关信息，确定不同访谈对象，对企业管理部门、财会部门、研发部门、生产部门和市场部门经理进行访谈，了解企业信息，根据企业实际情况，修正审计内容。然后通过审计框架考核企业的技术创新能力，找出创新方面的薄弱环节，从而为制定出适合创新战略的资源配置方法奠定基础。

---

1. 创新审计简介

考察创新审计的发展历史可以发现，在 20 世纪 90 年代初，英国工商业界就认识到技术创新是提高国际竞争力的重要源泉,因而力图寻找提高本国创新管理水平的方法,于是创新审计便应运而生。1996年,Chiesa借助英国工业部和商务部支持,就给现代创新审计下了定义:创新审计是指以创新的度量为基础,找出创新的目前状况和期望状况之间的差距,确定问题所在和需改进的环节,进而提供用以提高创新水平的信息,促进计划实施的完善。Chiesa模型认为完整的创新过程可以分为核心过程和支持系统。该模型将创新过程和支持系统相结合,并配备了详细的审计标准和审计方法,可操作性强。[1]

我国学者陈劲等人在2002年提出了绿色创新审计的概念,并提出"绿色技术创新审计是通过自身或第三方利用审计方法对企业的创新互动进行评估定位,从而为提高技术创新管理水平提供必要的信息,此外,审计的作用在于不仅便于企业内部发现问题从而解决问题,还便于对各企业或各产业进行比较,从而进行宏观管理"。以此概念基础,他们从绩效、过程和投入角度,提出了创新过程审计模型、审计内容和方法。后来,结合我国企业实际,陈劲和史密斯于2004年提出C-S模型,运用一些技术创新的常用指标,如普通经济指标(销量、利润、总资产、技术和设备水平等)、产品创新数(突破创新和渐进创新)、创新战略(研发还是购买)等指标,来帮助审计企业技术创新过程。[2]

创新审计可以认为是从传统审计派生出来的一种新的审计方法。虽然与传统的审计方法相似,但二者的对象不同。创新审计是以企业创新活动为中心的经济管理工作,其最终目的是以审计报告的形式向企业内部使用者提供相应的改进方法。

2. 创新审计的应用

创新并不是一项简单的事情,个人和组织常常因为忙于日常事务和企业运营而忽视了思考如何才能提高创新管理水平。我们可以从一些成功的案例中学习诊断企业创新好坏的审计框架。从中思考和发现:是否有可以借鉴的成功创新的方法?是否可以发现诸如企业的竞争优势在哪里?我们可以从哪些方面来提高企业的创新水平?创新审计并不是必要的程序,但"吾日三省吾身"这样的做法能够帮助企业在处理创新问题时有更多的办法以及更高的效率。

创新审计属于管理审计的范畴,在创新度量的基础上,通过企业自身和第三方审计工具对企业创新活动进行鉴定和评估可以明确企业创新现状与理想现状之间的差距所在,从而不断改进创新环节,提高创新水平和管理水平。[3]企业,特别是技术密集型企业希望通过创新来提高企业的核心竞争力,实现利润最大化。而创新审计的目标就是帮助企业分析创新活动中的优势和劣势,从而系统评价创新活动。创新审计主要有两个应用方向——监督和管理。

监督,即通过审计机构和审计人员对创新活动检查、检测和督促,发现并防范创新活动中的不规范行为,以保证公司处于良好的运行状态,降低创新风险。除此之外,创新审计还能够通过指挥、调节和控制等手段,把创新活动导入公司所希望的轨道,并在最有利的条件下完成预期目标。[4]

---

[1] 廖雅,樊一阳,华灯峰. 企业技术创新审计模型比较分析[J].科技进步与对策,2010,27(14): 110-112.
[2] 陈劲,理查德·史密斯. 技术创新审计——理论框架与中加比较[J]. 科研管理,2004(9): 21-28.
[3] 张炜. 基于技术创新审计的创新型企业评价标准构建[J]. 科学学研究,2007,25(12): 465-469.
[4] MBA智库百科:技术创新审计. http://wiki.mbalib.com/wiki/技术创新审计.

创新可以从不同的角度进行审计：资源的可获得性和分配、对竞争对手的创新战略和产业发展的了解、对技术环境的了解、组织和文化氛围、企业家的战略管理能力，[1]以及生产制造能力、市场营销能力、组织管理能力等。学者们从不同角度构造了创新审计模型，例如，Vittorio Chiesa 设计的创新审计模型，该模型将创新过程分为核心过程和支持系统，核心过程包括概念产生、技术获得、产品开发和工艺创新，支持系统包括资源供给、领导和系统工具。[2]陈劲提出的 SPRE 创新审计模型，从创新战略、创新流程、创新资源和创新环境四个维度对企业创新能力进行了审计。[3]企业可以针对自身创新存在的问题，选择或重构创新审计模型，来追踪创新过程，评价创新投入和产出，并利用审计思维，发现问题，解决问题。

创新审计能够帮助管理部门及时发现创新问题，重置创新计划并实施，充分实现创新效益。这对于一些创新投入大、周期长、涉及面广的项目是非常有帮助的。创新审计关注企业管理创新正常结果的能力，能够协调部门间的差异，对于创新管理具有辅助性支持。一方面，创新审计能够引导创新主体履行社会责任，处理好技术发展与经济发展、社会发展和环境保护的关系，以提高社会总体效益；另一方面，通过审计能够监督和约束创新主体的行为选择，帮助创新主体发现问题、调整方向、确保技术创新为可持续发展服务。[4]创新审计作为一种能够提高创新管理方法的结构化框架对于有效管理创新、提高创新成功率、帮助企业获得长期竞争优势有着重要的促进作用。

9.5 学会管理创新

案例导入：国美的连锁经营模式

用理性的语言给国美模式进行总结就是：以低价打市场（以包销、勤进快销、薄利多销为支撑）；以管理服务稳市场（三级管理体系、奖惩分明、严密细致的管理制度），推行全方位本土化策略（管理人员本土化、业务本土化）。国美之所以胜，就胜在它的观念新、业态新。

1. 业态模式。国美在北京、天津、上海、成都、青岛等拥有 70 余家商城，年销售能力超过 100 亿元。国美每个地区、每个门店在经营管理上保留自己的特色，真正形成连锁模式。经营家用电器的国美，在产品种类、型号规格、价位、性能上连营业员也能如数家珍般道来。国美一方面让样机、货品堆积店内，方便顾客试听筛选；另一方面以自己的资金实力包销某些品牌或型号，计利于消费者，又将资金及时兑付厂家。国美连锁经营是一种新兴的业态，具有规模效应。规模经济几乎可以表现在一个企业经营的每一职能环节中。达到规模效益，国美就可以进行"薄利多销"，并树立自己的品牌。

---

[1] Burgelman R A, Kosnik T J, vanden poel M. Toward an capabilities audit framework[J]. Innovation management, 1988, (13): 31-44.
[2] Vittorio Chiesa, Paul Coughlan, Chris A Voss. Development of a technical innovation audit[J].Innovation management, 1996, (13): 105-136.
[3] 陈劲，陈钰芬. 企业技术创新绩效评价指标体系研究[J].科学学与科学技术管理. 2006, (3): 86-91.
[4] 孙德轩. 绿色创新审计[J]. 财会月刊, 2006(6): 51-53.

> 2. 组织结构。国美现有的连锁店，均采用了"正规连锁"或"加盟连锁"的经营形态，它们都由国美总部或分部全资经营，地区分部依照总部制定的各项经营管理制度和规定，负责对该地区的各门店实行二级业务经营及行政管理，门店接受并服从总部及地区分部的领导和职能管理，依照总部制定的各项经营管理制度和规定，负责对本门店实施日常经营管理。
> 3. 定制产品。国美的定制产品能够最大程度地缩短商品的在库期及周转环节，使厂商的资金利用率得以提高；生产厂家和零售商的各种资源（品牌、信誉、销售人员和网络渠道、广告宣传、物流等）得以最大化的结合，减少浪费，降低成本。

企业家和管理者面临管理效能降低、组织团队绩效疲软等问题的时候，需要赋予企业新的生命；创业者在面对有限的人力资源和财务资源、缺乏多样化的产品、服务等问题时，需要深谙弥补新公司的弱势或风险之道。所有的企业家、创业者都将面临一个共同的问题——如何管理创新。西米网是一家典型的创业公司，2008年从8000元起家做零食电商，小成本运作，很快做到一年700万元的收入。然后扩张中出现成本控制问题，包括开设实体店、自建仓储物流等，在现金流无法支持成长的时候，2011年10月西米网宣布谢幕和转型。2012年西米网重生，转型做午餐外卖，不过并没有成功。在2013年关闭该业务，创始人转型做Blueface蓝颜面膜，进入一个新的行业，西米网的域名从此再也打不开了。

从前几章我们已经明确知道，企业不进行创新将会落后于竞争者，甚至被淘汰出局。通过创新，可以为经济增长提供一个新的源头。2013年2月19日，比尔·盖茨在接受美国CBS电视台采访时表示，微软在手机等很多领域未能坐上领头羊的位置，主要原因就是创新力度不够[1]。企业家创立新企业后，维持企业成长的就是不断的创新，但是企业创新管理的决策性失误可能使企业遭受沉重的打击。2008年全球金融市场泡沫化、美国二房（房地美、房利美）危机爆发，导致各国产业与新兴市场呈现一片萧条与惨淡景象。许多学者指出，这一危机的爆发，除了金融监管制度缺陷以外，企业和产业治理制度与管理系统的不完善也是导致受创严重的重点因素。根据全球创业研究计划（GEM）统计，各国经济成长率的增长，平均有1/3的比例来自创新事业的贡献，极端的例子是芬兰的诺基亚（NOKIA），该公司的营业收入占整个芬兰GDP的比例超过50%，而NOKIA事业经营的失败，导致诺基亚对芬兰GDP贡献不到1%。诺基亚所遇到的困境已经给芬兰的电子企业带来了连锁反应。在诺基亚转而选择供货价格更为低廉的亚洲供应商以后，芬兰本地的电子制造服务大厂Elcoteq于2011年10月申请破产。Salo镇当地的失业率约为11%，已经超出了全国8%的平均水平。据估计，一旦诺基亚告别该镇，那么其失业率有可能上升至20%左右[2]。所以，我们应该警醒：企业的成功不是一成不变的，光有创新的意识与胆量是不够的，还需要企业创新管理技巧才能稳立于竞争之林。

---

[1] 比尔·盖茨：微软创新不利，丧失领导地位，http://mobile.163.com/13/0219/16/8O3CT0N6001166UU.html，2013-02-19.

[2] 诺基亚昔日工厂遭弃：致芬兰小镇损失90%税收[EB/OL]. 腾讯新闻 http://tech.qq.com/a/20120623/000091.htm，2012-06-23.

创新与控制是企业管理的两个基本的职能和行为。对于环境因素的变化，企业必须通过改革加以突破；对于不变的环境因素，则需要强化和维持。创新管理就是从创立新公司开始，表现为创新——控制——再创新——再控制的循环过程。基于此，创新管理就可以在有效的控制环境下，实现企业的创新发展。许多人在创新管理中常犯一个错误，就是我们急欲达成一种新的管理模式，在求新的过程中，一方面忘记了许多传统的管理方法和实践经验，另一方面，忽视反思和总结。在某些情况下，企业的经营活动如果缺乏灵活性、适应性和相互依赖的举措将造成重复性努力和资源（其中最珍贵的是人力资源）的非最适化。[1]本书从过程的视角阐释创新与创业的管理，我们仍然遵循这一逻辑，从识别创业机会与风险——全面创新管理——获得价值这几个大的方面再做一些关键点的梳理。

9.5.1 识别机会与风险

创业机会和创业风险的识别，在前面的章节已分别作了介绍，因此关系创新与创业的决策，这里再做一个回顾。企业对所识别的每一个机会在做决策前都需要进行风险识别，以期控制风险和不确定性因素，促进创新与转型升级，因为企业所做的每一个不当决策都可以看成多米诺骨牌的一小块，会导致整体崩塌的就在其中。

1. 识别机会

机会来源于企业侦测技术、市场、法规、竞争、政策等环境变迁所产生的影响，也可来源于自身条件和能力的提高，形成于外部的差异。通过收集和过滤相关机会信息，并进行系统整理和市场预测以及未来产业分析，探讨可能演变的情景与影响深度，可以为后续创新管理提供决策参考。

正确进行机会识别可以成为创业成功的基石和方向，也可以大大降低创建新企业的成本，更是创业成功与否的决定性因素。机会的识别一半是艺术，一半是科学。马克·吐温曾经说过："我极少能看到机会，往往在我看到机会的时候，它已经不再是机会了。"机会很容易就会消逝或者被竞争对手捕获，所以，具有识别机会的能力在企业管理创新过程中尤其重要。

创业是创新的起点。创业过程就是围绕着机会进行识别、开发、利用的过程。识别正确的创业机会是创业者应当具备的重要技能。[2]很多经济学者认为机会是"等在那"，自己就会发生的，唯一的问题是谁愿意抓住机会。大部分成功的机会都是专注于一个极为简单的构想。比如，在高档商场大量销售地毯、专门生产供给麦当劳用的面包；在新兴、交通繁忙的地点开设便利商店，等等。看似简单的机会都会为许多创业者带来财富。[3]创业机会是未明确市场需求或未充分使用的资源或能力，它不同于有利可图的商业机会，其特点是发现甚至创造新的目的—手段关系来实现创业获利，对于"产品、服务、原材料或组织方式"有极大的革新和效率的提高。大多数创业者都是把握了商业机会从而成功创业，例如，蒙牛的牛根生看到了乳业市场的商机；好利来的罗红看到了蛋糕市场的商机。在现实生活

---

[1] 戴布拉·艾米顿. 高速创新[M]. 台北：博雅书局，2008，29-34.
[2] 创业机会-MBA智库.
[3] Sue Birley, Daniel Muzyka. 创业精神与管理. 台北：台湾培生教育，2003.

中，这样的例子不胜枚举。但是仅有少数创业者能够把握创业机会从而成功创业，一旦成功创业，不仅会改变人们的生活和休闲方式，甚至能创造出新的产业。随着人们对创业机会价值潜力的探索，会逐渐衍生出一系列的商业机会，从而滋生更多的创业活动，如互联网创业的例子。①

《21世纪创业》的作者杰夫里·A.第莫斯教授提出，好的商业机会有以下四个特征②：

第一，它可以吸引顾客，创造较大的价值。

第二，它能在你的商业环境中行得通。

第三，它必须在机会之窗存在的期间被实施。（注：机会之窗是指商业想法推广到市场上去所花的时间，若竞争者已经有了同样的思想，并把产品已推向市场，那么机会之窗也就关闭了。）

第四，你必须有资源（人、财、物、信息、时间）和技能才能创立业务。

第莫斯教授概括的这四个特征或许可以帮助我们评估一个看似不错的商机是否应该去抓住。

2. 识别风险

盲目创新可能导致企业亏损甚至破产。例如，美国摩托罗拉公司的"铱星计划"失败，导致铱星公司破产；安然公司投身于宽带网络和电子商务，却因缺乏对宏观环境的持续准确分析导致新创部门成了安然破产前亏损最大的部门。由于创新具有不确定性与不可控性，想要完全控制创新过程似乎相当困难。即使一个经过良好规划的管理创新活动，也无法保证创新成果一定是成功的。创新这种风险，更加凸显创新需要良好而有效的管理，以提升成功的机会。组织的创新能力需要经过一段时间的培养，不可急功近利，否则将会陷入极大的风险中。

存在于人们周围的风险是多样的。风险按照其性质划分，可以分为纯粹风险、投机风险、静态风险、动态风险、社会风险等。风险识别的任务就是要从错综复杂的环境中找出经济主题所面临的主要风险。③导致风险和不确定性的原因有很多种，例如，投资项目的不熟悉、创新的过程过长、组织结构的不稳定或不合理、市场调查的不真实、科学技术的发展速度快等。通常我们在进行创新活动的时候，只能预估所有可能的结果，却不知道它们出现的可能性，甚至二者都不知道。

创新主体希望通过成功的创新活动来获取期望的利润。从创新主体角度考虑，创新风险至少包括生产风险、市场风险、财务风险、政策风险和管理风险等。创新可能有三种结果：一是创新成功，实现了预期的目标；二是技术创新没有达到理想的效果，仅使投入与收益基本持平；三是创新失败，未能实现预期目标，甚至无法回收前期投入的资金。所以在风险类型上，创新风险属于投机风险——既有获利机会又有损失机会；创新风险也是一种动态的风险，它受各种内外环境变化的影响。

现在使用的风险识别方法，可以分为宏观领域中的决策分析（可行性分析、投入产出分析等）和微观领域的具体分析（资产负债分析、损失清单分析等）。有几种主要的方法如下：

---

① 识别创业机会. http://doc.mbalib.com/view/ee6b0501d3bd4fda3c79d696315665e2.html.
② 创业机会-MBA智库.
③ 风险识别，MBA智库百科.

第一，生产流程分析法，又称流程图法。生产流程又叫工艺流程或加工流程，是指在生产工艺中，从原料投入成品产出，通过一定的设备按顺序连续地进行加工的过程。该种方法强调根据不同的流程，对每一阶段和环节，逐个进行调查分析，找出风险存在的原因。第二，风险专家调查列举法。由风险管理人员对该企业、单位可能面临的风险逐一列出，并根据不同的标准进行分类。专家所涉及的面应尽可能广泛，有一定的代表性。一般的分类标准为：直接或间接，财务或非财务，政治性或经济性等。第三，资产财务状况分析法。即按照企业的资产负债表及损益表、财产目录等的财务资料，风险管理人员经过实际的调查研究，对企业财务状况进行分析，发现其潜在风险。第四，分解分析法。指将复杂的事物分解为多个比较简单的事物，将大系统分解为具体的组成要素，从中分析可能存在的风险及潜在损失的威胁。第五，失误树分析方法是以图解表示的方法来调查损失发生前种种失误事件的情况，或对各种引起事故的原因进行分解分析，具体判断哪些失误最可能导致损失风险发生。此外，还可以通过环境分析、事故分析等方法识别和评估风险。

企业在识别风险时，应该交互使用各种方法。任何新想法在付诸实施的过程中都会面临前景的不确定性，这是一种固有特性。能否尽快将风险识别出来，克服某种不确定性就成为决定创新时滞长短的关键因素。

9.5.2 全面创新管理

知识经济时代，企业卓有成效的创新需要协同、配套开展各项创新活动，这是企业赢得持续竞争优势的必然选择。当前国际上部分创新先进的企业已经开始全面创新实践，如3M公司、佳能、索尼、丰田、美国西南航空公司等。例如，索尼公司TIM模式的主要特点和成功之处在于通过公开分享创新，使事业部成为创新的孵化器。索尼公司有19个事业部，每个都有自己的创新部门；创新从研究中心、实验室和业务部共同进行；专利数量多的人晋升机会大，公司内部专门设有专利部，并每月召开会议；制度创新上，实行定期工作轮换制，促进创新推广和培养复合创新人才；通过创新计划和创新协调组确保创新共享和转移，其不仅了解企业内部创新，还关注外部一切相关创新，以企业价值增加为根本，通过协调人际关系的方式，使创新在企业内外部分享和转移；召开创新座谈，使创新人员之间以及外部专家进一步交流经验，完善和扩散现有的创新，并培育了强大的创新人际关系网络。[1]我国少数领先企业，如海尔、联想等也开始了全面创新管理的探索。例如，海尔集团近年来以战略为导向，以基于市场链的业务流程再造为先导，以人人争做创新策略性经营单位（strategic business unit，SBU）为特色，展开了创新与组织、文化、制度和市场等全要素的协同创新，并初步实现了全员、全时空创新，取得了显著的创新绩效并最终体现为经营绩效。[2]

全面创新管理（total innovation management，TIM）的概念与理论框架是许庆瑞教授等人于2002年在国际上首次提出的。它以构建和提高核心能力为中心，以价值创造和增加为目标，以战略为导向，以技术创新为核心，以组织的各种创新(战略创新、组织创新、市场

---

[1] 全面创新管理，MBA智库.
[2] 陈劲，邓刚. 创新管理：赢得持续竞争优势[M]. 北京：北京大学出版社，2009，106-129.

创新、管理创新、文化创新、制度创新等)的有机组合与协同创新为手段,凭借有效的创新管理机制和方法,做到人人创新、事事创新、时时创新、处处创新。TIM 的内涵是"三全一协同",即全要素创新、全时空创新、全员创新和全面协同。如图 9-3 所示为企业全面创新管理的五角模型框架。①

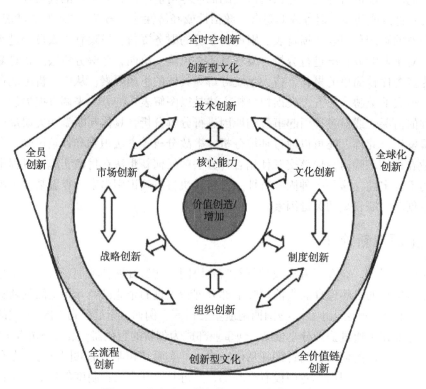

图 9-3　企业全面创新管理的五角模型框架

全要素创新是指需要系统观和全面观,需要使技术、战略、文化、制度、组织等与创新绩效密切相关的要素达到全面协同才能获得最佳的创新绩效。由于企业要素多种多样,要进行全要素创新是一件非常复杂的事情,涉及企业的方方面面,因此,管理者要时刻关注企业变化,做出相应判断和决策。

全时空创新分为全时创新和全空间创新。全时创新是一种创新策略、理念,企业必须时时刻刻永不间断地进行创新。其中包括即兴创新、及时创新和持续创新三种基本模式的有机结合。全空间创新(或称全球化创新、全地域创新)是指全球经济一体化和网络化的背景下,企业应该考虑如何有效利用创新空间(包括企业内部空间和外部空间),在全球范围内有效整合创新资源,实现创新国际化、全球化,即处处创新。

全员创新是树立一种人人都是创新经营的 SBU 创新理念。员工需要树立"我要创新"的自主创新观念,提高创新积极性和主动性。对于企业来说,创新不再只是研发和技术人

---

① 许庆瑞,邓刚. 全面创新管理:企业创新管理的新趋势——基于海尔集团的案例研究[J].科研管理,2003,5: 1-5.

员的专利，而应是每个员工的共同行为，人人都可以成为岗位上的创新者。

全面协同是指各创新要素（如战略、组织、文化、市场等）在全员参与和全时空框架下进行全方位的协同匹配，强调员工之间的相互合作、优势互补和信息共享，以实现"1+1>2"的协同创新效益。全要素创新、全时空创新和全员创新三者相互影响和制约，企业只有把三者相结合，协调推进创新才能切实提高企业的创新绩效。

全面创新管理具有战略性、整体性、广泛性和主导性。不同于传统创新管理，全面创新管理着眼于全部创新要素，强调全面性创新，更加注重创新的战略性。同时，全面创新管理还可增加各个部门的联系和配合，使创新变得更加多元化。[①]在创新过程中，管理者或创业者可以参照全面创新管理的思想对创新活动进行管理，借助创新审计等工具及时调整和修订创新方向，如此既能激发更多的新创意、新想法，又能借助科学的管理方法减少过程的不确定性。

本章小结

任何组织和个人都不可能天生具备实现创新的良好能力。创立公司之后，就是一个五脏俱全的新生命的开始，是社会安定和经济繁荣的主要细胞，尤其是中小企业最具创新活力，能够很快适应环境的变化，快速克服经营中的各种困难，创造大量的就业人口，培养众多创业种子人才。创新和创业会受到个人特质、内在动机、内外部环境因素和人口、社会关系网络等社会因素的影响。并不是每一项创新都会获得成功，需要对创新的过程加以管理，以寻找到合适的机会，识别出风险，优化资源的配置，实现价值创造与增值。企业家和企业家精神则是创新与创业活动的关键拉动力。企业家需要旺盛的企图心来不断进取，还需要稳健的经营来稳固自己的企业。在进一步追求经营目标时不断发挥创造力，发展事业蓝图，不断研发、创新和转型，才能创造企业新的生命力。正确的机会识别是不容易的，企业家更应该对机会进行风险识别与不确定性排除，创新进行中也可利用创新审计来找到问题所在。创新使企业更能长存于市场竞争中，但更重要的是如何维持竞争优势和进行持续创新管理。学习和经验可以使我们少犯错误，但是并不能避免犯错误。企业家在应用各种工具和模型开展创新管理时，也可以借鉴他人的经验来减少相同错误的发生，应尝试使用全面创新管理的思想开展创新与创业的管理。虽然任何创新都是有风险的，但是我们应确信：不创新风险更大。

关键概念

企业家是指担负着对土地、资本、劳动力等生产要素进行有效组织和管理、富有冒险和创新精神的高级管理人才。

创新审计可以认为是从传统审计派生出来的一种新的审计方法，是以企业创新活动为中心的经济管理工作，其最终目的是以审计报告的形式向企业内部使用者提供相应的改进方法。

---

① 许庆瑞，顾良丰. 中美企业全面创新管理模式比较——海尔模式与惠普模式[J]. 科学学研究，2004(12).

全面创新管理的概念与理论框架是许庆瑞教授等人于 2002 年在国际上首次提出的。它以构建和提高核心能力为中心,以价值创造和增加为目标,以战略为导向,以技术创新为核心,以组织的各种创新(战略创新、组织创新、市场创新、管理创新、文化创新、制度创新等)的有机组合与协同创新为手段,凭借有效的创新管理机制和方法,做到人人创新、事事创新、时时创新、处处创新。

思考题

1. 创新与创业之间是一种什么样的关系?
2. 创新与创业的关键影响因素包括哪些?
3. 现阶段,我国企业创新困境主要体现在哪些方面?有哪些途径可以提高企业创新能力?
4. 谈谈你所理解的企业家精神及其与创新的关系。
5. 什么是创新审计?介绍一种你所了解的创新审计方法。
6. 简要谈谈你认为企业应该如何开展全面创新管理。

案例分析

阿里巴巴的创新之道

随着知识经济时代的来临,越来越多的企业发现,仅有良好的生产效率、足够高的质量,甚至灵活性已不足以保持市场竞争优势,管理创新正日益成为企业生存与发展的不竭源泉和动力。企业管理创新是有利于企业发展的一项重要战略,它符合国家政策导向,符合国际企业管理发展的新趋势,符合管理本土化的要求,符合"入世"后提高企业国际竞争能力的要求。企业管理创新的内涵是:以价值增加为目标,以培育和增强核心能力、提高核心竞争力为中心,以战略为导向,以各创新要素的协同创新为手段,通过有效的创新管理机制、方法和工具,力求做到人人创新,事事创新,时时创新,处处创新,具体来说包括技术创新、战略创新、市场创新、管理创新、组织创新、观念与文化创新、制度创新、协同创新等。

阿里巴巴,从 1999 年由十几个人开始成立的小公司到 2014 年 9 月 19 日在纽交所上市,拥有 2200 多亿美元的市值,成为全球最大的 IPO。这短短的 15 年,这样一个飞速发展的互联网企业是如何做到的呢?

一、企业管理思维的创新

在激烈的市场竞争中,阿里巴巴凭什么能存活下来?2003 年,马云在美国哈佛的一次演讲中给出了答案:"第一,我不懂技术;第二,我不做计划。"这听上去很荒唐,但他接下去的话似乎让这"怪异"的说法变得有凭有据,"我不懂技术,因此,我要求工程师无论开发出任何软件都要让我先试用,我不会用就意味着 80% 的人都不会用,工程师们就得重新开发。正因为有了这一条,我们的软件操作起来十分简便,已有 2000 多万个中小企业的老板成为我们的客户。我不做计划，我认为计划书写得越厚越容易脱离实际，但是不按计划书说的办，那就骗了投资者；如果按计划书去运作，又无法应对不断变化的形势，所以我不订计划。"马云和他的同事就是靠这些令人耳目一新的创新思维，使阿里巴巴挺过了最初的创业期。

现在阿里巴巴无疑是全世界最大的 B2B(business to business)网站，因为他们有 1300 万家企业会员，但是阿里巴巴初创的时候，包括 CEO 在内的阿里巴巴的创业者，并不知道自己公司的模式叫 B2B。阿里巴巴的 CEO 和他的伙伴们当时的初衷就是希望阿里巴巴可以帮助中小企业成功。就是这样的无意识当中，马云和他的伙伴们把 B2B 应用于中国市场，并开发出一套盈利的 C2C(consumer to consumer)新模式，产出巨大的效益。马云和他的团队是成功的创新者，成功地实现了经营模式的创新，以及产品、营销和文化等多方面的创新。马云从底层市场入手，定位于中小企业，并以此作为切入电子商务市场战略途径的出发点，即为"找虾米"战略。阿里巴巴的倒行逆施，倒立者马云的创新思维，令金字塔的塔底变成了塔尖，让天下没有难做的生意。

二、企业管理战略的创新

正确的战略是成功的一半，任何一个成功的企业都需要适合于自身发展的战略愿景和战略定位。阿里巴巴以 B2B 业务为切入点，通过横向和纵向一体化战略的结合，使其构筑了 B2B、C2C、软件服务、在线支付、搜索引擎、网络广告六大业务领域的电子商务生态圈，全面覆盖中小企业电子商务化的各大环节。整个商业生态圈的六大环节之间相互作用，相互影响，相互支撑，通过资源的整合应用最终发挥最大价值，实现了产业链的协同。同样，基于此原理，其他企业也在采用相似手段，实现其产业链延伸和系统，如百度高调宣布利用其搜索资源和丰富的社区资源，全力进入 C2C 市场，这也再次验证了阿里巴巴战略布局的前瞻性和价值性。马云是全球电子商务 B2B 模式的创建者，这为全球中小企业发展奠定了历史性的基础。如果没有阿里巴巴，B2B 在全球范围内或许不会为社会创造如此巨大的价值。创新同样决定了淘宝的命运。在全球 C2C 老大 EBAY 挥斥中国市场，刚刚建立的淘宝用两年时间，把整体市场做大了上百倍，并从强悍的对手中拿走了曾经属于对方的 80%多份额。

阿里巴巴自创建之始就没有简单复制美国的 B2B 模式，而是结合中国市场的实际情况走了一条创新之路：为中国的制造商和国外的采购商搭建一个信息平台，为中小企业服务，帮中小企业赚钱。从最基础的替企业架设站点，到网站推广以及到在线贸易资信的辅助服务、交易本身的订单管理，不断进行开拓和延伸。正是阿里巴巴立足于中国中小企业特点的这种差异化的发展策略，开拓出了为中小企业服务的差异化的产品，并开始为企业的发展提供源源不断的动力，强有力、可持续、可拓展。

三、企业产品创新

现代企业的竞争，实质上就是企业创新能力的竞争。一个企业要想在市场中占有一席之地，就必须使技术开发、产品研发、管理能力等方面在同行业中处于领先地位，而创新是达成这一目标的唯一手段。而技术创新和产品创新是研发型企业的最为重要的创新途径和手段。

英语教师出身的马云可以说是中国互联网产业中的一个另类。1999年，当众多国内企业把美国舶来的B2B、B2C、C2C等各种电子商务模式视为圣经的时候，马云就意识到，亚洲的电子商务市场与欧美的电子商务市场有着本质的区别，特别是B2B模式，前者主要针对中小型企业，而后者则是针对大企业的，显然，两种市场不可能用一样的模式。基于这种判断，阿里巴巴自创建之始就没有简单复制美国的B2B模式，而是结合中国市场的实际情况走了一条创新之路：为中国的制造商和国外的采购商搭建一个信息平台，为中小企业服务，帮中小企业赚钱。2001年，阿里巴巴又率先推出了全球第一个网上交互式商务信用管理系统——"诚信通"，现在这项创新业务已成为阿里巴巴第二大收入来源。

另外，阿里巴巴集团旗下的个人交易网站淘宝网推出的B2C(企业对个人)业务。这种被称为"颠覆亚马逊"的中国特色B2C的模式迥异于以亚马逊的B2C模式。亚马逊是从企业利润中瓜分出一块，淘宝的B2C是帮助企业赚钱后再赚钱。当亚马逊模投入巨资建立仓储、配送中心的时候，淘宝网B2C新模式则不需要有这部分支出，这部分支出仍然属于B方。

四、企业管理文化的创新

建立初期，阿里巴巴以可信、亲切、简单作为其企业文化。可信就是诚信，后来演变为价值观，又衍生出"诚信通"产品。亲切就是人性化和人情味，就是阿里巴巴与客户亲如一家。简单就是阿里巴巴的页面和软件要简单，因为商人的应用网络水平不高。简单同时还包括公司的人家关系，杜绝办公室政治，所有争论都要留在办公室，不准带出办公室。

第二个阶段，阿里巴巴将企业文化总结、提炼、固化为文字，讲就是"独孤九剑"，即九大价值观。独孤九剑有两个轴线，一是创新轴：创新、激情、开放、教学相长。其中激情是核心，这是马云的本质。二是系统轴：群策群力、质量、专注、服务于尊重。贯穿创新和系统轴线的是简易。创新要简易，系统也要简易，简易就是防止内部产生官僚作风，防止办公室政治。独孤九剑成为阿里巴巴价值观的第一个正式版本，它不但成为员工的行为准则，而且进入员工的绩效考核体系中。

第三个阶段，独孤九剑实施三年后，阿里巴巴决定将独孤九剑进行简化。简化的过程先由人力部门拿出基本方案，然后召开由100多位员工参加的座谈会，再由企业高层对座谈会结果再讨论，最后投票表决。最终形成了客户第一、团队合作、拥抱变化、激情、诚信和敬业六项组成了六脉神剑。不论何种情况，客户都是第一位的。微笑面对客户始终体现在尊重和诚意上。用客户喜欢的方式对待客户，在客户立场思考问题，寻求双赢。团队合作指的是分享、群策群力、拾遗补阙，有主人翁意识，促进团队建设。"拥抱变化"就要敢于创新，迎接变化。具备前瞻意识，不断尝试新思路，理性对待变化。"激情"就要乐观向上、永不言弃。热爱同事和工作，积极面对挫折，不断自我激励寻求突破。"诚信"就要诚信正直，言出必践，胸怀坦荡，言行一致，敢于承担责任，坚持原则。"敬业"就要精益求精，今日事今日做，专注工作，小投入大收获，持续学习，不断提升。

阿里巴巴从同期发展的众多电子商务企业中脱颖而出，成为全世界最大的B2B网站，而阿里巴巴 B2B 模式也与雅虎门户网站模式、亚马逊 B2C 模式和 eBay 的 C2C 模式一起，被硅谷和互联网风险投资者称为"互联网的四种模式"。让在阿里巴巴电子商务平台上的企业实现全贸易环节，从支付、物流再到企业管理、融资和商务服务等一系列的企业经营活动都能在阿里巴巴平台上实现。未来，这一庞大的电子商务产业帝国还需继续深化和拓展，阿里巴巴继续以快人一步的步伐前进……

请思考：阿里巴巴为什么能够迅速取得成功？请分析其成功的因素。从阿里巴巴的创新管理中能看出马云具备哪些特质？阿里巴巴为什么能够持续创新，引领行业潮流？阿里巴巴的成功给中国企业带来的启示？

参考文献

[1] 刘世南，创意创新创业高雄：丽文文化，2011.

[2] Willian Bygrave·Andrew Zacharakis. 创业管理. 台北：华泰文化，2010.

[3] Shane, J. B. A cognitive categotization model for the study of intercultural management. Academy of Management Review, 15(4), 626-645.

[4] Brockhuas, R. Risk-taking propensity of entrepreneurs. Academy of Management Journal, 23, 509-520, 1980.

[5] Torrance, E. P. and Goff, K. Fostering academic creativity in gifted students. ERIC Digest, E484, ED321489.

[6] Siau, K. L. Group creativity and technology. Journal of Creative Behavior, 29(3), 201-216.

[7] Amabile, T. M. A model of creativity and innovation in organizations. Research in Organizational Behavior, 10, 123-167.

[8] Shanea, S., Edwin, A. L. and Collins, C. J. Entrepreneurial motivation[J]. Human Resource Management Review, 2003, 13: 257-279.

[9] 厉校麟. 女性创业动机变迁与当代女性创业动机和创业态度的研究. 浙江理工大学硕士学位论文，2013.

[10] Hanifa. United Arab Emirates female entrepreneurs: motivation and frustrations[J]. Equality Diversity and Inclusion: An International Journal, 2011, 30(5): 409-424.

[11] Sarri, K. Trihopoulou, A. Female entrepreneurs' personal characteristics and motivation:a review of the Greek situation[J]. Women in Management Review, 2005, 20(1): 24-36.

[12] 吴运迪. 当前宏观经济环境对我国创业生态的影响分析[D]. 中南大学毕业论文.

[13] 陈瑜芬，刘家桦. 创新管理. 台中：沧海书局，2010，90.

[14] 施宏伟，索利娜. 基于社会网络的服务创新关系与知识扩散模型[J]. 科技进步与对策，2011，28(18): 141-145.

[15] Aldrich. H. E, & Rosen, B. Woodwand. W. The impact of social networks on business foundings and profits [M]. Wellesley: Babson College, 1987: 154-168.

[16] 李路路. 社会资本与私营企业家——中国社会机构转型的特殊动力[J]. 社会学研究，1995(6): 46-58.

[17] 郭庆存. 强化技术创新主体建设，突破创新体系建设瓶颈：国家创新体系建设的忧患、思考与建议[J]. 中国软科学，2005, (7): 25-27.

[18] 姚乐. 我国企业创新的三个关键问题[J]. 当代经济，2008, (21).
[19] 康志勇,张杰. 有效需求与自主创新能力影响机制研究——来自中国1980—2004年的经验证据[J]. 财贸研究，2008, (5).
[20] 张亚勤、张维迎. 创新赢天下. 北京：北京大学出版社，2010.
[21] 周瑛琪，陈春富，颜如妙，陈意文. 创业管理. 台北市，2011.
[22] 吕克明. 创业管理. 台北: 学贯行销股份有限公司，2007.
[23] 百濑惠夫. 创业与创新管理. 台北：五南图书，2006.
[24] 罗宾·夏玛. 唤醒心中的领导者. 台北：天下文化，2010.
[25] Gartner w b. What are We Talking about When We Talk about Entrepreneurship[J]. Journal of Business Venturing, 1990, 5(1): 315-328.
[26] 廖雅，樊一阳，华灯峰. 企业技术创新审计模型比较分析[J]. 科技进步与对策，2010, 27(14): 110-112.
[27] 陈劲，理查德·史密斯. 技术创新审计——理论框架与中加比较[J]. 科研管理，2004(9): 21-28.
[28] 张炜. 基于技术创新审计的创新型企业评价标准构建[J]. 科学学研究，2007, 25(12): 465-469.
[29] Burgelman R A, Kosnik T J, vanden poel M. Toward an capabilities audit framework[J]. Innovation management, 1988, (13): 31-44.
[30] Vittorio Chiesa, Paul Coughlan, Chris A Voss. Development of a technical innovation audit[J]. Innovation management, 1996, (13): 105-136.
[31] 陈劲，陈钰芬. 企业技术创新绩效评价指标体系研究[J]. 科学学与科学技术管理，2006, (3): 86-91.
[32] 孙德轩. 绿色创新审计[J]. 财会月刊，2006, (6): 51-53.
[33] 戴布拉·艾米顿. 高速创新[M]. 台北: 博雅书局，2008, 29-34.
[34] Sue Birley，Daniel Muzyka. 创业精神与管理. 台北：台湾培生教育，2003.
[35] 陈劲，邓刚. 创新管理：赢得持续竞争优势[M]. 北京：北京大学出版社，2009, 106-129.
[36] 许庆瑞，邓刚. 全面创新管理: 企业创新管理的新趋势——基于海尔集团的案例研究[J]. 科研管理，2003, 5:1-5.
[37] 许庆瑞，顾良丰. 中美企业全面创新管理模式比较——海尔模式与惠普模式[J]. 科学学研究，2004(12).

教师服务

感谢您选用清华大学出版社的教材！为了更好地服务教学，我们为授课教师提供本书的教学辅助资源，以及本学科重点教材信息。请您扫码获取。

➤➤ 教辅获取

本书教辅资源，授课教师扫码获取

➤➤ 样书赠送

创业与创新类重点教材，教师扫码获取样书

清华大学出版社

E-mail: tupfuwu@163.com
电话：010-83470332 / 83470142
地址：北京市海淀区双清路学研大厦 B 座 509

网址：http://www.tup.com.cn/
传真：8610-83470107
邮编：100084